실전 분산 추적

KB091374

Korean edition copyright © 2022 by acorn Publishing Co. All rights reserved.

Authorized Korean translation of the English edition
Distributed Tracing in Practice ISBN 9781492056638 © 2020 Ben Sigelman, Austin Parker, Daniel Spoonhower, Jonathan Mace, and Rebecca Isaacs.

This translation is published and sold by permission of O'Reilly Media, Inc., which owns or controls all rights to publish and sell the same.

이 책은 O'Reilly Media, Inc.와 에이콘출판(주)가 정식 계약하여 번역한 책이므로
이 책의 일부나 전체 내용을 무단으로 복사, 복제, 전재하는 것은 저작권법에 저촉됩니다.

실전 분산 추적

마이크로서비스의 계측, 분석 그리고 디버깅

오스틴 파커 · 다니엘 스푼하워
조나단 메이스 · 레베카 아이작스 지음

남정현 옮김

에이콘

에이콘출판의 기틀을 마련하신 故 정완재 선생님 (1935-2004)

추천의 글

프로덕션 소프트웨어를 다루는 한, 프로덕션 소프트웨어를 정확히 이해하기란 늘 어려울 수밖에 없다. 사람들은 놀랍도록 빠른 기계를 사용하지만, 인공지능의 능력을 부풀리는 모든 과대광고에도 불구하고 '컴퓨터'라 불리는 이 기계는 사람의 언어로 말하지 않는다. 여전히 불친절하고 불투명하다.

수십 년 동안 프로덕션 소프트웨어를 이해하려는 노력은 결국 두 가지 종류의 텔레메트리telemetry 데이터, 즉 로그log 데이터와 시계열time series 통계로 귀결됐다. 메트릭metric이라고도 하는 시계열 데이터는 컴퓨터 내부에서 '끔찍한' 문제가 발생했음을 이해할 때 도움이 될 것이다. 운이 좋다면, 로그 기록 데이터는 그 끔찍한 일이 무엇인지 구체적으로 이해할 때 도움이 될 것이다.

그러나 이제 모든 것이 바뀌었다. 요즈음 소프트웨어들은 늘 한 대 이상의 컴퓨터가 필요하다. 실제로 수천 대의 컴퓨터가 필요하기도 한 것이 지금의 모습이다.

내가 속한 팀은 소프트웨어를 독립적으로 운영될 수 있는 작은 규모의 서비스로 분할하고 전 세계에 뿔뿔이 흩뿌려서 실행되도록 서비스를 잘게 나눠 배포했으며, 대규모 데이터 센터에 들여오는 수백만 대의 컴퓨터 사이에서 원자처럼 일정한 단위로 나눠 배포했다. 그리고 모든 사용자 요청마다 수많은 프로세스가 관여하면서 개별 컴퓨터의 로그와 통계는 그저 약간의 이야기만 들려줄 뿐이다. 이는 '장님 코끼리 만지기'처럼 일부분만 보면서 전체를 논하는 것과 같다.

나는 2005년 초에 분산 추적 소프트웨어 개발을 시작했으며, 당시 25세의 젊은 소프트웨어 엔지니어로서 구글 애드워즈Google AdWords 백엔드 인프라 내에서 널리 사용되는 서비스를 발전시키는 일에 매진했다. 다른 회사에서 일하는 사람들처럼, 나는 시장의 가혹한 요구를 잘 받아서 처리할 수 있는 견고한 소프트웨어를 만드는 일에 전념했었다(이 시점에서 구글은 단순히 회사 이름이 아니라, 검색하는 행위를 '구글링한다'고 표현할 정도로 당연한 말이 됐고, 기존의 하드웨어를 무궁무진하게 활용하기 위한 방법을 열심히 탐구했다). 개념이 정립되기 훨씬 전에 이미 마이크로서비스microservice를 실행했으며, 새로운 추상화 계층 또는 인프라가 필요할 때는 거의 항상 사내에서 직접 만들어야 했다(그 무렵은 깃허브가 아직 마이크로소프트에 인수되기 전이었다).

간단히 말해 겉으로는 고상하지만 수면 아래에서는 열심히 발버둥치고 있는 백조처럼 노력했지만… 엉망이었다. 그리고 구시대의 엄청난 능력자들(물론 나는 아니다.)을 제외하고는 아무도 '시체'가 어디에 묻혔는지, 또는 그것이 실제로 어떻게 결합돼 있는지 전혀 알지 못했다.

그때 샤론 펄Sharon Perl을 우연히 만났다. 샤론은 1990년대에 DEC의 시스템 연구소에서 연구 과학자로 일했으며(좋은 날들이었다.), 나의 기억이 정확하다면 샤론은 2001년 초에 구글에 왔다. 샤론과 즉석에서 나눈 짧은 대화에서는 샤론이 무엇을 하는지 물었고, 분산형 BLOB 스토리지, 구글 규모의 아이덴티티 서비스, 분산 잠금 서비스 등 흥미로운 시스템 소프트웨어 프로젝트들을 살펴봤다. 그리고 그것이 바로 대퍼Dapper였다. 대퍼는 '분산 추적 시스템'이었다.

당연한 말이지만, 2005년에 분산 추적 시스템이라는 것은 들어본 적도 없었고 업계에서도 거의 사용되지 않았지만, 나는 여기에 꽤 흥미를 느꼈다. 당시 대퍼는 샤론이 마이크 버로우스Mike Burrows, 루이즈 바로소Luiz Barroso와 함께 만든 시제품일 뿐이었다. 이들은 요청이 서비스마다 바운스될 때 각 요청과 함께 몇 가지 GUID를 전파하기 위해 구글의 내부 원격 프로시저 호출RPC, Remote Procedure Call 서브 시스템과 제어 흐름 패키지를 수정했다. 완전하게 작동하지는 않았지만, 초기 개념 증명을 통해 이 이론이 잘 작동함을 증명했다. 처음으로, 평범한 구글 엔지니어는 실제로 수백 또는 수천 개의 개별 마이크로서비스에 도달하는 데 걸리는 시간이 150밀리초라는 사실을 알게 됐고 그 안의 개별 웹 요청에 어떤 일이 있었는지 이해할 수 있었다.

그 당시 나는 대퍼에 푹 빠졌다. 대퍼는 참신하고 강력한 기술이었지만, 개인적으로는 아쉬운 부분이 있었다! 그래서 대퍼의 코드를 파고들어 정리하고 둥글게 처리하며, 내부 관료주의를 뛰어넘는 더 많은 부분을 다루기 시작했다(대퍼는 구글의 모든 프로덕션 하드웨어에서 루트 권한으로 실행되는 데몬이 있었고, 현명하게 일을 처리하는 방법을 제시한다). 1~2년 정도 공을 들인 엔지니어 팀의 경이로운 작업 덕분에 대퍼를 구글의 모든 백엔드 소프트웨어에 배포할 수 있었다. 내가 아는 한, 규모가 큰 프로덕션 시스템을 위해 분산 추적을 지속적으로 실행한 팀은 아마 우리 팀이 처음일 것이다.

… 우리는 모든 구글 내의 시스템에 대퍼를 배포하고 관측 가능성 문제를 해결했다.

그러나 진실은 대퍼가 고통스럽지만 문제를 해결할 확실한 해결책이라는 사실이었다. 초창기에는 사람들이 사용하기가 훨씬 어려웠으며, 그에 비해 혜택은 훨씬 적었다. 내가 속한 팀에서는 핵심 성과 지표KPI, Key Performance Indicator를 측정하기 위해 매주 사람들의 로그인 횟수를 확인했고, 숫자가 한 달에 한 번 낮은 두 자리 수로 올랐을 때가 기억난다. 우리는 똑똑한 분석 기능을 꿈꾸고, 배포하고, 열렬한 사용자들의 환호를 기다렸지만, 곧 실망할 수밖에 없었다.

결국 구글이라는 조직 안에서 사용량과 함께 팀의 가치를 높일 수 있는 방법을 찾았지만, 새로운 분석 기능이나 통찰력 있는 시각화 기능은 없었다. 동료 중 한 명은 관련 대퍼를 이용한 추적 링크를 기존에 구글 엔지니어가 매일같이 사용하는 도구에 통합했다. 소수의 사람들이 그 링크를 클릭하고, 때로는 다른 한편으로 가치가 있음을 발견했다.

그게 전부였다. 기존 워크플로우에 간단히 통합하기만 하면 되는 것이다. 분산 추적은 데이터 엔지니어링과 계측 문제를 넘어, 새로운 텔레메트리를 만들 뿐 아니라 차별화되고 분리된 제품 환경으로 보기 때문에 어려운 주제다. 제품 경험이 아무리 매력적이라도, 개발자(당연히 이들도 사람인지라)는 새로운 도구를 굳이 배우려고 하지 않는다. 추적 데이터와 통찰력은 기존의 워크플로우와 실행해야 할 작업의 맥락에 부합해야 한다. 이는 근본적으로 새로운 데이터 소스를 도입하고 관리해야 할 필요성을 정당화할 때 필요한 것을 추적 지향적인 통찰에 이어주는 가장 좋은 방법이다.

분산 추적은 아직 초기 단계의 기술이다. 대퍼 프로젝트의 초기 시절을 생각하면서 코드를 만들기 시작했을 당시, 루이즈에게 몇 가지 논의할 거리를 검토하기 위해 30분 정도 시간을 내달라고 부탁했다. 루이즈는 많은 곳에서 찾는 바쁜 사람이었지만 겸손했으며, 다른 사람을 위해 시간을 내어주는 친절한 사람이었기 때문에 기꺼이 나를 위해 시간을 내어줬다. 그와 만났을 때 나는 약간 순진한 말을 했던 것 같다. 그때 나는 대퍼를 통해 하고 싶은 일을 차분히 말하지 못할 만큼 신이 났었다. 나는 적시 샘플링 메커니즘을 만들고, 애플리케이션 서비스에서 실행되는 커스터마이징된 쿼리를 위한 선언적 프로그래밍 언어를 만들고, 커널 추적을 통합하는 등의 일을 하고 싶었다. 나는 루이즈의 생각을 물었다. 루이즈는 차분한 목소리로 나를 진정시키며, 대퍼를 단순히 프로덕션에 도입하는 일은 큰 작업이 될 것이고 적어도 수년이 걸릴 것이라고 차분하게 설명했다. 루이즈는 "처음부터 시작해야 한다."라고 말했다.

그의 말이 옳았다. 15년이 지난 지금, 그동안 탐구하던 기술의 대부분은 적어도 프로덕션 단계에서 그 이상으로 발전하지 못했다. 분산 추적은 그만한 가치가 있지만 이해하기 어려운 기술 주제다. 그럼에도 불구하고 이 책은 도움을 줄 수 있는 길잡이이며, 이 책의 마지막 부분은 앞으로의 전망을 담았다. 또 다른 15년 안에, 2020년경의 분산 추적을 비판적으로, 그리고 기본적인 방식으로 다시 고려하게 될 것이다. 기술이 어디로 가는지를 이해하면서, 추적과 관측 가능성을 둘러싼 역동적인 환경에 적응할 수 있는 위치를 확보할 수 있을 것이다.

한 걸음 물러서서, '난 하나의 마이크로서비스'만 사용하는 사람은 아무도 없다는 사실을 기억해야 한다.

업계는 이제 마이크로서비스로 화제를 옮겨서, 개발 팀이 독립적으로 운영을 담당할 수 있으며 어느 정도는 최소한 지속적인 통합과 배포가 필요한 곳이 있다는 희망을 얻었다. 그러나 이 '독립성'은 환상이었다. 프로덕션 환경에서 이런 마이크로서비스는 실제로 상호 의존성이 높으며, 한 서비스에서 문제가 발생하거나 속도 저하가 발생하면 마이크로서비스 스택 전체에 오류가 전파돼서 재난과 혼란(수도 없이 쏟아질 끔찍한 내용이 담긴 슬랙 메시지Slack message와 함께)이 발생하는 광경을 봤다.

분산 추적은 이 문제를 해결하는 방법 중 하나일 뿐이다. 분산 추적은 깊이 있는 다중 계층 마이크로서비스 아키텍처의 수백 개 서비스가 끝점과 끝점 사이에서 사용자 요청을 처리할 때 실제로 상호 작용하는 방식을 확인할 수 있는 유일한 창구이다. 분산 추적은 시계열 통계 및 보통의 로그와 비교할 때 텔레메트리 세계에서 비교적 새로운 기술일 수 있지만, 더 큰 시스템을 이해할 때 중요하다. 데이터를 추적하지 않는다면, 무질서한 로그 기록 데이터와 메트릭 대시보드를 통해 추측하고 확인하는 일로 여러분의 역량은 줄어들 것이다.

그러나 분산 추적을 도입하기는 쉽지 않다. 분산 시스템의 동작 원리를 명확하게 설명할 수 있게 만들려면, 반드시 분산 추적이 포함돼야 하고 어떻게 적용할 수 있을지 그 방법을 알아야 한다. 분산 추적을 어떻게 유용하게 만들 수 있을까? 분산 추적을 어떻게 도입해야 할까? 기존 워크플로우와 프로세스에 어떻게 통합할 수 있을까? 그리고 어떻게 이런 노력을 통해 미래에 대비할 수 있을까?

이 질문들은 모두 흥미롭고 도전적이며, 이 책의 전반적인 주제들이기도 하다. 이 책이 여러분에게 도움이 되길 바란다.

– 벤 시겔먼Ben Sigelman

라이트스텝의 공동 창립자 겸 CEO이자 대퍼의 공동 개발자

지은이 소개

오스틴 파커Austin Parker

라이트스텝의 개발자 애드보캣developer advocate으로 활동하고 있으며, 오픈 트레이싱OpenTracing 프로젝트의 핵심 컨트리뷰터이자 관리자이다. 라이트스텝 이전에는 어프렌다의 소프트웨어 아키텍트로 일하면서 쿠버네티스Kubernetes를 사용해 엔터프라이즈 플랫폼을 만들었다.

다니엘 스푼하워Daniel Spoonhower

라이트스텝의 공동 창립자이며 최신 소프트웨어 시스템을 위한 성능 관리 도구를 개발했다. 구글에서 6년간 일했으며, 구글의 내부 인프라와 클라우드 플랫폼 팀의 일원으로 개발자 도구를 개발했다. 병렬 프로그램의 성능, 가비지 컬렉션GC, Garbage Collection, 실시간 프로그래밍 방법론을 연구한 논문을 발표했다. 또한 카네기멜론대학교Carnegie Mellon University에서 프로그래밍 언어로 박사 학위를 받았다. 여전히 자신이 무엇을 좋아하는지 고민하는 삶을 살고 있다.

조나단 메이스Jonathan Mace

맥스 플랑크 소프트웨어 시스템 연구소의 임기 선임 교수로 클라우드 소프트웨어 시스템 연구 그룹을 이끌고 있다. 대규모 분산 시스템을 이해하고 모니터링하고 디버깅하는 방법에 초점을 맞춰 연구하고 있으며, 주목할 만한 연구 성과로는 요즘 분산 추적에서 사용되는 배기지 개념을 도입한 피벗 추적Pivot Tracing이 있다. 페이스북의 내부 성능 추적 시스템인 캐노피Canopy 그리고 추적을 위한 추상화에 관한 박사 과정 연구 내용은 2018년 데니스 리치Dennis M. Ritchie 박사 학위 논문상에서 가작으로 선정됐다.

레베카 아이작스Rebecca Isaacs

현재 대규모 데이터 센터 서비스의 성능 조정과 디버깅에 관한 일을 주로 하는 소프트웨어 엔지니어이다. 연구 과학자로 일해왔으며 최근에는 구글에서 연구 업무를 수행했다. 15년 전 마이크로소프트 연구소에서 처음으로 분산 시스템 추적을 연구하기 시작했으며, 그 후 캠브리지대학교에서 박사 학위를 취득하고 글라스고대학교에서 이학사를 취득했다.

옮긴이 소개

남정현(rkttu@rkttu.com)

(주)데브시스터즈에서 테크니컬 라이터로 일하면서 회사 내부 및 외부의 기술 문서, 사내 통용 문서 작성, 문서 스타일 가이드를 관리하고, 원활하게 지식과 정보를 공유하기 위한 종합적인 활동을 수행한다. 또한 데브옵스 엔지니어로서의 역량을 토대로 문서 자동화, 문서 엔지니어링 분야에도 기여하기 위한 크고 작은 프로젝트를 진행하고 있다.

국내 IT 기술 개발 커뮤니티에서 2009년부터 Microsoft MVP로 활동하면서 클라우드 컴퓨팅 기술과 닷넷 프로그래밍을 국내에 전파하기 위한 다양한 활동을 해왔으며, 최근에는 닷넷데브 커뮤니티(https://forum.dotnetdev.kr) 운영진으로 활동하고 있다.

옮긴이의 말

클라우드 컴퓨팅 서비스의 폭발적인 성장과 함께, 여러 대의 가상 컴퓨터 인스턴스를 사용하고 관리하는 것은 이제 더 이상 낯선 일이 아닌 일상적인 일이 됐다. 자연스럽게 효율적으로 여러 대의 컴퓨터를 관리하고 유지하는 노하우가 필요해졌고, 그러면서 점점 인프라와 애플리케이션 사이를 분리해 애플리케이션과 비즈니스 로직의 본질에만 집중하는 수많은 개발 방법론과 기법들이 등장했다.

그리고 최근 그 정점에는 컨테이너 기반의 아키텍처와 서버리스 아키텍처가 대표 기술로 자리 잡게 됐다. 물론 상황에 따라 다르겠지만, 많은 소프트웨어 개발자는 이제 가상 머신VM의 사양이나 클라우드 컴퓨팅의 세부적인 인프라, 운영체제의 기능이나 하드웨어의 기능이 아니라 소프트웨어를 빠르게 개발하고 배포하는 방법에만 몰두하기 시작했다.

그 결과, 폭발적으로 증가하는 아키텍처의 규모 속에 통제 불가능한 요소도 같이 늘어나게 됐다. 구성 요소들 사이의 상호 작용을 이해하고 문제가 발생했을 때 어떻게 대처해야 할지 알기 위해서는 여러 곳에 흩뿌려진 구성 요소들의 동작을 한 번에 모아서 파악할 수 있어야 한다. 하지만 이런 부분을 미리 대비하고 관심을 가지며 개발하는 경우는 그다지 많지 않을 것이다.

이 책에서는 마이크로서비스 아키텍처에서 꼭 필요한 계측과 문제 진단 기법을 어떻게 구현하고 실제 서비스 환경에 어떻게 적용할 수 있는지를 상세히 소개한다.

그리고 계측 방법론뿐 아니라 여러분이 개발하고 운영할 서비스에서 '기준 성능'이란 무엇을 의미하는지, 어떻게 정의할 수 있는지, 왜 정의해야 하는지를 알려준다. 단순히 '빠르다', '효율적이다'라는 추상적인 개념이 아닌 투자 비용 대비 효과적인 서비스 운영이 무엇인지를 고민해보는 계기도 함께하면서 스스로 통찰할 수 있게 해줄 것이라 생각한다.

분산 추적이라는 거대하고 다소 난해한 주제를 이만큼 정밀하고 상세하게 다룬 책은 많지 않다. 이 책이 여러분의 고민을 해결하고 더 나은 마이크로서비스를 설계하는 데 큰 도움이 되길 바란다.

아울러 텍스트 분량이 적지 않은 이 책의 베타 리딩을 손수 맡아주신 다섯 분의 업계 전문가 분들께 다시 한 번 감사드린다. 또한 이 책을 펴내기 위해 고군분투하실 뿐 아니라 소통하기 쉽지 않은 역자를 잘 어르고 달래어 끝까지 이끌어주신 에이콘출판사의 편집자 및 관계자 여러분께도 깊은 감사의 말씀을 드린다.

2022년 가을 초입에서

남정현

베타 리더의 말

마이크로서비스 아키텍처MSA를 지향하는 개발 현장에서는 테스트와 디버깅의 어려움을 쉽게 마주하곤 한다.

비즈니스 로직을 완성하기 위해 다수의 API들이 호출되고, 이를 분석하기 위해서는 각각의 API 서버에 접근하는 수고로움과 복잡성에 직면하게 된다. 이런 문제를 해결하려고 하는 것이 바로 분산 추적 기술이다.

이 책은 MSA처럼 분산된 시스템의 가시성을 높이기 위해 분산 추적에 대한 기본 개념과 사례를 다루고 있으며, 분산 환경의 개발자들에게 멋진 참고서가 될 것이라고 생각한다.

아는 만큼 보이듯이, 책을 통해 분산 추적을 알게 되면 시스템은 여러분에게 숨겨진 많은 모습을 보여줄 것이다.

– 정재준 / 엑셈 통합 모니터링 SaaS 서비스 개발 본부

분산 시스템에서 분산 추적을 자연스럽게 사용하고 있지만, 분산 추적이 왜 이런 형태로 설계됐고 어떤 역사를 통해 현재의 모습이 됐는지는 알 수 없었다.

이 책을 통해 그런 궁금증이 해소됐고, 분산 추적을 통해 분산 시스템의 모니터링에 대한 더 넓은 인사이트를 얻을 수 있었다.

– 김동현 / 전 F-Lab & Company(CTO), 전 Toss(서버 엔지니어),
전 Hyperconnect(Hakuna Live Backend Team Leader)

마이크로서비스 등의 분산 시스템에서 문제를 추적하는 것은 여러 가지 정보를 조합해야 하기 때문에 쉽지 않은 일이다.

분산 추적을 위해 어떤 정보를 남기고 어떻게 관리해야 하는지 알기가 어려우며, 관련해서 참고할 만한 자료도 많지 않다. 그런 가운데 이 책에 대한 베타 리뷰에 참여하게 돼서 개인적으로 많은 도움이 됐다.

– **강대명** / 레몬트리 CTO

좋은 서비스를 제공하기 위해 애플리케이션들을 안정적으로 배포하고 운영할 수 있는 방법이 더 중요해지고 있으며, 그에 따른 문제점들을 빠르게 확인하기 위한 효과적인 관측과 추적은 문제 해결의 첫걸음이라고 할 수 있다.

이 책은 안정적인 서비스를 위한 방법 중 하나인 분산 추적에 대해 필요한 개념부터 각종 사례를 통한 실질적인 추적 방법까지 다루는 좋은 안내서가 될 것이다.

– **김재훈** / 넥스클라우드 소프트웨어 엔지니어

'분산 추적'은 조금은 낯선 용어였다. 일반적으로 나는 스택 추적 방식을 주로 사용했고, 이 책의 1장에서 설명한 것과 같이 출력문을 넣는 형태가 보편적이었다. 지난 수십 년 동안 단지 표준 출력으로 하느냐, 에러 출력으로 하느냐, 아니면 별도의 로깅 채널에 하느냐의 차이만 있었을 뿐이다.

이 책을 통해 분산 추적의 개념이 무엇이고 어떤 용도로 써야 할지 그림을 그릴 수 있었다. 좀 더 나은 추적 데이터에 대한 필요성을 느꼈고, 앞으로 이를 활용해 시스템의 깊은 곳을 살펴봐야겠다고 생각했다.

그리고 이 추적 데이터와 추적 자체가 나만을 위해서가 아니라 내 주변의 동료들과 앞으로 시스템에 참여하는 모든 사람에게 필요한 것이라는 인식을 갖게 됐다. 마이크로서비스가 일상화된 상황에서 분산 추적의 필요성은 앞으로 더욱 커질 것으로 예상되는 만큼 이 책을 읽어 다행이라는 생각을 하게 됐다.

– **김용욱** / 달리나음(프리랜서 개발자)

차례

10장 과거와 현재 사이의 어딘가 297

11장 개별 요청을 넘어서 307

소개: 분산 추적이란?

이 책을 읽는 여러분은 이미 '분산 추적distributed tracing'이라는 말이 무슨 뜻인지 알고 있을 것이다. 혹시 처음 접하는 개념이라도 괜찮다. 그저 표지에 나와 있는 반디쿠트bandicoot의 그림에 이끌려 왔다고 하더라도 상관없다. 어느 쪽이든 무방하다.

여러분이 이 책을 접하게 된 배경이 무엇이든 간에 분산 추적의 개념을 파악하고 이 기술을 사용해 마이크로서비스와 다른 여러 소프트웨어의 성능 및 운영을 이해할 수 있는 통찰력을 이 책을 읽으며 얻을 수 있을 것이다. 이를 기억하면서 간단한 단어의 뜻부터 알아보자.

분산 추적(분산 요청 추적이라고도 한다.)은 서로 다른 상황들 간의 상관관계를 나타내는 로그를 기록하는 하나의 방법이다. 이 방법은 분산 소프트웨어 시스템을 운영하는 데 있어 성능 프로파일링, 운영 환경하에서의 디버깅, 실패나 다른 사고의 근본 원인 분석 등을 수행하는 상황에서 가시성을 확보할 수 있도록 도와준다. 분산 추적은 특정 서비스가 전체 서비스에서 정확하게 어떤 역할을 하는지 이해할 수 있게 해주며, 서비스와 분산 시스템 전체의 성능에 관한 의문 사항에 대해 질문과 답변을 할 수 있게 한다.

"참 쉽죠? 다음 책에서 봐요!"

…라고 하면서 이 책을 끝내면 안 된다는 것을 잘 알고 있다. 책을 환불하러 가지 말길 바란다.

단지 이런 정의만으로는 만족하지 못할 여러분이라는 사실 역시 알고 있다. 한 걸음 물러나서 분산 추적 기법으로 해결되는 문제들을 더 잘 이해할 수 있도록 소프트웨어, 특히 분산 애플리케이션을 살펴보자.

분산 아키텍처와 엔지니어들

소프트웨어를 개발, 배포, 운영하는 기술은 끊임없이 진보한다. 컴퓨팅 하드웨어 및 소프트웨어의 새로운 발전으로 지난 몇 년에 걸쳐 애플리케이션의 모습이 크게 바뀌었다. 유행은 돌고 돌아 오래된 것이 다시 새로운 기술로 되돌아오기도 한다. 그렇지만 여기서는 간결한 설명을 위해 지난 20년간의 변화만 주로 살펴볼 것이다.

가상화 기술과 컨테이너 기술이 발전하기 전에는 어떤 종류의 웹 기반 애플리케이션을 배포하려면 애플리케이션 그 자체를 위한 전용 서버가 필요했다. 애플리케이션 트래픽이 증가하면서 해당 서버의 물리적 리소스를 늘리거나(예: 시스템 메모리 추가) 각각의 애플리케이션 복사본을 실행하는 여러 개의 서버가 필요했다.

모놀리스monolith 방식의 서버 프로세스를 사용했을 때 수평적 확장 때문에 비용이 증가하고 성능이 저하되고 팀의 운영 부담이 커져서 일에 도움이 되지 않는 경우가 종종 있었다. 서버의 여러 인스턴스를 실행하면 개별 하위 구성 요소를 독립적으로 확장하지 않고 서버의 모든 기능을 복제할 수 있었다. 기존 인프라에서는 인프라를 증설하는 동안 발생할 수 있는 성능 저하를 얼마나 허용할 것인지를 (몇 분에서 길게는 몇 시간까지) 결정해야 하는 경우가 많았다. 서버는 실행 비용이 저렴하지 않다. 그렇다면 필요하지 않을 때도 최대 크기의 용량으로 실행하는 이유는 무엇일까? 마지막으로, 애플리케이션이 더 커지고 더 복잡해지면서 작업에 관여하는 개발자의 수도 늘어나서 새로운 변경 사항을 테스트하고 검증하는 것이 더 어려워졌다. 팀의 규모가 커지면서 개발자가 전체 시스템의 형태를 이해하지 않고서는 코드를 이해하기가 힘들어졌다. 점점 더 작아진 변화는 그 영향이 한 구성 요소에서 다른 구성 요소로 퍼지면서 전체 애플리케이션이 실패하는 파급 효과가 일어날 가능성을 높였다.

그러나 시간이 흐르면서 해결책이 나왔다. 소프트웨어는 가상화 같은 기술을 사용해 물리적 하드웨어를 몰라도 되도록 추상화해서 하나의 물리적 서버를 여러 개의 논리적 서버로 나눌 수 있게 만들었다. 도커Docker를 중심으로 태동한 여러 컨테이너 기술은 이 개념을 확장해 무거운 가상 머신을 뛰어넘는 가볍고 사용자 친화적인 가상화를 제공해 소프트웨어를 누가 어떻게 배포할 것인지 더 이상 운영자만 고민하는 것이 아니라 개발자도 함께 고민하는 시대가

됐다. 클라우드 컴퓨팅의 대중화와 주문형 컴퓨팅 리소스 관리 방식이 널리 사용되면서, 언제든 버튼을 클릭하면 원하는 서버를 가리켜 원하는 메모리의 양이나 CPU 코어의 수를 요청해 리소스 확장 문제와 비용 지출 문제를 쉽게 해결할 수 있었다. 또한, 마이크로서비스 아키텍처라는 개념은 느슨하게 결합된 독립적인 서비스를 중심으로 대규모 애플리케이션을 구성해 점점 더 크고 복잡한 소프트웨어 지향 비즈니스가 만들어내는 복잡한 문제들을 해결하기 시작했다.

요즘 대부분의 애플리케이션은 마이크로서비스를 사용하지 않더라도 어떤 방식을 사용하든 관계없이 배포할 수 있다. 간단한 클라이언트-서버 애플리케이션이라고 할지라도 분산 배포하는 시대이다. 이런 간단한 모델에서도 서버 호출 후 응답 시간이 지났거나, 응답 데이터에 문제가 발생했거나, 작업이 전혀 실행되지 않은 경우 등과 같은 고전적인 예외 처리를 어떻게 하면 좋을지 고민해야 한다. 또한 클라우드 공급자가 제공하는 서비스로 사용되는 데이터 저장소 또는 분석에서 푸시 알림 등에 이르기까지 모든 것을 제공하는 전체 호스트의 서드파티 API와 같이 다양한 분산 종속성이 있을 수 있다.

분산 애플리케이션은 왜 대중적으로 사용되기 시작했을까? 분산 애플리케이션을 도입해야 한다고 말하는 사람들의 주장 가운데 대표적인 것만 몇 가지 살펴보면 다음과 같다.

확장성

분산 애플리케이션은 급작스런 수요 변화에 좀 더 쉽게 대응할 수 있으며, 확장성을 구현하기에 더 효율적일 수 있다. 많은 사람이 애플리케이션에 로그인해야 할 때, 단순히 로그인 서비스만 확장하면 되기 때문이다.

신뢰성

한 구성 요소의 문제 때문에 전체 애플리케이션이 중단되지 않아야 한다. 분산 애플리케이션은 다양한 서비스 프로세스와 호스트를 통해 기능을 분리해서 복원력이 훨씬 뛰어나기 때문에 종속 서비스가 오프라인 상태가 돼도 애플리케이션의 나머지 부분에 영향을 주지 않는다.

유지 보수 편의성

분산 애플리케이션은 몇 가지 이유로 관리하기가 더 쉽다. 서비스를 서로 분리하면, 각 구성 요소가 더 작은 책임에 집중할 수 있도록 바뀌면서 관리 작업을 더욱 고도화할 수 있다. 또한 클라우드 플랫폼 업체의 음성 인식 서비스에 의존해 애플리케이션에서 음성 인식 기능을 추가하는 등의 기능을 직접 구현하거나 관리하지 않고도 자유롭게 기능을 추가할 수 있다.

이는 분산 아키텍처의 이점이라는 측면에서 극히 일부의 내용일 뿐이다. 물론 당연히 단점 또한 있다.

딥 시스템

분산 아키텍처는 딥 시스템deep system[1]이라고 부르는 소프트웨어 아키텍처의 대표적인 예시로 언급된다. 이런 시스템은 규모가 크기 때문이 아니라 복잡하기 때문에 주목할 만하다. 분산 아키텍처에서 특정 서비스나 서비스 수준을 생각한다면, 차이점을 파악할 수 있을 것이다. 캐시 노드 풀cache node pool은 필요할 때 즉시 확장할 수 있지만(요구 사항을 처리하기 위해 더 많은 인스턴스를 추가하기만 하면 된다.), 그 외의 서비스는 다르게 확장된다. 요청은 3개, 4개, 14개 또는 40개의 서로 다른 서비스 계층을 통해 전달할 수 있으며, 각 계층마다 미처 파악하지 못한 다른 종속성이 있을 수 있다. 비교적 간단한 서비스를 사용하더라도, 소프트웨어는 사용자가 만들지 않은 코드 또는 클라우드 서비스 방식의 관리형 서비스나 상태를 관리하는 기본 오케스트레이션 소프트웨어에 수십 가지 구성 요소가 필요하다.

딥 시스템의 문제는 결국 사람과 관련된 문제이다. 요청에 직접적인 영향을 끼치는 크리티컬 패스critical path상의 서비스를 온전히 이해하고 계속 관리하려면 적어도 한 사람 또는 한 팀 전체가 모든 노력을 기울여야 하지만, 이는 지속하기 어려운 일이다. 서비스 소유자가 제어할 수 있는 범위와 내재된 책임의 범위는 그림 P-1에 나와 있다. 이 그림에서 보여지는 종속

1 [Sig19]

성은 다른 서비스 소유자를 계속 신경 써야 하고, 끊임없이 문제를 해결해야 하며, 서비스가 서로 어떻게 상호 작용하는지 파악해야 하므로 스트레스와 번아웃의 근원이 된다.

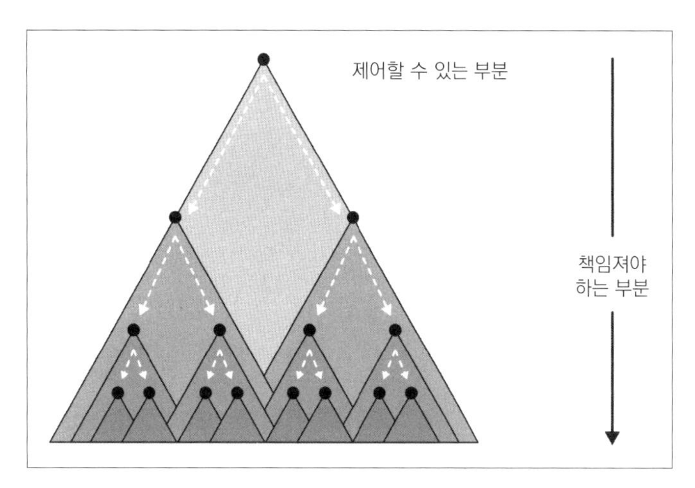

그림 P-1 제어할 수 있는 서비스에는 책임이 있지만, 직접 제어할 수 없는 종속성이 있다.

분산 아키텍처는 소프트웨어의 상태와 성능을 이해하기 위해 새로운 접근 방식이 필요하다. 단순히 스택 추적 하나만 보거나 CPU 및 메모리 사용률의 그래프를 보는 것만으로는 충분하지 않다. 소프트웨어가 깊고 폭넓게 확장되면서, 로그와 메트릭 같은 텔레메트리 데이터만으로는 프로덕션에서 문제를 빠르게 식별할 수 없다.

분산 아키텍처를 이해하는 것의 어려움

소프트웨어에 분산 아키텍처를 적용하는 것은 새롭고 흥미로운 도전 과제를 제시하는데, 무엇보다 실패와 충돌을 파악하기 더욱 어려워진다. 여러분이 담당하는 서비스는 전 세계의 팀(또는 원격 팀)이 관리하므로, 제어할 수 없는 곳에서 잘못됐거나 예상치 못한 데이터를 처리하다가 오류가 발생했을 수도 있다. 굳건하다고 생각한 서비스에 발생하는 문제는 갑자기 모든 서비스에서 연속적으로 여러 문제와 오류를 일으킨다. 트위터상의 말을 빌리면, 여러분은 '마이크로서비스 살인 미스터리'(그림 P-2 참조)에 휘말리는 것이다.

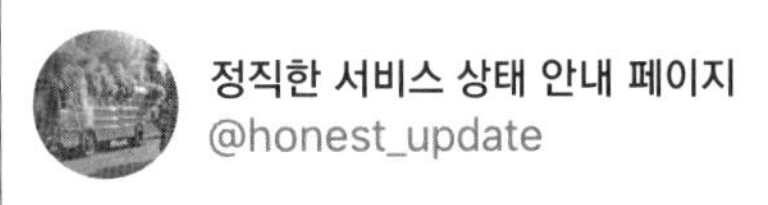

모놀리스를 마이크로서비스로 교체한 덕분에 모든 서비스 중단은 마치 미스터리한 살인 사건처럼 보일 거예요.

7:10 PM · Oct 7, 2015 · Buffer

그림 P-2 사실이기 때문에 재미있다.

미스터리한 살인 사건을 확장해보면, 모니터링은 사건의 원인을 파악할 때는 도움이 되지만 살인이 발생한 이유는 밝히지 못한다. 분산 추적은 세 가지 기술만으로는 해소되지 않는 문제의 해결책을 제공해 전체 시스템을 쉽게 이해할 수 있게 해서 이런 차이(어디서 발견된 것인지는 알지만, 왜 발생했는지는 모르는 상황)를 해소한다.

난독화

애플리케이션이 더욱 분산되면 문제들 사이의 일관성이 떨어지기 시작한다. 즉, 원인과 결과 사이의 거리가 멀어진다. 예를 들어 클라우드 플랫폼 업체의 BLOB 스토리지에 문제가 발생해 서비스가 멈추면, 모든 사람에게 엄청난 지연 시간이 발생하거나 특정 서비스에서 진단하기 어려운 오류가 발생해 적절한 원인을 찾을 수 없을 것이다.

불일치

분산 애플리케이션은 어느 정도 믿을 수 있지만, 개별 구성 요소의 상태는 모놀리스 또는 비분산 애플리케이션보다 일관성이 떨어질 수 있다. 또한 분산 애플리케이션의 각 구성 요소는 독립적으로 설계됐기 때문에 서로 일관성이 없을 수 있다. 예를 들어 '누군가가 새로운 버전으로 배포를 진행하면 어떻게 될까?', '다른 모든 구성 요소가 어떤 일을 하는지 이해하는가?', '이것이 전체 애플리케이션에 어떤 영향을 주는지 아는가?' 같은 질문을 해야 할 것이다.

탈중앙화

> 서비스의 성능에 대한 중요한 데이터가 분산 아키텍처라는 정의에 따라 분산된다. 수백 개의 호스트에서 수천 개의 서비스 사본들이 실행 중일 때, 어떻게 서비스에서 문제가 발생했는지 찾아볼 수 있을까? 이런 실패를 어떻게 연관 지을 수 있을까? 분산 애플리케이션의 가장 큰 장점은 역으로 애플리케이션이 실제로 어떻게 작동하는지 이해하려고 할 때 오히려 방해가 된다.

이런 어려움을 어떻게 해결할 수 있는지가 궁금하지 않은가? 사실 여러분은 이미 정답을 알고 있다. 바로 분산 추적이다.

분산 추적은 어떻게 도움이 되는가?

분산 추적은 딥 시스템이 만들어내는 어마어마하게 복잡한 구성을 관리하는 중요한 도구로 등장한다. 요청 수명에 걸친 컨텍스트를 제공하고 아키텍처의 상호 작용과 형태를 이해할 때 사용할 수 있다. 그러나 이런 개별 추적은 시작에 불과하다. 전체 추적은 분산 시스템에서 실제로 무슨 일이 일어나는지 알게 해주는 중요한 통찰을 줄 수 있다. 서비스와 관련된 흥미로운 데이터를 연관시킬 수 있을 뿐 아니라(예를 들어 대부분의 오류는 특정 호스트 또는 특정 데이터베이스 클러스터에서 발생하지만), 다른 종류의 텔레메트리의 중요도를 필터링하고 순위를 매길 수 있다. 분산 추적은 문제 해결을 위한 조사와 관련된 내용으로만 필터링할 수 있는 콘텍스트를 효과적으로 제공한다. 따라서 여러 로그와 대시보드를 추측하고 확인할 필요가 없다. 이런 방식으로 분산 추적은 사실상 최신 관측 가능성 플랫폼 기술의 중심에 있으며, 별도의 도구가 아닌 분산 아키텍처의 핵심 구성 요소가 된다.

그래서 추적이란 무엇인가? 이해하기 가장 쉬운 방법은 요청 측면에서 소프트웨어를 생각하는 것이다. 각 구성 요소는 다른 서비스의 요청(원격 프로시저 호출RPC)에 대한 응답을 주기 위해 일종의 작업을 수행한다. 이것은 웹 페이지가 서비스 끝에 있는 사용자에게 구조화된 데이터를 제공하기 위한 요청과 같이 평범할 수도 있고 고도로 병렬 처리되는 검색 프로세스처럼 복잡할 수도 있다. 요청을 처리하는 작업의 실제 특성은 그다지 중요하지 않지만, 나중에 살펴볼 특정한 패턴이 특정 스타일의 추적에 적합하다는 점은 중요하다. 분산 추적은 대부분의 분산 시스템에서 작동하지만, 이 기능의 강점은 4장에서 설명할 내용이기도 한, 서비스 사이의 RPC 관계를 모델링할 때 가장 잘 나타난다.

RPC라는 관계뿐 아니라 각 서비스가 담당하는 작업을 생각해보자. 사용자 역할을 인증하고 권한을 부여하거나, 복잡한 수학 연산을 처리하거나, 단순히 한 형식에서 다른 형식으로 데이터를 변환하는 것일 수도 있다. 이런 서비스는 RPC를 통해 서로 통신하고 요청을 보내고 응답을 받는다. 하는 일에 상관없이, 이 모든 서비스는 공통적으로 작업을 처리할 때 시간이 오래 걸린다. 서비스와 RPC의 기본 패턴은 그림 P-3에 설명했다.

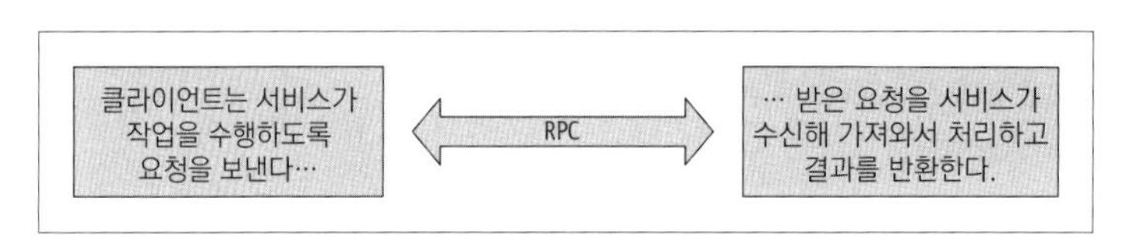

그림 P-3 클라이언트 프로세스에서 서비스 프로세스로 가는 요청

각 서비스가 수행하는 작업을 스팬span이라고 하는데, 스팬의 시간은 작업에 소요되는 시간이다. 이런 스팬에는 메타데이터(속성 또는 태그라고 함)와 이벤트(로그라고도 함)로 설명을 달 수 있다. 서비스 사이의 RPC는 요청의 성격과 요청이 발생하는 순서를 모델링하는 관계를 통해 표현된다. 이 관계는 추적 콘텍스트를 통해 전파되며, 추적을 고유하게 구분하는 일부 데이터와 추적 내의 각 개별 스팬을 식별한다. 스팬 데이터는 각 서비스에서 생성된 후 외부 프로세스로 보내져서 다른 추적에 합쳐지거나, 통찰을 얻기 위해 분석 작업에 사용되거나, 또는 이후 분석에 활용할 데이터로 저장될 수 있다. 추적의 간단한 예를 나타낸 그림 P-4는 두 서비스 사이의 추적과 첫 서비스 내의 하위 추적을 보여준다.

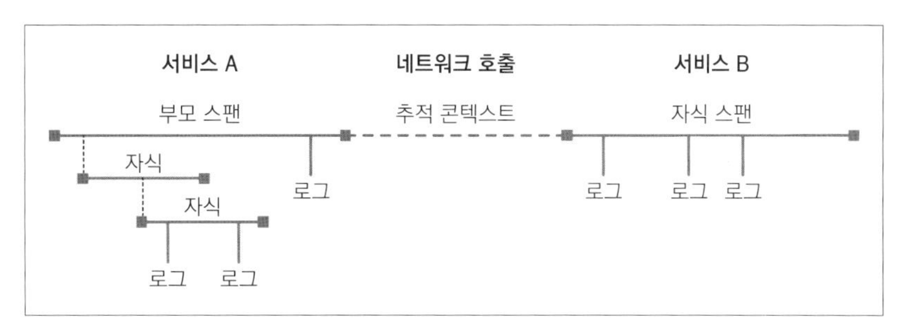

그림 P-4 간단한 추적의 예시

분산 추적은 서비스를 통한 각 논리적 요청이 하나의 논리적 요청으로 표시되도록 관리해 분산 아키텍처 특유의 복잡성을 최소화한다. 분산 추적을 통해 주어진 비즈니스 로직 실행과 관련된 모든 데이터가 분석되고 제시되는 시점까지 결합된 상태로 유지된다. 또한 특정 API나 다른 경로를 따르는 서비스들 사이의 관계를 사용해 만들 수 있는 질의를 허용하고 '다른 서비스가 다운되면 내 API는 어떻게 될까?'와 같은 질문을 함으로써 불일치 문제를 해결한다. 마지막으로, 나중에 중앙 집중화할 수 있도록 수집기에서 독립적으로 추적 데이터를 삽입하는 방법을 프로세스가 제공하고 여러 데이터 센터, 리전region 또는 다른 배포 환경에서 실행 중인 요청을 시각화하고 이해할 수 있게 함으로써 탈중앙화 문제를 해결한다.

이 모든 내용을 고려하면서, 분산 추적으로 실행할 수 있는 작업으로는 어떤 것이 있을지 생각해보자. 분산 시스템을 이해하려고 할 때 무엇이 중요할까? 몇 가지 실제 사례를 들어보면 다음과 같다.

- 유명 트랜잭션 이메일 발송 업체와 메시징 솔루션 업체들은 레디스로 가는 호출 추적을 포함해 백엔드 플랫폼 전반에 분산 추적을 구현했다. 이 추적 데이터로 레디스 호출에 불필요한 호출이 있다는 것을 빠르게 파악할 수 있었고, 캐시에 불필요한 데이터가 많이 들어간다는 사실도 알게 됐다. 이처럼 불필요한 호출을 제거하면서 회사는 이메일을 보내는 데 걸리는 시간을 1,000밀리초에서 100밀리초로 단축했다. 이 개선으로 전송되는 모든 이메일의 처리 시간이 약 85% 단축된 것으로 나타났으며, 하루에 10억 개 이상의 이메일을 보낼 수 있는 플랫폼으로 성장했다. 덕분에 회

사에서는 불필요한 호출을 발견할 수 있었을 뿐 아니라 다른 서비스로 가는 호출을 제거하면서 나타나는 영향을 검증하고 작업의 가치를 정량화할 수 있었다.

- 어떤 데이터 회사는 분산 추적 데이터를 사용해 기본 데이터베이스가 앞의 기준으로 과부하가 걸린 문제 상황 도중에 요청량을 쉽게 비교할 수 있었다. 발생한 성능 저하 현상 중 개별 요청의 콘텍스트와 함께 히스토리 성능에 관련된 집계 통계 데이터를 볼 수 있으므로, 문제의 근본 원인을 파악할 때 필요한 시간이 크게 줄었다.
- 어떤 유명 건강 및 피트니스 분야 회사는 애플리케이션에 분산 추적을 구현했다. 엔지니어들은 문서 데이터베이스의 성능을 분석하면서 통합할 수 있는 반복 호출을 파악할 수 있었으며, 그 덕분에 대기 시간이 단축되고 코드의 효율성이 좋아졌다.
- 어떤 주문형 비디오 플랫폼은 분산 추적을 사용해 시스템이 의존하는 관리형 서비스의 지연 문제를 해결했다. 솔루션 업체보다 먼저 클라우드 솔루션 업체의 카프카 파이프라인에서 문제를 파악할 수 있었으므로 문제에 신속하게 대응하고 원하는 성능을 복원할 수 있었다.

몇몇 예를 들면, 분산 추적은 테스트 파이프라인과 구글의 글로벌 규모의 검색 기술에 대한 운영 가시성을 제공해 지속적인 통합 시스템을 더 잘 이해하려는 팀에 가치를 입증했고 오픈텔레메트리OpenTelemetry와 같은 오픈소스 프로젝트의 토대가 됐다. 그렇다면 분산 추적이란 도대체 무엇일까?

분산 추적과 여러분

분산 추적 역시 분산 애플리케이션을 이해하는 하나의 방법이다. 하지만 어딘가 석연치 않고 뜬구름 잡듯이 접근하는 것 같아서 활용하기는 쉽지 않아 보인다. 실제로 분산 추적을 이해하는 가장 좋은 방법은 실제로 분산 추적을 적용해보는 것이다. 그래서 여러분은 이 책을 구입한 것이고, 이 책은 분산 추적을 적용하는 방법을 알려줄 것이다!

다음 장에서는 애플리케이션을 위한 분산 추적 구현체를 만들기 시작하려면 알아야 하는 세 가지 기술을 다루고, 분산 아키텍처로 인한 문제를 해결하기 위해 적용할 수 있는 전략을 알아볼 것이다. 분산 추적을 위해 소프트웨어를 구성하는 다양한 방법과 사용할 수 있는 추적 및 모니터링 방식을 알아본다. 또한 계측에서 생성하는 모든 데이터를 수집하는 방법과 추적 데이터의 수집 및 저장에 관련된 다양한 성능 고려 사항, 비용을 설명한다. 그 후에 추적 데이터에서 가치를 창출하고 유용한 운영 통찰력으로 전환하는 방법을 알아볼 것이다. 마지막으로는 분산 추적의 미래를 전망해볼 것이다.

이 책이 끝날 무렵, 여러분은 흥미진진한 분산 추적의 세계를 이해하고 소프트웨어를 위해 분산 추적을 언제, 어디서, 어떻게 구현할 수 있는지 이해할 수 있을 것이다. 결국 분산 추적의 진짜 목표는 소프트웨어를 좀 더 쉽게 빌드하고 운영하고 이해하는 것이다. 이 책에서 교훈을 얻어 여러분의 팀에서 차세대 모니터링 전략과 관측 가능성 문화를 만들어나갈 때 도움이 되길 바란다.

편집 규약

이 책에서는 다음과 같은 표기법을 사용한다.

`고정폭 글씨체`

단락 내에서 프로그램 목록, 변수 또는 함수의 이름, 데이터베이스, 데이터 유형, 환경 변수, 명령문, 키워드와 같은 프로그램 코드 요소를 나타낸다.

이 요소는 일반적인 참고 사항을 나타낸다.

보충 자료 다운로드

각종 보충 자료(코드 예제, 연습 문제 등)는 깃허브에서 다운로드할 수 있다. 예제 코드를 그대로 복제하지 않는 이상 코드 사용과 관련해 저자의 허락을 받을 필요는 없다. 책을 인용하는 것은 괜찮지만, 상업적으로 사용하는 경우 사전 허락이 필요하다.

출처 표기가 꼭 필요하지는 않지만 표기해준다면 감사하겠다. 저작자 표기를 할 때는 제목, 저자, 출판사, ISBN을 기재한다.

문의

이 책과 관련해 질문이 있다면 bookquestions@oreilly.com으로 문의하길 바란다. 한국어판에 관한 질문은 에이콘출판사 편집 팀(editor@acornpub.co.kr)이나 옮긴이의 이메일로 문의하길 바란다.

이 책을 위한 정오표, 예제, 추가 정보는 웹 페이지(https://oreil.ly/distributed-tracing)에서 확인할 수 있다.

감사의 말

오라일리의 편집자 사라 그레이, 버지니아 윌슨, 캐더린 토저를 비롯해 여러 가지 작업과 함께 이 책의 출간 과정을 함께 해주신 모든 출판 관계자 여러분께 감사드린다. 통찰력과 피드백을 준 기술 검토자에게도 감사 인사를 전한다. 덕분에 더 나은 책을 만들 수 있었다. 또한 벤 시겔먼과 라이트스텝의 직원들이 베풀어준 많은 도움에 진심을 담아 고마움을 전한다.

저를 이 세상에 태어나게 해주신 부모님께 감사하고 매일 아들에게 영감을 준 아버지께 존경을 표한다. 나의 사랑스러운 아내에게도 고마운 마음을 전한다.

– 오스틴 파커

오스틴과 저를 지원해주신 라이트스텝의 모든 분들, 특히 추적 구현과 사용 경험을 공유하고 많은 질문에 답변해주신 분께 고마움을 전한다. 명확한 글쓰기의 가치를 이해하도록 도와준

밥 하퍼와 가이 블렐라크에게도 감사드리고 싶다. 또한 이 책을 쓸 수 있도록 도와준 나의 가족에게도 고마움을 전한다.

– 다니엘 스푼하워

분산 추적을 프로덕션 환경에서 사용해 유용함을 언을 수 있도록 도움을 준 나의 동료들의 경험, 조언과 훌륭한 아이디어에 감사를 표한다. 또한 분산 시스템의 추적과 분석에 필요한 통찰력과 지혜를 전해준 폴 바럼에게 감사한다.

– 레베카 아이작스

표지 그림

이 책의 표지에서 부제 글자에 코를 대고 냄새를 맡는 동물은 코가 긴 반디쿠트long-nosed bandicoot(학명: Perameles nasuta)이다. 반디쿠트는 호주 동부에 있는 열대 우림과 삼림의 해안을 따라 좁은 지역에서 발견되는 유대류 동물이다.

코가 긴 반디쿠트는 갈색을 띤 회색의 털과 짧은 꼬리가 특징이며, 무게는 대략 907그램이고 자라면서 몸 길이가 30.5센티미터 정도까지 늘어난다. 수명은 보통 5년에서 6년 정도이다. 이 반디쿠트는 발톱이 달린 발가락과 특징적인 주둥이로 마구 구멍을 뚫을 때 독특한 원뿔 모양의 구멍을 판다. 밤에는 곤충, 곰팡이, 식물을 먹이로 삼으며, 낮에는 얕은 흙 구덩이에 둥지를 튼다. 코가 긴 반디쿠트의 주머니는 땅을 파내어 새끼를 보호하기 위해 뒤쪽으로 나 있다.

2015년에 코가 긴 반디쿠트의 보전 상태가 마지막으로 평가됐을 때 당국은 이 종을 최소 관심종으로 분류했지만, 호주 농림 수자원 환경부는 2019년과 2020년 사이에 발생한 초대형 산불 이후 이 동물이 멸종 위기에 처해 있다고 밝혔다. 오라일리 도서의 표지에 그려지는 많은 동물은 멸종 위기종들이다. 모든 동물은 세상에 없어서는 안 될 중요한 존재들이다.

표지 그림은 카렌 몽고메리Karen Montgomery가 마이어스 클라이네스 렉시콘Meyers Kleines Lexicon의 흑백 조각을 바탕으로 그린 것이다.

1장

분산 추적 문제

> 내 도구로 내 도구를 망가뜨렸기 때문에 도구가 없다.
>
> – 제임스 미켄스James Mickens[1]

컴퓨터 프로그램이 실행되는 과정을 추적하는 일은 일상적이다. 여러분이 만들고 실행하는 애플리케이션을 프로파일링, 디버깅, 모니터링할 때는 프로그램의 호출 스택을 잘 이해하는 것이 무척 중요하다. 스택 추적은 널리 사용하는 디버깅 기법 중 하나이며, 코드에 출력문을 남기는 방식으로 디버깅하는 일이 많다. 업계에서 널리 쓰이는 도구, 프로세스와 기술들은 지난 20년 동안 많이 발전했으며 새로운 방법론과 아이디어를 도입했다. 앞서 '소개: 분산 추적이란?'에서 돌아본 것처럼, 마이크로서비스 같은 최신 아키텍처에서 발생하는 문제들은 전통적인 프로파일링, 디버깅, 모니터링 방법만으로는 해결하기가 어렵다. 분산 추적은 새로운 기술을 도입하면서 발생하는 문제들을 쉽게 해결할 수 있도록 많은 사람이 참여해 발전한 기술이다.

그런데 한 가지 문제가 있다. 분산 추적은 이해하기 쉽지 않은 기술이다. 왜 그럴까? 분산 추적을 도입하려고 할 때는 해결해야만 하는 세 가지 근본적인 문제가 있다.

먼저, 분산 추적을 하려면 추적 데이터를 만들어야 한다. 흔히 볼 수 있는 실행 환경에서 분산 추적을 제대로 구현한 사례는 찾기 어렵다. 아마도 추적 데이터를 생성할 때 필요한 계측

1 [Mic13]

코드를 쉽게 적용할 수 있도록 소프트웨어가 준비되지 않았기 때문일 것이다. 대부분의 분산 추적 플랫폼이 기반으로 삼는 요청 기반 스타일과는 다른 패턴으로 추적 기능을 구현하려고 할 것이다. 분산 추적을 도입하려는 시도는 기존의 오래된 코드를 계측해야 하는 문제 때문에 시작부터 큰 난관에 봉착할 수 있다.

분산 추적을 도입할 때 만날 수 있는 또 다른 문제점은 소프트웨어가 생성한 추적 데이터를 수집하고 저장하는 방법이다. 수백 또는 수천 개의 서비스가 각각의 요청마다 초당 수백만 번에 걸쳐 작은 양의 추적 데이터를 만들어낸다고 상상해보자. 데이터를 어떻게 수집할 것이고, 또 어떻게 저장해야 검색이나 분석이 쉬울까? 보관에 사용할 용량과 기간은 얼마나 잡아야 적당할까? 다양한 서비스 요청에 대비해 어떻게 더 많은 데이터를 수집할 수 있을까?

마지막으로, 필요한 데이터를 모두 얻었다고 했을 때 이로부터 어떤 가치를 만들 수 있을지도 고민해봐야 한다. 아주 적은 양의 추적 데이터에서 의미 있는 통찰을 얻어내고 알차게 활용하려면 어떻게 해야 할까? 다른 서비스 텔레메트리에 콘텍스트를 제공해 문제를 진단할 때, 추적 데이터를 사용해서 필요한 시간을 줄이려면 어떻게 해야 할까? 추적 데이터를 엔지니어링 작업뿐 아니라 비즈니스의 다른 부분에서도 가치 있게 쓸 수 있을까? 이런 질문들은 분산 추적을 시작하려는 많은 사람의 머리를 아프게 한다.

분산 추적을 도입하면 시스템의 깊숙한 부분을 잘 볼 수 있도록 해주고, 요청의 개별 서비스가 각 요청의 전반적인 성능에 어떻게 관여하는지 쉽게 이해할 수 있는 기능을 활용할 수 있다. 생성할 추적 데이터는 분산 시스템의 전체 형태를 표시할 뿐만 아니라(그림 1-1 참조), 한 요청 안에서 개별 서비스들의 성능을 볼 때도 사용할 수 있다.

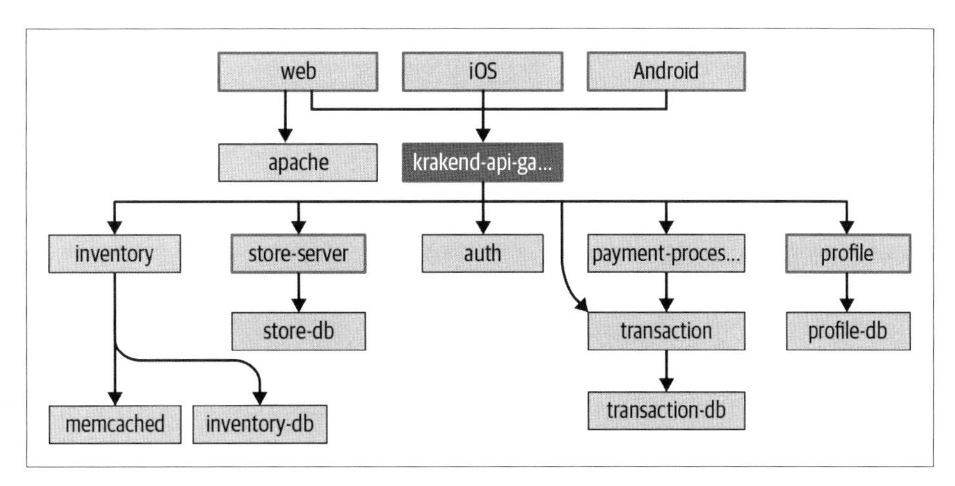

그림 1-1 분산 추적 데이터에서 생성된 서비스 맵

그림 1-2에서 볼 수 있듯이, 요청이 프론트엔드 클라이언트에서 백엔드 서비스로 전달되면서 요청을 검사하고 대기 시간이나 오류가 발생하는 패턴 및 이유와 전체 요청에 미치는 영향을 이해할 수 있다. 이런 추적은 특정 서비스가 실행 중인 호스트 또는 리전을 나타내는 메타데이터와 같이 프로덕션 환경에서 문제를 해결할 때 유용하고 풍부한 정보를 얻을 수 있다. 또한 문제를 빨리 해결해야 하거나 다양한 요소가 서비스 성능에 어떤 영향을 주는지 이해하기 위해 추적 데이터를 원하는 대로 검색하고 정렬하고 필터링하고 그룹으로 묶어서 정보들을 세밀하게 분석할 수 있다.

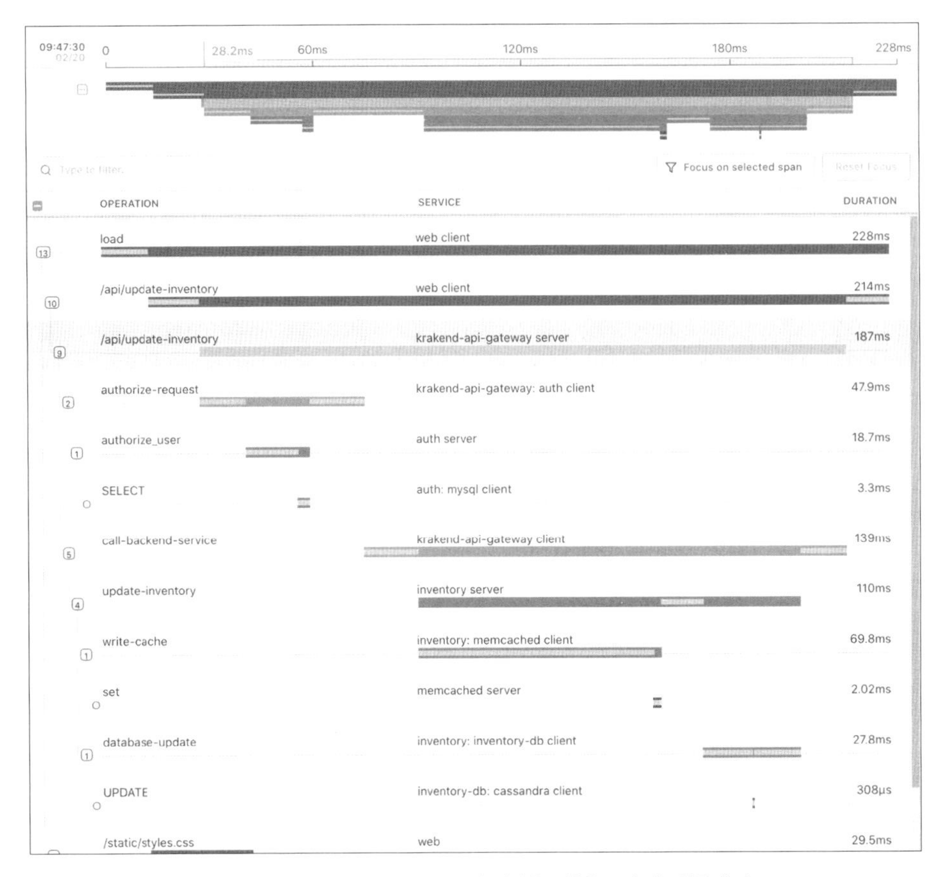

그림 1-2 프론트엔드 웹 클라이언트가 시작한 요청을 보여주는 샘플 추적

여기서 어떻게 원하는 목적을 달성할 수 있을까? 분산 추적을 성공적으로 도입하려면 무엇이 필요할까?

분산 추적 도입의 여러 요소

이런 질문들에 대한 답을 찾고 여러분의 생각을 쉽게 정리할 수 있도록 이 책에서는 분산 추적 도입을 크게 세 부분으로 나눠 내용을 구성했다. 이 세 가지 기술은 서로 연결돼 있지만, 필요한 부분만 나누고 원하는 것만을 찾아서 볼 수도 있다. 즉, 세 가지 기술을 모두 다 잘 알아야 할 필요는 없다. 이 책에서는 각 장마다 시스템과 소프트웨어의 신뢰도를 높이기 위해 분산 추적을 적절하게 도입하는 구체적인 방법과 함께 학습할 내용, 예제를 담았다.

계측(2장)

분산 추적을 위해서는 우선 추적이 필요하다. 추적 데이터는 서비스 프로세스에 계측 기능을 추가하거나 기존 텔레메트리 데이터를 추적 데이터로 변환해 생성할 수 있다. 이 장에서는 스팬과 요청 기반 분산 추적의 구성 요소, 서비스에서 생성되는 추적 방법을 알아볼 것이다. 분산 추적을 소프트웨어로 쉽게 부트스트랩bootstrap할 수 있는 계측 API 등을 활용할 수 있게 해주는 오픈 텔레메트리라는 오픈소스 기술이 있다. 오픈 텔레메트리는 널리 쓰이는 오픈소스 기술이며, 이와 같은 계측 프레임워크를 통해 최신 기술을 설명한다. 또한 신규 개발뿐만 아니라 레거시 코드에 계측 기능을 추가하는 모범 사례를 살펴볼 것이다.

배포(5장)

추적 데이터를 생성한 후에는 어딘가로 데이터를 보내야 한다. 팀에 추적 기능을 도입하려면, 최종 사용자와 클라이언트를 위해 소프트웨어가 실행되는 위치와 서버에서 소프트웨어가 실행되는 방식을 이해해야 한다. 추적 데이터를 수집하고 저장할 때 고려해야 할 보안, 개인정보 보호, 규정 준수에 관련된 부분들을 이해해야 한다. 얼마나 많은 데이터가 유지되고 얼마나 많은 데이터가 샘플링으로 알려진 프로세스를 통해 폐기되는지 고려해보면서, 기회 비용을 계산하고 적절한 처리 방안을 선택해야 할 수도 있다. 지금 살펴본 내용들을 지혜롭게 해결한 모범 사례를 알아보고, 시스템에 추적 인프라를 신속하게 구축할 수 있는 방법을 알아볼 것이다.

가치 제공(7장)

서비스가 추적 데이터를 생성하고 필요한 인프라를 구축해서 수집한 이후가 '본 게임'이다. 추적과 메트릭, 로그 같은 다른 관측 가능성 도구와 기술을 어떻게 결합할 수 있을까? 중요한 지표를 어떻게 측정하고, 처음 시작할 때 지표는 어떻게 정의할 수 있을까? 분산 추적은 이런 질문에 대답할 때 필요한 도구를 제공하며, 이 장에서는 여러분이 답을 찾게 도와줄 것이다. 추적을 사용해 기준 성능을 개선하는 방법과 문제가 발생했을 때 추적을 통해 다시 기준 성능으로 회복하는 방법을 알아볼 것이다.

그렇지만 아직 남은 질문이 있다. 분산 추적이 어떻게 마이크로서비스, 분산 아키텍처와 더 많은 연관성을 지닐까? '소개: 분산 추적이란?'에서도 이 내용을 언급했지만, 잠시 시간을 내어 마이크로서비스와 분산 아키텍처 사이의 관계를 살펴볼 것이다.

분산 추적, 마이크로서비스, 서버리스, 오 이런!

마이크로서비스라는 뜨거운 감자는 이제 식은 감자가 됐다. 언젠가부터 마이크로서비스는 모든 평론가가 말하던 '2000년대 최고의 트렌드'를 벗어나서 '가장 인기 있는 기술'로 자리 잡았다. 즉, 치열한 토론 끝에 제 갈 길을 찾은 것이다. 클라우드 컴퓨팅, 쿠버네티스Kubernetes, 컨테이너화와 그 외 개발 도구들의 폭발적인 인기 덕분에 하드웨어(그리고 가상화 기술)를 빠르게 준비해야 했고, 배포 방식에도 많은 변화가 일어나서 업계에 많은 변화를 가져왔다. 그 덕분에 이제 '마이크로서비스를 꼭 사용해야 하는가?' 같은 질문은 어리석은 질문처럼 들리기까지 한다.

그러나 한 걸음 뒤로 물러나서 보면 다른 모습이 보인다. 그중에서도 재미있었던 부분은 컨테이너 기술이 과대광고로 보일 정도로 막상 프로덕션 환경에서는 그다지 인기가 높지 않다는 것이다. 놀랍게도 개발자의 25%만이 프로덕션에서 컨테이너 기술을 사용한다.[2] 상당수의 엔지니어링 팀은 여전히 많은 작업에 전통적인 모놀리스monolith 방식으로 제품을 구현했다. 왜 그럴까? 재미있게도 여러 개로 나눠진 컨테이너를 효율적으로 추적할 수 있는 분산 추적 도구가 없기 때문일 것이다.

개발자이자 소프트웨어 기술에 관한 글을 주로 쓰는 작가인 마틴 파울러Martin Fowler는 마이크로서비스를 채택하기 위해서는 크게 세 가지 기술을 충분히 다뤄야 한다고 주장했다. 하드웨

2 [Sta19]

어를 빠르게 준비할 수 있는 기능, 소프트웨어를 빠르게 배포하는 기능, 심각한 문제를 빠르게 탐지할 수 있는 모니터링 방법이다.[3] 업계에서 선호하는 마이크로서비스 기술의 특성들(독립성, 멱등성 등)은 동시에 문제가 발생했을 때 문제를 파악하기 어렵게 만드는 요소이기도 하다. 서버리스 기술은 기능이 실행되는 환경을 이해하기 어렵게 만들고 평상시 늘 사용했던 도구로는 모니터링을 잘하기 어려우므로 문제 해결이 한층 더 힘들어진다.

그렇다면 이 문제를 해결하기 위해 분산 추적을 어떻게 도입해야 할까? 먼저, 분산 추적은 마이크로서비스 아키텍처의 운영에 대한 가시성을 제공함으로써 파울러가 제기한 모니터링 문제를 해결한다. 이를 통해 요청 과정의 일부로서, 개별 서비스의 성능과 상태를 보고 중요한 통찰을 얻을 수 있다. 분산 추적을 사용하지 않는다면, 원하는 결과를 얻지 못하거나 결과를 얻기까지 많은 시간이 걸릴 것이다. 분산 추적을 사용하면 특정 개별 서비스가 전체의 일부로서 처리하는 작업을 정확하게 이해할 수 있으므로, 서비스와 분산 시스템의 성능을 쉽게 분석해서 쉽게 답을 얻을 수 있을 것이다.

기존의 메트릭과 로그 기록을 활용한 문제 진단은 분산 추적에서 제공하는 추가 콘텍스트 기능을 통해 얻을 수 있는 이점과는 엄연히 다르다. 예를 들어 측정 항목을 사용하면 특정 서비스의 모든 인스턴스에서 발생하는 상황을 종합적으로 파악하고 특정 서비스 그룹으로 쿼리할 대상을 좁힐 수 있지만, 무한 카디널리티infinite cardinality[4]를 설명하지 못할 수 있다.

반면, 로그는 조사를 원하는 서비스에 관한 세밀한 세부 정보를 제공하지만, 요청 콘텍스트를 기준으로 세부적인 정보를 알아내기는 쉽지 않다. 메트릭과 로그를 사용해 분산 시스템의 문제를 발견하고 해결할 수 있지만, 분산 추적은 상황이 발생하는 동안(매 순간이 중요할 때) 인시던트incident의 근본 원인을 발견할 때 필요한 검색 범위를 좁히는 데 도움이 되는 콘텍스트를 제공한다.

'소개: 분산 추적이란?'에서 언급했듯, 복잡한 마이크로서비스 기반 분산 아키텍처는 이해하

3 [Fow14]

4 카디널리티(cardinality)는 집합 또는 그룹의 요소 수를 나타내는 수학 용어이다. 메트릭의 관점에서 보면, 메트릭 이름과 해당 이름에 연결된 키-값 특성의 고유한 조합의 개수이다. 이와 관련해 책의 후반부에서 더 자세히 설명할 것이다.

고 관리하기에 여간 힘든 일이 아니다. 마이크로서비스로 전환을 고려하거나 모놀리스 방식에서 마이크로서비스 방식으로 전환하는 중이거나 거대한 마이크로서비스 아키텍처 때문에 이미 고민 중이라면, 소프트웨어의 안정성과 성능을 이해하는 방법을 고민할 때 머리가 아플 것이다. 분산 추적이 만병 통치약은 아니지만, 좀 더 큰 관측 가능성 전략의 일부로서 신뢰할 수 있는 분산 시스템을 운영하는 방법의 중요한 구성 요소가 될 수 있다.

추적의 이점

분산 추적으로 얻을 수 있는 특별한 이점은 무엇일까? 이 책의 나머지 부분에서 이 질문에 대한 답을 찾아보겠지만, 여기서 큰 이점들을 먼저 살펴보자.

- 분산 추적은 의심할 여지없이 소프트웨어를 개발하고 제공하는 방식을 긍정적으로 변화시킬 수 있다. 소프트웨어 품질뿐만 아니라 팀의 문화를 개선할 때도 도움을 준다.
- 분산 추적은 개발자의 생산성과 개발 결과를 개선할 수 있다. 분산 추적은 개발자가 프로덕션 환경에서 분산 시스템의 동작을 이해하는 가장 최선의 방법이자 손쉬운 방법이다. 분산 추적을 사용하면 분산 추적을 사용하지 않을 때보다 분산 시스템의 문제를 해결하고 디버깅할 때 시간을 덜 소비하며, 깨닫지 못했던 문제도 발견하게 될 것이다.
- 분산 추적은 여러 프로그래밍 언어와 개발 도구를 사용하는 것을 장려하는 최신 개발 방법론인 폴리글랏polyglot 개발 방법론을 지원한다. 분산 추적은 프로그래밍 언어, 모니터링 업체, 실행 환경과 무관하므로 자바 또는 C# 백엔드를 거쳐 C++ 고성능 프록시를 통해 iOS 네이티브 클라이언트에서 웹 규모 데이터베이스까지 하나의 완전한 추적 데이터를 전파할 수 있고, 모든 과정은 한 가지 도구를 사용해 한곳에서 볼 수 있다. 다른 도구와 기술들로는 이런 자유와 유연성을 얻을 수 없다.
- 분산 추적은 시스템을 통과하는 요청 데이터를 추적하는 방식으로 분산 시스템을 프로파일링하고 모니터링할 수 있는 도구이다. 분산 추적을 통해 인시던트를 해결

할 때 걸리는 시간을 단축할 수 있을 뿐 아니라 새로운 기능을 출시하기까지 걸리는 시간과 성능 저하를 탐지하는 시간을 줄일 수 있다. 또한 개발자들이 문제를 해결하기 위해 특정 모니터링 스택에 얽매이지 않으므로 팀 전체의 소통과 협업 효율성을 개선할 수 있다. 따라서 프론트엔드 개발자부터 데이터베이스 전문가에 이르기까지 모두 같은 데이터를 보고 변경 사항이 전체 시스템에 미치는 영향을 이해할 수 있다.

마무리

지금까지 살펴본 내용을 통해 조금은 흥미가 생겼길 바란다. 요약하면 다음과 같다.

- 분산 추적은 추적을 통해 분산 시스템을 프로파일링하고 모니터링할 수 있는 도구로, 시스템을 통과하는 요청을 나타내는 데이터를 추적한다.
- 분산 추적은 프로그래밍 언어, 실행 환경 또는 도입 환경에 관계없이 거의 모든 종류의 애플리케이션이나 서비스에서 사용할 수 있다.
- 분산 추적은 팀워크와 협력 관계를 발전시키며, 애플리케이션의 성능 문제를 감지하고 해결하는 시간을 줄여준다.

이런 이점을 얻으려면 먼저 추적 데이터를 생성하도록 코드를 만들어야 한다. 그런 다음 만들어진 데이터를 수집해야 하며, 마지막으로 수집한 데이터를 분석해야 한다. 먼저 가장 기본적인 것부터 살펴보자. 다음 장에서는 분산 추적을 위한 코드를 만드는 방법을 알아볼 것이다.

2장
계층의 온톨로지

시스템 다이어그램을 그릴 때 무엇부터 그리는 것이 좋을까? 흔히 그림 2-1과 같이 서비스 1개를 나타내는 간단한 상자를 그리면서 설계를 시작할 것이다.

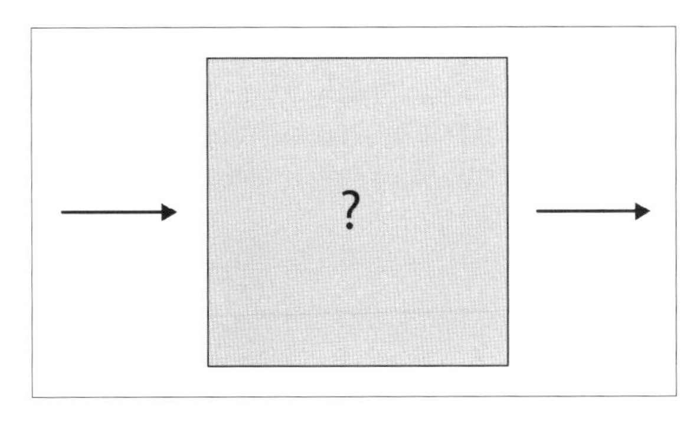

그림 2-1 서비스, 구성 요소 혹은 기능을 그림으로 그린 것

그림 속 상자는 점선, 실선, 화살표, 논리적으로 연결된 조각들을 통해 다른 상자로 확장되고 추가되며, 서로 연결된다. 그리고 하루가 끝날 무렵, 여러분은 소프트웨어가 어떤 종류의 평면 위에서 서로 연결된 상자들이라는 아이디어 안에 갇히게 될 것이다. 그래서 입력을 받아들이고, 무언가를 처리하고, 출력을 멀리 떨어진 다른 상자로 보내는 단순한 메서드 이상으로 상자를 바라보는 것이 어려워지고 고정 관념에 사로잡힌다(그림 2-2 참조).

이미 개발 과정에서 상자 내부에서 일어나는 일을 이해하기 위해 다양한 방식으로 상자에 계측 기능을 추가했을 것이다. 아무리 많은 노력을 기울였더라도 버그가 없는 소프트웨어를 만들기란 불가능하고, 사용자의 입력을 받는 시스템은 필연적으로 개발자가 예상하지 못한 입력을 받아 처리할 수밖에 없다. 계측 기능을 도입하면 애플리케이션의 성능과 상태를 직접 모니터링하거나, 간접적으로 도움이 된다. 또한 사용자가 메서드에 잘못된 데이터를 입력할 때, 또는 작업이 허용되지 않을 때를 나타내는 로그를 기록할 것이다.

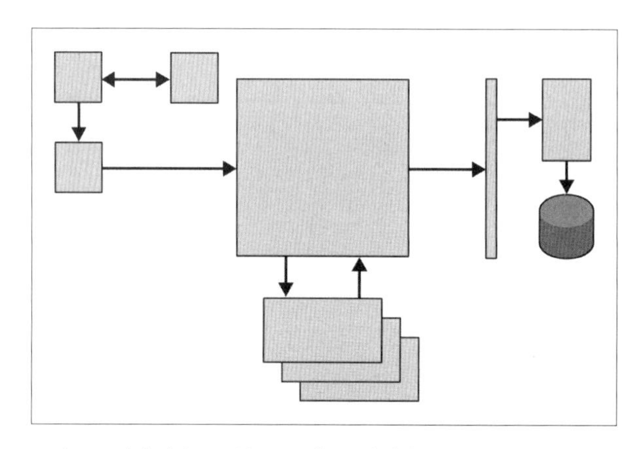

그림 2-2 여러 서비스, 구성 요소, 기능 등이 시각적으로 서로 연결돼 있다.

이제 이 책을 읽는 여러분은 추적을 위한 코드를 만드는 데 조금은 흥미가 생겼을 것이다. 추적을 위한 코드는 그 나름대로 고려해야 할 부분과 해결해야 할 문제가 있다. 이 장에서는 애플리케이션의 계측을 시작하고, 애플리케이션 개발과의 균형을 이야기하기 위해 알아야 할 두 가지 중요한 내용을 다룰 것이다. 그리고 이 장을 마치면서 HTTP를 통해 통신하는 간단한 서비스를 추적하기 위해 제시하는 계측 기술을 적용하는 방법을 알아볼 것이다.

'소개: 분산 추적이란?'에서 언급했듯이, 스팬은 서비스가 처리하는 작업을 나타내는 단위이다. 3장에서는 스팬을 나타내는 좀 더 확실한 방법을 살펴본다. 그러나 여기서는 간단한 JSON 문자열로 표현할 것이다.

화이트박스와 블랙박스

가장 먼저 살펴볼 주제는 화이트박스와 블랙박스 계측의 차이점이다. 모니터링하려는 서비스를 나타내는 그림 2-1의 작은 사각형들을 기억하는가? 시선을 돌려 그림 2-3과 같이 사각형이 아닌 상자의 모습으로 살펴보자.

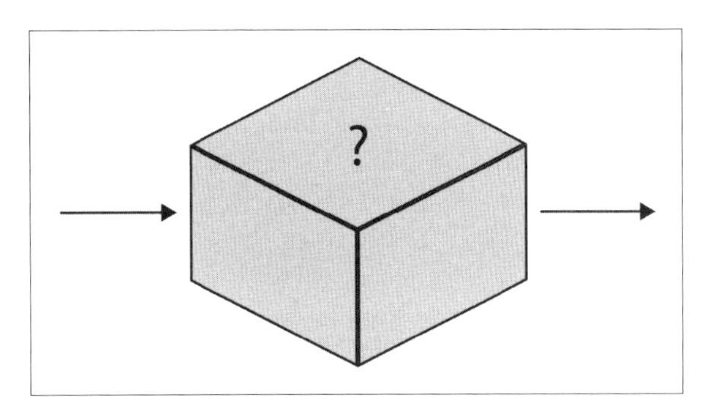

그림 2-3 그림 2-1의 서비스를 이번에는 3차원으로 표현한 것이다.

서비스의 사용자 또는 소비자 같은 외부 관측자의 입장에서 상자 안의 내용은 전혀 알 수 없다. '이 상자에 무언가를 넣으면 다른 것이 나올 것이다.' 같은 간단한 가정은 할 수 있지만, 이 작업의 실제 메커니즘은 사용자가 알 수 없고 또한 알아낼 수도 없다. 시스템을 이용하는 최종 사용자로서, 상자가 어떤 성능을 보여주는지 알고 싶다면 어떨까? 여기서는 그저 주어진 시간에 무언가를 넣을 때 결과를 얻기까지 걸리는 시간만을 측정해볼 수 있을 뿐이다. 상상에 맡겨 내부 메커니즘을 추측해보는 것 말고는 정확히 상자 안에서 무슨 일이 일어나는지 그릴 수 없기 때문에 합리적으로 추론할 수 있는 데이터는 얼마 되지 않는다. 블랙박스 계측은 이처럼 내부를 알 수 없는 시스템에 적용할 수 있다.

블랙박스 계측을 시스템에서 실행되는 데몬 프로세스와 쉽게 측정할 수 있는 다양한 지표에 적용해보자. 이 프로세스의 운영자는 프로세스에 관한 흥미롭고 잠재적으로 가치 있는 데이터를 /proc/<pid>/status를 확인해서 볼 수 있다. 예를 들어, 프로세스에 할당된 메모리의 양을 VmSize 값을 이용해 알 수 있을 것이다.[1] 열린 파일 핸들의 내역을 볼 수 있고, 특정 시간

1 윈도우를 사용한다면, 파워셸의 Get-Process 명령어를 통해 정보를 얻을 수 있다.

구간에서 프로세스가 요구한 CPU 사용률을 멋진 식으로 계산할 수 있으며, 측정에 필요한 모든 종류의 작업을 할 수 있다. 그러나 그중 일부만이 애플리케이션을 추적할 때 실제로 도움이 된다. 애플리케이션을 추적할 때는 프로세스에 영향을 줄 수 있는 다음의 요소들을 같이 살펴봐야 한다.

- 입출력 장치
- 시스템 콜
- 네트워크 입출력
- 외부 라이브러리
- 프로세스 작업

분산 시스템의 맥락에서 이들 중 몇 가지는 무시해도 된다. 사실 대개는 네트워크 활동 하나에만 집중해도 된다. 대체로 여러 개의 물리적 서버 또는 가상 서버에서 실행되는 분산 애플리케이션은 대부분의 입력을 LAN 또는 WAN 링크를 통해 전달되는 원격 프로시저 호출RPC로 받는다. 그렇지만 다른 데이터 입력 역시 중요하다(디버깅이나 심층적인 커널 수준 추적에서는 중요할 수 있다). 하지만 문제 분석에 집중하고자 할 때 시야를 좁혀서 보면 도움이 된다.

블랙박스 추적의 한 가지 예로, 어떤 종류의 프록시를 통해 프로세스로 들어오고 나가는 네트워크 트래픽을 관측하는 것을 예로 들 수 있다. 만약 지금 살펴보는 블랙박스가 `/api/:operation/:resourceId` 형식의 요청을 받아들이고 어떤 메시지로 응답하면, 프록시를 사용해 예제 2-1과 같은 스팬을 만들 수 있다.

예제 2-1 블랙박스 추적

```
{
    'operationName': '/api/<operation>',
    'duration': <endTime-startTime>
    'tags': [
        {'resource': '<id>'},
        {'service': '<processName>'},
        {'wasSuccess': true}
```

```
        // 그 외에 다른 여러 메트릭이 있을 수 있다
    ]
}
```

프로세스가 들어오고 나가는 트래픽을 분석해 유용한 스팬을 만들 때 필요한 데이터를 수집할 수 있다.

지금까지 블랙박스 계측을 살펴봤으며, 박스 안에서 어떤 일이 일어나는지 모른다고 가정했다. 그렇다면 이번에는 그림 2-4와 같이 내부를 보기 위해 상자를 열어본다고 가정해보자. 스스로 만드는 서비스가 내부적으로 어떻게 동작하는지 안다면, 가설을 쉽게 만들고 검증할 수 있을 것이다. 화이트박스 계측을 하려면 서비스를 잘 알아야 하고, 이를 수정할 수 있는 역량이 필요하다.

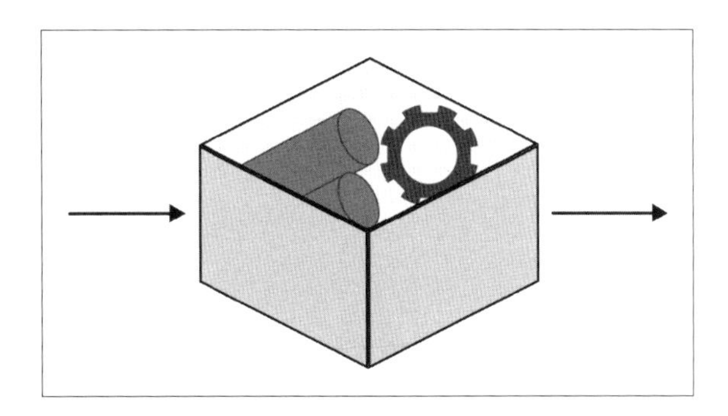

그림 2-4 상자를 열어보면 모든 입력, 출력, 변환 과정을 볼 수 있다.

서비스 내부를 조사하고 코드를 수정하면, 훨씬 더 강력한 방식으로 소프트웨어를 계측할 수 있다. 서비스의 내부 작업, 서비스가 실행되는 데이터 모델과 실행 흐름을 구성하는 정확한 호출 그래프를 완전히 이해할 수 있는 기능을 사용하면, 좀 더 포괄적이고 유용한 추적 계측 기능을 만들 수 있다. 앞의 예제를 다시 떠올려보자. 앞에서는 단순히 입력과 출력을 관측하는 것에만 집중했으므로 서비스에서 생성된 외부 RPC 호출 사이의 관계나 데이터베이스 같은 분산 애플리케이션의 다른 구성 요소로 전달되는 요청과 같이 중요한 정보가 잘 드러나지 않을 수 있다. 화이트박스 계측을 사용하면 내부 트랜잭션을 하나의 덩어리가 아닌, 더 큰 트랜잭션에 속하는 작업으로 볼 수 있으며, 트랜잭션 사이의 관계를 파악하기 쉽다.

그렇다면 '왜 항상 화이트박스 계측을 사용하지 않는가?'라는 의문이 들 것이다. 답은 간단하다. 화이트박스 계측을 모든 경우에 쓸 수는 없기 때문이다. 관리해야 할 레거시 소프트웨어가 많은 대규모 엔지니어링 팀이라면 특히 그렇다. 예를 들어 여러분이 레거시 메인프레임 애플리케이션에서 최신 API 프론트엔드를 만들 수 있도록 지원하는 일을 한다고 가정해 보자. 레거시 서비스의 소스 코드를 수정할 수 있다고 해도(물론 그럴 수 없는 경우가 더 많지만), 여러분이라면 이 일을 과연 손수하고 싶은가? 이럴 때, 손대기 번거로운 레거시 구성 요소에서 처리한 작업만 분리해 블랙박스 계측으로 다룰 수 있다. 서비스를 운영하는 시스템에서 반드시 블랙박스 스팬을 생성할 필요는 없다는 점을 기억하길 바란다. 일반적인 패턴은 화이트박스 추적 기능이 포함된 호출 서비스를 사용해 블랙박스 프로세스를 나타내는 별도의 스팬을 만드는 것이다.

애플리케이션 대 시스템

두 번째 주제는 애플리케이션 계측과 시스템 계측의 차이점이다. 애플리케이션 모니터링과 시스템 모니터링의 차이점을 다루는 글들은 많으며, 대개 분산 추적을 위한 계측은 비슷한 부분이 많다. 각각의 차이점을 간단히 살펴보고 분산 추적을 위한 계측에 어떻게 적용되는지 알아볼 것이다.

전통적으로 애플리케이션을 운영하는 사람들과 애플리케이션이 실행되는 시스템을 운영하는 사람들은 서로 관점이 다르다. 시스템 운영자는 디스크 드라이브의 상태, 서버에서 사용할 수 있는 메모리의 양 또는 그 외의 시스템 메트릭에 관심이 있을 수 있다. 이와 달리 애플리케이션 운영자는 좀 더 넓은 관점에 주목한다. 애플리케이션이 요청에 응답하고 지금 당장 사용할 수 있는 상태인지를 알고 싶어 한다. 따라서 애플리케이션 운영자는 스크립트를 사용해 몇 초마다 네트워크를 통해 애플리케이션에 테스트 호출을 보내고 응답을 받으며, 문제가 있을 경우 이를 보고해 애플리케이션을 모니터링할 수 있다. 그러나 시스템 운영자는 비슷한 스크립트를 사용해 서버의 운영체제에 디스크 공간이 부족할 때 이를 정확히 알 수 있다.

분산 추적의 맥락에서 보통 이런 종류의 메트릭은 크게 관심을 두지는 않지만(더 정확하게 말하자면 다른 소스를 통해 수집하는 정보이지만), 이는 결코 하찮은 정보가 아니다. 실제로 이것을 추적을 생성하는 구성 요소에 관한 사항 혹은 그 이상으로 생각할 수 있다. 간단히 말해 애플리케이션 코드에서 스팬을 생성하는지, 아니면 애플리케이션 코드를 실행하는 일부 서비스 또는 서브 시스템이 스팬을 생성하는지를 묻는 것이다.

앞 절의 간단한 서비스를 생각해보자. 서비스가 일정한 입력을 받아들여 일정한 출력을 생성한다는 사실을 이미 확인했다. 그림 2-5의 서비스 다이어그램에 상자를 더 그려보자.

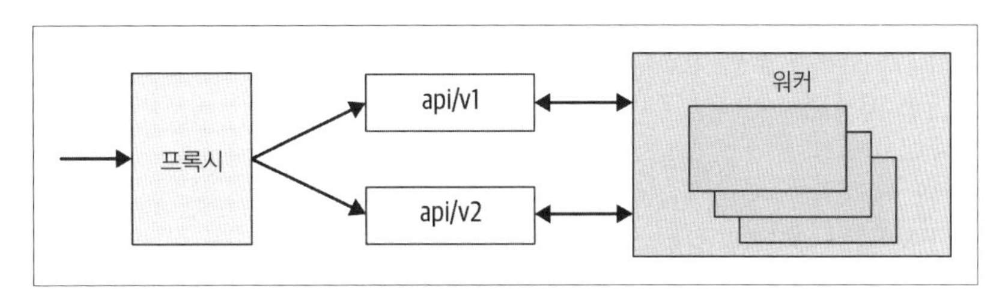

그림 2-5 API 서버, 서비스 프록시, 워커 프로세스의 간단한 시스템 다이어그램

이런 모든 서비스는 추적을 위해 독립적으로 계측할 수 있으며, 요청이 통과할 때마다 스팬을 방출할 수 있다. 실제로도 흔한 패턴이며 분산 시스템 추적을 시작하는 가장 쉬운 방법이다. 그러나 애플리케이션은 지금 처리하는 작업이 아닌 외부에서 일어나는 일을 알지 못한다. 실제로 상태 독립적인 서비스는 요청과 관련된 내용이 아닌 외부에서 발생하는 모든 일을 무시한다. 이럴 때는 실행 중인 서비스뿐만 아니라 조금 시야를 넓혀 전체적인 그림을 볼 필요가 있다. 시스템 계측은 이렇게 시작한다.

쿠버네티스 같은 컨테이너 오케스트레이션 시스템이나 DC/OS 같은 관리 플랫폼을 생각해보면 흥미롭다. 우리는 이런 시스템들을 애플리케이션에 제공하는 턴-키 계측(사이드카)으로 스팬이나 콘텍스트 묶음 형태의 추적 데이터를 생성하는 데 사용하거나 애플리케이션 코드가 만든 스팬의 품질을 향상시키는 데 사용할 수 있다. 이런 오케스트레이션 시스템과 플랫폼은 실제로 실행되는 서비스의 운영체제 역할을 하므로(그림 2-6 참조) 메모리 사용량, CPU 공유 사용량 및 그 외의 외부 데이터 같은 유용한 시스템 데이터를 추출할 수 있다. 프로세스 또는 컨테이너를 생성하고 이를 애플리케이션과 공유하거나 분석을 위해 별도의 스팬으로 내보낼 수 있다.

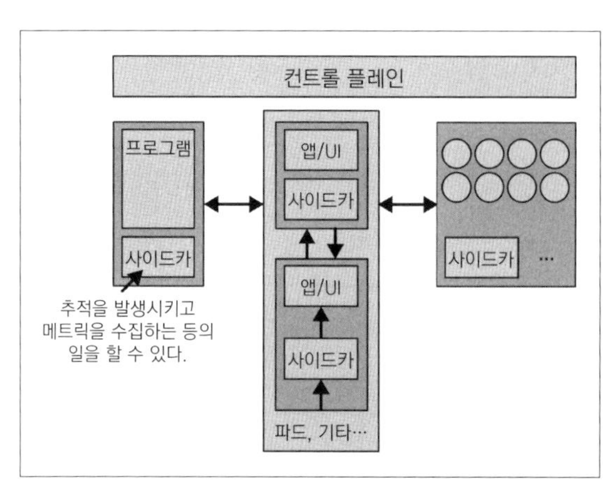

그림 2-6 그림 2-5의 서비스와 같지만, 시스템 데이터를 제공하는 플랫폼 내에서 실행된다.

그렇다면 언제 애플리케이션 계측을 사용해야 하고, 또 언제 시스템 계측을 사용해야 할까? 이상적으로는 두 가지를 모두 사용하는 것이 좋다. 이 책을 보고 있는 지금은 순수한 애플리케이션 계측을 시작하는 것이 더 쉬운 일이지만, 서비스 메시 같은 새로운 기술을 사용한다면 시스템 계측을 훨씬 더 쉽게 구현할 수도 있을 것이다. 앞으로 구글 쿠버네티스 엔진GKE, Google Kubernetes Engine 또는 아마존 웹 서비스AWS, Amazon Web Services의 파게이트Fargate 같은 관리형 오케스트레이션 플랫폼은 그 위에서 실행되는 서비스에서 쉽게 사용되는 스팬 콘텍스트 전파 기능을 제공할 수도 있을 것이다.

에이전트와 라이브러리의 차이점

세 번째로 에이전트 기반 계측과 라이브러리 기반 계측의 차이점을 살펴볼 것이다. 에이전트 기반 계측과 라이브러리 기반 계측은 서로 어떻게 다를까? 화이트박스 계측을 구현하는 사람은 계측할 애플리케이션의 소스 코드에 접근할 수 있다고 가정하고, 그 지식을 사용해 좀 더 논리적으로 정확한 계측을 생성할 수 있다. 이는 라이브러리를 사용해 계측 기능을 추가하는 개념과 밀접한 관련이 있다. 반대로, 블랙박스 계측은 애플리케이션 소스 코드 내용을 알지 못한다고 가정한다. 에이전트는 프로세스 외부에서 작동하기 때문에 이 개념과 비슷하다.

에이전트와 라이브러리라는 용어는 요즘 유행하는 분산 추적 기술에서 흔히 사용되며, 때로는 서로 비슷하게 보여 혼란스러울 때도 있다. 에이전트라고 소개하는 라이브러리, 이와 반대로 라이브러리라고 소개하는 에이전트, 그리고 그 중간에 걸치는 많은 제품도 있다. 여기서 둘 사이의 가장 큰 차이점은 그 의도에 달려 있다고 생각하는 편이 이해하기에 좋다. 라이브러리의 목적은 여러 서비스에서 계측 기능을 공유하기 쉽게 만들어 여러 프로그래밍 언어와 기술로 만드는 큰 규모의 분산 시스템에서 분산 추적을 도입하기 쉽도록 만드는 것이다. 반대로 에이전트는 코드를 수정하지 않고도 기존 시스템을 쉽게 추적하고 관측할 수 있도록 만든다.

라이브러리 기반 계측 방식은 서비스 전체에서 사용되는 공유되고 표준화된 라이브러리를 애플리케이션 수준에서 도입할 수 있다고 가정해야 쓸 수 있다. 라이브러리 기반 계측 방식은 계측 기능 구현과 콘텍스트 전달의 주된 구성 요소를 처리할 수 있도록 잘 정리되고 표준화된 API를 제공한다. 라이브러리는 모든 대상 언어가 공유하는 최소 공통 기능들을 지원하는 비교적 작은 규모의 API를 정의해 다양한 종류의 애플리케이션을 지원한다. 라이브러리 기반 계측을 사용하면, 애플리케이션은 계측 기능의 세부 사항을 알지 못하더라도 간단한 인터페이스만으로 쉽게 계측 기능을 만들 수 있다. 나중에 실행할 때는 의존성 주입 기능을 이용해 실제 계측 기능을 담당하는 라이브러리가 지정된다. 즉, 라이브러리 기반 계측은 대개 개발자가 계측 코드를 애플리케이션에 직접 추가해야 작동할 수 있다.

에이전트 기반 계측은 일종의 외부 프로세스를 사용해 실제 프로그램이 실행되는 시점에 동적으로 계측 기능을 추가한다. 쉽게 계측 기능을 추가할 수 있도록 다양한 에이전트와 전략을 만들었지만, 실제로 에이전트가 서비스에 직접 계측 기능을 더하기 위해 접근하는 방법은 크게 둘로 나뉜다. 그중 하나는 서비스에 코드를 삽입하고 이를 사용해 다양한 메서드가 호출될 때 서비스의 추적을 생성하는 일부 외부 프로세스 또는 모니터링 서비스이다. 또 다른 하나는 프로세스의 실행 환경에 직접 기능을 추가하는 일종의 프로세스 내에서 실행되는 에이전트in-process agent를 통해 커스터마이징된 규칙 시스템을 사용해 특정 작업을 추적하는 것이다. 특히 주목할 점은 추적 데이터로 변환할 수 있는 데이터를 수집하기 위해 에이전트를 간접적으로 사용하는 것이다. 이런 흥미로운 방식을 사용하는 애플리케이션은 블랙박스 접근 방식을 확장하고 구조적 또는 비정형 로그 파일 같은 서비스 상태를 위해 기존의 데이터 소스를 사용한다. 그런 다음 에이전트는 이 데이터 소스를 추적 데이터로 변환한다.

실제로 이 장의 다른 모든 항목과 마찬가지로 이런 접근 방식들을 혼합해서 사용할 것이다. 요즘 유행하는 프로그래밍 기법을 사용해 코드를 만들었더라도, 빠르게 서비스에 계측 기능을 추가하는 방법을 고려하지 않았다면 기존 서비스와 애플리케이션에 추적 라이브러리를 추가할 때 구현하기 위한 노력이 필요하다. 어떤 서비스에는 추적 기능을 전혀 추가하지 못할 수 있으며, 계측 기능을 추가하려면 별도의 에이전트가 필요할 수 있다. 즉, 현대적인 소프트웨어와 서비스가 있더라도 에이전트와 함께 추적을 시작하면, 아직 계측을 도입하기 전인 팀을 위해 고품질 라이브러리 기반의 계측을 통해 가치를 더 빨리 증명하거나 전반적인 시스템 가시성을 확보해 이점을 극대화할 수 있다.

콘텍스트 전파하기

지금까지 서비스가 처리하는 작업을 나타내는 스팬을 만들기 위한 다양한 전략을 살펴봤다. 이렇게 만든 스팬은 서로 관련성이 없으므로 그 자체만으로는 큰 도움이 되지 않는다. 추적을 만들려면 스팬의 상세 정보를 다른 서비스나 프로세스에 전달할 수 있는 방법이 필요하다. 이런 세부 정보를 다른 서비스와 통신하면서 전달하는 메커니즘을 흔히 콘텍스트 전파context propagation라고 한다.

그렇다면 무엇을 전파해야 할까? 그리고 어떻게 전파하는 것이 좋을까? 사용자 관리와 관련된 기능을 제공하는 간단한 서비스 프록시가 있다고 가정하자. 이때 스팬에는 어떤 내용이 포함될까? (스팬의 표현 방식은 3장에서 오픈 텔레메트리를 알아보면서 좀 더 자세히 다룰 것이다.)

예제 2-2의 스팬에는 몇 가지 기본적인 정보(우리가 수행한 작업, 태그)가 있지만, 그 외에 다른 것도 있다. 여기서는 각각의 스팬을 정확히 구분할 수 있도록 식별자를 나타내는 spanID 필드를 추가했다. 개념적으로, 각각의 서비스는 그림 2-7에 표시된 것처럼 진행 중인 작업을 나타내는 스팬을 만들 것이다.

예제 2-2 기본 스팬

```
{
    operationName: "api/getUser",
    spanId: "09f42f7e-e606-4923-831b-7dd612683720",
    tags: [
        {
            key: "userName",
            value: "testUser"
        },
    ],
    // 시작 시각, 실행 시간 등...
}
```

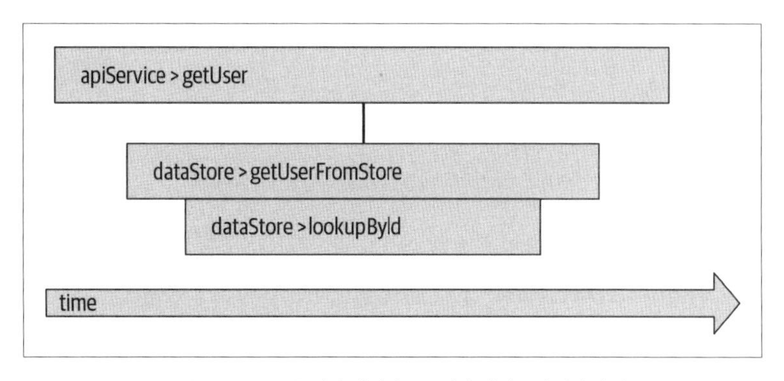

그림 2-7 API 프록시와 데이터 스토리지 서비스 사이의 관계

데이터 스토리지 서비스는 어떨까? 예제 2-3을 살펴보자.

예제 2-3 데이터 스토리지 서비스

```
{
    operationName: "getUserFromStore",
    spanId: "dac303fb-6c1c-4816-ac86-ce717cee1714",
    tags: [
        {
            key: "userId",
            value: 105832
        }
    ],
    // 시작 시각, 실행 시간 등...
}
```

분산 추적의 장점 중 하나는 스팬이 서로 독립적으로 존재한다는 것이다. 다음 장에서 살펴보겠지만, 여러 소스에서 데이터를 수집하고 한곳으로 모을 수 있으므로, 각 스팬에서 데이터를 많이 보내지 않더라도 서로의 상관관계를 알 수 있는 방법을 도입할 수 있다면 좋을 것이다. 이와 같은 분산 RPC의 경우 HTTP 헤더로 서비스 사이에 추적 콘텍스트를 보내고 자식 서비스가 정의된 부모-자식 관계로 스팬을 만드는 것이 보통이다. 두 번째 스팬의 자료구조는 대조적으로 예제 2-4와 비슷하다.

예제 2-4 부모-자식 관계가 정의된 스팬

```
{
    operationName: "getUserFromStore",
    spanId: "dac303fb-6c1c-4816-ac86-ce717cee1714",
    parentSpanId: "09f42f7e-e606-4923-831b-7dd612683720",
    tags: [
        {
            key: "userId",
            value: 105832
        }
    ],
    // 시작 시각, 실행 시간 등...
}
```

추적 콘텍스트(줄여서 콘텍스트라고 함)는 이 장의 후반과 3장에서 자세히 설명할 것이다. 지금 살펴보는 식별자들은 추적과 각 스팬을 나타내는 전역 고유 식별자 집합으로 생각할 수 있다. 흔히 이런 식별자는 임의의 문자와 숫자로 구성된다.

지금까지는 기본적인 내용들을 살펴봤다. 이제 두 가지 서로 다른 전파 방식인 프로세스 간의 전파와 프로세스 내의 전파에 대해 좀 더 자세히 알아보자.

프로세스 간의 전파

마이크로서비스 아키텍처의 한 가지 중요한 개념은 각 서비스를 다른 서비스와 독립적으로 생각할 수 있다는 것이다. 서비스는 하나의 논리적인 작업을 안정적이고 강력하게 처리해야 한다. 이런 전제 아래에서 서비스는 수요에 따라, 혹은 다른 지표에 따라 수평적으로 확장할 수 있다. 이 개념은 스팬 기반 분산 추적에 잘 어울린다. 각 서비스는 논리적으로 해당 서비스가 처리하는 작업에 해당하는 단일 스팬이 있다. 마이크로서비스를 구성하는 RPC를 일종의 호출 스택으로 보고 생각하면 도움이 된다. 그림 2-8과 같이 몇 가지 구성 요소가 포함된 애플리케이션을 앞에서 알아본 내용을 토대로 만들었다고 상상해보자.

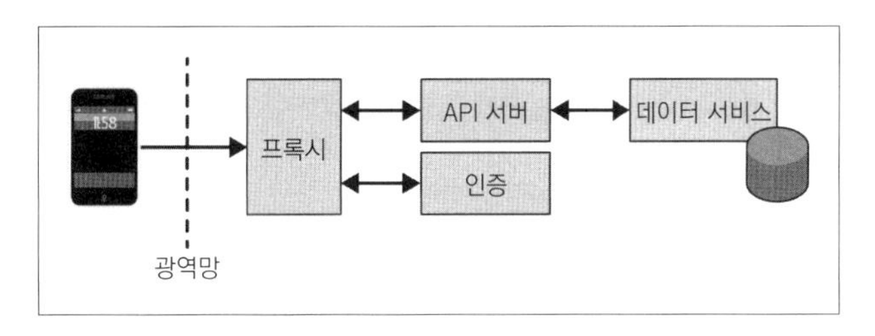

그림 2-8 클라이언트에서 데이터 스토리지까지의 서비스 다이어그램

이제 클라이언트부터 시작해서 시스템을 통해 요청을 직접 추적해보자.

```
client
api-proxy
auth
```

```
api-server
datastore
```

논리적으로 처리하는 모든 트랜잭션은 일정한 RPC 호출의 순서들을 따라야 한다. 클라이언트는 api-proxy와 통신하고, api-proxy는 요청을 인증한 다음, 데이터 스토리지와 통신하는 api-server에 전달해 결과를 반환한다. 결과는 클라이언트로 다시 반환된다. 각 서비스가 처리하는 작업은 하나의 논리적 스팬일 것이다. 이 요청 과정을 통해 추적 콘텍스트를 전파할 수 있는 메커니즘이 필요함을 알 수 있으므로, 이후의 각 호출이 해당 정보를 사용해 이전 호출과의 부모-자식 관계를 형성할 수 있다.

이번 장의 목적을 고려해, 여기서 서비스는 HTTP를 사용해 서로 통신한다고 가정한다. 그러나 지금까지 알아본 원칙은 HTTP를 통한 프로세스 간의 통신에만 국한되지 않으며 gRPC, 아파치 스리프트Apache Thrift, SOAP 등 다양한 전송 방법을 통해 처리할 수 있다.

왜 HTTP인가?

이 책 전반에 걸쳐, RPC를 이야기할 때는 HTTP와 RESTful API 관용구를 주로 언급했다. 왜냐하면 대부분 HTTP가 상대적으로 단순하고, 많은 사람에게 친숙할 뿐 아니라, 메시지 전달 시스템으로 HTTP를 사용하는 RESTful API 모델을 개념적으로 분산 추적으로 쉽게 모델링할 수 있기 때문이다.

결국 두 서비스 사이에 RPC를 만들 때는 두 가지가 필요하다. 호출자는 현재 스팬의 콘텍스트를 읽어서 추적 콘텍스트를 다음 홉hop으로 전파하기 위해 필요한 정보를 데이터 스트림으로 만드는 방법이 필요하다. 수신자는 스팬 콘텍스트(있는 경우에 한해)를 발견하고 이 데이터를 사용해 서브 스팬subspan을 만드는 방법이 필요하다. 첫 번째 작업은 현재 스팬 콘텍스트를 데이터 스트림으로 만드는 작업으로서 주입 작업이라고도 하며, 후자는 추출 작업이다. 즉, 스팬 콘텍스트를 전송 데이터의 일부로 '주입'하거나 '추출'한다. 이런 주입과 추출 작업은 서비스 말단의 코드에서 처리된다. 흔히 HTTP 서비스에서 새로운 요청을 만들거나 받을 때 이런 작업을 자동으로 처리하는 일종의 미들웨어를 사용한다.

추적 콘텍스트와 스팬 콘텍스트라는 용어는 이 책 전체에서 서로 바꿔서 사용한다. 보통 이들은 추적과 스팬을 가리키는 고유 식별자로서 콘텍스트를 나타낸다.

주입과 추출의 의미는 상당히 보편적인데, 스팬 콘텍스트를 전달하거나 결과로 다시 받는다는 것이다. 스팬 콘텍스트는 그리 복잡하지 않다. 스팬 콘텍스트란 그저 스팬의 식별자를 포함하는 개체이다. 스팬 콘텍스트의 정확한 구현은 구현 방법마다 조금씩 다르지만, 오픈 트레이싱 같은 오픈소스 기술들은 스팬 콘텍스트를 SpanID, TraceID, 배기지[baggage] 배열(임의의 키–값 쌍들을 포함하는)로 정의하는 개체로 정의했다. 일반적으로 이 식별자들이 최대한 겹치지 않기를 의도하고 있다. 스팬 ID는 같은 TraceID를 가진 항목들 중에서 고유해야 하고, TraceID는 넓은 공간에서 고유하길 기대한다. 그렇다면 넓은 공간이라 함은 구체적으로 무엇일까? 시스템에서 생성하는 추적의 양에 따라 달라지지만, 임의의 64비트 값이면 큰 문제는 없다. W3C에서 만드는 추적 콘텍스트의 새로운 일반 사양은 UUIDv4 같은 약 128비트 식별자를 표준으로 만드는 것으로, UUIDv4와 충돌할 확률이 50%에 도달하려면 2.71퀀틸리언(1퀀틸리언은 10의 18승인 100경을 말한다.)만큼 식별자를 생성해야 한다. 이는 85년 동안 초당 10억 개의 ID를 만들어야 도달할 수 있는 상황이다. 따라서 이 정도면 어떤 시스템이든 충분한 사양이다.

앞에서 언급했듯이 ID와 함께 배기지가 있다. 이는 앞의 서비스에서 다음 서비스로 정보를 전달하는 편리한 방법이다. 사용자 ID, 버전 같은 모든 영역에 걸쳐 클라이언트로부터 일부 정보를 전파한다고 가정해보자. 이때 배기지를 활용하면 원하는 목적을 달성할 수 있지만, 조심해야 할 부분이 있다. 배기지에 데이터를 추가하면 그 후 모든 홉에 데이터가 포함되는 것이므로, 네트워크에 가해지는 부하가 가중돼 성능 문제를 야기할 수 있다.

그럼 어떻게 배기지를 활용할까? 조작할 일이 거의 없도록 활용하는 것이 가장 좋다. 모범적인 방법은 들어오는 각 요청에서 스팬 콘텍스트를 추출하고 요청 객체에 추가하는 미들웨어를 HTTP 요청 파이프라인에 포함하는 것이다. 라우팅 처리기로 들어오는 스팬 콘텍스트를 찾아서 새로운 자식 스팬[child span]을 만들 수 있다. 마찬가지로, 보내는 HTTP 요청을 기존 스팬을 찾아서 나가는 요청에 삽입하는 기능으로 래핑하면, 이어지는 서비스가 올바르게 계측될 경우 이를 처리할 수 있다. 이 전략을 따르면 기존 애플리케이션을 효율적으로 계측할 수 있다. 이 전략은 나중에 좀 더 자세히 살펴보겠다.

팀이나 회사에서 공유할 전파된 콘텍스트의 형식을 위한 표준을 개발하는 일은 중요하다. 결국 W3C의 표준화를 위한 노력으로 이런 부담을 덜 수 있었지만, 이 책을 쓰는 시점에서 업스트림과 다운스트림 서비스 소유자가 스팬 콘텍스트의 형식을 받아들일 수 있는지는 따로 확인해야 한다. 주입과 추출을 처리하기 위해 공유되는 코드의 일부를 표준으로 만드는 것이 잘 작동하며, 좀 더 동일한 구조에서 일을 쉽게 처리할 수 있다. 여러 언어로 마이크로서비스를 만들고 실행하는 등 다양한 프로그래밍 언어와 개발 도구를 사용하는 환경에서는 추적 콘텍스트를 전달하는 특정 헤더와 해당 데이터의 형식을 위한 문서가 명확하게 만들어져야 하고, 더 많이 더 넓게 공유돼야 한다. 3장에서 다룰 오픈소스 텔레메트리 프레임워크를 사용하면 이런 문제를 좀 더 쉽게 처리할 수 있다.

프로세스 간의 전파

서로 다른 서비스 사이에 추적 콘텍스트를 전달하기 위해 프로세스 간의 전파를 사용하는 것은 한 프로세스 내부에서 추적 콘텍스트를 전달하는 것과 관련이 있다. 왜 이런 것이 필요할까? 만약 마이크로서비스 애플리케이션이 의도한 대로 설계됐다면 스팬 하나가 서비스 하나를 나타낼 것이다.

그러나 모든 애플리케이션을 마이크로서비스로 바꿀 수는 없다. 심지어 대부분의 애플리케이션은 마이크로서비스의 형태가 아니라고 예상할 수 있다. 우리는 '고도화된' 애플리케이션이라고 부르는 것, 즉 이미 개발된 모놀리스 시스템에 덧붙여 새로운 기능을 추가하는 상황을 점점 더 많이 접하고 있다. 이런 하이브리드 애플리케이션은 종종 핵심에 위치한 모놀리스를 둘러싼 많은 수의 마이크로서비스가 필요하다. 마이크로서비스와 모놀리스 내부의 호출을 모두 추적할 것이며, 마이크로서비스에서도 개별 기능이나 데이터베이스의 요청을 추적하려 할 것이다.

여기에 더해 모든 마이크로서비스가 작은 규모로만 설계된다고는 볼 수 없는데, 워커worker 서비스가 여러 스레드 또는 여러 원격 서비스에서 작업을 병렬로 처리하는 경우도 있기 때문이다. 이 모든 경우를 고려해 서비스 내에서 추적을 전파해 처리되는 작업을 좀 더 정확히 나타내는 스팬을 만들 수 있다면 큰 도움이 될 것이다.

여기서의 기본 개념은 프로세스 간의 전파를 다룬 장에서 설명한 개념과 비슷하지만, 큰 차이점이 하나 있다. 여기서는 RPC를 만들지 않기 때문에 스팬 콘텍스트를 주입하거나 추출하고 프로세스 경계를 가로질러 데이터 스트림으로 만들거나 반대로 복원하는 일을 걱정할 필요가 없다. 대개는 스팬의 범위를 좀 더 고려한다. 이 목적을 달성하는 방식은 프로그래밍 언어마다 다르지만, 어느 정도 기본적인 내용은 알 수 있다. 다중 스레드 또는 비동기 처리 시나리오에서 활성 스팬은 프로세스가 특정 시점에 처리하는 작업에 해당하는 스팬으로 정의할 수 있다. 예제 2-5의 의사 코드pseudo code를 생각해보자.

예제 2-5 활성 스팬

```
async function bigSearch(*context, key, dataset...) {
    for dataset d {
        let result = await d.findInSet(*context, key)
    }
    return result
}
async function (dataset) findInSet(*context, key) {
    while *context.isNotCancelled {
        let found = d.find(key)
        if found {
            *context = *context.Cancel
            return found
        }
    }
}
```

여기서 bigSearch 메서드는 임의의 양의 데이터 집합, 콘텍스트와 해당 집합에서 조회하는 키를 사용해 검색을 처리한다. 각 집합마다 스레드를 시작하고, 키 검색을 시작한다. 키를 찾으면 콘텍스트를 취소하고, 결과를 반환해서 다른 모든 검색 작업도 중단된다. 이런 동작을 예제 2-6의 의사 코드로 생성된 그림 2-9에 표시된 타이밍 그래프를 이용해 그림으로 표현할 수 있다.

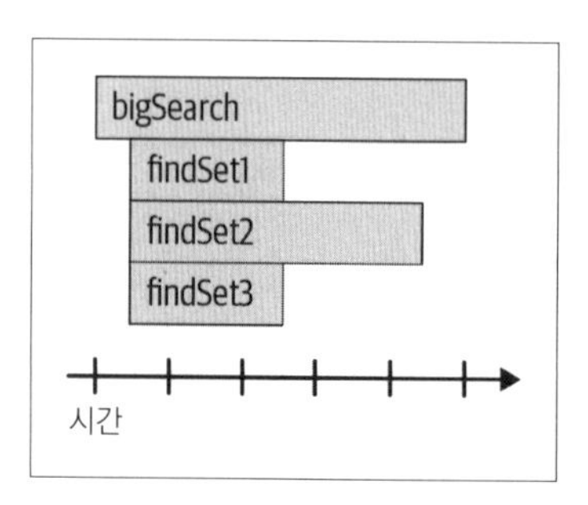

그림 2-9 자식 스팬의 빠른 취소를 보여주는 스팬 타이밍 다이어그램

이런 관계를 어떻게 스팬 안에서 만들 수 있을까? 위에서 언급했듯이 스팬 콘텍스트를 사용해 스팬 사이에 부모-자식 관계를 만들 수 있으며, 같은 원칙이 적용된다. 여기서는 RPC 경계 안의 내용만 고려해도 되므로, 가장 단순한 방법은 스팬 콘텍스트를 매개변수로 하위 메서드에 예제 2-6과 같이 전달하는 것이다.

예제 2-6 자식 메서드에 전달할 매개변수로 사용하는 콘텍스트 스팬

```
async function bigSearch(*context, key, dataset...) {
    let span = startSpan("bigSearch")
    span.setTag("searchKey", key)
    for dataset d {
        let result = await d.findInSet(*context, key, span.context)
    }
    span.finish()
    return result
}
async function (dataset) findInSet(*context, key, spanContext) {
```

```
    let childSpan = startSpanFromContext("findInSet", spanContext)
    while *context.isNotCancelled {
        let found = d.find(key)
        if found {
            *context = *context.Cancel
            span.log("found span in dataset", d)
            span.finish()
            return found
        }
    }
    span.setTag("cancelled", true)
    span.finish()
}
```

위의 의사 코드는 Go 언어 스타일이나 사용자 관리 프로세스 콘텍스트 개체를 사용할 수 있는 다른 언어를 고려해서 만들어진 것이다. 자바나 C# 같은 언어의 스레드 로컬 저장소(TLS, Thread Local Storage)도 비슷한 기능을 제공한다. 여기서 주목할 핵심은 스팬을 만들려는 하위 메서드에 스팬 콘텍스트를 전달하고, 이를 위해 언어가 제공하는 모든 기능을 사용해야 한다는 것이다. 메서드에 전달할 매개변수를 통해 스팬 객체 하나를 전달하는 것과 같이 단순하게 처리할 수 있다.

각 자식 스팬에는 하나의 부모 스팬parent span이 있지만, 스팬 콘텍스트를 모든 곳에서 허용하도록 메서드의 인자를 수정할 때도 있다. 스코프 매니저라는 메커니즘을 통하면 예상보다 쉽게 관리할 수 있지만, 이는 사용하는 특정 기술과 언어의 역량에 따라 달라지는 부분이다. 보통 스코프 매니저는 스레드 로컬 저장소를 사용해 메서드의 활성화된 스팬 중 참조하는 스팬들을 자동으로 관리해서 최대한 자동화하고, 참조를 사용해 활성 스팬에서 새 자식 스팬을 만들 수 있다. 3장에서는 구체적으로 스코프 매니저를 구현하는 방법을 알아볼 것이다. 지금은 추적이 RPC 개념 외에도 쓰일 수 있다고만 알아두면 충분하다.

분산 추적의 형태

계측 서비스의 몇 가지 기본 개념을 살펴봤으니, 이제는 좀 더 현실적인 분산 추적의 형태를 자세히 알아보자. 서로 다른 계측 방식과 이들이 서로 상호 작용할 수 있는 방법을 이미 파악했을 수 있지만, 이런 개념을 익숙한 소프트웨어나 서비스와 어떻게 관련 지을 수 있을까? 보통 분산 추적이 일반적인 소프트웨어 아키텍처 스타일과 어떻게 연동돼 상호 작용하는지를 나타내는 특정한 패턴이나 형태가 있다. 이런 형태를 검토해보고, 어떤 종류의 계측 방식이 가장 잘 작동하는지 알려주는 몇 가지 통찰을 얻어보자.

추적 친화적인 마이크로서비스와 서버리스

분산 추적과 마이크로서비스, 서버리스는 서로를 보완할 수 있는 개념으로 만들어졌다. 역사적으로 분산 추적 기술은 수백 또는 수천 명의 사람이 운영하고 관리하는 수천 또는 수만 개의 마이크로서비스가 배치된 대규모 엔지니어링 팀이 개발을 주도했다. 추적을 도입할 당시, 모든 마이크로서비스가 같게 만들어지지 않았다는 점에 놀랄 수 있다. 실제로, 스팬 기반 분산 요청 추적에는 마이크로서비스나 서버리스 아키텍처에서 더 유용한 추적을 만들기 위해 알아볼 수 있는 몇 가지 특성이 있다. 이때 해야 할 일과 하지 말아야 할 일을 알아보자.

보통 마이크로서비스 또는 서버리스는 화이트박스 계측을 중심으로 고민하는 것이 좋다.

> 마이크로서비스는 추적 코드가 서비스 자체에 통합되는 라이브러리 기반 계측을 도입하기 위해 필요한 변경을 쉽게 반영할 수 있을 만큼 충분히 작은 것이 좋다. 이를 통해 서비스의 실제 기능에 좀 더 정확하게 적용되는 추적 데이터를 사용할 수 있고, 서비스를 활용하기 위해 서비스가 변경될 때 시간이 지나면서 추적 기능의 이점을 살릴 수 있는 기회를 얻을 수 있다. 추적 데이터에서 각 서비스가 무슨 의미를 나타내는지 알려주는 정보를 수집해야 한다. 잘 추적되는 마이크로서비스는 관련된 의미 속성들(예: 오픈 텔레메트리의 span.kind 속성)을 넣어 스팬을 생성한다. 이를 통해 서비스가 처리하는 작업을 좀 더 완전하고 정확하게 파악할 수 있다. 이는 마이크로서비스 아키텍처에서 특히 유용한데, 추적 데이터 소비자가 서비스가 무엇을 하는지 보장하기 어렵다면 특히 그렇다.

중요한 정보들을 포함하도록 속성을 잘 만들어야 한다.

새벽 3시에 발생한 프로덕션 문제를 해결해야 한다면 무엇을 알고 싶을 것인지 상상해 보고, 그 정보를 추가하는 것이다. 몇 가지 예를 들면, 속성이나 태그는 호스트 이름, 리전 또는 데이터 센터 위치나 service.version 같은 속성이다. 더 많은 정보를 보기 위해 README 속성을 보거나, 서비스에 관련된 자세한 정보를 기록해놓은 내부 문서를 찾아보게 될 것이다. 그리고 인그레스ingress와 이그레스egress 과정도 추적이 되는지 확인해야 한다.[2] 앞에서 언급했듯, RPC 라이브러리에서 인그레스와 이그레스 요청에 관련된 스팬을 자동으로 처리하는 프로세스를 만드는 것이 가장 좋다.

잘 아는 것부터 시작해보자.

만약 특정한 문제 지점, 지연 시간에 민감한 서비스 또는 다른 관심 분야가 있다면, 그 부분에서부터 추적을 만들어나가는 것이 가장 빠르고 효과적인 방법이다. 대규모의 계측 계획을 세우고 구현하려는 것보다는 지금 당장 문제를 이해하기 위해 약간의 계측 기능을 추가하는 것이 좀 더 효율적일 것이다. 이 내용은 나중에 자세히 살펴본다.

물론 피해야 할 부분도 있다.

'도로 규칙', 즉 스팬을 어떻게 잘 전파할 것인지 규칙을 설정하고 잘 지켜야 함을 잊어서는 안 된다.

계측을 잘하기 위해 가장 중요한 점은 각 서비스가 더 큰 분산 추적의 일부인 스팬을 만들 수 있다는 점이다. 즉, 첫 번째 단계 중 하나는 표준 콘텍스트 전파 헤더와 형식을 사용하는 것이다. 4장에서는 분산 추적을 위한 다양한 오픈소스 프레임워크들을 자세히 살펴볼 텐데, 그중 하나를 사용하는 것이 좋다.

보통은 실행 시간이 너무 긴 작업을 추적하려고 시도하지 않는 것이 좋다.

분산 요청 추적은 전체 추적 작업이 약 1분가량의 시간 내에 처리될 때 가장 잘 작동한다. 추적 분석기의 데이터 보존 기간과 샘플링할 때 고려할 부분(나중에 자세히 설명할 것

2 인그레스와 이그레스는 각각 네트워크 경계로 들어오거나 나가는 트래픽을 나타낸다. 대체로, 이들은 서비스에서 들어오거나 나가는 모든 요청을 나타낼 때 사용한다.

이다.) 등 몇 가지 이유가 있지만, 지금은 적합하지 않다고만 알아두길 바란다. 만약 실행 시간이 긴 작업을 추적하고자 한다면, 이런 상황을 해결할 수 있는 방법도 있으니 지금은 걱정하지 않아도 된다.

그렇지만, 중요도가 높지 않은 서비스라고 해서 소홀히 해도 된다는 뜻은 아니다.

특정 서비스가 중요하지 않다고 생각하거나, 추적을 해서 얻을 만한 이득이 없다고 생각할 수도 있다. 최소한 모든 서비스가 발신자로부터 수신자까지 전달할 수 있는 추적 헤더는 잘 전달되도록 해야 한다. 하지만 계속 전달되도록 만들려면, 마이크로서비스를 한 스코프로 포장해 전송하기 위해 뭔가 더 해야 할 것은 없다. 애플리케이션 작업을 모든 사람이 잘 이해할 수 있도록 완벽한 뷰를 제공할 수 있다.

마지막으로, 추적 데이터를 오랫동안 로컬에 보관하지 않도록 해야 한다.

이는 특히 서버리스 서비스에서 중요하다. 일반적으로 추적 정보는 정기적으로 서비스에서 외부 수집기로 내보내는 것이 바람직하다. 그중 일부는 분석 시스템에서 각 요청을 전체적으로 수집하고 분석할 때 사용할 수 있으며, 추적 정보가 여전히 관련성이 있는지 분석할 때 사용할 수 있다. 그리고 이 방안을 통해 충돌이나 다른 문제들 때문에 서비스 인스턴스를 사용할 수 없더라도, 데이터 손실이 일어날 확률을 줄일 수 있다는 것이 더 중요하다.

모놀리스에서 추적하기

분산 추적이 마이크로서비스의 영역이라고 언급했기에 여러분이 지금 마주하는 끔찍한 모놀리스 덩어리를 떠올리며 나지막이 "그림의 떡이군."이라고 읊조릴 수도 있다. 하지만 절대 그렇지 않다. 다만 모놀리스 위에 계측 기능을 추가하려면 다른 전략이 필요하다.

모놀리스를 계측할 때는 먼저 이미 아는 것이 무엇인지 파악하고, 왜 추적을 하려고 하는지 생각해봐야 한다. 몇 가지 근거를 생각해보면 다음과 같다. 하나는 모놀리스를 분해하고 추적을 도입하기로 결정했지만, 새로운 마이크로서비스 구성 요소에서 모놀리스로 추적을 확장하려 할 때이다. 또 다른 하나는 다른 시스템 계층(예: 클라이언트, 프론트엔드)에서 추적을 도입하고 끝점과 끝점 사이의 성능 데이터를 수집해 병목 구간을 알아보려 할 때이다. 이유가 무엇이든, 모놀리스에 계측 기능을 추가한다면 마이크로서비스에 계측 기능을 추가하는 것과 비슷할 수도 있고 다를 수도 있는 부분이다.

앞서 언급했듯이 최선의 경로를 결정하기 위해 기존에 어떻게 모놀리스를 관측했는지 살펴봐야 한다. 수집한 메트릭과 로그가 가치 있는 것인가? 온 콜on-call 팀과 엔지니어가 기존의 관측 가능성 데이터를 사용해 온 콜 작업 중에 정보를 제공하는 방법을 연구하면, 추적이 모놀리스에 어떻게 도움을 줄 수 있는지 이해하려 할 때 유용할 수 있다. 예를 들어, 모놀리스 애플리케이션에 추적을 도입하는 엔지니어에게서 본 한 가지 일반적인 패턴은 에이전트 또는 기타 프로세스 밖의 서비스를 사용해 로그 데이터를 캡처하고, 이를 추적 데이터로 변환하는 것이다. 이 방법은 적은 노력으로 모놀리스에 추적을 도입하는 방법이지만, 수집한 로그의 가치가 높지 않다면 생성하는 추적 데이터의 가치도 제한된다.

그럼 모놀리스 애플리케이션을 위한 추적과 마이크로서비스를 위한 추적은 어떻게 다를까? 그 핵심은 계측 방법론이다. 모놀리스를 블랙박스로 보고 추적하려면 일이 잘 안 될 수 있다. 많은 모놀리스 애플리케이션은 서로 다른 스레드 실행 환경(혹은 비슷한 방식)에서 높은 수준의 동시성과 병렬 처리 성능을 보여주며, 프로세스 내에서 발생하는 일을 화이트박스 수준으로 분석해야 한다. 인그레스와 이그레스 작업은 모놀리스 특유의 복잡성 때문에 정량화하는 것이 어려울 수 있다. 특히 모놀리스는 각각 서로 다른 RPC 스타일을 지원하는 여러 버전의 API를 제공하는 경우가 많다. 각각의 v1부터 vN까지의 API를 제공하는 모놀리식 서비스가 있다고 가정하자. 각각의 버전은 특정 RPC 전송 방식(SOAP, HTTP를 통한 JSON 전송, 아파치 스리프트 등)을 추가하거나 사용하지 않을 수 있다.

계측을 올바르게 추상화하기

일반적으로 어떤 프레임워크를 사용하든 간에 이해하고 조사하려는 프레임워크 아래에서 추상화 계층을 구성하는 것이 좋다. 분석하려는 계층보다 낮은 계층에서 계측 기능을 추가하면, 적은 노력으로 시스템에서 더 유의미한 정보를 얻을 수 있다. 또한 분석한 계층보다 낮은 계층에서 계측 기능을 추가하는 경우, 대개 기존 콘텍스트를 프레임워크 안으로 내리는 것보다는 콘텍스트를 계층 위로 올려 특정한 서비스나 코드의 일부에서 더 자세한 정보를 얻는 것이 훨씬 쉽다.

모놀리스 형태의 서비스를 추적하기 위해 계측할 때, 유용하게 사용할 수 있는 전략 중 하나는 에이전트 기반의 접근 방식이다. 이 방식을 사용해 계측을 서비스 프레임워크 계층에 주입한다. 자바용 스프링 프레임워크를 떠올려보자. 만약 애플리케이션을 스프링 기반으로 만든다면, 스프링 클래스 자체를 사용자의 코드가 아닌 다른 방식으로 구현할 수 있다. 편리하게도, 이처럼 널리 쓰이는 프레임워크가 오픈소스 계측 기능을 직접 지원할 수도 있어서 직접 구현해야 하는 부담을 덜어주기도 한다. 프레임워크의 계측 기능을 사용해 일을 시작할 수 있으며 때에 따라 요청의 폭넓고 다양한 성능 형태를 이해하기에 이 정도면 충분할 수도 있지만, 비즈니스 로직의 미묘한 차이를 잡아내기 위해 특정 레벨의 수동 계측 기능과 연결해서 봐야 할 때도 있다. 항상 '은 탄환silver bullet'을 바랄 수는 없으므로, 애플리케이션 코드의 구조와 호출이 서비스를 통해 전달되는 방식을 신중하게 고려해야 한다. 마이크로서비스 아키텍처에서처럼 반드시 명확한 구분선이 있는 것은 아니므로 서비스 내부의 스팬 및 추적의 프로세스 내 전파에 각별한 주의를 기울여야 한다.

같은 원리로 메서드나 프로세스 내 호출이 각각의 스팬이 돼야 하는지, 공통의 부모 스팬과 결합할 수 있는지 등을 꼼꼼히 따져봐야 한다. 모놀리스에서 모든 메서드 호출을 위한 추적 기능을 추가하는 것은 불필요하거나 바람직하지 않을 수 있다. 대개는 그렇다!

마지막으로, 모놀리스 안에 있는 다양한 내부 구성 요소의 모델을 만들고 그 구성 요소를 사용해 '무엇을 추적해야 할 것인지' 나타내는 방향성을 정하는 것이 도움이 될 수 있다. 사용자 인터페이스, 인벤토리, 계정 관리, 주문 관리 구성 요소를 제공하는 간단한 전자 상거래 모놀리스를 생각해보자(그림 2-10 참조). 모놀리스에서는 각 구성 요소가 다른 구성 요소와 코드를 공유할 수 있고 때에 따라 경계가 모호하기도 하지만, 데이터를 추적하기 위한 콘텍스트를 제공할 수 있는 논리적인 구분이다. 예를 들어 계정 관리 구성 요소에서 주문 관리 구성 요소를 호출할 때 일부 공유 기능이 더 자주 실패할 수 있다. 메서드 대신 구성 요소에 해당하는 추적 데이터가 있다면 이유를 쉽게 알아낼 수 있을 것이다.

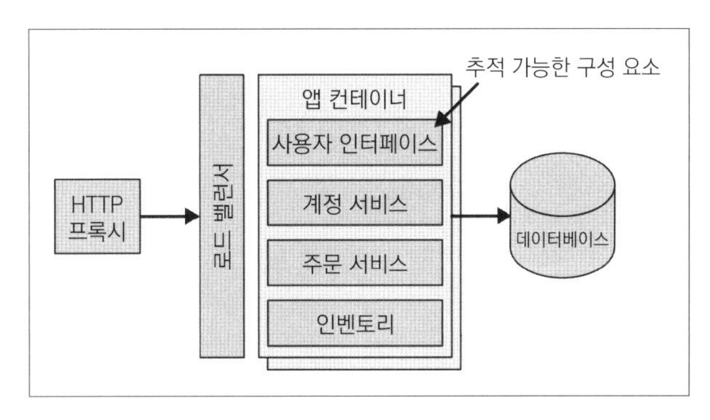

그림 2-10 쇼핑 카트/전자 상거래 모놀리스 애플리케이션

마이크로서비스를 추적할 때 사용했던 방법을 똑같이 적용할 수 있는 것이 많다. 각 스팬에서 서비스(혹은 내부 구성 요소)가 무슨 의미를 갖는지 정보를 수집하고, 호스트 이름이나 IP 주소 등의 속성을 포함하고 싶을 것이다. 모놀리스에 에이전트를 추가하거나 프레임워크 기반 계측을 사용한다면, 이런 작업은 대부분 맡길 수 있다. 궁극적으로 모놀리스를 추적하거나 모놀리스의 추적 데이터가 더 큰 추적의 일부가 되는 것을 막는 것은 없다. 기존 프로세스를 수정하거나 분석할 수 없는 최악의 상황이라고 해도, 요청 프록시에서 모놀리스를 감싸고 이를 통해 추적 데이터를 생성하는 방식으로 우회할 수 있으므로 스팬이 없는 것보다는 훨씬 나을 것이다.

웹과 모바일 클라이언트에서 추적하기

이 책의 내용 대부분은 암묵적으로 백엔드 서비스의 관점에서 데이터 센터나 클라우드 서비스 안에서 실행된다고 가정했다. 그런데 아주 안정적으로 관리하는 환경임에도 불구하고,

코드가 예상대로 실행되지 않는다면 어떨까? 앞에서 언급했듯이 분산 추적의 이점 중 하나는 요청의 전체 스팬(단순한 부분이 아닌)이 어떻게 동작하는지 파악할 수 있게 해주는 것이다.

분산 추적 기술이 처음 등장할 때는 어떤 모습이었을까? 휴대폰, 태블릿과 그 외의 휴대용 장치를 통한 모바일 컴퓨팅은 수백만 명의 사람이 소프트웨어를 접하게 된 관문의 역할을 했으며, 그 덕분에 클라이언트에서 실행되는 단일 페이지 애플리케이션SPA, Single Page Application과 네이티브 모바일 애플리케이션의 수가 크게 늘어났다. 따라서 애플리케이션의 이런 부분을 추적하는 방법을 고려할 것이고, 몇 가지 특별한 요구 사항을 알아야 한다. 이 절의 나머지 부분에서는 이런 클라이언트 애플리케이션을 '프론트엔드 서비스'라고 단순하게 부르기로 하겠다.

프론트엔드 서비스에 계측 기능을 추가하는 것은 다른 서비스에 계측 기능을 추가하는 것과 비슷하다. 같은 종류의 설명과 추적할 키워드를 사용해서 이그레스(즉, 클라이언트와 서버 사이의 모든 통신)를 추적하고, 의미가 부여된 태그를 추가하는 등의 일을 해야 할 것이다. 이때 가장 큰 문제는 너무 세밀한 정보를 다룬다는 것이다. 프론트엔드 추적 데이터의 세부 정보는 얼마나 많을까? 리소스(예를 들어 HTML, CSS, 자바스크립트, 이미지 등)를 불러올 때 걸리는 시간, 리다이렉션과 그 외의 HTTP 메서드 실행에 소요된 시간, 문서 개체 모델DOM, Document Object Model을 만들어 사용자의 화면에 표시하기까지 걸린 시간 등 풍부한 정보를 성능 인터페이스를 통해 웹 API에서 사용할 수 있을 것이다. 이 정보는 여러분의 프론트엔드 서비스를 추적할 때 유용한 정보가 될 수 있다. 하지만 추적 데이터를 사용하려는 입장(사람과 기계 모두)에서 보면 엄청난 양의 데이터가 될 수 있다. 이 책의 후반부에서는 추적 데이터를 수집하고 저장하는 것이 어떤 장단점이 있는지 다시 살펴볼 것이다. 지금은 추적 데이터를 생성하고 수집하고 저장하는 것은 어느 정도의 추가 노력이 따른다는 것만 알아두길 바란다.

물론 되도록 모든 데이터를 수집하고 분석 도구를 활용해 불필요한 부분을 정리하는 것도 생각할 수 있다. 이는 분석 도구의 정교함이 향상되면서 점점 더 널리 쓰이는 방식이다. 또 다른 방안은 추적 데이터를 나누는 것이다. 즉, DOM 렌더링이나 UI 요소 그리기 성능, 타이밍 정보 같은 프론트엔드 클라이언트가 처리하는 작업을 나타내는 추적과 API로부터 데이터를 불러오는 등의 프론트엔트와 백엔드 사이의 통신을 처리하는 작업을 나타내는 추적, 이렇게 두 가지로 나누는 것이다. 이 추적들은 하나의 공유 속성으로 연결할 수 있다. 여기서 결정을 내리기 위해 추적 데이터를 활용하는 사람의 입장에서 요청의 성능 프로파일을 이해하기 위해 어느 정도의 데이터가 필요하고 무슨 일을 하려는지 생각해봐야 한다.

물론 프론트엔드 서비스를 계측하는 데는 장황한 것 말고도 다른 문제가 있다. 이런 문제 중 상당수는 보통 모바일 또는 웹 서비스의 특성, 예를 들어 네트워크의 불안정성, 개별 사용자의 하드웨어 성능 차이 등과 같은 원인 때문에 발생할 수 있는 고유한 문제들이다. 다음은 프론트엔드 서비스를 계측할 때 주의할 몇 가지 흔한 시나리오들이다.

WAN 연결 손실

계측과 보고 기능은 기록을 시작하기 전에 스팬을 보고할 수 있는 상태인지 먼저 확인해야 한다. 그리고 데이터가 백엔드로 전송이 가능한 상황이 아니면, 작업을 멈춰 불필요한 리소스 할당이 일어나지 않도록 해야 한다.

서비스를 추적하다가 발생하는 예상치 못한 포커스 손실

대개 모바일 장치의 백그라운드 프로세스는 처리할 수 있는 작업 또는 처리할 수 있는 시간에 제약이 따른다. 트레이서tracer가 포커스 손실을 나타내는 이벤트를 수신하는지 확인하고, 이벤트가 발생하면 사용할 수 있는 추적 데이터를 추적 분석기에 빠르게 전달할 수 있도록 해야 한다.

스팬의 해체

누군가는 애플리케이션의 버튼을 눌러도 동작하지 않는 답답함을 경험할 것이다. 오랫동안 응답이 돌아오지 않는 요청은 반드시 취소해서 불필요한 스팬을 많이 만들지 않도록 스팬 생성을 다시 선언해야 한다(한편으로 사람이 화를 내며 버튼을 누르는 횟수를 모니터링하는 것은 재미있을지도 모르겠다).

개인 식별 정보를 취급할 때 주의해야 할 부분들

개인정보 보호법과 규정은 계속 진화한다. 그러므로 기기에서 이런 민감 데이터를 로그에 남기거나 저장할 때는 주의해야 한다. 저자들과 구글은 법적인 자문을 일절 해줄 수 없으며, 반드시 법률 담당자와 함께 세부적인 내용들을 확인해야 한다. 하지만 유럽 연합[EU]의 일반 데이터 보호 규정[GDPR, General Data Protection Regulation]은 여러분이 개인정보를 어떻게 사용하는지, 어떤 데이터를 요구하는지, 어떻게 데이터를 삭제할 것인지를 알아야 할 권리가 있다고 명시했다. 텔레메트리 데이터를 최종 사용자의 요청에 따라 삭제할 필요가 없도록 하려면, 처음부터 개인 데이터를 추적하지 않는 것이 좋다. 다시 말하지만, 여러분의 회사 내 고문 변호사나 법률 전문가에게 자세한 내용을 꼭 상담하길 바란다.

다루는 내용이 너무 많아서 혼란스러울 수 있겠지만, 이제 필요한 정보는 모두 전달했다. 책을 다 읽은 후 몇 가지 핵심적인 내용을 기억하면서 정보들을 찾아보면 유용한 정보를 얻을 수 있으며, 계측만이 아니라 추적 데이터의 수집과 분석 과정을 좀 더 잘 이해할 수 있을 것이다. 3장에서는 마이크로서비스, 서버리스, 모놀리스 또는 프론트엔드 서비스를 추적할 때 발생하는 많은 문제를 해결하기 위해 사용할 수 있는 여러 오픈소스 텔레메트리와 추적 프레임워크를 알아볼 것이다.

3장

오픈소스 계측: 인터페이스, 라이브러리, 프레임워크

기술로서 추적과 분산 추적은 그다지 새로운 개념이 아니다. 개발자들은 수십 년 동안 어떤 형태로든 나름의 분산 시스템을 만들어왔으며, 만들어진 시스템을 이해하기 위해 추적 솔루션을 도입했다. 그러나 이러한 솔루션들의 공통점 중 하나는 어떤 한 가지 부분에 매우 집중하는 경향이 있다는 것이다. 때때로 이 초점은 특정 기술 스택이나 언어에 있으며, 특정 미들웨어 제품에 의존하기도 하고 회사와 더 이상 관계없는 엔지니어들이 몇 년간 유지해온 자체 솔루션일 수도 있다. 최근에는 클라우드 서비스와 다른 플랫폼 업체들이 이런 식의 구성을 계속해서 널리 퍼뜨린다.

어떤 이들은 "그래서 뭐가 문제야?"라고 생각할 수도 있을 것이다. 어찌 됐든, 많은 사람에게 이런 상용 솔루션은 잘 작동하거나 최소한 사용자에게 가치를 제공할 것이다. 다른 한편으로 이런 솔루션들은 빠르게 도입할 수 있다. 상용 계측 솔루션에 관한 가장 큰 논쟁은 스케일링 또는 비즈니스 요구 사항이 증가하면서 발생하는 새로운 언어, 방법론, 문제 상황에 대응하기 위해 소프트웨어를 변경해야 할 때 솔루션 개발자에게 기댈 수밖에 없다는 것이다.

삶, 특히 컴퓨터 역사에서 변하지 않는 하나는 변화라는 것을 기억하자. 이 책을 쓰는 현시점에서, 마이크로소프트는 오픈소스 소프트웨어에 크게 기여하는 회사들 중 하나이다. 만약 20년 전으로 돌아가서 누군가에게 이런 말을 하면, 사람들은 아마 깜짝 놀랄 것이다. 솔루션 업체, 클라우드 서비스 업체와 유명한 언어나 런타임에 의지하는 것은 자유로운 의사 결정에 걸림돌이 될 것이다.

다행히 이 문제를 해결할 방법이 있다. 오픈소스 계측 모델을 사용자, 솔루션 업체, 소프트웨어 개발자에 걸쳐 널리 채택하는 것이 해결책이다. 다시 말해 소프트웨어 계측 도구를 제공하기 위해 특정한 언어나 실행 환경에 의존하지 않고, 커뮤니티가 제공하는 도구를 사용해야 한다. 이 장에서는 이런 오픈소스 솔루션들의 최신 정보(책을 집필할 당시의 기준이지만)와 인터넷에서 접할 수 있는 역사적 배경 및 선도적인 프로젝트를 알아보려 한다. 또한 오픈 텔레메트리 같은 패키지로 소프트웨어에 계측 기능을 추가하는 API와 방법론을 다룰 것이다.

추상화된 계측의 중요성

먼저 추상화된 계측을 이해하는 것이 왜 중요한지 생각해보자. 특히 추적 기능을 제공하는 플랫폼 또는 기술 스택을 사용하며 서비스를 모니터링하기 위해 도입하려는 경우, 추상화된 계측을 고민하는 것이 좋은 시작점이 될 것이다. 역사적으로 보면, 추적 정보는 서비스의 경계 또는 로드 밸런서, 웹 프록시 또는 그 외의 트래픽 전달 서비스 같은 인그레스 계층과 같이 '일반적인' 여러 위치에서 사용할 수 있었다. 아마존 웹 서비스AWS, Amazon Web Services의 일래스틱 로드 밸런서ELB, Elastic Load Balancer의 `X-Amzn-TraceID` 헤더나 마이크로소프트의 인터넷 정보 서비스IIS, Internet Information Services에서 제공하는 불투명한 추적 헤더 같은 정보에 담긴 추적 식별자는 서비스를 통해 이동하면서 각각의 요청에 관련된 상세한 정보를 제공한다. 한편 이런 오래된 추적 방법은 몇 가지 부족한 부분이 있다.

먼저 이식성이 좋지 않은 점을 들 수 있다. 예를 들어 IIS의 요청 추적 기능을 살펴보자. 이 기능을 사용하려면 반드시 IIS를 웹 서버나 프록시로 사용해야 함을 뜻하며, 여러분이 실행하려는 소프트웨어 역시 윈도우 서버에서 실행돼야 함을 전제로 한다. 윈도우 서버에서 실행되는 (그리고 아마도 엄청난 양의 비즈니스 가치를 창출하는) 소프트웨어가 없다고는 말할 수 없지만, 최근에는 많이 쓰이지 않는 제품들을 살펴봐야 하는 부담감이 있다. 그러나 이러한 종속과 관련된 비용은 해로울 수 있다. 모니터링 시스템의 관리와 업그레이드가 늦어지면 많은 약점을 만들 수 있다. 모니터링 플랫폼의 발전으로 통찰력이 향상되고 비용도 줄일 수 있지만, 기존의 계측 기술에 얽매여 있다면 이런 이점을 누리지 못할 수도 있다. 마지막으로, 자체 기술을 사용하는 계측을 통해 얻을 수 있는 제어 수준과 통찰력이 제공하는 가치가 높다고 하더라도, 새로운 팀원에게 새로운 도구 대신 기존의 도구를 사용하도록 설득하는 것이 쉽지 않을 수 있다.

비표준 추적 기술의 부족한 부분 중에서 또 다른 것은 분산 애플리케이션에 적용할 수 없다는 것이다. 이것은 인터넷을 사용할 때처럼 외부 연결을 통해 클라이언트와 서버의 관계를 측정하려 할 때 확실해진다. 모바일 애플리케이션 또는 클라이언트 웹 애플리케이션과 백엔드 서버 사이에 추상적인 계측을 도입하지 않는다면, 잠재적으로 분리된 2개의 시스템에서 생성되는 데이터 사이의 관계를 맞추고 변환하기 위한 수작업이 꼭 필요하다. 종종 이런 자체 시스템은 클라이언트가 아닌 인그레스 지점에서 추적을 시작하는데, 요청에 대한 끝점과 끝점 사이의 통합된 뷰를 보여주기보다는 데이터만 분리할 수 있다. 이러한 시스템은 종종 내부 확장성이 부족한 탓에 문제를 일으키곤 한다. 즉, 최상위 HTTP 요청 외부에서 서비스 기능의 하위 추적을 생성하는 것이 어렵거나 불가능할 수 있다. 또한 이런 시스템은 HTTP를 통해 전달되지 않는 전송 방법을 계측할 때 어려움이 따를 수 있으며, HTTP, gRPC, SOAP 또는 그 외의 통신 프로토콜에서 생성하는 호환되지 않는 추적 데이터 때문에 혼란스러울 수 있다. 이 때문에 성능을 개선하기 위해 리팩터링하는 것이 어려울 수 있고, 새로운 서비스와 기술과의 통합이 힘들 수 있다.

마지막으로, 특정 업체의 제품만을 사용하도록 구속하거나 그럴 의도로 설계된다는 점이다. 분석 도구를 사용하면서 불편한 부분이 있다면? 아쉽지만 대안이 없을 것이다. 원하는 계측 API를 제공하지 않거나 사용하기에 충분하지 않다면? 제공된 API를 직접 개발하지 않으면 원하는 목표를 달성하지 못할 수도 있다. 이런 기본적인 부분조차도 시스템의 기본 설계에 따라 그대로 사용하지 못하고 더 개발해야 할 수도 있다. 놀랍게도 흔히 일어나는 상황 중에는 이런 상용 제품의 기능이 새로운 서비스를 시작하는 팀의 일을 방해할 수 있는 경우가 있다. 더 많은 분석이 필요하지만, 이를 방해하는 요인 중 사업적인 이유가 있을 수 있기 때문이다. 예를 들어 모니터링을 위해 널리 사용되는 가격 책정 모델은 주어진 시간에 모니터링되는 호스트 또는 컨테이너의 양에 의존한다. 만약 이 가격 책정 전략 때문에 특정 업체의 제품만을 사용하기로 했다면, 비용 문제 때문에 애플리케이션에 새로운 계측을 추가하지 못하도록 작용한다. 이 방법은 새롭고 입증되지 않은 아이디어를 개발하는 동안 비용을 절약하기 위한 정통한 방법처럼 보일 수도 있지만, 새로운 서비스가 제대로 동작할 것인지는 아무도 모른다(또는 더 나쁜 상황으로 오류를 내포하는 코드 때문에 여러 가지 어려움을 겪고, 두통에 시달리게 되며, 다른 팀원들의 밤잠을 설치게 하는 알람을 쉴 새 없이 울릴지도 모른다).

추상화된 오픈소스 계측은 이런 문제를 깔끔하게 해결한다. 리눅스, 윈도우, 맥 OS, iOS 등 여러분이 사용하는 언어를 지원하는 모든 운영체제OS로 자유롭게 이식할 수 있다. 그리고 오픈소스이므로 원하는 기능이 없어도 기존 소스를 포크(복제)해서 원하는 기능을 추가할 수 있다. 고맙게도, 주된 오픈소스 계측 인터페이스와 프레임워크는 대체로 거의 모든 범용 프로그래밍 언어들을 가리지 않고 지원하지만… 펄Perl로 누군가가 이식을 해준다면 더 좋을 것 같다. 다양한 프레임워크를 지원하므로 오픈소스 기술과 추상화된 계측은 변화하는 요구 사항과 필요에 적합하다.

서비스가 더 작은 서비스로 세분화되면서, 추상적인 계측은 서비스를 만들고 배포하고 실행하는 방식과 무관하게 새로운 서비스 경계에 잘 적용됨을 알 수 있을 것이다. 추상화된 계측을 사용하면 서비스 메시 또는 컨테이너 오케스트레이션 플랫폼 같은 다른 기술과 계측을 쉽게 통합할 수 있다. 그리고 당연하게도, 새로운 서비스를 분산 애플리케이션에 통합할 때 추상화된 계측을 사용하면 서로 다른 팀 사이에서도 공통된 계측 언어를 공유할 수 있다. 마지막으로, 추상화된 계측은 특정 업체가 분석이나 계측에 관련된 기능을 장악하지 않도록 해준다는 점이 무엇보다 중요하다. 계측 API, 추적 데이터 형식, 전파 헤더, 와이어 형식 등 많은 부분이 누구에게나 공개돼 있으므로 직접 코드를 분석하거나 심shim을 통해 분석 시스템을 사용할 수 있다. 이 책을 쓰는 시점에서 거의 모든 유명한 모니터링 기술 업체는 최소한 하나 이상의 오픈소스 추적 형식을 지원하고, 그에 따라 한 번에 기록할 수 있는 융통성을 제공하므로 계측 코드로 어디서나 실행할 수 있다.

지금까지 계측 프레임워크의 이점을 살펴봤다. 이제 가장 최근에 나온 인기 있는 기술인 오픈 텔레메트리부터 살펴보자.

오픈 텔레메트리

계측 라이브러리를 만드는 것은 한마디로 어렵다. 서비스에서 텔레메트리를 수집하고 생성하는 실제 과정은 단순하지만, 높은 성능의 프로세스를 구현해서 여러 사용자 그룹으로부터 받아들일 수 있게 만드는 것은 어렵다. 무엇보다 두 소프트웨어가 서로 공통된 부분도 있지만 다른 부분도 있기 때문이다. 이 방법은 다소 환원주의적[1]이지만, 일반 사용자를 위한 계측 라이브러리를 만들 때의 문제점을 살펴볼 때 기억해야 할 부분이다. 하지만 범용 계측 라이브러리가 맞춤형 라이브러리보다 인기 있는 이유가 몇 가지 있다.

- 범용 라이브러리는 대개 더 성능이 우수할 것이다.
- 범용성이 높은 라이브러리를 설계한 사람들은 특이 상황이나 특수한 상황을 고려할 것이다.
- 범용 라이브러리를 사용하면, 맞춤형 라이브러리를 조정하고 확장하며 사용할 때 발생할 수 있는 수개월 이상의 개발 기간으로 인한 관리 문제를 줄일 수 있다.

소프트웨어가 점점 복잡해지고 개발 주기가 더 복잡해지면서 범용 라이브러리를 도입하는 것이 왜 좋은지를 설명하는 이론적 근거가 더 강력해졌다. 아마도 텔레메트리 컬렉터telemetry collector나 API를 직접 구현할 만한 시간이나 여유가 부족할 것이다. 애플리케이션에서 사용하는 모든 언어로 맞춤형 텔레메트리 라이브러리를 만들거나 관리할 때 필요한 전문 지식이 부족할 수도 있고, 내부 표준을 만드는 팀의 역동성을 극복하기 어려울 수도 있다. 마지막으로, 종속되는 프레임워크(원격 프로시저 호출RPC 프레임워크나 HTTP 라이브러리 등)에서 텔레메트리 데이터를 생성할 때 일을 두 번 하느라 시간 낭비를 하고 싶지는 않을 것이다.

오픈 텔레메트리는 이런 문제와 그 밖의 수많은 문제를 해결해준다. 오픈 텔레메트리의 주된 목표는 애플리케이션에서 분산 추적과 메트릭 텔레메트리metric telemetry를 수집할 때 사용할 수 있는 하나의 API, 라이브러리, 에이전트, 컬렉터들을 제공하는 것이다. 그렇게 해서 오픈 텔레메트리는 클라우드 네이티브 소프트웨어가 기본으로 제공하는 이식 가능하고 고품질인

1 환원주의란 복잡하고 추상적인 사상이나 개념을 단일 레벨의 더 기본적인 요소로부터 설명하려는 입장이다(두산백과 참조). – 옮긴이

텔레메트리 데이터를 지향한다.

2019년 5월에 오픈 트레이싱OpenTracing과 오픈 센서스OpenCensus의 차기 버전으로 오픈 텔레메트리가 발표됐다. 두 프로젝트는 비슷한 목표를 서로 다른 방식으로 달성했다. 오픈 텔레메트리 프로젝트는 2018년 가을 두 프로젝트 사이에 발생한 '표준 전쟁'이라는 큰 걸림돌에 관한 트위터상의 여러 스레드로부터 이야기가 시작된 결과이다. 오픈소스 개발자들은 계측 분야에서 두 가지 서로 호환되지 않는 표준이 있음을 인지했고, 양쪽을 잘 맞출 수 있는 방법이 없어 한동안은 라이브러리와 프레임워크에 추적 기능을 추가하지 않으려 했다(좀 더 자세한 내용은 이 장의 '오픈 트레이싱' 절과 '오픈 센서스' 절에서 살펴본다).

의견 대립으로 인해 두 진영의 의견을 중재할 수 있는 중재자와 함께 각 프로젝트의 창립자들 사이에 별도의 채널을 통해 협상과 토론을 진행했다. 프로토타입 버전의 병합된 API를 만들기 위한 소규모의 기술 팀을 만들었고, 이것이 오픈 텔레메트리의 초기 프로토타입으로 발표된다. 2019년 봄에는 새로운 거버넌스 구조를 체계화하기 위한 노력과 함께 쿠버네티스 같은 다른 성공적인 오픈소스 기술의 교훈을 바탕으로 작업을 계속 진행했다. 5월에 프로젝트를 발표한 후 마이크로소프트, 구글, 라이트스텝Lightstep, 데이터독Datadog 등 여러 회사에서 일하는 개발자들이 협력해 사양, 애플리케이션 프로그래밍 인터페이스API, 소프트웨어 개발 키트SDK와 그 외의 구성 요소들을 확정했다.

그 결과 지금의 결과물이 나왔다. 이 책을 쓰는 시점에서 오픈 텔레메트리는 아직 알파 버전이다. 여러분이 이 책을 읽는 시점에는 프로젝트 팀에서 베타 버전을 출시했을 수도 있지만, 오픈소스 기술의 특성상 출시 일정은 얼마든지 변동이 있을 수 있다.[2] 이를 감안해 이번 장에서는 주로 오픈 텔레메트리의 분산 추적 구성 요소와 설계할 때 중요한 부분을 주로 다룰 것이다.

오픈 텔레메트리는 API, SDK, 컬렉터라는 세 가지 기술로 구성된다. 이들 구성 요소는 오픈 텔레메트리의 사양과 데이터 모델을 구현하며, 서로 상호 연동하고 구성할 수 있도록 설계

2 2020년 기준으로는 추적, 메트릭, 배기지 기능이 모두 안정화됐고, 로깅 기능은 2022년 안정 버전 출시를 목표로 개발 중이다. 각종 사양과 SDK들도 최근 1.8.0, 1.10.0 버전으로 새롭게 출시됐다. 자세한 내용은 https://opentelemetry.io/status 페이지를 참고한다. – 옮긴이

했다. 이는 무엇을 의미할까? 다시 말해, 이들 구성 요소의 일부는 특정 구현체가 사양과 데이터 모델을 지키는 한 다른 구현체로 변경될 수 있다는 것이다.

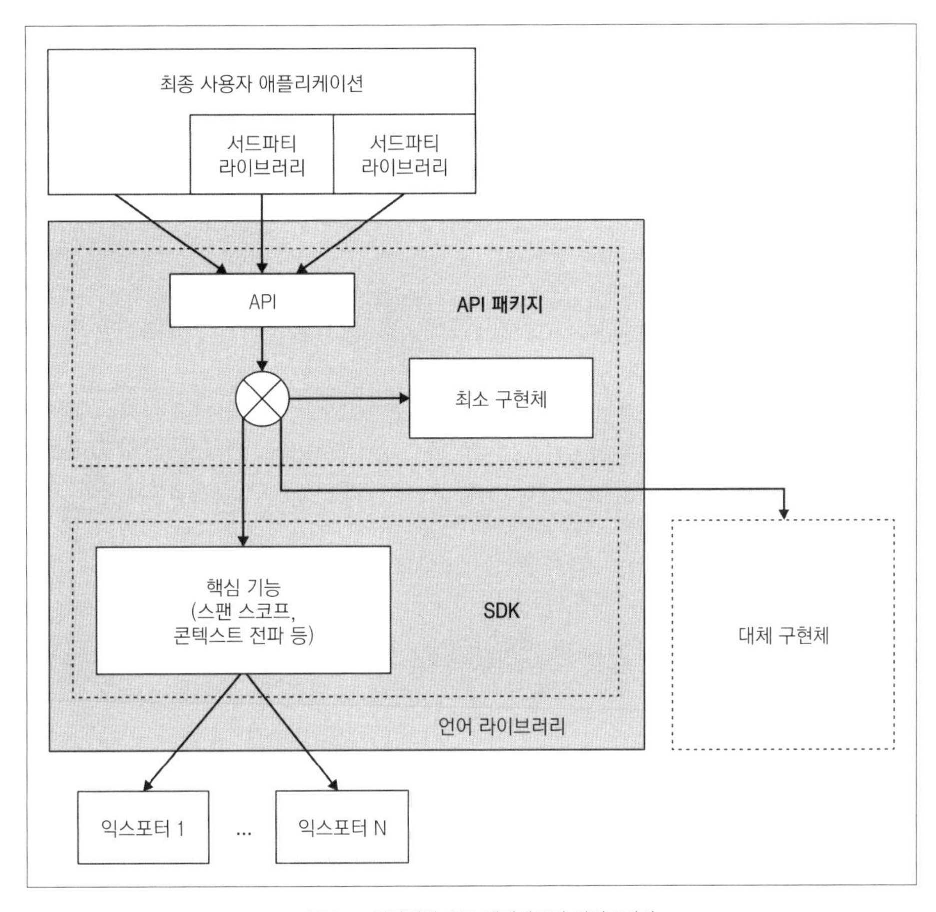

그림 3-1 일반적인 오픈 텔레메트리 라이브러리

그림 3-1에서 볼 수 있듯이, 오픈 텔레메트리 라이브러리에는 크게 두 부분이 있다. API에는 SDK의 최소 구현(또는 규격만 맞추고 내용이 없는 구현)과 함께 계측 코드를 만드는 데 필요한 인터페이스가 들어 있다. 보통 API는 스팬 상태와 콘텍스트 관리, 와이어에서 스팬 콘텍스트를 스트림으로 변환하거나 스트림에서 복원하는 것 그리고 그 외의 여러 기능 등을 포함시켜 API의 핵심 기능을 구현하는 SDK와 함께 패키지로 제공된다. SDK 외부에는 익스포터가

있는데, 분석을 위해 오픈 텔레메트리 추적 데이터를 적절한 백엔드 서비스로 변환하고 전송하는 플러그인이다. 이런 각각의 구성 요소는 다른 구성 요소와 분리됐다. 예를 들어 SDK 없이 API를 그림 3-2처럼 사용하거나 SDK의 일부분을 선택적으로 다시 구현할 수도 있다.

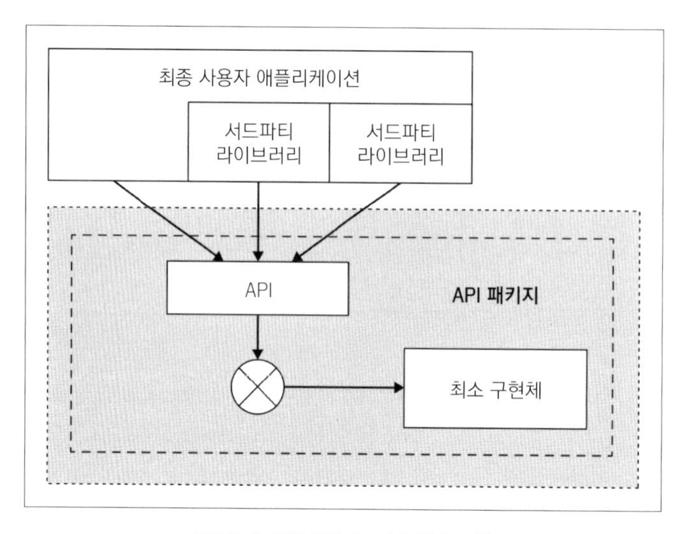

그림 3-2 오픈 텔레메트리의 최소 구현

주로 라이브러리로 사용될 코드를 만든다면, API 자체를 사용할 것이다. 단독 또는 다른 서비스와 함께 실행할 서비스를 만든다면 API와 SDK를 사용할 수 있다.

근거는 간단하다. 데이터 집합을 잘 찾을 수 있도록 최적화된 검색 기능을 제공하는 라이브러리를 만든다고 가정해보자. 사용자는 검색 라이브러리 코드를 추적해서 원하는 검색어를 찾는 데 필요한 반복 횟수를 파악할 수 있길 원한다. 추적 계측 기능을 추가하고 라이브러리에서 처리하는 작업을 나타내는 단일 스팬이나 각 반복을 나타내는 여러 스팬을 만들어 이 작업을 쉽게 처리할 수 있다(알고리듬을 병렬화한 경우 후자의 방법이 더 유용할 수 있다). 하지만 라이브러리 개발자는 성능이 우수하고 외부 종속성이 거의 없길 바랄 것이다. 즉, 최적화된 코드를 원하는 것이다. 이 경우 오픈 텔레메트리 API 패키지에만 의존성이 나타날 것이다. 누군가가 오픈 텔레메트리 SDK를 사용하는 라이브러리를 추가해서 사용하면, 라이브러리는 최소한의 구현이 아닌 전체 구현체를 사용하도록 자동으로 교체돼 최종 사용자가 라이브러리의 활동을 추적할 수 있다.

오픈 텔레메트리 API는 분산 콘텍스트 전파와 관리, 애플리케이션 추적, 애플리케이션 메트릭이라는 세 가지 기술을 제공한다. 이 책은 처음 두 가지 기능에 초점을 맞출 것이다.

먼저 애플리케이션 추적 기능을 살펴볼 것이다. 오픈 텔레메트리에서 스팬의 기본 구성 요소는 트레이서이다. 트레이서는 프로세스 스팬에서 활성 스팬을 추적하고 관리하는 기능과 함께 새로운 스팬 개체를 만들고 활성화하는 방법을 제공한다. 각 트레이서는 프로세스 개체들 사이에 스팬 콘텍스트를 전송할 수 있는 전파자 개체로 구성된다. 이 API는 `TracerProvider`를 제공해 각각 새로운 이름의 트레이서 개체를 만들 수 있으며, 각각의 개체에는 식별을 위한 이름과 버전 정보가 들어 있다. 오픈 텔레메트리는 이 개념을 '명명된 트레이서named tracer'라고 하며, 한 프로세스 내에서 여러 논리적 구성 요소에 이름을 지정하기 위한 메커니즘으로 사용한다. 예를 들어 HTTP 프레임워크를 사용해 다른 서비스와 통신하는 서비스에 계측 기능을 추가하려면, 서비스의 비즈니스 로직 추적을 담당할 트레이서의 이름을 `myService`로 지정하고, HTTP 프레임워크의 계측 이름을 `opentelemetry.net.http`로 지정한다. 이를 통해 스팬 이름, 속성 키 또는 그 외의 다른 요소들 사이에서 충돌이 발생하는 것을 방지할 수 있다. 그리고 필요하면 계측 라이브러리 자체의 버전(예를 들어 `semver:1.0.0`)에 해당하는 버전 문자열을 트레이서에 할당할 수 있다.

각 트레이서는 현재 스팬 읽기, 새 스팬 만들기, 지정된 스팬을 현재 스팬으로 활성화하기 등 세 가지 방법을 제공해야 한다. 또한 전파자 개체 같은 다른 중요한 추적 구성 요소를 구성할 수 있는 방법을 제공해야 한다. 새 스팬을 만들면 트레이서는 먼저 활성 스팬이 있는지 확인하고, 새 스팬을 자식으로 만든다. 스팬 또는 스팬 콘텍스트는 부모로 새 스팬을 만들 때 제공될 수 있다. 각 스팬은 추적, 스팬, 플래그, 상태 값을 가리키는 식별자를 포함하는 불변 자료 구조인 스팬 콘텍스트를 포함해야 한다.

- `TraceID`: 값이 0이 아닌 바이트가 하나 이상 있는 16바이트 크기의 데이터이다.
- `SpanId`: 값이 0이 아닌 바이트가 하나 이상 있는 8바이트 크기의 데이터이다.
- `TraceFlags`: 추적의 세부 정보이다. `Tracestate`와 달리 모든 추적에 표시된다.

- Tracestate: 시스템별 구성 데이터로, 여러 추적 시스템이 같은 추적에 관여할 수 있다.[3]
- IsValid: 부울Boolean 플래그로, TraceID와 SpanId가 유효하거나 0이 아닌 값이면 true를 반환한다.
- IsRemote: 부울 플래그로, 스팬 콘텍스트가 원격 부모로부터 전파된 경우 true를 반환한다.

스팬은 추적에서 단일 작업을 나타내는 자료 구조이다. 각 추적에는 루트 스팬이 포함돼 요청의 끝점과 끝점 사이의 대기 시간과 하위 작업에 해당하는 서브 스팬을 표시한다. 스팬은 작업 이름, 스팬 콘텍스트, 부모 스팬, 작업의 시작 타임스탬프와 종료 타임스탬프, 특성 맵, 다른 스팬을 가리키는 링크, 타임스탬프가 있는 이벤트 목록과 상태 같은 정보를 캡슐화한다. 이들 중 일부는 다른 정보들보다 더 자명하다. 스팬의 시작 시간은 생성된 시간으로 설정해야 하지만, 임의의 타임스탬프를 사용해서 이 시간을 다시 정의할 수 있다. 스팬이 만들어지면 이름을 변경하고 속성 키와 값을 설정하고 다른 스팬과 이벤트를 가리키는 링크를 추가할 수 있지만, 스팬이 종료되기 전에만 설정할 수 있다. 종료 시간이 설정되면 이 값들은 변경할 수 없다. 스팬은 프로세스 내에서 정보를 전파하기 위한 것이 아니므로 스팬 콘텍스트 말고는 스팬을 사용하지 못하게 해야 한다.

몇 가지 새로운 개념이 있으니 좀 더 자세히 알아보자.

스팬의 이름은 새로운 스팬을 만들 때 필수 사항이지만, 절대적으로 필요한 유일한 매개변수 중 하나이다. 구현에 따라 스팬은 현재 활성 스팬의 자식으로 자동 생성될 수 있지만, 새로운 루트 스팬이 되도록 지정할 수도 있다. 스팬 종류 필드는 지정된 스팬과 추적에서 부모와 자식 사이의 관계를 설명할 때 사용한다. 두 가지 속성이 나타내는 것은 스팬이 원격 작업의 부모 또는 자식인지 여부와 스팬이 동기 호출을 나타내는지 여부이다. 단일 스팬은 필드가 분석 시스템에 의미가 있도록 하기 위해 스팬 종류를 한 가지만 나타내도록 해야 한다. 스

---

3 자세한 내용은 W3C의 문서를 참고하길 바란다.

팬 종류 값을 정리한 표가 표 3-2에 나와 있다.

속성은 스팬 생성 시간 또는 스팬 수명 동안 생성할 수 있는 키-값 쌍들이다. 보통은 스팬을 생성할 때 알려진 속성을 설정할 것이다. 링크는 인과 관계가 있는 여러 스팬 사이에 존재한다. 링크들은 스팬 사이 또는 여러 추적에서 존재할 수 있다. 언제 링크 개체를 사용할까? 먼저 배치 작업을 나타내는 데 사용할 수 있으며, 각 스팬은 하나의 스팬이 여러 개의 들어오는 스팬에서 시작돼 각 배치의 개별 항목을 나타낸다. 또한 링크는 원래 추적과 다음 추적 사이의 관계를 선언할 수 있다. 웹 브라우저와 같은 원격 클라이언트 서비스의 신뢰할 수 있는 영역에 추적이 들어가도록 고려하고, 들어오는 콘텍스트에 의존하지 않고 새 추적을 생성해야 한다. 새로운 추적의 루트 스팬은 기존 추적과 연결된다.

마지막으로, 앞에서 언급했듯이 시작과 중지 타임스탬프가 필요한데, 보통은 자동으로 생성된다. 임의의 시작과 중지 타임스탬프를 갖는 스팬을 만들도록 API를 사용할 수 있다. 이 방법은 기존 텔레메트리 데이터(예: 로그 파일)를 추적으로 변환하는 프록시를 만들 때 유용하다.

트레이서와 스팬을 만든 후에는 어떻게 해야 할까? API는 몇 가지 필요한 메서드를 제공한다.

- `SpanContext`를 얻는다.
- 스팬에서 `IsRecording` 메서드를 호출해서 상태를 확인한다.
- 스팬에 `SetAttributes` 메서드를 호출한다.
- 스팬에 `AddEvents` 메서드를 호출한다.
- 스팬에 `SetStatus` 메서드를 호출한다.
- 스팬에 `UpdateName` 메서드를 호출한다.
- 스팬을 종료한다.

이들 중 일부는 스팬을 종료하는 것처럼 분명한 경우도 있지만, 미묘한 차이가 있는 스팬들도 있다. `IsRecording` 메서드를 호출한 후 반환되는 부울 값은 스팬이 이벤트, 속성 등을 기록하는지 여부를 나타낸다. 이 플래그 값의 설계 의도는 스팬이 기록되지 않을 때 값비싼 속성이나 이벤트 계산을 잠재적으로 피하도록 만들기 위한 것이다. 여기서 특이한 점은 플래그가 추적의 샘플링 결정과는 별개라는 것이다. 개별 스팬은 해당 멤버의 추적이 샘플링된 경우에도 (스팬 콘텍스트의 플래그를 기반으로) 이벤트를 기록할 수 있다. 이는 모든 요청의 대기 시간을 기록하고 처리하면서 계측된 요청의 하위 집합만 백엔드에 전송하려는 것일 수 있다는 이론적 근거에 기인한다. `SetStatus`를 사용하면 스팬 작업의 상태를 수정할 수 있다. 기본적으로 스팬은 `Ok` 상태이며, 이는 작업이 성공적으로 완료됐음을 나타낸다. 표 3-1과 표 3-2에서 나타낼 수 있는 상태 코드의 전체 목록과 설명(gRPC를 사용했던 적이 있다면 아마 익숙할 것이다.)을 확인할 수 있다. API를 통해 자체 상태 코드를 만들 수도 있으며, 이 기능은 자체 RPC 시스템에 매핑되는 상태를 만드는 데 유용하다.

표 3-1 오픈 텔레메트리 스팬 상태 표준 코드

코드	설명
Ok	작업을 성공적으로 완료했다.
Cancelled	작업을 취소했다(보통은 호출자 측에서 취소한 경우이다).
Unknown	원인을 알 수 없는 오류가 발생했다.
InvalidArgument	클라이언트가 잘못된 인수를 지정했다. 시스템 상태에 관계없이 인수가 유효하지 않음을 나타내므로, FailedPrecondition과는 다르다.
DeadlineExceeded	작업을 기한 내에 끝내지 못해 종료했다.
NotFound	요청한 엔티티를 찾을 수 없다.
AlreadyExists	개체를 만들려고 할 때, 개체가 이미 존재하는 경우이다.
PermissionDenied	호출자가 인증됐지만, 원하는 작업을 실행할 권한이 없다.
ResourceExhausted	API 호출 비율 제한, 사용자별 할당량 또는 물리적 리소스(예: 디스크 공간) 같은 일부 리소스를 모두 사용했다.
FailedPrecondition	요청한 작업을 실행하기에 시스템이 적절한 상태가 아니므로 작업을 거부했다.
Aborted	작업을 중단했다.
OutOfRange	작업을 유효한 스팬 밖에서 진행하려고 했다. InvalidArgument와 달리 이 오류는 시스템 상태가 바뀌면 문제를 고칠 수 있다.
Unimplemented	요청한 작업이 이 서비스에서 구현되거나 지원되지 않는다.

(이어짐)

코드	설명
Internal	내부 오류가 발생했다.
Unavailable	요청한 서비스를 사용할 수 없다.
DataLoss	복구할 수 없는 데이터 손실 또는 손상이 발생했다.
Unauthenticated	인증 자격 증명이 잘못됐거나 누락돼 요청이 유효하지 않다.

표 3-2 오픈 텔레메트리 SpanKind 참조

종류	설명	비동기 작업 여부
CLIENT	이 스팬은 원격 서비스로의 동기 요청을 나타낸다. 연관된 SERVER 스팬의 부모 스팬이다.	아니오
SERVER	이 스팬은 원격 서비스의 클라이언트로부터의 동기 요청을 나타내며, 관련된 클라이언트 스팬의 자식 스팬이다.	아니오
PRODUCER	이 스팬은 비동기 요청의 부모를 나타낸다. 관련된 CONSUMER 스팬이 끝나기 전에 종료될 것으로 예상된다.	예
CONSUMER	이 스팬은 비동기 요청의 자식 스팬을 나타내며, 연관된 PRODUCER 스팬의 자식 스팬이다.	예
INTERNAL	이 스팬은 RPC를 나타내지 않고, 서비스 내부의 작업으로 원격 부모 또는 자식과 상호 작용하지 않는다.	해당 사항 없음

`SetAttributes`를 사용하면 스팬에 키-값 쌍들을 추가할 수 있다. 보통 태그라고 부르는 이런 속성은 백엔드 분석 시스템에서 스팬을 집계하고 인덱싱하는 기본 방법이다. 속성 키는 문자열이어야 하며 속성 값은 문자열, 부울 또는 숫자 값일 수 있다. 이미 존재하는 속성을 설정하려고 하면 새로운 값이 기존의 속성을 덮어 쓴다. `AddEvents`를 사용하면 타임스탬프가 기록된 이벤트를 스팬에 추가할 수 있다. 이벤트는 로그 명령문과 거의 비슷하다. 이런 이벤트에는 속성이 들어 있을 수 있으므로, 이를 통해 구조화된 이벤트 데이터를 만들 수 있다.

여기에는 많은 내용이 포함돼 있으므로 예제 3-1과 함께 살펴보자.

예제 3-1 속성

```
import io.grpc.ManagedChannel;
import io.grpc.ManagedChannelBuilder;
import io.opentelemetry.OpenTelemetry;
import io.opentelemetry.exporters.jaeger.JaegerGrpcSpanExporter;
import io.opentelemetry.sdk.OpenTelemetrySdk;
import io.opentelemetry.sdk.trace.export.SimpleSpansProcessor;
import io.opentelemetry.trace.Span;
import io.opentelemetry.trace.Tracer;
public class OpenTelemetryExample {
    // 트레이서 팩토리에서 트레이서 인스턴스를 가져온다
    private Tracer tracer = OpenTelemetry.getTracerFactory()
                                        .get("OpenTelemetryExample"); ❶
    // 추적을 예거로 내보낸다
    private JaegerGrpcSpanExporter jaegerExporter;
    public JaegerExample(String ip, int port) {
        this.ip = ip;
        this.port = port;
    }
    private void setupJaegerExporter() {
        // gRPC 채널을 만들어 스팬 데이터를 예거로 내보낸다
        ManagedChannel jaegerChannel = ManagedChannelBuilder.forAddress(ip, port)
            .build();
        // 예거 익스포터를 만든다
        this.jaegerExporter =
            JaegerGrpcSpanExporter.newBuilder()
                .setServiceName("OpenTelemetryExample")
                .setChannel(jaegerChannel)
                .setDeadline(30)
                .build();
        // 예거 익스포터를 우리쪽 트레이서의 스팬 처리기에 등록한다
        OpenTelemetrySdk.getTracerFactory()
            .addSpanProcessor(SimpleSpansProcessor.newBuilder(this.jaegerExporter)
            .build()); ❷
    }
```

```
    private void makeSpan() {
        // 스팬을 만든다
        Span span = this.tracer.spanBuilder("test span").startSpan(); ❸
        span.addEvent("about to do work");
        // 시뮬레이션된 상황을 만들어본다
        doWork();
        span.addEvent("finished doing work");
        span.end();
    }
    private void doWork() {
        try {
            Thread.sleep(1000);
        } catch (InterruptedException e) {
        }
    }
    public static void main(String[] args) {
        JaegerExample example = new JaegerExample("localhost", 14250);
        example.setupJaegerExporter();
        example.makeSpan();
        // 작업이 끝날 때까지 기다린다
        try {
            Thread.sleep(1000);
        } catch (InterruptedException e) {
        }
    }
}
```

❶ 이 트레이서가 생성한 모든 스팬은 여기에 입력한 이름으로 시작한다.

❷ 오픈 텔레메트리에는 다른 스팬 프로세서가 있고, 각각의 스팬이 끝날 때마다 보낸다. 또는 일정 간격으로 스팬 그룹을 보내는 일괄 처리 프로세서를 사용할 수 있다.

❸ 여기서 속성이나 다른 메타데이터를 추가할 수도 있다.

보다시피 기본은 간단하다. 트레이서를 만들고 익스포터를 등록한 다음 스팬을 만든다. 그러나 실제 서비스에 계측 기능을 추가하려면 고민해야 할 것이 더 있다(4장에서 실제 서비스에 계측 기능을 추가하는 방법을 자세히 알아보겠다). 그렇다면 오픈 텔레메트리에서 더 살펴봐야 할 내용은 무엇일까? 첫째, 이 책은 분산 추적에 초점을 맞추므로 메트릭 구성 요소는 다루지 않았다. 둘째, 오픈 텔레메트리의 분산 콘텍스트 구성 요소는 자세히 다루지 않았으며 부록 B에서 자세한 내용을 확인할 수 있다.

오픈 텔레메트리는 분산 추적을 위해 코드에 계측 기능을 추가하는 새로운 표준이다. 유명 클라우드 솔루션 업체와 관측 가능성 솔루션 업체의 폭넓은 지원을 통해 시간이 지날수록 관리와 개선에 필요한 리소스를 확보할 수 있으며, 모든 오픈소스 프레임워크와 라이브러리에서 빠르게 채택할 수 있을 것이다. 이제 오픈 트레이싱과 오픈 센서스를 살펴보자. 오픈 텔레메트리와의 차이점은 물론 비슷한 점을 이해할 때도 도움이 될 것이다.

오픈 트레이싱과 오픈 센서스

오픈 트레이싱과 오픈 센서스는 모두 성공적인 오픈소스 기술이며, 많은 개발자가 분산 시스템에 계측 기능을 추가했고 많은 곳에서 널리 사용한다. 이 절에서는 이런 프레임워크의 사양 및 API와 오픈 텔레메트리를 만드는 데 따른 몇 가지 단점을 설명한다.

오픈 트레이싱

오픈 트레이싱은 2016년에 출시된 추적 계측 기술의 문제점을 개선하기 위해 시작된 프로젝트이다.[4] 이미 구글 같은 빅테크 기업에서는 분산 추적을 10년 이상 사용해왔지만, 전반적으로 도입하는 속도는 느렸다. 오픈 트레이싱 개발자들은 상호 운용을 위해 다양한 프로세스의 요청이 통과하는 필요한 계측을 추가하는 점과 기존 계측 옵션이 특정 추적 기능을 제공하는 제품에 종속되는 점에서 실패했다고 볼 수 있다.

4 [Sig16]

앞에서 언급했듯이, 추적 콘텍스트는 끝점과 끝점 사이가 어떻게 연결되는지 잘 볼 수 있도록 전체 요청 과정을 끊임없이 표현해야 한다. 이것이 특정 패키지, 라이브러리 또는 서비스 개발자가 특정 추적 솔루션 업체에 종속되지 않는 표준 계측 메커니즘을 제공하기 위한 오픈 트레이싱의 철학이다. 예전에는 서비스 사이의 추적 콘텍스트의 스팬과 전파를 관리하기 위해 API 대신 데이터 형식과 콘텍스트 인코딩의 표준화에 노력을 기울였다. 이런 노력은 유용한 면이 있지만, 오픈 트레이싱 개발자들은 분산 추적이 넓게 채택되는 데 필요하지 않다고 결론지었다.

실제로, 여전히 어디를 계측할 것인지를 판단하는 것은 중요한 문제이다. 애플리케이션 코드와 비즈니스 로직에 계측 기능을 추가하는 것은 유용하다. 하지만 미들웨어와 애플리케이션이 사용하는 프레임워크에 계측 기능을 추가하는 것이 훨씬 더 가치 있을 것이다(개발 과정에서 힘을 들이지 않고 계측의 이점을 얻으며, 계측을 비즈니스 로직으로 쉽게 확장할 수 있을 것이다). 프로젝트 개발자들은 어떻게 이 목표를 달성하려고 했을까? 솔루션 업체의 기술에 종속되지 않는다는 목표를 달성하기 위해 오픈 트레이싱은 데이터 형식, 콘텍스트 전파 인코딩 등 어느 한쪽으로 치우치는 의견을 듣지 않기 위해 노력했다. 그 대신, 프로그래밍 언어로 이식할 수 있는 시맨틱 스펙을 구상하고 다른 사람이 구현할 수 있는 인터페이스 패키지를 제공했다. 지금까지 살펴본 전반적인 에코시스템의 설계는 그림 3-3에 나와 있다.

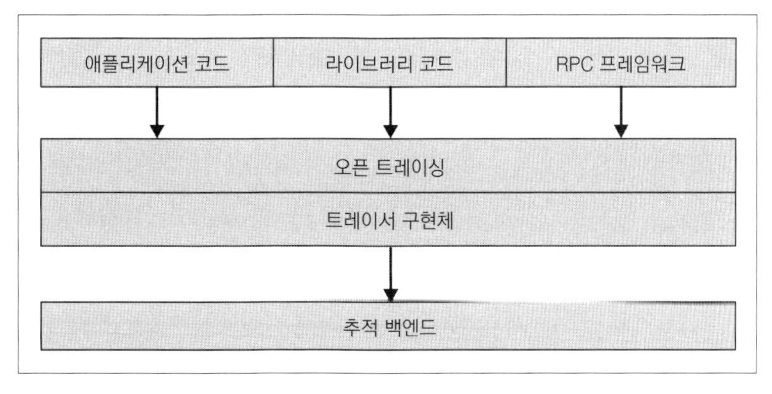

그림 3-3 오픈 트레이싱 에코시스템 설계[5]

5 오픈 트레이싱 홈페이지에 있는 이미지를 참고해 그린 그림이다.

오픈 트레이싱 API는 어떤 모습일까? 주로 스팬과 콘텍스트 관리에 초점을 맞추는데, 이것은 제약이 많다. 오픈 트레이싱 API는 트레이서, 스팬, 스팬 콘텍스트라는 세 가지 주요 요소로 정의된다. 각각 순서대로 알아보자.

트레이서는 스팬을 만들 수 있으며 프로세스 스팬에서 스팬을 스트림으로 변환하거나 스트림에서 복원하는 기능을 담당한다. 트레이서는 다음 요구 사항을 모두 만족해야 한다.

- 새로운 스팬을 시작한다.
- 스팬 콘텍스트를 캐리어carrier에 주입한다.
- 캐리어에서 스팬 콘텍스트를 추출한다.

트레이서가 만드는 스팬은 반드시 이름이 있어야 한다(스팬이 처리하는 작업을 사람이 알아볼 수 있도록 이름을 지어야 한다). 이 스펙은 '작업 이름은 (통계적으로) 관심 있는 스팬 인스턴스 클래스를 구분하는 가장 알아보기 쉬운 문자열이어야 한다.'라고 규정한다. 앞에서 언급했듯이, 이 이름은 추적의 기본 집계 키이기 때문이다. 스팬은 다른 스팬 콘텍스트 개체, 명시적인 시작 시간, 태그 데이터의 키-값 쌍들을 참조해 만들 수도 있다. 스팬 콘텍스트는 또한 추적, 주입과 추출 방법을 통한 콘텍스트 전파 목적으로 트레이서에서 작동된다.

먼저 캐리어가 무엇인지 정의해야 한다. 캐리어는 텍스트 맵이나 바이너리 데이터와 같이 인코딩된 스팬 콘텍스트를 '전달하는' 자료 구조이다. 오픈 트레이싱은 주입과 추출을 위해 텍스트 맵, HTTP 헤더, 바이너리의 세 가지 형식이 필요하다. 텍스트 맵과 HTTP 헤더는 모두 문자열 대 문자열 맵이라는 점에서 유사하지만, HTTP 헤더를 사용하려면 키와 값이 모두 RFC 7230 스펙을 만족해야 한다. 바이너리는 스팬 콘텍스트를 나타내는 임의의 단일 바이트 BLOB이다.

실제로 분산 추적 기술을 연구하는 커뮤니티에서 많은 혼란을 불러일으킨 것은 이 마지막 부분(스팬 콘텍스트 주입과 추출)이다. 오픈 트레이싱은 콘텍스트 헤더에서 사용할 데이터 형식을 명시적으로 정하지 않았기 때문에(부분적으로 집킨Zipkin 같은 프로젝트 영역에서 상당한 노력이 있었으므로 이 장의 '다른 주목할 만한 형식과 프로젝트' 절에서 자세히 살펴볼 것이다.) 여러 가지 키 종류를 볼 수 있다. 그중에는 `x-ot-span-context`(앙보이Envoy에서 사용하는 바이너리 데이터), B3 헤더

(X-B3-TraceID, X-B3-SpanID 등), 예거[Jaeger]의 Uber-TraceID가 있다. 이들 모두 HTTP 헤더이다 (참고로 예거는 오픈 트레이싱 트레이서이자 추적 분석기이다). 또한 기존 추적 구현체를 사용하는 많은 팀은 추적 헤더를 사용하거나 재사용하고 오픈 트레이싱 API에 맞게 조정할 수 있다. 앞에서 설명했듯이, 이런 문제는 W3C TraceContext를 채택해 문제를 해결할 수 있다. W3C TraceContext는 추적 상태를 자유롭게 전파하기 위한 보편적인 표준을 제공하지만, 앞으로 몇 년 동안 이런 레거시 헤더는 계속 사용될 것이다.

오픈 트레이싱의 두 번째 기본 개체 형식은 스팬이다. 스팬 구현은 다음 요구 사항을 충족해야 한다.

- 스팬의 스팬 콘텍스트를 반환해야 한다.
- 이름을 덮어 쓴다.
- 스팬을 종료한다.
- 스팬에 태그를 설정한다.
- 스팬에 로그 메시지를 만든다.
- 스팬 배기지 안에 항목을 추가한다.
- 스팬 배기지 안의 항목을 읽는다.

위의 메서드들 중에는 스팬의 이름을 덮어 쓰는 것과 같이 자명한 것도 있다. 스팬이 종료된 후에는 스팬 콘텍스트를 검색하는 것 말고는 어떤 메서드도 호출할 수 없음을 기억하길 바란다. 스팬을 시작하는 것과 마찬가지로, 스팬을 종료할 때는 타임스탬프를 명시적으로 지정할 수도 있다. 별도로 지정하지 않으면 현재 시간을 사용한다. 로그는 문자열, 숫자 또는 부울 값 형식만 허용하는 태그와 달리 임의의 값을 허용하므로 스팬에서 활용도가 높은 필드이다. 예를 들어 복잡한 개체를 기록하고 추적 분석기 또는 오픈 트레이싱 구현의 기능에 따라 해석할 수 있다.

마지막으로 배기지이다. 배기지 항목은 키-값 쌍이며 키와 값은 모두 문자열이어야 한다. 태그 또는 로그와 달리 배기지 항목은 지정된 스팬, 스팬 콘텍스트, 그리고 해당 스팬을 직접적으로나 전이적으로 참조하는 모든 스팬 개체에 적용된다. 배기지 항목을 추가하면 스팬 자체가 아닌 스팬 콘텍스트에 연결되므로, 해당 콘텍스트를 삽입하고 RPC의 다른 쪽에서 추출하면 배기지가 전달돼 배기지를 읽을 수 있다. 배기지는 개발자가 시스템 전체에 쉽게 값을 전달할 수 있는 강력한 도구이다. 그래서 사용에 주의가 필요하다. 배기지를 사용하는 흥미로운 애플리케이션으로 클라이언트 시스템으로부터 값을 전달받아(예를 들어 클라이언트 OS나 애플리케이션 버전 같은 정보) 백엔드 시스템으로 전달해 스팬에 더 많은 메타데이터를 적용하는 예를 들 수 있다. 심지어 여기에 백엔드에서 들어온 요청을 어느 메서드에서 처리할 것인지 결정하는 조건문을 추가할 수도 있을 것이다.

마지막으로 스팬 콘텍스트를 살펴보자. 스팬 콘텍스트는 이 장과 다른 장에서 살펴봤고, 오픈 트레이싱에서 스팬 콘텍스트의 역사는 복잡하다. 원래는 모든 배기지 항목에 대한 이터레이터[iterator]만을 제공하는 메서드만이 있었다. 오픈 트레이싱 개발자들은 호환성을 위해 오픈 트레이싱의 트레이서 개발자에게 실제 구현을 맡겼다. 시간이 흐르면서, 이 스펙은 추적과 SpanID 값의 문자열 표현을 반환하는 TraceID와 SpanID(각각 ToTraceID와 ToSpanID) 프로퍼티를 위한 접근자를 제공하도록 확장됐다. 그러나 오픈 텔레메트리가 개발되기 이전의 언어들이 모두 이런 확장성을 고려한 것은 아니므로, 실제로는 찾아보기 힘든 부분일 것이다. 대부분의 경우 사양에 관한 한, SpanContext는 불투명한 식별자이다.

그렇다면 실제로는 어떻게 동작할까? 자바로 프로그래밍한 간단한 예를 살펴보자(예제 3-2 참조).

예제 3-2 스팬 콘텍스트

```
import io.jaegertracing.Configuration;
import io.jaegertracing.Configuration.ReporterConfiguration;
import io.jaegertracing.Configuration.SamplerConfiguration;
import io.jaegertracing.internal.JaegerTracer;
import io.jaegertracing.internal.samplers.ConstSampler; ❶
import io.opentracing.Span;
import io.opentracing.util.GlobalTracer; ❷
...
SamplerConfiguration samplerConfig = SamplerConfiguration.fromEnv()
    .withType(ConstSampler.TYPE)
```

```
    .withParam(1); ❸
ReporterConfiguration reporterConfig = ReporterConfiguration.fromEnv()
    .withLogSpans(true);
Configuration config = new Configuration("helloWorld")
    .withSampler(samplerConfig)
    .withReporter(reporterConfig);
GlobalTracer.register(config.getTracer()); ❹
...
try (Span parent = GlobalTracer.get().buildSpan("hello").start()) { ❺
    parent.setTag("parentSpan", true);
    parent.log("event", "hello world!");
    try (Span child = GlobalTracer.get().buildSpan("child").asChildOf(parent)
                                                        .start()) { ❻
        child.setTag("childSpan", true);
    }
}
```

❶ 오픈 트레이싱은 트레이서를 구현하지 않으므로 예거 패키지를 사용해야 한다.

❷ 여기서 오픈 트레이싱 패키지는 스팬과 전역 트레이서 API를 위한 것이다.

❸ 오픈 트레이싱에는 직접 사용할 수 있는 샘플링 API가 없으므로 예거에서 대신 제공한다.

❹ 오픈 트레이싱의 `GlobalTracer`는 프로세스 안에서 유일한 인스턴스(싱글톤)를 제공한다.

❺ `buildSpan`은 스팬 이름이라는 인수 1개를 사용한다.

❻ 자바의 오픈 트레이싱은 스팬을 벗어나면 스팬을 자동으로 종료할 수 있는 try-with-resource 패턴을 지원한다. 자바 트레이서의 자동 콘텍스트 관리는 암시적으로 두 스팬 사이의 부모-자식 관계를 형성한다.

보다시피 오픈 트레이싱용 API는 신기하게도 크기가 작다. 또한 오픈 트레이싱을 채택했지만, 여러 가지 면에서 사용하기 어려웠다. 분산 추적을 들어본 새로운 개발자가 기능을 도입하기 위해 취하는 일반적인 시나리오는 오픈 트레이싱 웹 사이트에 방문해서 해당 언어에 맞는 오픈 트레이싱 패키지를 설치하는 것이다.

오픈 트레이싱은 테스트와 유효성 검사의 이점을 위해 모의 트레이서와 아무런 기능이 들어 있지 않은 트레이서를 각 언어로 제공했지만, 라이브러리의 설계 사상을 먼저 이해하지 않고 '시작'하는 간단하거나 쉬운 방법은 없다. 또한 단순함을 위해 만들어진 일부 기능은 최종 사용자가 다루기 어려운 것으로 결론이 났다. 오픈 트레이싱 API를 구현하는 사람들은 종종 문제를 패치하거나 사용자들의 편의를 위해 비표준 기능을 추가해서 특정 제품에 의존하지 않아야 한다는 몇 가지 근본적인 약속을 어겼다.

또한 오픈 트레이싱은 사용자에게 추적 전용 프레임워크를 제공했다. 예를 들어 카운터, 게이지gauge 또는 그 외의 일반적인 기초 메트릭을 기록할 수 있는 관련 메트릭 API가 없었다. 사용자들은 더 많은 메트릭이 필요했다.

오픈 센서스

구글은 2018년 초에 오픈소스 버전의 내부 센서스Census 프로젝트를 공개했다. 센서스는 오픈 트레이싱과는 다른 환경과 제약 조건 위에서 탄생했다. 센서스 프로젝트의 목표는 구글 서비스의 추적 데이터와 메트릭 데이터를 자동으로 측정하고 수집할 수 있는 균일한 방법을 제공하는 것이었다. 센서스 팀은 gRPC 같은 기술에 긴밀하게 통합돼 이런 기술을 사용한 모든 개발자가 큰 힘을 들이지 않아도 기본 추적과 메트릭을 사용할 수 있도록 만들었다.

따라서 센서스의 설계 사상은 오픈 트레이싱이 제공하는 가벼운 API와는 크게 달랐다. 센서스는 추적과 메트릭을 위한 전체 SDK로, API와 함께 전체 구현체를 제공하며 콘텍스트 전파 같은 활동을 위해 gRPC와 강하게 결합시켜 긴밀하게 연결될 수 있도록 만들었다. 센서스를 오픈소스 소프트웨어로 공개하는 과정에서는 기존 구글 추적 인프라를 구글 서비스의 외부 사용자로 확장하려는 많은 노력이 있었다. 스패너Spanner 같은 구글 서비스는 센서스를 사용해 추적했으므로, 센서스를 사용해 추적한 외부 요청도 원활하게 연결할 수 있었다. 또한 추적과 메트릭 프레임워크를 관리하고 다양한 도구나 솔루션 업체와 통합하는 것은 비용이 많이 드는 작업으로, 센서스 프로젝트를 오픈소스 소프트웨어로 공개함으로써 구글은 큰 이득을 얻을 수 있었다.

오픈 센서스의 기본 설계 사상은 그림 3-4에서 볼 수 있듯이 오픈 트레이싱과 크게 다르다. 이미 언급했듯이 오픈 센서스에는 추적 API와 함께 메트릭 API를 포함시켰다. 추적 콘텍스트를 전파하기 위해 같은 형식을 사용하는 모든 구현 덕분에 콘텍스트 전파를 자동으로 처리할 수 있다. 또한 통합 프레임워크에서 자동으로 추적과 메트릭을 수집하고 이 데이터를 위한 로컬 뷰어('zPages'라고 함)를 지원하므로 즉시 사용할 수 있었다. 마지막으로, 실행 시점에 교체할 수 있는 API 구현체를 사용해 추적 분석기로 데이터를 수집하고 내보내는 대신, 거의 모든 백엔드에 데이터를 업로드할 수 있는 플러그인이 지원되는 익스포터exporter 모델을 제공했다. 설계와 마찬가지로 사양도 다르다. 몇 가지 기본 형식에 초점을 맞추기보다는 그림 3-5에 표시된 것처럼 서로를 기반으로 하는 여러 가지 구성 요소를 정의한다.

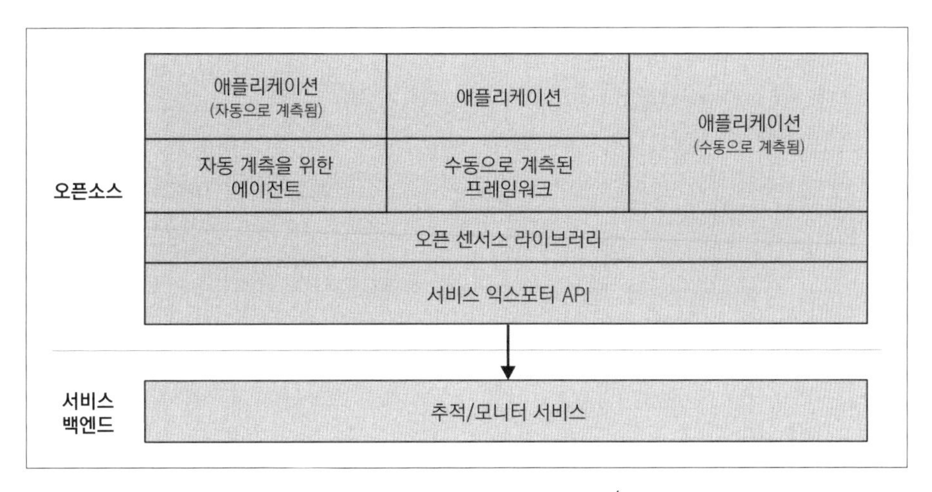

그림 3-4 오픈 센서스 에코시스템 설계[6]

6 깃허브에 있는 이미지를 참고해 그린 그림이다(https://oreil.ly/wWqdW).

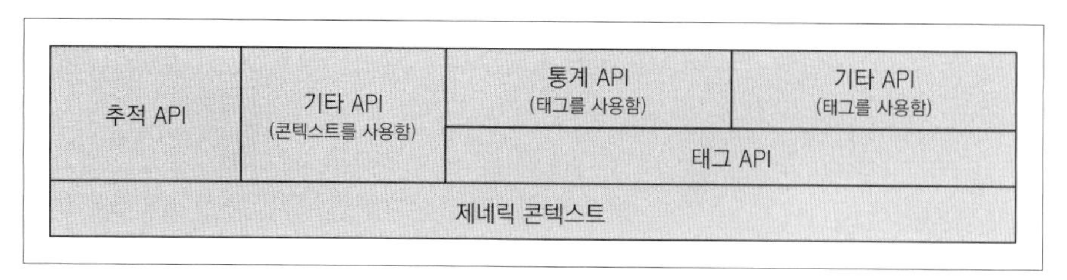

그림 3-5 오픈 센서스 라이브러리 설계[7]

오픈 센서스 라이브러리는 프로세스 내 콘텍스트 전파를 기반으로 한다. 오픈 트레이싱이 이 메커니즘을 구현하는 사람의 몫으로 남겨둔 반면, 오픈 센서스는 프로세스 내에서 하위 콘텍스트의 명시적 또는 암시적 전파를 요구했다. Go 언어의 `context.Context`와 같이 언어 자체에서 지원하는 일반 콘텍스트 개념이 존재하는 경우에는 해당 구현체를 사용해야 한다.

다른 모든 API는 이 일반적인 콘텍스트를 기반으로 동작한다. 그러나 추적 API는 스팬 개체의 생성과 구성 측면에서 오픈 트레이싱 API와 유사하다. SDK는 스팬을 시작할 수 있는 트레이서를 제공하지만(오픈 트레이싱처럼 이름이 필요하다.), 이 작업을 처리하는 방법은 오픈 트레이싱과는 다르다. 오픈 센서스는 루트 스팬과 자식 스팬을 만들 수 있으며, 부모 스팬이 필요 없거나 처음부터 부모 스팬이 없는 스팬을 만들 수 있다. 스팬을 만들 때는 스팬을 기본 콘텍스트에서 연결하거나 분리할 수 있다. 오픈 트레이싱과 달리, 스팬을 생성하거나 종료할 때 스팬의 시작 또는 중지 시간을 수정하는 메커니즘은 제공되지 않는다. 명시적인 스팬 콘텍스트 개체도 없다. 대신, SpanID와 TraceID는 스팬 자체에 설정된 필드이다. 또한 오픈 센서스는 `Status`와 `SpanKind` 같은 몇 가지 고유 필드, 작업 상태를 나타내는 의미 필드(예: `OK`, `CANCELLED` 또는 `PERMISSION_DENIED`)와 종류 필드(`SERVER`, `CLIENT` 또는 `UNSPECIFIED`)를 정의한다. 전체 필드 목록은 다음과 같다.

- `SpanID`
- `TraceID`

7 깃허브에 있는 이미지를 참고해 그린 그림이다(https://oreil.ly/wWqdW).

- ParentSpanID
- StartTime
- EndTime
- Status
- Link
- SpanKind
- TraceOptions
- Tracestate
- Time Events(설명과 메시지 이벤트)

여기서 Time Events 필드를 눈여겨보길 바란다. 이 필드는 스팬 기간 동안 발생한 모든 이벤트를 나타낸다. 설명에는 로그 메시지와 함께 속성(키-값 쌍)이 모두 포함된다.

스팬 API와 함께 오픈 센서스는 샘플링을 제어하는 API를 제공한다. 프로세스 내부 샘플링을 사용하면 다양한 조건에 따라 일정량의 스팬만 기록하도록 만들 수 있다. 샘플러는 전역 트레이서에서 구성하거나 스팬마다 설정할 수 있다. 전부 네 가지 종류의 샘플러가 제공된다.

- Always(샘플링 결정 시 항상 참 값을 반환)
- Never(샘플링 결정 시 항상 거짓 값을 반환)
- Probabilistic(비율에 따라 참 또는 거짓 값을 임의로 반환하며, 기본은 1만 분의 1의 확률이다.)
- RateLimiting(일정 시간 단위로 지정된 비율로 샘플링을 시도하며, 기본값은 초당 0.1회 추적이다.)

추적 및 콘텍스트 API와 함께 오픈 센서스는 태그 지정 API를 정의한다. 이들은 뷰에서 데이터를 집계하고 분류하는 방법을 구성하기 위해 데이터 집계 API(통계 패키지의 일부)에서 사용한다. 이 책에서는 주로 분산 추적에 초점을 맞출 것이므로, 오픈 트레이싱의 스팬 태그와 구별하는 것 말고는 이 주제를 다루지 않는다. 또 다른 중요한 차이점은 오픈 센서스가 프로세스 간의 전파에 관한 세부적인 내용들을 의도적으로 지정하지 않고, 특정 전파 플러그인(예: go.opencensus.io/plugin/ochttp/propagation/b3 패키지)에 위임한다는 점이다.

지금까지 추적 API가 어떻게 구성되는지를 살펴봤지만, 실제로는 어떨까? 예제 3-3은 자바 코드로 만든 예시이다.

예제 3-3 추적 API

```
import io.opencensus.trace.AttributeValue;
import io.opencensus.common.Scope;
import io.opencensus.trace.Span;
import io.opencensus.trace.Status;
import io.opencensus.exporter.trace.zipkin.ZipkinTraceExporter;
import io.opencensus.trace.Tracer;
import io.opencensus.trace.Tracing;
import io.opencensus.trace.config.TraceConfig;
import io.opencensus.trace.config.TraceParams;
import io.opencensus.trace.samplers.Samplers; ❶
...
ZipkinTraceExporter.createAndRegister(
    "http://localhost:9411/api/v2/spans", "tracing-to-zipkin-service"); ❷
TraceConfig traceConfig = Tracing.getTraceConfig();
TraceParams activeTraceParams = traceConfig.getActiveTraceParams();
traceConfig.updateActiveTraceParams(
    activeTraceParams.toBuilder().setSampler(
    Samplers.alwaysSample()).build()); ❸
Tracer tracer = Tracing.getTracer(); ❹
try (Scope scope = tracer.spanBuilder("main").startScopedSpan()) { ❺
    System.out.println("About to do some busy work...");
    for (int i = 0; i < 10; i++) {
        doWork(i);
    }
}
...
private static void doWork(int i) {
```

```java
    Tracer tracer = Tracing.getTracer();
    try (Scope scope = tracer.spanBuilder("doWork").startScopedSpan()) { ❻
        Span span = tracer.getCurrentSpan();
        try {
            System.out.println("doing busy work");
            Thread.sleep(100L);
        }
        catch (InterruptedException e) {
            span.setStatus(Status.INTERNAL.withDescription(e.toString()));
        }
        Map<String, AttributeValue> attrs = new HashMap<String, AttributeValue>();
        attrs.put("use", AttributeValue.stringAttributeValue("demo"));
        span.addAnnotation("Invoking doWork", attrs); ❼
    }
}
```

❶ 오픈 센서스는 추적 생성 작업을 처리하므로 분석 시스템으로 익스포터를 추가하기만 하면 된다.

❷ 추적을 분석 시스템으로 내보내려면 익스포터를 만들고 등록해야 한다. 이 옵션은 분석 시스템에 따라 다르다.

❸ 샘플링 프로세스는 오픈 센서스가 처리한다는 점에 유의한다. 이 테스트 케이스에서는 항상 샘플을 테스트할 수 있다.

❹ 오픈 센서스에는 전역 트레이서가 없으므로(일부 헬퍼Helper 메서드는 있지만) 트레이서를 참조로 추가해야 한다.

❺ 오픈 트레이싱과 마찬가지로 오픈 센서스는 try-with-resource 패턴을 지원해 수명주기를 자동으로 관리한다.

❻ 이 스팬은 기본적으로 범위가 지정된 스팬 내에서 실행되므로, 암묵적으로 서브 스팬이다.

❼ 설명은 오픈 트레이싱 로그와 거의 비슷하지만, 사용법이 약간 다르다.

보다시피 오픈 센서스는 오픈 트레이싱에서 부족했던 '사용 편의성'을 보완한다. 그러나 이런 설계가 모든 경우에 들어맞는다고 보장할 수는 없다. 예를 들어 SDK의 일부를 다른 구현으로 교체할 수 없기 때문에 특정 솔루션 업체의 제품에서 원하는 기능을 찾을 수 없을 경우 도입할 수 없는 문제가 있다. 번들로 제공되는 메트릭과 추적 API는 오픈 센서스 패키지의 한 부분만 사용하려는 개발자에게는 사용을 주저하게 만드는 이유가 된다. API와 SDK 사이의 긴밀한 연결 때문에 전체 SDK를 라이브러리와 함께 제공하지 않아도 되는 서드파티 라이브러리 개발자에게는 통합이 어려워졌다. 뭐니뭐니 해도 가장 큰 단점은 오픈소스 텔레메트리 커뮤니티가 하나의 통합된 노력이 아닌 2개의 개별 프로젝트로 나뉜다는 것이었다.

오픈 텔레메트리는 추적 계측을 위한 새로운 표준이자 현재의 표준이지만, 유일한 표준은 아니다. 앞으로 몇 년 동안 오픈 트레이싱과 오픈 센서스를 계속 볼 수 있을 것이다. 또한 다른 기술, 계측 라이브러리와 전파 표준이 더 등장할 수도 있다. 이어서 가장 인기 있는 세 가지 다른 프로젝트와 형식들을 살펴본다.

다른 주목할 만한 형식과 프로젝트

분산 추적은 완전히 새로운 개념이 아니며 되돌아볼 만한 가치가 있다. 큰 규모의 분산 시스템은 여러 프로세스나 서버에 걸쳐 요청을 서로 연관 지어 추적할 수 있는 방법이 필요하다. 이를 기억하며, 다른 인기 있는 몇 가지 시스템을 간단히 살펴보고 사용법도 같이 배워볼 것이다.

X-레이

X-레이X-Ray는 아마존 웹 서비스 에코시스템에서 실행되는 애플리케이션을 위한 분산 추적을 제공하는 아마존 웹 서비스의 제품이다. X-레이의 한 가지 장점은 아마존 웹 서비스 클라이언트 SDK에 긴밀하게 통합돼 다양한 아마존 웹 서비스의 관리형 서비스에 대한 호출을 원활하게 추적할 수 있다는 것이다. 또한 X-레이는 추적 시각화 도구와 서비스 맵 같은 추

적 데이터를 위한 분석 도구들을 제공한다.

높은 수준에서 X-레이는 명명 규칙에 약간의 차이가 있는 스팬 기반 추적 시스템과 많은 공통점을 공유한다. X-레이는 스팬 대신 세그먼트라는 용어를 사용해 추적 중인 작업 단위를 나타낸다. 세그먼트에는 호스트 이름, 요청과 응답의 세부 정보, 작업 중 발생한 오류 같은 애플리케이션을 실행하는 리소스 정보가 들어 있다. 또한 세그먼트에는 개발자가 임의로 설명과 메타데이터를 추가해 분류와 분석을 지원할 수 있다. X-레이는 개별 스팬을 사용해 하나의 요청 안에서 진행된 작업을 수집하는 대신 하위 세그먼트라는 개념을 도입했다. 하위 세그먼트는 다운스트림 호출이 구체적으로 언제 어떻게 발생하는지에 대한 상세한 정보를 원격으로나 내부에서 수집할 수 있다. 하나의 논리적 요청에 관련된 모든 세그먼트는 지금까지 봐왔던 것과 익숙한 형태로 하나의 추적으로 정리된다. X-레이는 비표준 추적 헤더인 `X-Amzn-TraceID`를 사용하며, X-레이 SDK와 다른 모든 아마존 웹 서비스의 서비스에서 전파된다. 이 단일 키에는 루트 추적 식별자, 샘플링 결정, 부모 세그먼트(해당되는 경우) 같은 추적과 관련된 모든 정보가 들어 있다.

기능적으로 X-레이는 X-레이 SDK와 함께 데몬 프로세스를 사용해 텔레메트리 데이터를 수집한다. 이 데몬은 서비스에서 세그먼트 데이터를 수신하기 위해 존재하거나 사용할 수 있어야 하며, 추적 집합과 표현을 위해 X-레이 백엔드로 전달할 수 있다.

X-레이에 관한 자세한 내용은 개발자 문서(https://oreil.ly/l7Gli)에서 볼 수 있다.

집킨

트위터는 집킨Zipkin을 개발해 2012년 오픈소스 커뮤니티에 대대적으로 공개했다. 집킨은 오픈소스 소프트웨어 라이선스로 출시된 대퍼 스타일 추적의 첫 번째 대중적인 구현 중 하나이며, 분산 추적 분야에서 지원되는 수많은 규칙이 대중화될 수 있었던 것은 집킨 덕분이다. 전체적으로 집킨에는 추적 분석 백엔드, 컬렉터 및 데몬 프로세스, 클라이언트 라이브러리와 널리 사용되는 RPC 프레임워크 또는 웹 프레임워크와의 통합이 포함된다.

집킨에서 사용되는 대부분의 용어는 대퍼를 연구한 논문에서 나온 개념으로, 이 때문에 다른 추적 시스템과도 개념이 대응된다. 예를 들어 스팬은 하나의 작업을 가리키고, 추적은 여러 스팬을 묶은 것이라는 개념 등을 그대로 사용한다. 집킨에서 가장 오래 유지된 부분 중 하나는 B3 HTTP 헤더가 와이어를 통해 추적 콘텍스트를 전달하기 위한 사실상의 표준으로 대중화된다는 것이다.[8]

이런 헤더는 W3C TraceContext 사양으로 대체되지만, 오픈 텔레메트리에서도 계속 지원되므로 많은 곳에서 널리 사용한다. 중요한 B3 헤더들은 다음과 같다.

- `X-B3-TraceID`: 64비트 또는 128비트 16진수 문자열
- `X-B3-SpanID`: 64비트 16진수 문자열
- `X-B3-ParentSpanID`: 64비트 16진수 문자열(부모가 없으면 헤더 없음)
- `X-B3-Sampled`: '1' 또는 '0'의 부울 값

상호 연동성과 마이그레이션 전략

규모가 큰 회사에서 분산 추적을 도입할 때 가장 어려운 부분 중 하나는 모든 사람이 하나의 표준에 동의하도록 만드는 것이다. 추적 기능을 팀 서비스에 통합하는 것은 상대적으로 쉬워서 사이트 안정성 엔지니어나 데브옵스 실무자가 기꺼이 기능을 도입해왔다. 그러나 이런 통합의 편리함이 유지 보수까지 편리하게 만들어준다고는 할 수 없다.

지난 10년 동안 분산 추적 기술은 몇몇 성공적인 대규모 소프트웨어 기업 그룹들이 사용하는 틈새 기술에서 요즘 마이크로서비스 아키텍처의 필수 구성 요소로 발전했다. 이런 성장의 일환으로 기술과 도구의 변경이 수반됐으며, 상용 제품들과 오픈소스 기술이 모두 시장에 알려지고 채택되고 성장하면서 결국 전체 주기를 다시 시작하는 새로운 프로젝트 때문에 빛이 바래는 문제가 반복됐다. 이 문제를 해결하면서 분산 추적 환경을 개선하고 변경 작업을 할 때 탄력성을 유지하려면, 분산 추적 시스템을 관리하고 업그레이드할 수 있는 방법을 개발해

8 왜 B3 헤더라고 부를까? 트위터에서 집킨의 원래 코드명은 '빅 브라더 버드(BigBrotherBird)'이며, 각 영단어의 앞 글자만 따서 B3라고 부르는 것이다.

야 한다.

가장 먼저 결정해야 하는 것은 서로 다른 추적 시스템 사이에 상호 연동성을 진지하게 지원하려고 하는 것인지, 아니면 하나의 새로운 시스템을 중심으로 마이그레이션하고 표준으로 만들려고 하는 것인지의 여부이다. 먼저 상호 연동 사례를 알아볼 것이다.

보통 추적은 시스템을 통해 이동하는 요청을 전체적으로 하나의 논리적인 단위로 결합할 수 있을 때 가장 유용하다. 그러나 충분히 복잡한 시스템(또는 충분히 나눠진 팀)은 전체 호출 스택을 통해 요청을 추적할 때 필요한 조건을 만들려는 의지나 여력이 없을 수 있다. 그러나 지금 현재의 상태가 앞으로도 계속된다고는 볼 수 없다. 상호 연동성에서 보통 문제가 되는 것은 이미 사용된 서로 다른 시스템에 관한 정보가 부족하고 특히 시스템이 추적 콘텍스트를 전파하기 위해 사용하는 방법에 관한 정보가 부족하다는 것이다. 상호 연동성을 달성하기 위한 첫 번째 단계는 알고 있는 서비스를 카탈로그로 만든 후 다음의 내용을 알아두고 문서화하는 것이다.

- 추적되는 경우 추적 콘텍스트 전파에 사용되는 헤더 형식
- 다른 서비스와 통신하는 데 사용하는 RPC 프레임워크와 그 프레임워크가 헤더를 투명하게 전달하는 경우
- 직접 또는 2차 종속성에 해당하는 기존 추적 계측 라이브러리(집킨, X-레이, 오픈 트레이싱, 오픈 센서스 등)
- 데이터베이스 같은 다른 서비스를 위한 클라이언트

이런 추적 종속성을 문서화하면 시스템의 어떤 부분이 서로 통신할 수 있는지, 계측에 차이가 있을 수 있는 곳이 어디인지 알 수 있다(예를 들어, 들어오는 헤더를 전달하지 않는 RPC 프레임워크가 있는 경우 해당 지점에서 추적이 제대로 작동하지 않음을 파악할 수 있다). 이런 정보를 활용해 환경에 가장 적합한 추적 콘텍스트 헤더 형식을 결정하는 등 필요한 다른 일을 할 수 있다. 표준 헤더가 없더라도 원활한 콘텍스트 전파를 지원하기 위해 계측에서 사용할 수 있는 방법이 있다. 널리 사용되는 방법 중 하나는 계측 라이브러리 또는 RPC 프레임워크에서 전파 스택을 구현하는 것이다. 이를 통해 기존 전파를 계속 지원하면서도 새로운 전파를 추가할 수

있다. 예제 3-4에서는 오픈 트레이싱에서 이 스택을 만드는 방법을 보여준다.

예제 3-4 오픈 트레이싱에서 전파자 스택 만들기

```
public final class PropagatorStack implements Propagator {
    Format format;
    List<Propagator> propagators;
    public PropagatorStack(Format format) {
        if (format == null) {
            throw new IllegalArgumentException("Format cannot be null.");
        }
        this.format = format;
        propagators = new LinkedList<Propagator>();
    }
    public Format format() {
        return format;
    }
    public PropagatorStack pushPropagator(Propagator propagator) {
        if (propagator == null) {
            throw new IllegalArgumentException("Propagator cannot be null.");
        }
        propagators.add(propagator);
        return this;
    }
    public <C> SpanContext extract(C carrier) {
        for (int i = propagators.size() - 1; i >=0; i--) {
            SpanContext context = propagators.get(i).extract(carrier);
            if (context != null) {
                return context;
            }
        }
        return null;
    }
    public <C> void inject(SpanContext context, C carrier) {
        for (int i = 0; i < propagators.size(); i++) {
            propagators.get(i).inject(context, carrier);
```

```
        }
    }
}
```

전파자 스택은 처음으로 일치하는 항목을 찾으면 스팬 콘텍스트 추출을 중지하고, 등록된 모든 전파자에 헤더를 삽입한다. 주어진 서비스에 여러 개의 독립적인 트레이서가 있다면, 이론적으로 이 동작을 수정해 여러 개의 추출된 콘텍스트를 반환할 수 있다. 대개 톱다운으로 추적 헤더를 표준으로 만드는 것이 개별 서비스와 팀의 선호도를 관리하려고 시도하는 것보다는 더 성공적인 전략이다.

표준으로 만들거나 마이그레이션할 때는 미시적인 관점에서 조금 달라진다. 이전에 언급한 많은 문서 작업을 진행하는 것이 여전히 유용하지만, 마이그레이션할 때 필요한 노력을 추정할 때 도움이 될 수 있다. 기존 추적 시스템이 직접 만든 것이라면(아마도 커스텀 헤더 또는 추적/스팬 식별자 형식을 사용하는 경우), 해당 시스템이 추적한 서비스의 개수와 새로운 서비스의 개수를 비교해 이전 버전의 코드와 새 버전의 코드 사이를 연결하는 새로운 종류의 심shim을 만들 수 있는지 확인해야 한다. 기존 추적 시스템의 설계에 따라 오픈 텔레메트리를 표준 API로 사용할 수도 있겠다. 하지만 참조 SDK 대신 해당 구성 요소를 연결하면서 사양을 충족하도록 라이브러리의 일부를 다시 만드는 것이 좋다.

이미 오픈 트레이싱 또는 오픈 센서스를 사용하며 오픈 텔레메트리로 마이그레이션하려는 경우 몇 가지 선택지가 있다. 기존 오픈 트레이싱 트레이서 대신 오픈 텔레메트리 SDK를 사용하려고 하는가? 그렇다면 오픈 텔레메트리 브리지bridge 구성 요소를 사용해 기존 계측을 담당하는 오픈 트레이싱 트레이서로 표시하고, 각 서비스에서 트레이서를 해제해야 한다. 이전 계측과 새 계측 사이에 호환되는 헤더 형식(W3C, B3 또는 커스텀 전파자를 통한 형식)을 사용하고 있는지 확인한 다음, 오픈 텔레메트리를 사용해 새 서비스를 배포하고 이전 서비스를 지금은 있는 그대로 둬서 좀 더 점진적인 마이그레이션을 달성할 수 있다. 추적 분석기가 두 프레임워크에서 추적 수집을 지원하는 한, 기존 서비스와 새로운 서비스의 스팬을 포함하는 하나의 추적을 볼 수 있을 것이다.

기존 서비스를 쿠버네티스에서 실행하기 위해 컨테이너로 옮기려는 시도를 많이 봤을 것이다. 새로운 플랫폼으로 마이그레이션할 때 특히 유용한 마이그레이션 전략 중 하나는 기존의 추적 기능을 좀 더 블랙박스 방식과 비슷하게 다시 구현하는 것이다. 예를 들어, 서비스 메시에 내장된 추적 기능을 사용하면 기존 계측을 교체하거나 계측 간격을 메우지 않고도 컨테이너화된 서비스 사이의 요청을 추적할 수 있다. 시간이 지남에 따라 서비스 코드로 스팬을 확장하고 편리할 때 기존 계측을 제거할 수 있을 뿐만 아니라 새로 컨테이너화한 모든 서비스에 걸쳐 연속적인 추적 기능을 즉시 활용할 수 있다.

왜 오픈소스 계측을 사용하는가?

전략에 관계없이 추적 시스템을 관리하고 확장할 수 있는 가장 좋은 방법은 오픈소스 표준과 프레임워크를 사용하는 것이다. 상용 추적 시스템이나 직접 개발한 추적 시스템은 폭넓은 커뮤니티의 도움을 받을 수 없기 때문에 관리하기가 더 어렵고 많은 비용이 든다. 이 장을 마치면서 오픈소스 계측을 선택하는 이유를 알아볼 것이다.

상호 연동성

어떤 분산 텔레메트리를 구현하든 상호 연동성이 가장 중요하다. 2개의 서비스이든 2,000개의 서비스이든, 임의의 서비스의 텔레메트리 데이터가 다른 서비스의 텔레메트리 데이터와 호환되는지 보장할 수 있는 방법이 없다면, 운영하는 서비스들의 성능을 이해하기가 쉽지 않을 것이다. 오픈소스 계측은 모든 서비스에 일관된 개념과 라이브러리를 제공할 뿐만 아니라 비즈니스 로직의 경계를 넘어서 텔레메트리 수집을 허용해 이 문제를 해결한다.

첫 번째 경우는 이해하기 좀 더 쉬운 방법이다. 상관관계 식별자를 통해 자체적인 요청 추적 시스템을 만들 수는 있지만, 이 방법은 규모가 클수록 다루기 어려울 수 있다. 오픈소스 솔루션의 장점 중 하나는 이미 여러분을 위해 어려운 문제를 풀 수 있는 해법이 적용돼 있다는 점이다. 예를 들어 상관관계 ID를 범용 고유 식별자UUID, Universally Unique IDentifier 또는 충돌 방지

고유 식별자CUID, Collision-resistant Unique IDentifier 중 무엇을 기반으로 만들어야 하는지 같은 고민을 하지 않아도 된다. 계측되는 새로운 서비스가 콘텍스트 ID 생성 및 전파와 관련해서 같은 언어를 사용하도록 보장할 수 있다.

또한 추적을 새로운 끝점이나 프론트엔드로 확장하려 할 때 마이그레이션 전략을 바꾸지 않아도 되며, 추적 식별자가 일관되게 생성돼 원활한 확장을 보장할 수 있다. 이 문제를 분산 진단 콘텍스트 같은 추적 방식을 사용하는 다른 많은 로그 기반 접근 방식과 대조해보면, 전체 시스템이 동질적인 상태를 유지하는 한 잘 작동함을 알 수 있다. 여러 프로그래밍 언어와 개발 도구를 사용하는 환경에서 이를 확장하려면, 로그를 같은 형식으로 다듬기 위해 시간을 많이 투자해야 하며 로그 데이터를 보존하고 인덱스를 생성하기가 쉽지 않다.

오픈소스 소프트웨어 기반 계측의 상호 연동성이 뛰어난 두 번째 사례는 다른 오픈소스 소프트웨어나 라이브러리에 어떻게 통합되는지에 있다. 특정 제품에 종속되지 않으므로 오픈 텔레메트리 같은 프로젝트는 최종 사용자에게 텔레메트리 데이터를 제공하려는 다른 오픈소스 소프트웨어 프로젝트를 위한 매력적인 계측 옵션이다. 오픈 트레이싱을 그 예로 볼 수 있다. 오픈 트레이싱 레지스트리는 데이터베이스 클라이언트에서 분산 메시징 대기열, 네트워크 라이브러리 등에 이르기까지 다른 오픈소스 소프트웨어 프로젝트를 계측하는 수백 개의 연동 기능과 플러그인을 인덱싱한다. 이런 통합 기능을 사용하면, 새로운 서비스 또는 기존 서비스를 신속하게 계측할 수 있으며 비즈니스 로직에 계측을 확장할 수 있다. 레지스트리의 인기 덕분에 오픈 텔레메트리 역시 비슷한 레지스트리를 채택했다. 다시 말하지만, 오픈 텔레메트리는 오픈 트레이싱 계측과 호환되는 부분이 많다.

이식성

관측 가능성 영역이 계속 발전하면서 분산 추적 데이터를 분석할 수 있는 기능을 제공하는 프로젝트와 솔루션 업체가 점점 더 많아질 것이다. 여러 분석 시스템 사이에 기기를 이식하는 작업에서 이는 중요한 부분이다. 간단히 말해, 데이터를 수집하기 위해 사용하는 분석 도구를 변경할 때 추적 코드를 다시 만들지 않아도 되는 것이다.

오픈 텔레메트리는 실제로 훌륭한 예시이다. 서비스는 텔레메트리 데이터를 에이전트로 실행되는 컬렉터로 내보내며, 이런 에이전트는 다양한 백엔드로 내보낼 수 있다. 이를 통해 계측 기능을 한 번 만들고 나면 다양한 환경에서 구성을 변경하지 않고도 작동시킬 수 있으며, 컬렉터의 구성을 변경해 텔레메트리를 여러 끝점으로 동시에 전송할 수도 있다. 예를 들어 로컬 분석 도구를 실행하고 개발 중에 원격 에이전트가 텔레메트리 데이터를 수집하도록 할 수 있다. 그런 다음 코드를 변경하지 않고도 같은 텔레메트리 데이터가 상용 분석 백엔드로 전달되도록 할 수 있다.

에코시스템과 암시적 가시성

앞에서 알아본 몇 가지 내용을 떠올리면, 오픈소스 커뮤니티의 에코시스템은 여러분이 계측을 도입하기 위한 여정에서 중요하다. 이 책에서 오픈소스 소프트웨어가 주는 가치를 모두 살펴보지는 못하지만, 많은 사람의 수고를 덜어줬다는 것만으로도 그 가치는 충분하다.

현실적으로, 최선을 다해 계측과 그 외 '유지 보수 성격'의 코드를 만들 수는 있을 것이다. 그러나 이는 그다지 우선순위가 높은 일이 아니다. 서비스를 만들 때는 예상대로 작동하지 않는 이유를 알아내기 위해 최대한 많은 로그 기록을 사용하지만, 얼마나 자주 '불필요한' 로그 기록 구문을 삭제하는지 생각해본 적이 있는가? 아마 생각보다 더 자주 할 것이다. 특히 처음에는 개발 주기가 세분화되는 경향이 있으므로 당연히 추가하는 텔레메트리의 양이 너무 많다고 생각할 수 있다. 이는 코드를 수정할 때도 마찬가지이다. 프로그램의 제어 흐름을 이해하는 가장 빠른 방법은 `if` 문에 간단한 `print` 문을 추가하고, 특정 입력 값이나 제어 흐름을 실행한 결과를 표현하는 출력을 얻는 방법이다. 어떤 문제를 디버깅할 때는 코드를 특정한 원인으로만 찾아 조사하는 '좁은 창문'을 만드는 경향이 있다. 이런 창문들 중 상당수는 계속 쓰이겠지만, 전체 성능을 이해하는 데 도움이 될 만큼 안목을 넓히지는 못한다.

그렇다면 두 가지 현상을 어떻게 해결해야 할까? 문제를 해결하기 위해 관측이 쉬운 소프트웨어를 만들 것이다. 그리고 다른 한편으로는 무엇을 관측해야 하는지 알 수 없으며, 특히 무엇을 정확하게 내다볼 수 있어야 하는지를 알지 못한다. 오픈소스 계측은 이런 충돌을 해결할 때 도움이 된다. 먼저, 기존 계측의 풍부한 에코시스템을 제공해 하위 수준 종속성(예: RPC 프레임워크)의 중요한 부분들을 추적할 수 있다. 기본으로 제공되는 계측은 대개 가볍고 서비스에 쉽게 추가할 수 있으며 분산 추적과 관련된 많은 기본 정보를 제공한다. 둘째, 생태계 안의 도구를 활용할 수 있으므로 들어오는 요청을 분석하는 일이 어렵지 않고 더 많은 정보를 볼 수 있게 된다. 애플리케이션의 일부로서 일종의 서비스 메시를 사용하는 경우, 해당 서비스 메시는 모든 서비스 사이에 추적을 만들고 확장할 수 있으므로, 코드를 새로 만드는 부담 없이 전체 백엔드 시스템을 더 잘 볼 수 있다. 이를 클라이언트 수준, RPC 프레임워크 수준, 데이터베이스 클라이언트 수준의 추적 등 다른 구성 요소와 결합하기 시작하면 전체 애플리케이션을 잘 볼 수 있게 된다.

오픈소스 소프트웨어 에코시스템을 활용하는 전략은 시스템에서 유용한 정보를 신속하게 얻을 수 있는 틀을 만드는 훌륭한 전략이다. 그러나 문제에 단순히 라이브러리 연동들을 추가하고 무엇이 달라지는지 확인하는 것 이상으로 분산 추적은 어려운 주제이다. 즉, 요청과 호출 스택에서 어떻게 하면 더 효과적으로 필요한 정보와 통찰을 잘 얻어낼 수 있는지 고민하는 과정이 필요하다. 코드와 애플리케이션에서 무슨 일이 일어났는지 파악하고 이해하기 위해 비즈니스 로직에서 커스터마이징된 태그와 속성을 만들고 사용하려 할 것이다. 4장에서는 서비스 계측을 위한 모범 사례와 텔레메트리를 강화하는 방법을 알아볼 것이다.

4장

계측 모범 사례

분산 추적을 위해 애플리케이션에 계측 기능을 추가하는 과정도 그랬지만, 무엇이든 첫걸음이 제일 어려운 법이다. 아마도 질문이 꼬리에 꼬리를 물을 것이다. 무엇부터 해야 할까? 지금 내가 제대로 하는 게 맞는지 알 수 있을까? 언제 일을 끝낼 수 있을까? 애플리케이션마다 모두 다르지만, 이 장에서는 애플리케이션 계측의 모범적인 사례를 만들기 위한 보편적인 조언과 전략을 살펴볼 것이다.

최선의 방법이란 없다. 계측 도구에서 생성되는 데이터는 추적 분석 시스템에 의해 수집되며, 추적 분석 시스템은 이를 분석하고 처리한다. 계측 도구로서 가능한 한 좋은 데이터를 제공하는 것이 중요하다!

일단 시작하기 위해 계측이 부족한 애플리케이션이란 무엇인지 살펴볼 것이다. 그런 다음 기존 애플리케이션에 계측 기능을 추가하는 첫 단계(노드node와 에지edge를 보며)와 이를 달성하기 위한 몇 가지 흔한 방법을 알아본다. 이어서 스팬을 만드는 모범 사례와 여기에 추가해야 할 정보의 종류를 알아볼 것이다. 또한 애플리케이션 개발 과정 중에 추적을 사용해 아키텍처가 원하는 방식으로 작동하는지 확인하는 방법도 다룬다. 마지막으로는 '너무 많은' 도구를 사용한다는 사실을 자각하는 방법을 알아본다.

예제로 알아보는 추적

무언가를 배우는 가장 좋은 방법은 실제로 해보는 것이다. 분산 추적을 위해 마이크로서비스 애플리케이션을 어떻게 구성해야 하는지 이해하려면 먼저 마이크로서비스 애플리케이션이 있어야 한다. 그래서 몇 가지 기술과 모범 사례를 설명하기 위해 사용할 샘플 애플리케이션을 만들었다. 이 절에서는 제공된 예제를 활용하기 위해 여러분의 컴퓨터에서 서비스를 실행하는 방법을 설명하고, 좀 더 일반적으로 자신의 서비스에 계측 기능을 추가하기 위해 적용할 수 있는 몇 가지 기본적인 계측 방법을 알아볼 것이다.

샘플 애플리케이션 설치하기

애플리케이션을 계측할 때 필요한 중요한 개념을 보여주기 위해 작은 마이크로서비스 애플리케이션을 만들었다. 샘플을 실행하려면 컴퓨터에 최신 버전의 Go 언어 패키지와 노드 JS 패키지가 설치돼 있어야 한다. 또한 이 깃허브 리포지토리에서 찾을 수 있는 애플리케이션의 소스 코드 사본을 내려받아야 한다. 깃 버전 제어 소프트웨어를 사용해 확인하거나 압축 파일을 내려받아 압축을 풀 수 있다. 소스 파일의 로컬 사본을 얻은 후에는 쉽게 실행할 수 있다. 터미널 창에서 microcalc 디렉터리로 이동한 다음, `go run cmd/<binary>/main.go`를 실행해 각 서비스를 실행하면 된다. 클라이언트 애플리케이션을 실행하려면 web 서브 디렉터리에서 `npm install`을 실행한 다음 `npm start`를 실행해야 한다.[1]

애플리케이션 자체는 세 가지 구성 요소로 이뤄진 간단한 계산기이다. 클라이언트는 HTML과 자바스크립트로 만들어진 웹 브라우저에서 실행해볼 수 있는 간단한 웹 애플리케이션으로, 백엔드 서비스를 사용할 수 있게 도와주는 사용자 인터페이스를 제공한다. 다음으로 중요한 구성 요소는 클라이언트로부터 요청을 받아 적절한 워커 서비스로 보내는 API 프록시이다. 마지막 구성 요소인 계산기 워커는 피연산자 목록을 받고 해당 피연산자에 알맞은 적절한 수학적 연산을 처리하며 결과를 반환하는 서비스이다.

1 이 책의 베타 리딩 과정에서 나온 의견에 따르면, 요즘은 npm 대신 npx나 pnpm 같은 개선된 패키지 매니저를 사용할 수도 있다고 한다. 반드시 npm을 사용해야 하는 것은 아니므로 독자 여러분이 선호하는 패키지 매니저를 대신 사용해도 괜찮다. – 옮긴이

기본 분산 추적 추가

추적을 도입하기 전에 코드 자체와 작동 방식을 살펴보자. 먼저 웹 클라이언트, API 서비스, 워커 순서대로 코드를 살펴본다. 각 코드의 기능을 이해하고 나면, 서비스에 계측 기능을 추가하는 방법뿐만 아니라 그 이유를 이해하기가 더 쉬워진다(그림 4-1 참조).

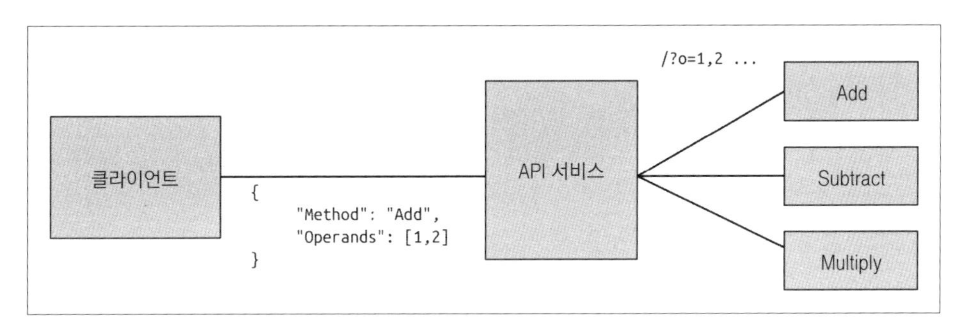

그림 4-1 MicroCalc의 설계

클라이언트 서비스는 매우 간단하다(간단한 HTML과 자바스크립트 프론트엔드로 이뤄진다). 자바스크립트는 `XMLHttpRequest`를 사용해 HTML로부터 데이터를 가로채는데, 이때 가로챌 데이터를 나타내는 폼을 HTML로 만든다. 이 코드의 계측되지 않은 버전은 예제 4-1에서 볼 수 있다. 보다시피, 여기서는 그리 복잡한 부분이 없다. 폼 요소에 훅hook을 만들고 제출Submit 버튼을 눌렀을 때 발생하는 `onClick` 이벤트를 수신한다.

예제 4-1 계측되지 않은 클라이언트 서비스

```
const handleForm = () => {
    const endpoint = 'http://localhost:3000/calculate'
    let form = document.getElementById('calc')
    const onClick = (event) => {
        event.preventDefault();
        let fd = new FormData(form);
        let requestPayload = {
            method: fd.get('calcMethod'),
            operands: tokenizeOperands(fd.get('values'))
        };
```

```
        calculate(endpoint, requestPayload).then((res) => {
            updateResult(res);
        });
    }
    form.addEventListener('submit', onClick)
}
const calculate = (endpoint, payload) => {
    return new Promise(async (resolve, reject) => {
        const req = new XMLHttpRequest();
        req.open('POST', endpoint, true);
        req.setRequestHeader('Content-Type', 'application/json');
        req.setRequestHeader('Accept', 'application/json');
        req.send(JSON.stringify(payload))
        req.onload = function () {
            resolve(req.response);
        };
    });
};
```

여기서 계측 데이터를 수집하기 위한 첫 번째 단계는 이 서비스와 백엔드 서비스 사이의 상호 작용을 추적하는 것이다. 오픈 텔레메트리는 XMLHttpRequest를 추적하기 위한 유용한 계측 플러그인을 제공해 기본적인 계측에 이를 사용할 수 있다. 오픈 텔레메트리 패키지를 추가한 후에는 트레이서와 플러그인을 설정해야 한다. 이 작업을 완료하면 예제 4-2에서 볼 수 있듯이 메서드 호출을 XMLHttpRequest를 추적하는 코드로 래핑한다.

예제 4-2 트레이서를 만들고 구성하기

```
// 종속성을 맞춘 후, 트레이서 인스턴스를 만들고 속성을 설정한다
const webTracerWithZone = new WebTracer({
    scopeManager: new ZoneScopeManager(),
    plugins: [
        new XMLHttpRequestPlugin({
            ignoreUrls: [/localhost:8090\/sockjs-node/],
            propagateTraceHeaderCorsUrls: [
```

```
                'http://localhost:3000/calculate'
            ]
        })
    ]
});
webTracerWithZone.addSpanProcessor(
    new SimpleSpanProcessor(new ConsoleSpanExporter())
);
const handleForm = () => {
    const endpoint = 'http://localhost:3000/calculate'
    let form = document.getElementById('calc')
    const onClick = (event) => {
        event.preventDefault(); ❶
        const span = webTracerWithZone.startSpan(
            'calc-request',
            { parent: webTracerWithZone.getCurrentSpan() }
        );
        let fd = new FormData(form);
        let requestPayload = {
            method: fd.get('calcMethod'),
            operands: tokenizeOperands(fd.get('values'))
        }; ❷
        webTracerWithZone.withSpan(span, () => {
            calculate(endpoint, requestPayload).then((res) => {
                webTracerWithZone.getCurrentSpan().addEvent('request-complete');
                span.end();
                updateResult(res);
            });
        });
    }
    form.addEventListener('submit', onClick)
}
```

❶ 여기서 새로운 스팬을 시작한다. 이것은 클라이언트에서 서버로 가는 전체 논리적 요청을 캡슐화하며, 추적의 루트 스팬이 된다.

❷ 여기서는 계산 호출을 래핑해서 자식 스팬을 자동으로 만든다. 계산을 위한 추가 코드는 필요하지 않다.

`npm start`로 웹 페이지를 실행하고 브라우저 콘솔을 연 상태에서 제출Submit을 클릭하면 스팬이 콘솔 출력에 기록된다. 이렇게 해서 클라이언트 서비스에 기본 추적을 도입했다.

이제 백엔드 서비스(API와 워커)를 알아볼 것이다. API 공급자 서비스는 Go 언어의 `net/http` 라이브러리를 사용해 클라이언트, API 서비스와 워커 사이에 메시지를 전달하기 위해 원격 프로시저 호출RPC 프레임워크로 사용하는 HTTP 프레임워크를 제공한다. 그림 4-1에서 볼 수 있듯이, API는 클라이언트로부터 JSON 형식으로 메시지를 수신하고, 구성에서 적절한 워커를 찾고, 피연산자를 적절한 워커 서비스에 전달한 다음, 결과를 클라이언트에 반환한다.

API 서비스에는 두 가지 주된 메서드인 `Run`과 `calcHandler`가 있다. 예제 4-3의 `Run` 메서드는 HTTP 라우터를 초기화하고, HTTP 서버를 설정한다. `calcHandler`는 클라이언트에서 JSON 본문을 구문 분석하고 보내려는 워커를 찾아, 다음 워커 서비스로 보낼 올바른 요청을 구성해서 들어오는 요청을 처리하는 로직을 실행한다.

예제 4-3 Run 메서드

```
func Run() {
    mux := http.NewServeMux()
    mux.Handle("/", http.HandlerFunc(rootHandler))
    mux.Handle("/calculate", http.HandlerFunc(calcHandler))
    services = GetServices()
    log.Println("Initializing server...")
    err := http.ListenAndServe(":3000", mux)
    if err != nil {
        log.Fatalf("Could not initialize server: %s", err)
    }
}
func calcHandler(w http.ResponseWriter, req *http.Request) {
    calcRequest, err := ParseCalcRequest(req.Body)
```

```
if err != nil {
    http.Error(w, err.Error(), http.StatusBadRequest)
    return
}
var url string
for _, n := range services.Services {
    if strings.ToLower(calcRequest.Method) == strings.ToLower(n.Name) {
        j, _ := json.Marshal(calcRequest.Operands)
        url = fmt.Sprintf("http://%s:%d/%s?o=%s",
            n.Host,
            n.Port,
            strings.ToLower(n.Name),
            strings.Trim(string(j),
            "[]"))
    }
}
if url == "" {
    http.Error(w, "could not find requested calculation method",
        http.StatusBadRequest)
}
client := http.DefaultClient
request, _ := http.NewRequest("GET", url, nil)
res, err := client.Do(request)
if err != nil {
    http.Error(w, err.Error(), http.StatusInternalServerError)
    return
}
body, err := ioutil.ReadAll(res.Body)
res.Body.Close()
if err != nil {
    http.Error(w, err.Error(), http.StatusInternalServerError)
    return
}
resp, err := strconv.Atoi(string(body))
if err != nil {
    http.Error(w, err.Error(), http.StatusInternalServerError)
```

```
        return
    }
    fmt.Fprintf(w, "%d", resp)
}
```

이 서비스의 끝에서 시작해 RPC 프레임워크로 추가할 계측을 찾아보자. 예제 4-4에서는 서비스 사이의 통신을 위해 HTTP를 사용하므로 HTTP 프레임워크 코드를 구성해야 한다. 지금 단계에서 직접 코드를 만들 수도 있지만, 대개 이런 공통 구성 요소를 계측하는 기존 오픈소스 계측 구현체를 먼저 찾아보는 것이 좋다. 이 경우 오픈 텔레메트리 프로젝트가 제공하는 `othttp` 패키지를 사용해 추적 경로로 HTTP 경로를 래핑할 수 있다.

예제 4-4 오픈 텔레메트리 프로젝트가 제공하는 othttp 패키지를 사용해 추적 경로로 HTTP 경로를 래핑한다.

```
std, err := stdout.NewExporter(stdout.Options{PrettyPrint: true}) ❶ ❷
traceProvider, err := sdktrace.NewProvider( ❸
    sdktrace.WithConfig(
    sdktrace.Config{
        DefaultSampler: sdktrace.AlwaysSample()
    }
), sdktrace.WithSyncer(std))
mux.Handle("/",
    othttp.NewHandler(http.HandlerFunc(rootHandler),
    "root", othttp.WithPublicEndpoint())
)
mux.Handle("/calculate",
    othttp.NewHandler(http.HandlerFunc(calcHandler),
    "calculate", othttp.WithPublicEndpoint())
)
```

❶ 오류 등을 적절하게 처리한다. 정확한 내용 전달을 위해 일부 코드는 생략했다.

❷ 먼저 텔레메트리 결과를 실제로 보려면 익스포터를 등록해야 한다. 외부 분석 백엔드로 내보내는 익스포터일 수도 있지만, 지금은 표준 출력을 사용할 것이다.

❸ 그런 다음 익스포터를 추적 공급자에 등록하고 모든 스팬을 샘플링하도록 설정한다.

이렇게 만들면 무슨 일이 생길까? 계측 플러그인은 들어오는 요청에서 스팬을 전파하고 HTTP 메서드 종류, 응답 코드 등과 같은 유용한 속성(예제 4-5에서 볼 수 있음)을 추가하는 등 약간의 편의를 제공하는 작업을 대신 처리할 것이다. 기능을 추가하기만 하면 요청을 백엔드 시스템으로 추적할 수 있다. `othttp.WithPublicEndpoint` 계측 처리기에 전달한 매개변수에 주의를 기울여 클라이언트의 추적 콘텍스트가 백엔드 서비스로 전달되는 방식을 약간 수정한다. 클라이언트로부터 같은 TraceID를 유지하는 대신, 들어오는 콘텍스트는 새로운 추적과 링크로 연결될 것이다.

예제 4-5 JSON 스팬 출력

```
{
    "SpanContext": {
        "TraceID": "060a61155cc12b0a83b625aa1808203a",
        "SpanID": "a6ff374ec6ed5c64",
        "TraceFlags": 1
    },
    "ParentSpanID": "0000000000000000",
    "SpanKind": 2,
    "Name": "go.opentelemetry.io/plugin/othttp/add",
    "StartTime": "2020-01-02T17:34:01.52675-05:00",
    "EndTime": "2020-01-02T17:34:01.526805742-05:00",
    "Attributes": [
        {
            "Key": "http.host",
            "Value": {
                "Type": "STRING",
                "Value": "localhost:3000"
            }
        },
        {
            "Key": "http.method",
```

```
        "Value": {
            "Type": "STRING",
            "Value": "GET"
        }
    },
    {
        "Key": "http.path",
        "Value": {
            "Type": "STRING",
            "Value": "/"
        }
    },
    {
        "Key": "http.url",
        "Value": {
            "Type": "STRING",
            "Value": "/"
        }
    },
    {
        "Key": "http.user_agent",
        "Value": {
            "Type": "STRING",
            "Value": "HTTPie/1.0.2"
        }
    },
    {
        "Key": "http.wrote_bytes",
        "Value": {
            "Type": "INT64",
            "Value": 27
        }
    },
    {
        "Key": "http.status_code",
        "Value": {
```

```
                "Type": "INT64",
                "Value": 200
            }
        }
    ],
    "MessageEvents": null,
    "Links": null,
    "Status": 0,
    "HasRemoteParent": false,
    "DroppedAttributeCount": 0,
    "DroppedMessageEventCount": 0,
    "DroppedLinkCount": 0,
    "ChildSpanCount": 0
}
```

calcHandler에서는 워커 서비스로 나가는 RPC에 계측 기능을 추가하기 위해 비슷한 작업을 할 것이다. 오픈 텔레메트리에는 Go의 HTTP 클라이언트용 계측 플러그인이 포함돼 있으니 다시 이 도구를 사용한다(예제 4-6 참조).

예제 4-6 API 처리기

```
client := http.DefaultClient
// 계측 플러그인으로 보내기 위해 요청에서 콘텍스트를 가져온다
ctx := req.Context()
request, _ := http.NewRequestWithContext(ctx, "GET", url, nil)
// 새로 보내는 추적을 만든다
ctx, request = httptrace.W3C(ctx, request)
// 보내는 추적에 콘텍스트를 주입한다
httptrace.Inject(ctx, request)
// 요청을 보낸다
res, err := client.Do(request)
```

그러면 워커로 보내는 요청에 W3C 추적 헤더가 추가되며, 워커가 추적 콘텍스트를 전파할 수 있다. 이렇게 하면 워커 서비스에서 생성된 스팬이 부모와 같은 추적 식별자를 가지므로

서비스 사이의 관계를 쉽게 그림으로 표현할 수 있다.

워커 서비스에 추적을 도입하는 것은 앞에서 본 것과 마찬가지로 간단하다. 예제 4-7과 같이 라우터 메서드를 오픈 텔레메트리 추적 처리기로 간단히 래핑하기 때문이다.

예제 4-7 처리기 추가하기

```
// API 서버처럼 내보내기 기능을 추가하고 추적 공급자에 등록해야 하지만,
// 코드는 같다
mux.Handle("/",
    othttp.NewHandler(http.HandlerFunc(addHandler),
    "add",
    othttp.WithPublicEndpoint())
)
```

계측 플러그인은 이 언어와 다른 언어에서 다뤄야 할 많은 양의 상용 코드를 처리한다. 이 상용 코드는 들어오는 요청에서 스팬 콘텍스트를 추출하고 새로운 자식 스팬(또는 적절한 경우 새로운 루트 스팬을 만드는 등)과 스팬을 요청 콘텍스트에 추가하는 것이다. 다음 절에서는 스팬과 추적의 유용성을 개선하기 위해 비즈니스 로직의 커스터마이징된 이벤트와 특성을 사용해 이런 기본 계측을 확장하는 방법을 알아볼 것이다.

계측 커스터마이징하기

이 시점에서 추적 서비스의 중요한 부분을 서비스에 설정했다. 각 RPC가 추적되므로 클라이언트 서비스에서 모든 백엔드 서비스로 요청이 전달되는 과정이 보인다. 또한 비즈니스 로직에서 요청 콘텍스트와 함께 사용할 수 있는 스팬을 확보해 커스터마이징된 속성이나 이벤트로 고도화해서 볼 수 있다. 이렇게 하려면 무엇을 해야 할까? 보통 이는 전적으로 계측 기능을 어떻게 구현할지에 달려 있다. 이에 관한 자세한 내용은 이 장의 '효과적인 태그 지정' 절에서 자세히 설명하겠지만, 비즈니스 로직의 몇 가지 부분(예: 오류 상태 수집과 로그 기록, 또는 추가 스팬을 나타내는 서브 스팬 만들기)을 계측하는 커스터마이징된 계측 기능을 추가하면 서비스의 기능을 설명할 때 도움이 된다. API 서비스에서는 로컬 콘텍스트를 다른 메서드

(ParseCalcRequest)에 전달해서 이 예제를 구현했다. 여기서는 예제 4-8과 같이 새 스팬을 만들고 커스터마이징된 이벤트로 이를 확장한다.

예제 4-8 맞춤 이벤트로 스팬 개선하기

```
var calcRequest CalcRequest
err = tr.WithSpan(ctx, "generateRequest", func(ctx context.Context) error {
    calcRequest, err = ParseCalcRequest(ctx, b)
    return err
})
```

예제 4-9에서 전달된 콘텍스트로 무엇을 하는지 볼 수 있다. 콘텍스트에서 현재 스팬을 가져오고 여기에 이벤트를 추가한다. 이 경우 실제로 메서드가 수행하는 작업(수신 요청의 본문을 객체로 파싱)과 연산에 실패한 경우 스팬의 상태를 변경하는 몇 가지 정보 이벤트를 추가했다.

예제 4-9 스팬에 이벤트 추가

```
func ParseCalcRequest(ctx context.Context, body []byte) (CalcRequest, error) {
    var parsedRequest CalcRequest
    trace.CurrentSpan(ctx).AddEvent(ctx, "attempting to parse body")
    trace.CurrentSpan(ctx).AddEvent(ctx, fmt.Sprintf("%s", body))
    err := json.Unmarshal(body, &parsedRequest)
    if err != nil {
        trace.CurrentSpan(ctx).SetStatus(codes.InvalidArgument)
        trace.CurrentSpan(ctx).AddEvent(ctx, err.Error())
        trace.CurrentSpan(ctx).End()
        return parsedRequest, err
    }
    trace.CurrentSpan(ctx).End()
    return parsedRequest, nil
}
```

지금까지 애플리케이션에 계측 기능을 추가하는 기본적인 방법을 살펴봤다. '실제' 애플리케이션은 목적에 맞게 개발된 샘플보다 훨씬 더 복잡하고 파악하기 어렵다고 생각할 수 있다. 그러나 좋은 소식은 여기서 배우고 구현한 기본 원칙이 대체로 얼마나 크거나 복잡한지에 관계없이 소프트웨어를 계측할 때 항상 일관된 방식으로 적용할 수 있다는 것이다. 소프트웨어 계측 도구와 이런 기본 원칙을 마이크로서비스 애플리케이션에 적용하는 방법을 살펴보자.

어디서 시작할 것인가: 노드와 에지

사람들은 문제를 해결할 때 밖에서부터 파고드는 경향이 있다. 조직적인 것이든 재무적인 것이든 계산적인 것이든 심지어 요리에 관한 것이든, 그 무엇이든 말이다. 가장 가까운 곳부터 시작하는 것이 가장 쉬운 법이다. 분산 추적을 위한 계측 서비스에도 같은 방법이 적용된다.

실제로, 외부에서부터 시작하는 것은 다음의 세 가지 이유로 추천할 만하다. 첫째, 서비스의 에지가 가장 보기 쉽고 조작하기 쉽다는 것이다. 서비스 자체를 수정하기 어려운 경우에도 서비스를 둘러싼 내용을 추가하는 것은 간단하다. 둘째, 외부에서 시작하는 것이 조직적으로 좀 더 효율적인 접근일 수 있다. 각각의 팀이 분산 추적을 도입하도록 설득하는 것은 어려운 일이며, 특히 해당 추적의 가치를 개별적으로 파악하기 어려운 경우에는 더욱 그렇다. 마지막으로, 분산 추적에는 콘텍스트 전파가 필요하다. 각 서비스는 발신자의 추적 정보를 알아야 하며, 또한 추적 정보도 포함해야 한다. 이런 이유로, 외부에서 시작하고 점점 안으로 들어와서 기존 애플리케이션에 계측 기능을 추가하는 것이 유용하다. 이로써 프레임워크 계측 또는 서비스 메시(또는 동등한 컴포넌트) 계측의 형태를 갖출 수 있다.

외부 계측의 장단점

대개 계측 중인 프로세스 외부에서 코드나 인프라를 변경하려면, 해당 프로세스를 위해 코드나 인프라를 변경하는 것보다 더 많은 노력이 필요할 수 있다. 또한 인프라 또는 프레임워크 코드의 변경 사항을 검토하는 것은 다소 급진적일 수 있으므로 검토하기가 더 어렵다. 외부에서 계측에 접근하는 것이 논리적으로나 조직적으로 어려운 경우, 추적의 연속성을 포기하는 대신 한 번에 하나의 서비스에 계측 기능을 추가해 여전히 이점을 얻을 수 있다. 이 경우 다른 서비스가 수신할 추적 헤더를 투명하게 전달하는지 확인하도록 한다.

프레임워크 계측

모든 분산 애플리케이션에서 서비스는 서로 통신해야 한다. 이 RPC 트래픽은 HTTP를 통한 구조화된 데이터, gRPC를 통한 프로토콜 버퍼, 아파치 스리프트Apache Thrift, TCP 소켓을 통한 사용자 지정 프로토콜 등 다양한 프로토콜 및 전송 방법을 사용할 수 있다. 연결된 양쪽 끝은 서로 어느 정도의 동등성이 있어야 한다. 서비스는 대화할 때 같은 언어를 사용해야 한다.

프레임워크 수준에서 계측할 때는 두 가지 중요한 구성 요소가 있다. 첫째, 프레임워크에서 네트워크를 통해 추적 식별자를 전송하는 콘텍스트 전파를 할 수 있어야 한다. 둘째, 프레임워크는 각 서비스를 나타내는 스팬을 만드는 데 도움이 돼야 한다.

콘텍스트 전파는 해결하기 어려운 문제일 것이다. MicroCalc를 다시 한 번 살펴보자. 그림 4-2에서 볼 수 있듯이 여기서는 HTTP 전송 방식만 사용하지만, 메시지를 전달하기 위해 JSON과 쿼리 매개변수로 두 가지 서로 다른 데이터를 사용한다. 이 연결들 중 일부는 다르게 처리할 수 있다고 상상할 수 있다. 예를 들어 API 서비스와 워커 서비스 사이의 통신을 리팩터링해서 gRPC, 스리프트 또는 GraphQL을 사용할 수 있을 것이다. 전송 방법 자체는 크게 관련이 없으며, 추적 콘텍스트를 다음 서비스로 전달할 수 있는지의 여부가 중요한 부분이다.

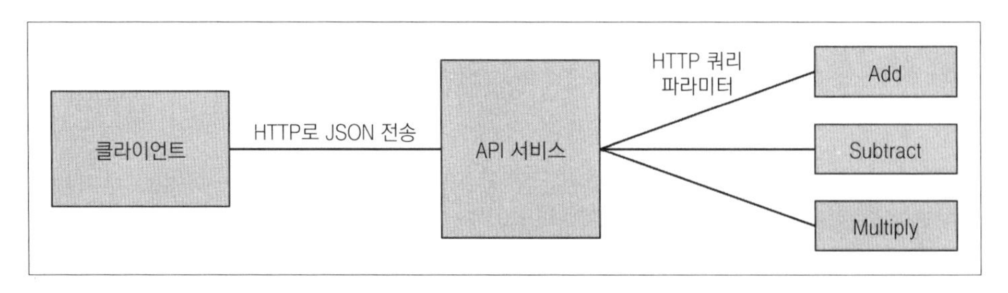

그림 4-2 MicroCalc에서 서비스 사이의 통신에 사용되는 프로토콜

서비스가 통신에 사용하는 전송 프로토콜을 식별한 후에는 서비스 호출의 크리티컬 패스를 고려해야 한다. 간단히 말해, 요청이 서비스를 통과할 때 호출 경로를 식별해야 한다. 이 분석 단계에서는 요청의 허브 역할을 하는 구성 요소에 초점을 맞출 것이다. 왜 이렇게 접근해야 할까? 대개 이런 구성 요소는 백엔드에서 작업을 논리적으로 캡슐화하고 여러 클라이언트(예를 들어 브라우저 기반 웹 클라이언트 또는 모바일 장치의 기본 애플리케이션)를 위한 API를 제공한다. 따라서 이런 구성 요소들에 먼저 계측 기능을 추가한다면, 타임라인을 짧게 만들어 의미 있는 추적이 가능하다. 앞의 예제에서 API 프록시 서비스는 이런 기준을 충족한다. 클라이언트는 모든 다운스트림 동작을 위해 직접 통신한다.

계측할 서비스를 식별한 후에는 서비스에 들어오고 나가는 요청에 사용되는 전송 방법을 고려해야 한다. API 프록시 서비스는 HTTP를 사용해 구조화된 데이터를 통해 통신하지만, 어디까지나 간결한 설명을 위한 예제일 뿐이다. 실제로는 여러 가지 전송 방식을 허용하고 여러 가지 전송 방식을 통해 나가는 요청을 보낼 수 있는 서비스를 찾는 경우가 많다. 자신의 애플리케이션을 계측할 때 이런 복잡성을 정확히 이해해야 할 것이다.

이제 서비스를 실제로 구현하는 방법을 알아볼 것이다. 프레임워크 계층에서는 서비스 자체의 전송 프레임워크를 계측해야 한다. 이것은 종종 요청 경로상에서 들어오는 각 요청마다 실행되는 코드인 일종의 미들웨어로 구현할 수 있다. 예를 들어 이런 방식은 요청에 로그 기록을 추가하기 위한 흔한 패턴이다. 이 서비스를 위해 어떤 미들웨어를 구현하는 것이 필요할까? 논리적으로 따져보면, 다음의 과정을 거쳐야 할 것이다.

- 들어오는 요청에 추적 콘텍스트가 포함돼 있는지 확인한다. 이 콘텍스트는 요청이 추적된다는 사실을 나타낸다. 여기에 해당한다면, 이 콘텍스트를 요청에 추가한다.
- 요청에 콘텍스트가 있는지 확인한다. 콘텍스트가 존재하면 전달받은 콘텍스트에 속하는 새 스팬을 만든다. 그렇지 않다면, 새로운 루트 스팬을 만든다. 이렇게 만든 스팬을 요청에 추가한다.
- 요청에 스팬이 있는지 확인한다. 스팬이 있으면 요청 콘텍스트에서 사용할 수 있는 다른 관련 정보(예: 경로, 사용자 식별자 등)를 추가한다. 그렇지 않으면 아무것도 하지 않고 계속 진행되도록 만든다.

이 세 가지 논리적 동작은 3장에서 살펴봤던 계측 라이브러리를 사용해 하나의 미들웨어로 결합할 수 있다. 예제 4-10과 같이 오픈 트레이싱 라이브러리를 사용하거나, 4장의 '예제로 알아보는 추적' 절에서 설명한 것처럼 오픈 텔레메트리 같은 프레임워크와 함께 번들로 제공되는 계측 플러그인을 사용해 Go 언어에서 이 미들웨어의 간단한 버전을 구현할 수도 있다.

예제 4-10 추적 미들웨어

```
func TracingMiddleware(t opentracing.Tracer, h http.HandlerFunc) http.HandlerFunc {
    return http.HandlerFunc(func(w http.ResponseWriter, r *http.Request) {
            spanContext, _ := t.Extract(opentracing.HTTPHeaders,
            opentracing.HTTPHeadersCarrier(r.Header))
            span := t.StartSpan(r.Method, opentracing.ChildOf(spanContext))
            span.SetTag("route", r.URL.EscapedPath())
            r = r.WithContext(opentracing.ContextWithSpan(r.Context(),
                    span.Context()))
            defer span.Finish()
            h(w, r)
            span.SetTag("status", w.ResponseCode)
        }
    )
}
```

이 코드 조각은 앞에서 설명한 목표를 달성한다. 먼저 요청 헤더에서 스팬 콘텍스트를 추출하려고 시도한다. 앞의 샘플에서는 스팬 콘텍스트가 HTTP 헤더를 사용해 전파되며, 어떤 이진 형식도 사용되지 않는다고 가정한다. 보통 오픈 트레이싱은 이런 헤더를 다음과 같이 정의한다.

- `ot-span-id`: 64비트 또는 128비트 부호 없는 정수
- `ot-trace-id`: 64비트 또는 128비트 부호 없는 정수
- `ot-sampled`: 업스트림 서비스가 추적을 샘플링했는지 여부를 나타내는 부울 값

위의 형식들이 스팬 콘텍스트를 포함할 수 있는 유일한 헤더 종류는 아니다. 다른 널리 사용되는 헤더 형식은 3장의 '오픈 트레이싱과 오픈 센서스' 절에서 자세히 설명한다.

2장에서 배운 것처럼, 스팬 콘텍스트는 서비스 전체에 추적을 전파할 때 중요하므로, 수신한 요청에서 먼저 추적을 추출한다. 들어오는 헤더를 추출한 후, 미들웨어는 새로운 스팬을 생성하고, HTTP 메서드(GET, POST, PUT 등)의 이름을 따서 이름을 짓고, 요청된 경로를 나타내는 태그를 추가한 다음, 새로운 스팬을 Go 언어의 콘텍스트 개체에 추가한다. 마지막으로, 미들웨어는 뒤에 연결된 요청 과정을 계속 실행해준다. 요청이 해결되면 요청에서 응답 스팬까지 응답 코드를 추가하며, `defer` 키워드를 사용했으므로 암시적으로 리소스가 닫힌다.

잠시 여기서 멈춰서 생각해보자. 이 미들웨어를 API 프록시 서비스에 트레이서 및 추적 분석기와 함께 추가했다면 무엇을 볼 수 있을까? 들어오는 모든 HTTP 요청은 하나씩 추적될 것이다. API 요청을 모니터링할 때마다 들어오는 모든 요청의 대기 시간을 모니터링할 수 있을 것이고, 이는 애플리케이션을 모니터링할 때 가장 중요한 첫 단계이다. 여기서 또 다른 이점은 이제 추적 데이터를 콘텍스트로 전파했으므로 추가 기능이나 RPC 호출을 사용해 정보를 추가하거나 그에 따라 새로운 스팬을 만들 수 있다는 것이다. 한편 API 경로별로 지연 시간 정보에 계속 접근할 수 있으며, 이를 사용해 코드의 성능 문제와 잠재적인 문제 지점을 알 수 있다.

그러나 프레임워크에 계측 기능을 추가하는 것은 단점이 있다. 프레임워크 계측을 사용하려면 서비스 자체의 코드를 변경해야 할 필요가 있으며, 서비스의 코드를 수정할 수 없다면 전송 프레임워크를 실제로 구현할 수 없다. API 프록시가 단순히 변환 계층(예: JSON-over-

HTTP를 외부 제품 또는 내부 전송 방식으로 변환하는 얇은 래퍼method wrapper)으로 작동한다면, 프레임워크 계측이 어려울 수 있다. 이 경우 일반적인 원칙이 적용되겠지만, 스팬에 무한정 데이터를 추가할 수는 없을 것이다. 마지막으로, 요청을 한곳으로 모으는 구성 요소(예: 프록시 계층이 아닌 여러 서비스를 직접 호출하는 클라이언트)가 없으면 프레임워크 계측이 어려울 수 있다. 이 경우 클라이언트를 중앙 집중화 지점으로 사용하고, 초기 단계에서 계측 기능을 추가할 수 있다.

서비스 메시 계측

프레임워크 계측의 장단점을 이야기할 때, 첫 번째로 신경 써야 할 부분은 '코드를 변경할 수 없다면 어떻게 될까?'였다. 이것은 불합리하거나 터무니없는 가설이 아니다. 계측 소프트웨어 사용자가 계측 데이터를 수집하려는 서비스의 코드를 수정할 수 없는 몇 가지 이유가 있다. 애플리케이션을 모니터링하는 사람들과 애플리케이션을 만드는 사람들은 규모가 큰 회사라면 아마도 서로 다른 나라와 시간대에서 일할 것이므로 서로 협업하기 어려운 점이 가장 흔하고 큰 문제일 것이다.

그렇다면 수정할 수 없는 코드는 어떻게 계측할 수 있을까? 코드의 일부만 수정해서 조금씩 시작하는 방법부터 생각할 수 있을 것이다.

먼저 서비스 메시가 무엇인지 이해해야 한다(어느 정도 이해했다면, 이 단락을 건너뛰어도 된다). 서비스 메시는 서비스들 사이에서 프로세스 간의 통신을 지원하도록 설계된 구성할 수 있는 인프라 계층configurable infrastructure layer이다. 보통 사이드카 프록시를 통해 각 서비스 인스턴스와 함께 존재하며, 관련 서비스 사이에 오고 가는 모든 프로세스 간의 통신을 처리하는 과정을 진행한다. 서비스 통신뿐 아니라 서비스 메시와 사이드카는 모니터링, 보안, 서비스 검색, 로드 밸런싱, 암호화 등을 처리할 수 있다. 본질적으로, 서비스 메시는 개발자 문제를 운영 문제와 분리할 수 있게 해주므로, 팀은 성능이 뛰어나고 안전하며 안정적인 소프트웨어를 만드는 것에만 역량을 집중할 수 있다.

이제 다시 본론으로 돌아와서, 서비스 메시 계측의 형태를 살펴보자. 앞에서 언급했듯이 사이드카 프록시의 중요한 기능 중 하나는 모든 프로세스 간의 통신이 프록시를 통과한다는 것이다. 이를 통해 프록시 자체에 추적을 도입할 수 있다. 이 기능은 이스티오Istio 같은 많은 최신 서비스 메시 프로젝트에서 즉시 사용할 수 있지만, 좀 더 추상적인 수준에서 보면 프레임워크 계측의 작동 방식과 비슷하다. 들어오는 요청에서, 헤더로부터 스팬 콘텍스트를 읽어온 후 이 콘텍스트를 사용해 새 스팬을 만들고 작업을 나타내는 태그를 추가해 요청이 해결될 때 스팬을 종료하는 것이다.

이런 방식의 계측에서 가장 큰 장점은 애플리케이션의 완전한 형태를 알 수 있다는 것이다. 프레임워크 계측을 다시 한 번 떠올려보자. 중심점을 하나 잡고 점점 바깥으로 확장해 나가면서 살펴봤다. 서비스 메시에서 계측을 시도하면 서비스 메시가 관리하는 모든 서비스가 추적의 일부가 돼 전체 애플리케이션에서 통찰력을 얻을 수 있다. 또한 서비스 메시 계측은 각 서비스의 전송 계층에 독립적이다. 트래픽이 사이드카sidecar를 통과하는 한, 계속해서 추적할 수 있다.

달리 말하면, 서비스 메시 계측에는 장단점이 있다. 기본적으로 서비스 메시 계측은 블랙박스 계측의 역할을 한다. 코드 내부에서 어떤 일이 일어나는지는 전혀 알 수 없으며, 이미 존재하는 데이터 이외의 추가 데이터로 스팬의 정보를 보충할 수 없다. 현실적으로, 이것은 HTTP 응답 코드로 스팬에 태그를 지정하고 실패한 요청을 나타내는 모든 상태 코드(HTTP 500 같은)가 오류가 있다고 가정한다면 암시적으로 결과를 얻을 수 있겠지만, 좀 더 명확한 정보를 얻기 위해서는 특별한 구문 분석이나 처리가 뒷받침돼야 한다. 서비스 메시 계측의 또 다른 단점은 서비스가 서비스 메시에서 오는 스팬을 강화하기가 어렵다는 것이다. 사이드카는 추적 헤더를 프로세스에 전달하지만, 원하는 헤더를 추출하고 스팬 콘텍스트를 만드는 등의 작업을 계속해야 한다. 각 서비스가 고유한 서브 스팬을 만들면 추적 데이터가 커져서 저장 또는 처리 비용이 많이 드는 부작용이 발생할 수 있다.

결국 서비스 메시 계측과 프레임워크 계측은 어느 한쪽만이 중요하거나 단독으로 쓸 수 있는 요소가 아니다. 두 가지는 함께 사용해야 가장 유용하다. 모든 서비스를 현실적으로 구현할 필요는 없으며, 언제 어디서나 사용할 수 있다. 이제 그 이유를 알아보자.

서비스 그래프 만들기

애플리케이션 계측을 시작하기 위해 어떤 방법을 사용하든, 달성하고 싶은 첫 이정표를 생각해야 한다. 무엇을 측정하고 싶은가? 추적은 주로 더 큰 애플리케이션의 맥락에서 개별 서비스의 성능과 상태를 측정하는 방법이라고 자신 있게 이야기할 수 있다. 그러나 이런 맥락을 이해하려면 서비스 사이의 연결과 요청이 시스템을 통과하는 방식을 이해해야 한다. 따라서 그림 4-3과 같이 전체 애플리케이션 또는 서비스의 일부를 서비스 그래프로 만드는 것이 좋다.

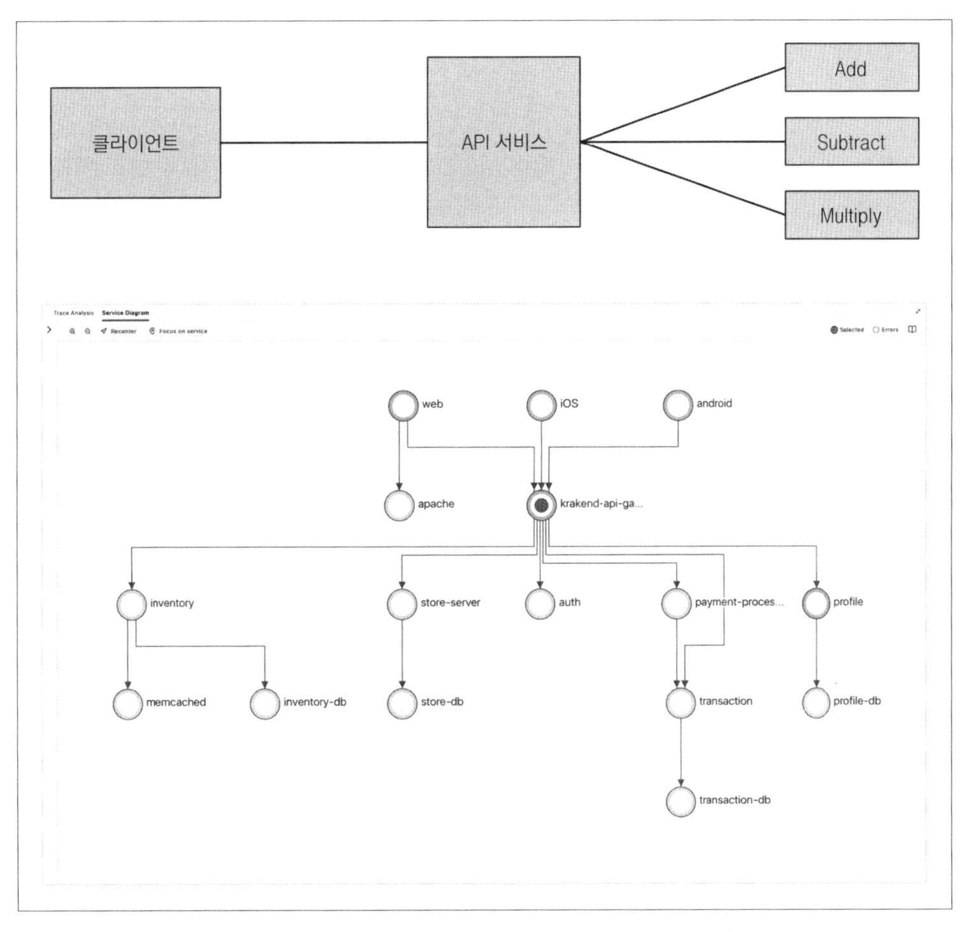

그림 4-3 MicroCalc와 복잡한 마이크로서비스 그래프를 비교했다.

이 비교를 통해 서비스 그래프 이해의 필요성을 입증해야 한다. 의존성이 거의 없는 단순한 서비스일지라도 서비스 그래프를 이해하는 것은 문제 상황을 복구하기까지 걸리는 평균 복구 시간MTTR, Mean Time To Repair을 단축할 때 중요한 요소가 될 수 있다. 그중 많은 부분이 새로운 버전의 서비스를 배포할 때 걸리는 시간 같은 관련 없는 요소에 묶여 있으므로 진단에 소요되는 시간을 줄이는 것이 전체 MTTR을 줄이는 가장 좋은 방법이다. 분산 추적의 핵심적인 장점은 서비스와 서비스 사이의 관계를 암시적으로 매핑해서 특정 요청의 대기 시간에 영향을 미치는 다른 서비스의 오류를 파악할 수 있다는 것이다. 애플리케이션이 점점 더 복잡해지고 서로 강하게 연결되므로, 이런 관계를 이해하는 것은 더 이상 선택이 아닌 필수이다.

샘플 애플리케이션에 나타난 서비스 사이의 종속성은 간단하고 이해하기 쉽다. 이 간단한 예제에서도 전체 종속성 그래프를 만들면 유용하게 활용할 수 있다. 각각의 서비스(API 프록시, 인증 서비스, 워커 서비스 등)에 계측 기능을 추가하기 위해 기술을 조합해 사용하고 애플리케이션에서 생성된 스팬을 읽고 처리할 수 있는 추적 분석기를 만들었다고 가정해보자. 이 추적 분석기를 사용해서 이런 서비스 관계에 접근할 수 없더라도 어려운 질문에 답할 수 있다. 평범한 질문('어떤 서비스가 이 특정 작업의 대기 시간에 가장 많은 영향을 미치는가?')부터 구체적인 질문('문제가 발생하는 작업은 무엇이고, 어떤 고객 ID로부터 온 요청에서 어떤 서비스가 실패했는가?')까지 다양할 수 있다. 그러나 단순히 서비스의 에지만 추적하도록 제한한다면, 약간의 어려움이 따를 것이다. 요청이 실패했거나 성공했는지의 여부처럼 단순한 사실만을 알아낼 수 있을 것이다.

이런 어려움을 해결하려면 어떻게 해야 할까? 몇 가지 방안이 있다. 그중 하나는 서비스 코드 자체에 계측 기능을 추가하는 것이다. 다음 절에서 살펴보겠지만, 추적 코드를 프로파일링하고 디버깅할 때 유용한 스팬을 만드는 멋진 방법이 있다. 다른 하나는 추적한 경계를 활용하고, 더 많은 데이터를 확보하기 위해 깊이 파고들어가는 것이다. 지금부터 프레임워크와 메시 계측 개념을 사용해서 서비스 메시의 격차를 메우는 세 가지 고급 메커니즘을 알아볼 것이다.

첫 번째 방법은 프레임워크가 제공하는 스팬에서 세부 수준을 높이는 것이다. 이 예제의 HTTP 미들웨어에서는 HTTP 메서드, 요청 전달 과정, 상태 코드 같은 요청에 대한 세부 정보만 기록했다. 실제로는 각 요청마다 많은 양의 데이터를 기록할 수 있다. 들어오는 요청이 사용자와 연관돼 있는지 알 수 있을까? 이를 위해 각 요청에 사용자 식별자를 태그로 첨부하는 것이 좋다. 서비스 사이의 요청은 오픈 텔레메트리의 SpanKind 속성 또는 서비스 종류(캐시, 데이터베이스 등)를 파악할 수 있는 특정 태그와 같이 추적 라이브러리에서 제공하는 시맨틱 식별자로 식별해야 한다. 데이터베이스 호출의 경우 데이터베이스 클라이언트에 계측 기능을 추가하면, 사용 중인 실제 데이터베이스 인스턴스, 데이터베이스 쿼리처럼 다양한 정보를 수집할 수 있다. 이런 모든 기능 강화를 통해 서비스 그래프를 애플리케이션의 시맨틱한 표현과 애플리케이션 사이의 연결로 표현할 수 있다.

두 번째 방법은 기존의 계측과 통합 서비스를 활용하는 것이다. 오픈 텔레메트리, 오픈 트레이싱, 오픈 센서스를 위한 다양한 플러그인이 있으며, 덕분에 일반적인 오픈소스 라이브러리가 기존 추적의 일부로서 스팬을 생성할 수 있다. 많은 분량의 기존 코드에 계측 기능을 추가하느라 고생했다면, 이 플러그인을 사용해 기존의 프레임워크와 클라이언트를 높은 수준의 서비스 메시/프레임워크 계층 위에서 계측할 수 있다. 이 플러그인들의 샘플 목록은 부록 A에 나열했다.

세 번째 방법은 이 장의 '계측 커스터마이징하기' 절에서 다룬 수동 계측을 이용하는 것이며, 같은 원리가 적용된다. 서브 스팬을 만들 수 있는 각 서비스에 루트 스팬이 전파되게 할 수 있을 것이다. 서비스에 필요한 세부 수준에 따라 서비스 하나에 서브 스팬이 많이 필요하지 않을 수 있다. 예제 4-11의 의사 코드를 살펴보자.

예제 4-11 이미지의 크기를 조정하고 저장하는 과정을 처리하는 의사 코드를 담은 메서드

```
func uploadHandler(request) {
    image = imageHelper.ParseFile(request.Body())
    resizedImage = imageHelper.Resize(image)
    uploadResponse = uploadToBucket(resizedImage)
    return uploadResponse
}
```

이럴 때는 무엇을 추적해야 좋을까? 답은 달성하려는 요구 사항에 따라 다를 것이다. 여기서

호출되는 대부분의 메서드들은 자체 자식 스팬이 필요하다고 주장할 수는 있겠지만, 여기서 진정한 답은 주어진 팀의 책임 범위를 벗어난 메서드들을 호출하는 것을 막는 것이다. 서비스가 성장하면서 이미지를 구문 분석하고 크기를 조정하는 기능을 다른 서비스로 대체하는 상황도 상상해볼 수 있겠다. 앞서 살펴본 대로, 예제 4-12와 같이 이 전체 메서드를 하나의 스팬에 넣고 메서드 호출에 대한 응답을 기반으로 태그와 로그를 추가하길 원할 것이다.

예제 4-12 메서드에 직접 계측 기능을 수동으로 추가하기

```
func uploadHandler(context, request) {
    span = getTracer().startSpanFromContext(context)
    image = imageHelper.ParseFile(request.Body())
    if image == error {
        span.setTag("error", true)
        span.log(image.error)
    }
    // 그 외의 다른 처리들
}
```

애플리케이션의 서비스 종속성을 정확하게 설명할 뿐만 아니라 이런 종속성의 특성을 시맨틱하게 나타내는 좀 더 효과적이고 대표적인 서비스 그래프를 만들기 위해 이런 방법을 자유롭게 혼합할 수 있다. 지금까지 스팬을 추가하거나 강화하는 방법을 설명했다. 다음으로 이런 스팬을 만드는 방법과 스팬에 추가해야 할 가장 중요하고 유용한 정보를 결정하는 방법을 알아보겠다.

스팬에는 무엇이 포함되는가?

스팬은 분산 추적의 구성 요소이지만, 실제로 무엇을 뜻할까? 스팬은 서비스가 작동한 시간을 나타내는 스팬과 서비스에서 데이터를 처리하고 분석할 수 있는 특정한 분석 시스템으로 데이터를 전달하는 메커니즘이라는 두 가지 요소를 대표한다. 서비스가 어떻게 동작하는지 통찰력을 얻을 수 있는 효과적인 스팬을 만드는 것은 고도화된 기술이자 과학이다. 이는 스

팬에 이름을 지정하고, 유용한 정보와 함께 스팬에 태그를 지정하고, 구조화된 데이터를 로그로 기록하는 모범 사례를 배우는 것이다.

효과적인 이름 짓기

이름이란 무엇일까? 스팬을 다루면서 이름을 왜, 어떻게 사용할지 생각해보면 참 좋다. 작업명이라고도 부르는 스팬 이름은 오픈소스 추적 라이브러리에서 필요한 값이며, 실제로는 유일하게 필요한 값 중 하나이다. 왜 스팬에 이름이 필요할까? 앞서 언급했듯이, 스팬은 서비스 작업을 추상화한 것이다. 스팬은 요청 과정이나 콜 스택과는 크게 다르다. 메서드 이름과 스팬 이름은 일대일로 대응시키면 안된다.

다시 돌아와서 스팬의 이름이란 무엇일까?

우선, 이름을 기준으로 집계가 가능해야 한다. 요컨대, 서비스를 실행할 때마다 고유한 스팬 이름은 만들지 않아야 할 것이다. 특히 HTTP 서비스에서 볼 수 있는 안티패턴 중 하나는 스팬 이름으로 정확한 경로(예: `GET /api/v2/users/1532942`)를 사용하는 경우이다. 이렇게 만들면 수천 또는 수백만 건의 실행 과정에서 집계해도 의미 있는 데이터를 추리는 것이 어려워진다. 이보다는 경로 이름을 일반화해서 `GET /api/v2/users/{id}`처럼 만들고, 태그에 `userId: 1532492`처럼 사용자 정보를 태그로 만드는 것이 좋다.

둘째, 이름은 리소스가 아니라 행동을 설명하도록 작명돼야 하는 것이다. 예제를 사용하기 위해 MicroCalc 애플리케이션을 다시 생각해보자. 여기서 데이터 스토리지를 추가할 수 있다. 이 스토리지는 BLOB 스토리지이거나 SQL 데이터베이스일 수 있고, 사용자 데이터베이스이거나 먼저 실행한 쿼리 결과들을 저장하는 히스토리 보관 용도 등 다양한 목적으로 사용할 수 있을 것이다. 접근, 변경 또는 소비하는 리소스를 기준으로 스팬 이름을 지정하는 대신, 작업을 나타내는 설명과 리소스 종류를 활용해 스팬에 태그를 지정하는 것이 훨씬 더 효율적이다. 이를 통해 여러 종류로 나뉘어진 스팬을 활용하는 쿼리를 처리할 수 있으므로, 흥미로운 분석 통찰력을 얻을 수 있다. 예를 들어 `WriteUserToSQL`과 `WriteUser`라는 이름의 차이점을 들 수 있다. 이런 독립 구성 요소가 테스트를 위해 전환되는 상황을 상상할 수 있다

(사용자를 위해 NoSQL 또는 클라우드 데이터 스토리지를 평가하고 싶다고 가정해보겠다). 이 덜 규정적인 이름을 사용하면 각 백업 스토리지를 비교할 수 있다. 두 가지 조언을 따르면, 분석할 때 스팬을 더 유용하게 사용할 수 있을 것이다.

효과적인 태그 지정

태그를 지정하지 않아도 스팬을 만들 수는 있지만, 그럼에도 반드시 스팬에 태그를 지정해야 한다. 태그는 특정 작업에서 발생하는 일을 분석할 때 도움이 되는 자세한 정보를 포함하며, 알 수 있는 정보의 폭을 넓히고 분석 기능을 강화할 수 있는 주된 방법이다. 이름은 높은 수준으로 집계할 때는 도움이 되지만(예를 들어 '모든 서비스에서 사용자를 조회할 때 발생하는 오류 발생 비율은 어느 정도인가?' 같은 질문에 대한 답을 찾을 수 있다.), 태그를 사용하면 해당 정보를 더 정밀하게 분석할 수 있으므로 왜 쿼리의 결과가 그렇게 나온 것인지 잘 이해할 수 있다. 카디널리티가 높은 데이터는 스팬에서 다른 것으로 표시되는 것이 아니라 태그로 드러나야 한다. 카디널리티가 높은 데이터를 이름에 넣으면 연산을 집계하는 능력이 떨어지고, 로그 명령문 안에 데이터를 넣으면 인덱싱이 성공할 확률이 낮아진다.

그렇다면 무엇이 효과적인 태그를 만드는가? 태그는 외부적으로 중요해야 한다. 즉, 추적 데이터의 다른 소비자에게 의미가 있어야 한다. 개발 과정에서 태그와 추적을 사용하는 방법이 있지만, 프로덕션 추적 시스템에 내보낸 태그는 대체로 서비스가 처리하는 작업을 이해하려는 모든 사람에게 유용할 것이다.

태그는 내부적으로 일관성이 있어야 한다. 즉, 여러 서비스에서 같은 키를 사용해야 한다. 모의 애플리케이션에서 이론적으로 각 서비스가 서로 다른 태그 키(userId, UserId, User_ID, USERID 등)를 사용해 같은 정보(사용자 ID)를 보고하도록 할 수 있지만, 이렇게 하면 외부 시스템에서 쿼리를 만들기가 번거로워질 것이다. 이런 키를 표준화하는 헬퍼Helper 라이브러리를 개발해 배포하거나 팀의 코딩 표준에 맞는 형식을 사용하는 것이 좋다.

태그 키의 일관성뿐 아니라 태그 데이터도 태그 키 내에서 가능한 한 일관성 있게 유지되도록 해야 한다. 일부 서비스가 userId 키를 문자열 값으로 보고하고 다른 서비스는 정수 값으로 보고하면 분석 시스템에 문제가 발생할 수 있다. 또한 숫자 값을 추적하는 경우 값의 단위를 태그 키에 추가해야 한다. 예를 들어 요청에서 반환된 바이트를 측정하는 경우 이름은 message_size_kb가 message_size보다 유용하다. 태그는 지나치게 상세하지 않고 간결해야 한다(예를 들어 스택 추적을 태그 안에 넣지 않아야 하는 것처럼). 태그는 추적 데이터를 쿼리할 때 매우 중요하고 통찰력을 얻기 위한 밑바탕이 된다. 그러므로 태그를 다는 일은 결코 하찮은 일이 아니다.

효과적인 로그 기록

스팬의 이름을 지정하고 태그를 지정하면 추적에서 통찰력을 얻을 수 있다. 이렇게 하면, 관계형 정렬 그래프를 만들어 (이름을 통해) 일어난 일과 (태그를 통해) 일어난 이유를 파악하기 쉽다. 로그는 이 퍼즐의 한 부분으로 생각할 수 있으며, 개발자에게 구조화 여부와 무관하게 텍스트 문자열을 주어진 스팬에 연결할 수 있는 기능을 제공한다.

스팬을 사용해 효과적으로 로그를 기록하려면 두 가지 핵심적인 구성 요소가 필요하다. 먼저, 실제로 무엇을 로그로 기록해야 하는지 생각해봐야 한다. 이름이 지정되고 태그가 지정된 스팬이 있으면, 코드에 넣어야 할 로그 기록 구문의 양을 크게 줄일 수 있다. 의심스러운 부분이 있다면, 로그 기록을 하지 말고 새로운 스팬을 만들어보자. 예를 들어 예제 4-13의 의사 코드처럼 말이다.

예제 4-13 명명된 태그와 스팬

```
func getAPI(context, request) {
    value = request.Body()
    outgoingRequest = new HttpRequest()
    outgoingRequest.Body = new ValueQuery(value)
    response = await HttpClient().Get(outgoingRequest)
    if response != Http.OK {
        request.error = true
        return
    }
```

```
    resValue = response.Body()
    // 실제라면 더 많은 코드를 작성할 것이다
}
```

추적을 사용하지 않는다면, 들어오는 매개변수, 특히 검사해야 할 값을 기록하는 로그를 추가했어야 할 것이다. 나가는 요청의 본문을 로그로 기록하는 것이 흥미로울 것이며, 응답 코드를 로그로 기록하려는 이유는 특히 예외적인 상황이나 특정한 오류 코드를 기록하기 위해 남길 만한 부분일 것이다. 그러나 스팬을 사용하면 로그 명령문에 무엇을 남길 것인지를 조금 덜 고민할 수 있다. `value: foo` 같은 태그로 들어오는 매개변수 값과 이와 연결되는 응답 코드가 하나 선택될 것이며, 일단은 유용하게 사용할 수 있을 것이다. 다만, 여전히 어떤 오류가 발생했는지 정확히 기록하고자 할 수 있다. 이 상황에서는 외부 요청을 위한 새로운 스팬을 만들 수 있다. 여기서의 이론적인 근거는 두 가지로 요약할 수 있다. 지금 다루는 것은 애플리케이션 코드의 외곽이며, 앞에서도 살펴봤듯이 애플리케이션의 외곽을 추적하는 것이 도움이 되기 때문이다.

또 다른 이유는 로그로 남기는 기록이 다른 스팬보다 데이터 측면에서 덜 흥미롭기 때문이다. HTTP GET은 쉽게 사용하는 기능인 만큼 간단한 작업처럼 보일 수 있다. 하지만 그 과정에서 발생하는 DNS 조회, 전달을 위해 얼마나 많이 홉을 거칠지, 소켓 읽기 대기 시간이 얼마나 걸릴지 등 수많은 요소가 뒤따른다. 만약 스팬에서 이런 정보가 태그로 제공된다면 성능 문제에서 좀 더 세밀한 통찰을 얻을 수 있을 것이며, 이런 내용은 개별적인 로그보다는 새로운 스팬을 만듦으로써 더 잘 알 수 있다.

스팬에서 효과적으로 로그를 기록할 수 있는 두 번째 부분은 되도록 구조화된 로그를 만들어 분석 시스템이 로그를 이해하기 쉽도록 만드는 것이다. 이 방법은 스팬의 유용성을 다른 무엇보다도 유용하게 만들어준다. 분석 시스템은 구조화된 로그 기록 데이터를 그래픽 방식의 사용자 인터페이스에서 좀 더 읽기 쉽게 만들어주며, 복잡한 쿼리를 처리하기 위한 옵션을 제공한다(예를 들어 '어떤 이벤트 X가 특정 형태의 예외와 함께 기록된 곳' 또는 '내 서비스들 중 INFO 수준의 로그를 기록하는 곳이 있는가?' 같은 쿼리가 될 수 있다).

보안 준수와 규정 준수를 위해 고려할 부분

속성, 태그, 이벤트, 로그와 심지어 스팬 이름까지도 개인 식별 정보(PII, Personally Identifiable Information)를 포함할 수 있다. 이 데이터는 지역 및 연방 규정에 따라 법으로 보호될 수 있다. 특히 추적 데이터에 타사 분석 도구를 사용하는 경우 스팬에 정확히 어떤 데이터가 추가되는지 주의를 기울여야 한다. 회사는 또한 법적 발견이나 다른 목적으로 진단 데이터를 보존할 수 있는 시간과 관련된 특정 규칙과 규정을 지정할 수 있다. 무엇을 저장할 수 있고 저장할 수 없는지를 결정하기 위해 더 자세한 정보를 알아보려면, 여러분이 일하는 회사의 법률 담당자나 해당 국가의 법을 잘 아는 법률 전문가와 상의하는 것이 좋다.

성능을 위해 무엇을 고려해야 할지 이해하기

이렇게 풍부하고 자세한 스팬을 만드는 것은 스팬이 어딘가로 전달돼야 하고 이는 시간이 걸리는 일이므로 예기치 않은 부작용이 발생한다. HTTP 요청을 나타내는 일반적인 스팬의 텍스트 표현을 살펴보자(예제 4-14 참조).

예제 4-14 HTTP 요청의 일반적인 스팬

```
{
    context:
    {
        TraceID: "9322f7b2-2435-4f36-acec-f9750e5bd9b7",
        SpanID: "b84da0c2-5b5f-4ecf-90d5-0772c0b5cc18"
    }
    name: "/api/v1/getCat",
    startTime: 1559595918,
    finishTime: 1559595920,
    endTime:
    tags:
        [
            {
                key: "userId",
```

```
            value: 9876546
        },
        {
            key: "srcImagePath",
            value: "s3://cat-objects/19/06/01/catten-arr-djinn.jpg"
        },
        {
            key: "voteTotalPositive",
            value: 9872658
        },
        {
            key: "voteTotalNegative",
            value: 72
        },
        {
            key: "http.status_code",
            value: 200
        },
        {
            key: "env",
            value: "prod"
        },
        {
            key: "cache.hit",
            value: true
        }
    ]
}
```

이 데이터의 크기는 1KB 미만, 약 600바이트 정도이다. BASE64 방식으로 인코딩하면 약 800바이트가 된다. 여전히 1KB 이하로 데이터 크기를 유지하지만, 이는 특정한 형태 중 하나일 뿐이다. 만약 오류가 발생했다면 어떻게 될까? 스택 추적을 포함할 것이므로 최소 1KiB[Kibibyte] 이하에서 많게는 3~4KiB까지 크기가 늘어날 것이다. 스팬 하나를 인코딩하는 것은 극히 짧은 시간 안에 이뤄진다(OpenSSL의 `base64` 메서드는 총 `0.006`만큼 CPU를 사용하는 것으로 보고된다). 이 값은 크게 변동될 여지가 없다.

이제 그 값에 1,000, 10,000, 100,000을 곱하면 결국에는 의미 있는 숫자가 된다. 지금 본 요소들 중에서 마음대로 할 수 있는 것은 하나도 없지만, 너무 걱정하지 않아도 된다. 제일 먼저 기억해야 할 것은 알 때까지는 아무것도 알 수 없다는 사실이다. 모든 것이 더 나은 성능을 발휘하도록 만드는 '왕도'라는 것은 존재하지 않는다. 애플리케이션의 성능을 위해 예산을 책정하고 받아들이려는 비효율성의 규모는 다음의 요소에 따라 결정될 것이다.

- 언어와 실행 환경
- 배포 프로필
- 리소스 활용 수준
- 수평적 확장성

위의 내용들을 기억하면서 애플리케이션을 계측할 때 위의 요소들을 신중하게 고려해야 한다. 안정적인 활용 사례와 최악의 성능 프로파일은 종종 다르게 보일 수 있음을 기억해야 한다. 갑자기 예기치 않게 오랜 기간 동안 일부 외부 리소스를 사용할 수 없는 어려운 상황을 발견했다고 가정해보자. 이 때문에 비정상적이고 리소스 소비가 심하게 발생하는 반복적인 서비스 크래시service crash나 서비스 무응답 상태로 이어진다. 이를 방지하기 위해 사용할 수 있는 전략은 내부 추적 프레임워크에 안전밸브를 만드는 것이다. 샘플링 전략에 따라, 이 '추적 안전밸브'는 애플리케이션이 지속적으로 실패한 상태에 있을 경우 새로운 스팬 생성을 차단하거나 특정한 지점을 나타내는 스팬 생성을 점차 줄일 수 있다.

> **스팬 생성을 서서히 줄이기**
>
> 전통적으로 분산 추적 기술은 생성된 스팬을 어떻게 프로세스별이나 애플리케이션별로 샘플링할 것인지를 고민하면서 지속적인 오류를 교정하고 쓸모없는 데이터를 덜 만들도록 개선했다. 이 개선을 프로세스 외부로 이동시키는 새로운 동적 샘플링 접근 방식을 사용하면 각 서비스에서 추적 데이터를 모두 수집할 수 있지만, 지속적인 (복구 불가능한) 오류가 발생하는 동안 스팬 생성을 처리하는 방법에 있어 몇 가지 고유한 문제가 남는다. 서비스가 지속적으로 실패하는 동안 스팬의 생성 속도와 스팬의 크기를 고려해 결정을 내려야 한다. 스팬 수가 분당 수십 또는 수백 단위로 측정되는 처리량이 적은 서비스에서라면 백오프를 추가하지 않더라도 문제는 없을 것이다.

또한 애플리케이션 코드에서 트레이서를 원격으로 비활성화하기 위한 방법도 고려하는 것이 좋다. 이는 앞서 언급한 예상치 못한 외부 리소스 손실을 넘어서는 다양한 시나리오에서 유용할 수 있다. 또한 추적을 사용하는 경우와 추적을 사용하지 않는 경우를 비교해 서비스 성능을 프로파일링하려는 경우에도 유용할 수 있다.

결국 추적에서 가장 큰 리소스 비용은 실제로는 서비스 스팬을 만들고 전송하는 비용이 아니다. 단일 스팬은 크기 측면에서 주어진 RPC에서 처리되는 데이터의 일부일 가능성이 높다. 추적에서 가치를 제공하기 위해 필요한 성능과 정보 사이의 적절한 균형을 찾으려면, 생성하는 스팬과 여기에 추가할 데이터의 양, 생성 속도를 반드시 실험해야 한다.

추적 주도 개발

추적이 애플리케이션 또는 서비스의 일부로서 들어갈 때는 으레 개발을 '미루는' 경향이 있다. 실제로 서비스를 개발하는 과정에서 모니터링이 적용되는 과정은 나름의 순서가 있다. 처음에는 아무것도 없지만, 코드에 로그 출력문을 추가하기 시작하면 특정 메서드에서 어떤 일이 일어나는지, 어떤 매개변수가 전달됐는지 등을 확인할 수 있다. 새 서비스를 출시할 수 있을 때까지 적용되는 모니터링 작업들의 대부분은 어느 시점에서는 몇몇 관심 있는 메트릭(예를 들면 오류 발생률 같은)과 몇 가지 스텁stub을 확인해 프로덕션에 배포하기 직전에 급하게 추가하곤 한다.

왜 이런 식으로 일이 처리될까? 몇 가지 이유가 있고, 나름의 합리적인 근거가 있다. 프로젝트를 개발하는 동안 코드 라인을 추가하고 제거하고 리팩터링하는 속도를 고려하면, 모니터링에 관한 코드를 만들고 관리하는 것은 어려운 일일 수밖에 없고, 그래서 개발자들은 팀 내에서 관측을 잘해야겠다는 분명한 동기가 없다면 이런 일을 그다지 하고 싶어 하지 않는다.

하지만 또 다른 이유가 있을 수 있다. 그리고 이것이 어쩌면 더 흥미로운 이유일 수도 있겠다. 사실 무엇을 모니터링해야 할지 모르기 때문에 개발 중에는 모니터링 코드를 만들기 어렵다. 오류 발생 비율과 같이 신경 써야 할 부분은 모니터링하기에 재미있는 주제가 아니기도 하고, 프록시 또는 API 게이트웨이 같은 외적 수단을 이용해 얼마든지 모니터링할 수 있는 부분이기도 하다. '프로세스가 얼마나 메모리를 사용하는가?' 같은 컴퓨터 수준의 메트릭은 대부분의 개발자가 걱정할 필요가 없으며, 필요한 경우 해당 메트릭은 애플리케이션 자체가 아닌 다른 구성 요소로 모니터링하면 된다.

메트릭이나 로그 모두 서비스 개발 초기에 알아야 할 내용, 예를 들어 어떤 서비스와 통신해야 하고 또 어떻게 내부적으로 메서드를 호출해야 하는지 파악하는 것과 관련해서는 그다지 도움이 되지 않는다. 추적은 코드를 개발하고 테스트하는 동안, 필요한 콘텍스트를 제공하고 애플리케이션 코드 내에서 관측할 수 있도록 미리 만들어진 도구들을 제공하는 애플리케이션을 개발할 때 추적을 개발할 수 있도록 도와준다. 이 절에서는 이 개념의 두 가지 주된 부분인 추적을 사용한 개발과 추적을 사용한 테스트를 다룰 것이다.

추적으로 개발하기

어떤 언어, 플랫폼, 서비스 스타일을 사용하든 간에 처음의 설계는 화이트보드 같은 곳에서 시작될 것이다. 서비스 기능의 모델을 만들고 서비스와 다른 서비스 사이의 연결을 나타내는 선을 그릴 것이다. 특히 초기 프로토타입 개발 단계에서는 언제든 아이디어를 수정할 수 있는 그런 공간에서 시작하는 것이 합리적이다.

문제는 모델을 이용해 코드로 만들 때 발생한다. 칠판에 쓴 내용이 코드와 일치하는지 어떻게 확인할 수 있을까? 전통적으로 테스트 기능을 사용하는 것이 권장되지만, 실제로 유용한 정보를 제공하기에는 너무 작은 목표일 수 있다. 단위 테스트는 설계상 작은 단위의 기능(예: 단일 메서드 호출)의 동작을 검증해야 한다. 물론 메서드 A가 메서드 B를 호출해 메서드 C를 호출하는지 확인하는 것처럼, 또 다른 가정을 확인하기 위해 더 큰 단위 테스트를 만들 수도 있다. 그러나 결국 모든 코드 경로를 실행하는 테스트를 분명한 이유 없이 만드는 것일 뿐이다.

먼저 실행되는 서비스와 종속되는 서비스와의 관계를 고려해 서비스를 테스트하려고 하면 훨씬 일이 복잡해진다. 대개 이런 테스트는 통합 테스트로 본다. 그러나 모델을 검증하기 위한 통합 테스트는 크게 두 가지 문제점이 있다. 첫 번째 문제는 모의 서비스를 만들기 시작하면 실제 서비스를 테스트하는 것이 아니라 미리 지정된 명령을 따르는 모의 대체물을 테스트한다는 것이다. 아마도 더 큰 문제라 할 수 있는 두 번째 문제는 통합 테스트가 반드시 테스트 환경으로 제한돼야 할 필요가 있고 프로세스 경계를 넘는 통신 방법은 상대적으로 지원이 부족하다는 것이다(적어도 통합 테스트 프레임워크를 설정하거나 직접 만들기 위해 많은 수고를 들이지는 않을 것이기에 그렇다).

단위 테스트와 통합 테스트가 작동하지 않는다면 어떻게 될까? 자, 원점으로 돌아가보자. 애플리케이션의 개념적인 모델을 검증할 수 있는 방법이 중요하다. 즉, 내부 메서드와 외부 서비스가 올바른 매개변수를 사용해 올바른 순서로 호출되고, 오류가 제대로 처리되도록 하는 방식으로 코드를 만들 수 있어야 한다. 흔히 볼 수 있는 흔한 실수 중 하나는, 특히 외부 서비스 의존성이 큰 코드에서 실행 시간이 긴 서비스 때문에 발생하는 문제이다.

현실에서 이런 일은 생각보다 자주 발생한다. 지난 몇 년간 있었던, 몇 시간 동안 아마존 웹서비스 S3 버킷을 연속적으로 사용할 수 없어서 생긴 문제를 떠올려보자. 추적 데이터를 테스트나 프로덕션 환경에서 모두 사용할 수 있다면, 원하는 시스템 상태를 현재 상황과 빠르게 비교할 수 있는 도구를 만들 수 있을 것이다. 또한 지속적 통합[CI]과 지속적 배포[CD]의 일부로서 카오스 테스트를 만들려고 할 때 이는 중요하다. 정상적인 상태의 시스템과 문제 상태의 시스템 간의 차이점을 발견하면 시스템이 좀 더 빠르게 복구되도록 만들 수 있을 것이다.

추적 기능을 개발 과정의 일부로서 포함하는 것은 코드 베이스의 특정 부분을 추적하는 것과 비슷하지만, 몇 가지 더 주목할 만한 이점이 있다. 먼저, 앞서 서비스 추적을 시작하는 방법을 다루면서 살펴봤던 내용을 다시 떠올려보자(이 장의 '어디서 시작할 것인가: 노드와 에지' 절 참조). 새로운 서비스를 만들고 기존 서비스를 계측할 때도 같은 원칙이 적용된다. 스팬 데이터를 확인하는 각각의 수신 요청에 미들웨어를 적용하고, 스팬 데이터가 존재하는 경우 새 서브 스팬을 만들어야 한다. 새 서비스가 아웃 바운드 요청을 내보내면, 추적을 인식하는 다운스트림 서비스가 추적에 관여할 수 있도록 현재 스팬 콘텍스트를 나가는 요청에 삽입해야 한다. 추적해야 할 양이 크게 늘어나는 문제에 직면하므로 프로세스의 변경은 이러한 지점 사이에서 발생하는 경향이 있다.

이 장의 끝에서 알아볼 것처럼, 추적이 너무 많은 것도 문제가 된다. 특히 프로덕션에서는 외부 관측자와 사용자가 끝점과 끝점 사이의 추적을 볼 때 중요한 데이터로 추적을 제한하고자 할 것이다. 그렇다면 여러 내부 호출로 단일 서비스를 정확하게 모델링하는 방법은 무엇일까? 아마도 트레이서의 개념을 더욱 정교하게 만들고 싶을 것이다. 이는 정보, 디버그, 경고, 오류 같은 로그 레벨이 존재하는 로그 기록에서 보편적이다. 지정한 로그 레벨을 충족하는 경우 해당 로그 레벨에 해당하는 로그가 출력돼야 한다. 같은 개념을 추적에도 적용할 수 있다. 예제 4-15에서는 Go 언어에서 환경 변수를 통해 구성할 수 있는 자세한 추적 정보를 만드는 방법을 보여준다.

예제 4-15 자세한 추적 만들기

```
var traceVerbose = os.Getenv("TRACE_LEVEL") == "verbose"
...
func withLocalSpan(ctx context.Context) (context.Context, opentracing.Span) {
    if traceVerbose {
        pc, _, _, ok := runtime.Caller(1)
        callerFn := runtime.FuncForPC(pc)
        if ok && callerFn != nil {
            span, ctx := opentracing.StartSpanFromContext(
                ctx, callerFn.Name()
            )
```

```
            return ctx, span
        }
    }
    return ctx, opentracing.SpanFromContext(ctx)
}
func finishLocalSpan(span opentracing.Span) {
    if traceVerbose {
        span.Finish()
    }
}
```

추적의 세부 정보를 설정하는 것은 Go 언어에만 국한되는 것이 아니라 관점, 속성 또는 그 외의 동적 또는 메타 프로그래밍 기술을 지원하는 언어에서도 활용할 수 있다. 기본 아이디어는 앞서 살펴본 것과 같다. 먼저, 세부 정보 표시 수준이 적절하게 설정돼 있는지 확인한다. 그런 다음 호출할 메서드를 결정하고, 현재 스팬의 자식으로 새 스팬을 만든다. 마지막으로, 스팬과 언어 콘텍스트 개체를 적절하게 반환한다. 이 경우 시작/종료 방법만 제공한다는 점을 유의해야 한다. 즉, 우리가 도입한 모든 로그나 태그 정보가 모든 하위 항목에 반드시 추가되는 것은 아니지만, 하위 항목이 존재하지 않는 경우 상위 항목에 추가될 수 있다. 만약 이 방식이 적절하지 않다면, 이 동작을 피하기 위해 로그를 만들거나 태그를 지정하는 헬퍼 메서드를 만들 수도 있다. 자세한 추적을 사용하는 것도 간단하다(예제 4-16 참조).

예제 4-16 자세한 추적 사용

```
import (
    "github.com/opentracing-contrib/go-stdlib/nethttp"
    "github.com/opentracing/opentracing-go"
)
func main() {
    // 트레이서를 만들고 등록한다
    mux := http.NewServeMux()
    fs := http.FileServer(http.Dir("../static"))
```

```
    mux.HandleFunc("/getFoo", getFooHandler)
    mux.Handle("/", fs)
    mw := nethttp.Middleware(tracer, mux)
    log.Printf("Server listening on port %s", serverPort)
    http.ListenAndServe(serverPort, mw)
}
func getFooHandler(w http.ResponseWriter, r *http.Request) {
    foo := getFoo(r.Context())
    // 응답을 처리한다
}
func getFoo(ctx context.Context) {
    ctx, localSpan := withLocalSpan(ctx)
    // 여기에 코드를 추가한다
    finishLocalSpan(localSpan)
}
```

이 예제에서는 Go 언어에서 간단한 HTTP 서버를 만들고 `go-stdlib` 패키지로 추적한다. 그러면 추적 헤더를 위해 들어오는 HTTP 요청을 구문 분석하고, 스팬을 적절하게 만들어 서비스의 에지를 처리할 것이다. `withLocalSpan`과 `finishLocalSpan` 메서드를 추가하면 메서드의 로컬 스팬을 만들 수 있으며, 추적 세부 정보가 적절하게 설정된 경우에만 스팬을 지정할 수 있다.

이런 스팬은 로컬에서 개발하는 동안 추적 분석기에서 볼 수 있다. 그래서 호출이 의도한 방식으로 이뤄지는지 정확하게 평가할 수 있으므로 다른 서비스를 호출할 때 서비스가 호출되는 상황을 관측할 수 있다. 그리고 덤으로 '어떤 로그 기록/메트릭/추적 API를 사용해야 하는가?' 같은 질문에 쉽게 답하기 위해 오픈소스 프레임워크를 사용할 수 있는데, 왜냐하면 텔레메트리 API로도 같이 사용할 수 있기 때문이다. 다시 말하지만, '바퀴'를 다시 발명할 필요는 없다.

추적과 함께 테스트하기

추적 데이터는 방향성 비순환 그래프로 표현할 수 있다. 흔히 플레임 그래프flame graph로 표시하지만, 추적은 단순히 그림 4-4에 표시된 것처럼 요청의 방향성 비순환 그래프이다. 컴퓨터 과학이나 수학 분야에 관한 배경 지식이 있다면, 방향이 있는 비순환 그래프DAG, Directed Acyclic Graph가 익숙할 것이다. 여기에는 유용한 몇 가지 속성이 있다. DAG는 유한하고(끝이 있고) 방향이 정해진 순환이 없다(순환 참조라고도 한다). DAG의 또 다른 유용한 속성은 서로 비교하기가 쉽다는 것이다.

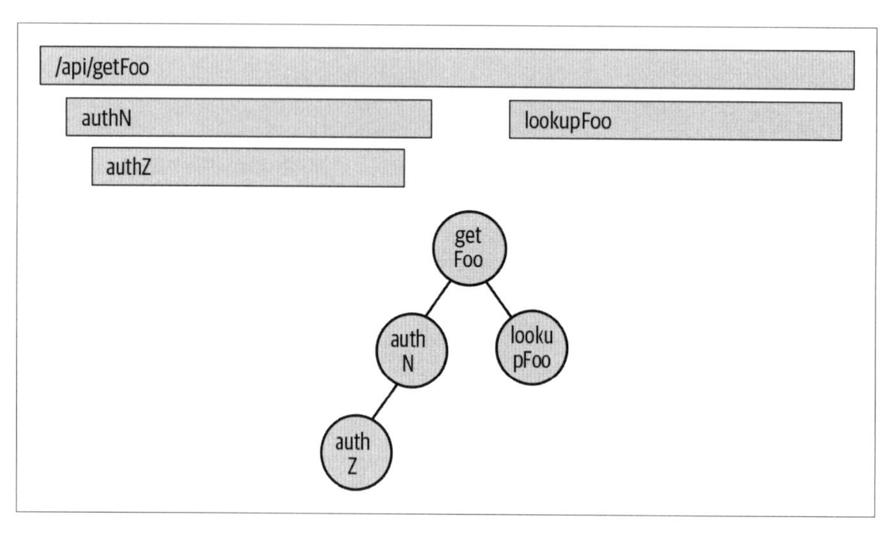

그림 4-4 추적을 나타내는 플레임 그래프 보기와 DAG 보기의 비교

이런 도구를 통해 알아낼 수 있는 정보는 어떤 것에 도움이 될까? 먼저 '무엇을 볼 것인가?'이다. 앞에서 설명한 것처럼, 통합 테스트와 다른 형태의 상위 수준 테스트는 서비스가 배포될 때 서비스가 작동하도록 만들기에 충분하고 필요하다. 즉, 테스트 레퍼토리에 추적 비교를 추가해야 할 몇 가지 이유가 있다. 적용된 추적 데이터를 테스트 형태로 생각할 수 있는 가장 쉬운 방법은 환경 사이의 단순한 차이를 이용하는 것이다. 애플리케이션을 로컬에서 테스트한 후 스테이징staging 또는 프로덕션 전 환경에 애플리케이션 버전을 배포하는 시나리오를 생각해보자. 더 나아가 추적 데이터를 예제 4-17에 표시된 것처럼 처리하기에 적합한 일

종의 플랫 파일로 내보낼 수도 있다.

예제 4-17 추적 데이터 내보내기

```
[
    {
        name: "getFoo",
        spanContext: {
            SpanID: 1,
            TraceID: 1
        },
        parent: nil
    },
    {
        name: "computeFoo",
        spanContext: {
            SpanID: 2,
            TraceID: 1
        },
        parent: spanContext{
            SpanID: 1,
            TraceID: 1
        }
    },
    ...
]
```

실제 시스템에서는 데이터의 순서가 맞지 않거나 정렬된 상태로 존재하지 않을 것으로 예상할 수 있지만, 그래프가 하나의 API 끝점을 호출하는 것을 표현하게 되므로 서로 같을 것이라고 예상할 수 있다.

따라서 여기서 택할 수 있는 한 가지 방법은 각 추적 데이터들마다 위상 정렬을 처리한 후 길이를 비교하거나 혹은 다른 비교 방법을 사용해 차이점을 비교하는 것이다. 추적 결과가 다르면 결과가 예상과 맞지 않아 문제가 발생했음을 알 수 있다.

이것의 또 다른 활용 방법은 서비스가 서비스에 의존하기 시작할 때를 사전에 파악하는 것이다. 인증 서비스 또는 검색 서비스가 다른 팀에게 좀 더 널리 공개된 상황을 생각해보자. 모르는 사이에 개발자들은 새로운 서비스에서 그것에 의존하기 시작한다. 자동화된 추적 비교 기능을 사용하면 새로운 소비자를 미리 이해할 수 있다. 특히 시간이 지나면서 이런 추적을 생성하고 비교하는 중앙 집중 방식의 프레임워크가 있는 경우 유용하다.

또 다른 활용 방법은 단순히 서비스 수준 지표와 서비스의 목표를 수집하고 새로운 버전을 배포할 때 그리고 이를 자동으로 비교할 때 추적을 기반으로 사용하는 것이다. 추적은 본질적으로 서비스의 타이밍을 이해할 수 있기 때문에 서비스를 반복하고 개발할 때 다양한 요청의 성능 변화를 추적할 수 있는 좋은 방법이다.

결국 많은 부분이 추측에 불과하다. 분산 추적을 테스트 스위트의 일부로서 적극적으로 활용하는 사람이 있는지는 아무도 모른다. 그렇다고 해서 유용하지 않다는 의미는 아니지만, 새로운 기술로서 모든 측면이 아직 연구되고 개발된 것은 아니다. 어쩌면 이 책을 읽는 여러분이 첫 사례가 될 수도 있다!

계측 계획 만들기

더 좋든 나쁘든, 대부분의 사람은 애플리케이션이나 소프트웨어를 개발할 때 뒤늦게 분산 추적과 모니터링을 시작한다. 그중 일부는 반복 개발의 특성과 관련이 있다. 제품이나 서비스를 만들 때 실제로 빌드하고 실행하는 데 시간을 할애하기 전까지 알아야 할 내용을 이해하기는 어려울 수 있다. 분산 추적은 서비스 수나 회사의 복잡성 같은 규모와 성장에 얽혀 발생하는 문제를 해결하고자 개발자들이 자주 찾게 될 것이므로 문제를 한층 더 어렵게 만들 것이다. 두 가지 경우 모두에서 이미 만들어져 있고 실행 중인 대규모의 복잡한 서비스들이 있을 수 있으며, 직접 만든 소프트웨어뿐만 아니라 팀에서도 소프트웨어의 안정성과 상태를 개선하기 위해 분산 추적을 활용하는 방법을 알아야 한다. 아마도 새로운 소프트웨어로 새롭게 개발을 시작하고 즉시 분산 추적을 도입할 수 있을 것이며, 팀과 회사 전체에 추적을 도입하고 확장하는 방법을 계획해야 할 것이다. 이 절에서는 회사의 신규 또는 기존 서비스 계측에 대한 효과적인 사례를 만드는 방법과 충분히 계측했을 때의 신호인 당신의 팀과 다른 팀의 동의를 얻는 방법, 그리고 마지막으로 서비스 전반에 걸쳐 계측을 지속적으로 성장시키는 방법에 대해 논의할 것이다.

계측 사례 만들기

분산 추적이라는 아이디어를 잘 도입했다고 가정해보자. 그렇다면 동료들이 생각하는 것만큼 좋은 아이디어라고 설득하는 것이 과제이다. 동료들은 자신의 서비스가 추적 기능을 지원할 수 있도록 하기 위해 좀 더 작업을 해야 하기 때문이다.

분산 추적의 이점과 비용에 대해 다른 팀에 설명할 때, 이 장에서 알아본 계측 구현에 관련된 여러 교훈을 염두에 둬야 한다. 간단히 말해, 계측은 단순해 보이지만 유용할 수 있다. 만약 모든 서비스가 실행 시 부수적인 연산이 필요 없는 몇 가지 기본 속성(예를 들어 서비스를 초기화할 때 미리 계산할 수 있는 문자열 값)으로 하나의 스팬을 생성한다면, 각 요청에 추가되는 전체적인 비효율성은 단순히 추적 콘텍스트 헤더의 전파 정도일 것이다. 그 전파라는 것은 25바이트 정도의 데이터를 더하는 것이고, 고려하지 않아도 될 만큼 적은 양의 데이터와 부담 없는 디코딩 작업 정도일 것이다.

요청 중 끝점과 끝점 사이의 추적은 이처럼 큰 노력 없이 이룰 수 있어 유용하다. 이 요청 중심의 분산 추적 스타일은 구글 같은 회사에서 대퍼를 사용해 비정상적인 상태와 정상적인 상태일 때의 성능 문제를 진단함으로써 리소스 활용도를 크게 개선할 수 있었다.[2] 크고 작은 수많은 다른 엔지니어링 팀과 회사들은 사고 및 기타 프로덕션 서비스 중단 시간을 복구하기 위해 들이는 MTTR을 줄이기 위해 분산 추적을 채택했다. 또한 분산 추적은 대규모 모니터링과 관측 가능성 문화의 하나로 중요하며, 문제 원인을 진단하고 성능 분석을 하고 서비스를 정상 상태로 복구하기 위해 조사해야 할 데이터의 규모를 줄이고 검색 횟수도 줄일 수 있다.

---

2 [Sam16]

서비스 성능과 관련해 분산 추적을 '공평한 경쟁의 장'으로 생각하는 것이 유용할 수 있다. 특히 여러 프로그래밍 언어와 개발 도구를 사용하거나 전 세계에 뿔뿔이 흩어진 엔터프라이즈 환경에서 서로 상호 작용할 때, 성능 데이터로는 모든 사람이 같은 페이지에 있다는 것을 확인하기 어려울 수 있다. 이런 문제 중 일부는 기술적인 문제이지만, 많은 문제는 정치적이다. 가짜 메트릭의 확산은 여기서 특히 주목할 만하다. 별로 중요하지 않은 소프트웨어 성능을 측정하느라 시간을 낭비하거나, 사람들 생각을 넘어서는 이유로 설정된 모호한 '품질' 목표를 달성하기 위해 이미 한참 달려가는 중일지도 모른다. 그러나 분산 추적 데이터는 기본적으로 모든 서비스를 위해 통일된 방식으로 중요한 알림을 제공하며, 종합적인 끝점 접근성이나 서비스 상태를 보장하기 위한 접근 방식을 요구하지 않는다. 그런 다음, 이 추적 데이터를 사용해 프로세스가 중단됐을 때도 다급해하거나 당황하지 않을 수 있다. 물론 이 추적 데이터를 전달하려면 서비스 계측이 먼저 이뤄져야 한다.

서비스를 구현하는 것이 어렵기만 한 것은 아니다. 좋은 도구(오픈소스와 상용 제품들 모두)는 계측 기능 개발에 관련된 부담을 덜어줄 것이다. 자세한 내용은 부록 A에 자세히 설명돼 있으며, 자동 계측의 예제와 추적을 가능하게 하는 널리 사용되는 프레임워크를 위한 라이브러리 통합을 이용하면 코드를 변경하지 않아도 된다. 계측 도구를 만들 때 이런 기존 도구를 활용할 수 있도록, 사용하는 프레임워크와 공유되는 코드를 알아야 한다. 나의 경험에 따르면, 분산 추적을 도입할 때 가장 잘 먹혔던 설득 방법 중 하나는 팀에서 이미 사용하는 기존의 일부 마이크로서비스 프레임워크에 단순히 계측 기능을 추가하고 의존성을 변경해 이를 사용하는 서비스를 추적하는 방법을 보여주는 것이다. 내부 해커톤internal hackathon이나 해킹 데이hack day가 있다면, 이는 재미있고 흥미로운 프로젝트가 될 수 있다.

어떤 방법을 택하든, 계측은 보통 분산 추적을 고려하는 것과 비슷하다. 앞에서 언급했듯이 성능 모니터링 외부에서 추적할 수 있는 흥미로운 활용 방식이 많이 있다. 개발 주기의 일부로서 추적과 다른 애플리케이션을 테스트하는 추적 방식이다. 분산 추적을 CI와 CD 프레임워크의 일부로서 사용해 빌드와 배포 과정 중 특정 부분에 걸리는 시간을 잴 수 있다. 추적을 가상 컴퓨터를 만들거나 컨테이너를 실행하기 위해 작업 실행기에 통합할 수 있으므로 빌드와 배포 수명주기에서 어떤 부분이 가장 오래 걸리는지 이해할 수 있다. 추적은 서비스로 일종의 API를 제공하며 새로운 부가 가치를 창출할 수 있다. 만약 이미 백엔드의 실행 시간을 추적한다면, 추적 데이터의 일부 버전을 고객이 사용할 수 있도록 만들 수 있다. 이를 통해 소프트웨어를 프로파일링할 수 있도록 도울 수 있다. 추적할 수 있는 가능성은 무한하며, 소프트웨어에 계측 기능을 추가하는 경우에도 이를 반영해야 한다.

계측 품질 검사 목록

기존 서비스에 계측 기능을 추가하거나 새 서비스에 계측 기능을 추가하는 방법에 관한 지침을 만들 때는 전체 애플리케이션에서 양질의 계측 데이터를 얻으려 할 때 신경 써야 할 항목들을 잘 확인하는 것이 좋다. 몇 가지 추천할 만한 항목을 아래에서 소개하겠지만, 이 책을 읽는 여러분의 재량에 따라 방법을 만들 수도 있다.

계측 체크리스트

스팬 상태와 스팬 생성

- 주어진 스팬의 모든 오류 조건은 적절하게 스팬 상태를 오류 상태로 설정한다.
- RPC 프레임워크 결과 코드는 스팬 상태(예: 내부 오류, 찾을 수 없음 등)에 연결된다.
- 시작된 모든 스팬은 복구할 수 없는 오류가 발생하더라도 종료된다.
- 스팬은 서비스의 요청 수명주기에 의미가 있는 중요한 작업만을 나타내야 한다. `/status` 또는 `/health` 같은 끝점과 같이 의도된 트래픽만 수신하는 끝점에 관련된 스팬을 만드는 것은 피해야 한다.

스팬 경계

- 인그레스 스팬과 이그레스 스팬에는 적절한 라벨이 붙는다(`SpanKind`가 설정된다).
- 인그레스 스팬과 이그레스 스팬은 적절한 관계(클라이언트와 서버, 소비자와 생산자 같은)를 포함한다.
- 내부 스팬에는 적절하게 라벨이 붙어 있고, 이런 스팬이 모두 원격 호출은 아니다.

속성

- 스팬은 각 서비스의 버전 속성을 포함한다.
- 의존성으로 작업을 나타내는 스팬에는 해당 의존성 버전의 속성이 있다.

- 스팬은 기본 인프라를 구분하는 속성을 포함해야 한다.
  - 호스트 이름 / FQDN
  - 사용할 수 있는 경우 컨테이너 이름
  - 실행 환경 버전
  - 사용할 수 있는 경우 애플리케이션 서버 버전
  - 리전 또는 가용 영역
- 속성은 네임스페이스로 이름을 지정한다. 즉, 키의 시맨틱한 의미가 요청의 서비스마다 다른 키 이름의 충돌을 막기 위해 사용한다.
- 숫자 값을 담는 속성은 키 이름에 측정 단위를 포함해야 한다(즉, `payload_size` 대신 `payload_size_kb`가 좋다).
- 속성에는 개인 식별 정보가 포함되지 않아야 한다.

이벤트

- 업스트림 또는 다운스트림 서비스 사용자에게 도움이 되는 자기 설명적인 이벤트 메시지를 추가해야 한다.
  - 요청-응답 페이로드(올바른 형태로 가공된 것이어야 한다.)
  - 스택 추적, 예외, 오류 메시지
- 뮤텍스 대기 같은 장기 실행 작업은 이벤트로 래핑돼야 한다. 하나는 작업이 시작될 때, 다른 하나는 끝날 때를 표현해야 한다.

계측 체크리스트에 있는 내용 중 많은 부분이 이 장의 다른 부분에서 도출됐으므로, 자세히 설명하지는 않을 것이다. 그리고 몇 가지 참고할 것이 있다.

- 많은 오픈소스 계측 라이브러리 또는 프레임워크 계측 라이브러리는 기본적으로 진단용 끝점을 포함해 서비스 코드에 정의된 모든 수신 요청 또는 끝점에 계측 기능을 추가한다. 일반적으로 긴급하게 필요하지 않은 경우 이러한 끝점에서 스팬이 생성되지 않도록 서비스에 필터나 샘플러를 구현하는 것이 좋다.
- 속성과 이벤트에 개인 식별 정보를 포함할 때는 조심해야 한다. 특히 분석과 저장을 위해 추적 데이터를 제3자에게 전송하는 경우 규정을 지키지 않은 비용은 심각할 수 있다.

- 버전 특성은 특히 추적 비교를 할 때 유용하다. 성능 저하 또는 개선할 부분을 발견하기 위해 2개 이상의 서비스 버전들 사이에 들어오는 요청을 쉽게 비교할 수 있기 때문이다.
- 기능 플래그와 실험들을 추적 데이터와 통합하면 이런 실험이 서비스의 성능과 안정성을 어떻게 변화시키는지 이해할 수 있으므로 유용하다.

이 체크리스트를 팀에 유용한 특정 정보로 재량껏 조정하고 서비스 출시 체크리스트에 포함시킬 수 있다.

언제 계측을 중지해야 하는지 알기

지금까지 계측 비용을 여러 차례 살펴봤다. 그럼 이제 좀 더 자세히 살펴보자. 높은 수준에서 계측은 소프트웨어의 다른 특성들과 같이 절충해야 할 부분 중 하나이다. 아마도 팀이나 회사의 다른 사람들과 의사소통하기 쉬운 수준에서 서비스 운영을 위한 통찰력을 높이기 위해 어느 정도의 성능 메트릭을 사용할 것이다. 이 절에서는 계측할 때 주의해야 할 몇 가지 유명한 안티패턴을 설명한다. 여기에는 균형을 맞추는 것이 너무 힘들어 계측을 중단하거나 추적을 과도하게 맞추느라 해결 방법을 잃을 수 있는 위험이 있다.

쉽게 볼 수 있는 안티패턴 중 하나는 추적의 밀도를 너무 높게 구현하는 것이다. 한 가지 좋은 규칙은 서비스가 처리하는 논리적인 작업에 대응해 되도록 많은 스팬을 만들어야 한다는 것이다. 서비스가 사용자의 인증과 권한 부여를 처리하는가? 논리적으로 이 메서드를 세분화한다. 들어오는 요청을 처리하고, 데이터 스토리지에서 일부 조회를 처리하고, 결과를 변환하고, 값을 반환하는 것이다. 여기에는 요청과 응답을 처리하고 데이터를 찾는 두 가지 논리적 작업이 있다. 외부 서비스로 가는 호출을 분리하는 것이 항상 중요하다. 이 예제에서는 데이터 스토리지가 일종의 로컬 데이터베이스인 경우 단일 스팬만 표현할 수 있지만, 호출자가 원하는 새로운 형식으로 응답을 마샬링marshaling하기 위한 스팬을 만들 필요는 없다.

서비스가 더 복잡하다면 스팬을 더 추가하는 것이 좋을 수 있지만, 추적 데이터 소비자에게 어떻게 더 유용하면서도 더 작은 스팬으로 축소할 수 있는지를 고려해야 한다. 이 시점의 결론은 서비스에서 발생하는 스팬의 상세 정보를 더하는 기능을 원할 수 있다는 것이다. 스팬의 밀도를 높이거나 낮추는 방법은 이 장의 '추적 주도 개발' 절을 참조하길 바란다. 이것이 기본 밀도를 말하는 이유이다. 내보내는 기본 정보의 양이 더 큰 추적에 잘 통합될 만큼 작지만, 팀에 속하지 않을 수 있는 정보 소비자에게 유용한 정보를 포함할 수 있을 만큼 충분히 큰지 확인해야 한다(하지만 서비스 문제의 영향을 받을 수 있다).

또 다른 안티패턴은 전파 형식이 파편화되는 것이다. 특히 여러 팀이 만든 레거시 서비스들의 동작 때문이거나 이런 서비스를 통합할 때 문제가 어려울 수 있다. 추적의 핵심 가치는 추적의 상호 연결된 특성에 있다. 서로 다른 추적 형식을 사용하는 20개, 50개, 200개 또는 그 이상의 서비스가 있다면 추적에서 가치를 얻는 데 어려움을 겪을 수 있다. 추적 방법을 최대한 표준화하고 레거시 시스템 또는 서로 다른 형식 사이를 맞출 수 있는 심을 제공해 이 문제를 가능한 한 최소화하는 것이 좋다.

비표준 전파 형식을 방지하는 한 가지 방법은 종류가 다른 헤더(예: X-B3 또는 opentracing)를 인식할 수 있는 추적 전파 스택을 만들고, 요청마다 적절한 헤더를 선택하는 것이다. 호환성 계층을 만드는 것보다 기존 시스템을 새로운 형식으로 실제로 고치는 것이 더 쉽다는 것을 알 수 있다. 최선의 판단과 팀의 기존 표준 및 관행을 바탕으로 무엇이 적합한 방법인지 파악해야 한다.

절 제목으로 돌아가서, 마지막 조언은 언제 멈춰야 하는지 아는 것이다. 불행히도 여기에는 명확한 답이 없지만 주의해야 할 신호는 있다. 대개는 추적 데이터를 샘플링하지 않고 서비스의 중단점이 무엇인지 고려해야 한다.

샘플링은 시스템의 전체 부하를 줄이기 위해 일정 비율의 추적 데이터를 추출해 기록하는 방식이다. 샘플링에 관한 설명은 6장의 '샘플링' 절에도 나와 있지만, 계측을 만들 때 샘플링 비율은 고려하지 않는 것이 좋다. 서비스에서 생성된 스팬의 양이 걱정된다면, 세부 정보 플래그를 사용해 생성되는 스팬 수를 동적으로 조정하거나 샘플링 기반의 결정을 내리기 전에 전체 추적을 분석하는 '꼬리 기반' 샘플링 방식을 고려하길 바란다. 샘플링은 프로덕션에서 문제를 디버깅하거나 진단할 때 유용할 수 있는 잠재적으로 중요한 데이터를 실수로 버리기 쉬운 방법이기 때문에 이는 중요하다. 대조적으로, 전통적인 샘플링 방식은 추적의 시작 부분에서 결정을 내릴 것이므로 '이것이 샘플링될 것인지 아닌지'를 따질 이유가 없다. 추적을 샘플링하면, 추적 데이터는 의미를 잃어버린다.

추적의 서비스 사이의 밀도가 너무 낮다면, 아직 계속 진행해야 한다는 신호이다. 예를 들어 한 스팬에서 여러 개의 종속 서비스를 사용하는 경우, 해당 서비스가 독립적인 스팬이 될 때까지 계속 계측해야 하는 것이다. 종속 서비스를 반드시 계측할 필요는 없지만, 특히 각 호출이 요청 과정의 끝점인 경우 각 서비스를 호출하는 RPC 호출을 계측해야 한다. 좀 더 알기 쉽게 설명하기 위해 여러 데이터 스토리지 래퍼와 통신하는 워커 서비스를 살펴보겠다. 이런 데이터 스토리지 래퍼를 계측할 필요는 없지만, 지연 시간과 오류(읽기 또는 쓰기 작업이 실패했는지 같은 오류)를 더 잘 이해하려면 서비스에서 호출할 때마다 별도의 스팬이 있어야 할 것이다.

기본적으로 내보내는 스팬 수가 서비스의 실제 호출 스택처럼 보이기 시작하면 추적을 중지한다. 서비스 코드에 처리되지 않은 오류가 있는 경우 계속 계측해야 한다. 오류가 있는 스팬과 오류가 없는 스팬을 분류할 수 있는 것이 중요하다. 마지막으로, 새로운 계측 데이터를 수집하고자 한다면 계속해서 계측 기능을 사용해야 한다. 표준 버그 처리 프로세스를 개선해 수정할 부분을 다루기 위해 새로운 테스트를 만드는 것뿐만 아니라 나중에 이를 파악할 수 있도록 새로운 계측을 만드는 것도 포함한다.

똑똑하고 지속 가능한 계측 성장

하나의 서비스를 구현하거나 추적의 몇 가지 기본 개념을 설명하기 위한 데모 애플리케이션을 구현하는 것이 중요하다. 어디로 가야 하는지 알아내는 것은 더 어려운 문제이다. 계측을 시작하는 방법에 따라 빠르게 테스트되지 않는 환경을 찾을 수 있고 회사 또는 팀 내에서 추적의 도입을 증가시키면서 추적에서 가치를 제공하는 방법을 발견하기 위해 고군분투할 수 있다.

애플리케이션 내부에서 계측을 확장하기 위해 사용할 수 있는 몇 가지 전략이 있다. 이런 전략은 크게 기술적인 해법과 조직적인 해법으로 묶을 수 있다. 먼저 기술 전략을 다루고, 이어서 조직 전략을 살펴볼 것이다. 두 기술 사이에는 어느 정도 겹치는 부분이 있으며, 아마 예상했겠지만 기술적인 해법과 조직적인 해법은 서로 협력하기 위해 연계될 것이다.

기술적으로 애플리케이션 전체에서 계측을 확장하는 가장 좋은 방법은 사용하기 편리하도록 만드는 것이다. 추적을 설정하고, 이를 RPC 프레임워크 또는 다른 공유 코드에 통합할 때 필요한 상당한 양의 라이브러리를 제공하면 서비스에 추적을 쉽게 통합할 수 있다. 마찬가지로, 팀에 표준 태그, 속성과 그 외의 메타데이터를 만드는 것은 추적을 도입하는 새로운 팀과 서비스가 추적을 가능하게 할 때 신속하게 이해하고 가치를 얻는 로드맵을 갖도록 하는 좋은 방법이다. 마지막으로 개발 및 테스트 프로세스의 일부로 추적을 도입하는 방법을 검토해보길 바란다. 팀이 매일 추적을 사용할 수 있다면 워크플로우의 일부가 된다. 추적 기능은 서비스를 프로덕션에 배포하는 것이 완료되면 사용할 수 있다.

결국 계측 기능을 널리 도입하기 위해서는 계측 기능을 채택하는 것이 쉬울지 고민해야 할 것이다. 개별 개발자가 구현해야 할 작업이 많으면 추적 도입을 늘리기가 어려울 것이다. 분산 추적을 도입하는 모든 주요 엔지니어링 팀(구글과 우버를 포함해서)은 인프라 라이브러리를 추적 코드로 래핑해 추적을 마이크로서비스 아키텍처의 최상급 컴포넌트로 만들었다. 이 전략을 사용하면, 새로운 서비스가 배포되거나 마이그레이션될 때 자동으로 계측 기능을 사용할 수 있으므로 계측 기능을 상당히 자연스럽게 확장할 수 있다.

조직적으로는 좀 더 살펴볼 것이 있다. 앞에서 설명한 모든 기술적인 해법은 팀의 노력 없이는 가치가 없을 것이다. 그렇다면 어떻게 노력해야 할까? 가장 쉬운 방법이자 검증된 방법을 하나 예로 든다면, 분산 추적을 톱다운 방식으로 사용하는 것이다. 이것이 반드시 엔지니어링 부사장에게 이메일을 보내야 한다는 의미는 아니다. 대부분의 경우 이것이 가장 효과적인 전략은 아니다. 플랫폼 팀, 사이트 신뢰성 엔지니어링SRE, Site Reliability Engineering 팀, 데브옵스 팀 또는 여러 인프라 엔지니어가 함께 일한다면, 소프트웨어 전체에서 추적이 성장 가능한 원동력이 될 수 있는 중요한 요소가 될 것이다. 엔지니어링 팀에서 문제가 어떻게 전달되고 관리되는지 고려하길 바란다. 누가 성능 관리를 포트폴리오의 일부로서 사용하는가? 이 문제에 관련된 모든 사람은 모든 서비스에서 처음으로 추적 기능을 구현하기 위해 협력하고 서로 도울 수 있다.

SRE 팀이 실행 체크리스트 같은 도구를 사용하는 경우, 체크리스트에 추적 호환성을 추가하고 그 방법으로 롤아웃roll out을 시작한다. 또한 문제를 사후 분석(포스트모템postmortem)할 때 추적이 어떻게 처리되는지 고려해야 한다. 추적되지 않았어야 하는 서비스가 있었는가? 스팬에 기록되지 않은 문제를 해결할 때 중요한 데이터가 있었는가? 기본을 넘어선 계측은 코드 품질의 다른 측면과 같이 측정되는 팀의 목표가 될 수 있다. 또한 단순히 새로운 서비스를 추가하는 것이 아니라 계측에서 개선할 부분을 추적하는 것이 유용하다. 효과적인 계측은 어디에나 있는 계측과 마찬가지로 중요하다.

지속적인 개선을 위해 추적의 최종 사용자가 특히 공유 라이브러리를 개선할 수 있는 프로세스가 있는지 확인한다. 리팩터링 중에 기존 계측 코드, 특히 계측 자체를 수정하는 리팩터링 코드에 주의를 기울여야 한다. 누군가가 실수로 스팬을 제거했기 때문에 추적 기능을 도입하는 것을 일찍이 포기하는 것은 바람직한 일이 아니다! 변경 전후의 추적 상태를 쉽게 비교하고 개발자에게 예기치 않은 차이를 자동으로 경고하거나 알릴 수 있으므로 계측을 중심으로 테스트를 구축하는 것이 중요한 영역이다.

계측은 분산 추적의 중요한 부분이지만, 어디까지나 전체 단계들 중 첫 번째 단계일 뿐이다. 계측이 없다면 요청이 시스템을 통과할 때 실제로 관측하고 이해하는 데 필요한 추적 데이터를 확보할 수 없다. 서비스를 출시한 직후에는 갑자기 엄청난 양의 데이터가 밀려올 것이다. 서비스에 관한 통찰력과 성과 정보를 종합적으로 파악하기 위해 어떻게 데이터를 수집하고 분석할 수 있을까? 이어질 다음의 몇 개 장에서는 추적 데이터를 수집하고 저장하는 기술을 알아본다.

5장

추적 도입

코드에 계측 기능을 추가해서 애플리케이션이 높은 품질의 텔레메트리를 생성하도록 만드는 작업은 결코 쉽지 않으므로, 지금까지의 여정을 축하한다! 그러나 텔레메트리는 스팬을 소비하고 사용하기 위한 추적을 도입하지 않는 한 모두에게 큰 가치를 주지는 못한다. 이 장과 다음 장에서 트레이서의 기본 내용을 살펴보면서, 구현에 필요한 공통 구성 요소와 절충이 필요한 부분들을 알아볼 것이다. 새로운 추적 솔루션을 처음부터 새로 만들려고 하는 사람은 적지만, 진행 상황을 잘 이해한다면 팀에 가장 적합한 트레이서를 선택하고 가치를 극대화할 때 도움이 될 것이다.

분산 추적은 개별 팀이 독립적으로 일하는 조직에 많은 이점을 제공할 수 있다. 애플리케이션의 여러 계층에서 발생하는 문제를 추적하면, 성능 병목 현상이 있거나 문제가 재현되는 서비스를 신속하게 파악할 수 있다. 그러나 이런 독립성 때문에 반대로 분산 추적을 시작하기가 어려울 수 있다. 팀에 추적을 도입하기 위해서는 팀이 서로 협업해야 할 수 있다.

팀과 애플리케이션에 일관되게 추적을 도입하면 추적의 가치를 최대한 얻을 수 있다. 그러나 두 가지 문제가 있다. 첫째, 몇 가지 조직적 장벽을 극복해야 한다. 일부 팀에서 데이터를 얻으려면, 해당 팀에서 서비스를 계측하거나 구성을 변경하거나 서비스를 재배포해야 할 수 있다. 태그 관리 규칙을 따르거나 최소한 전파 추적 콘텍스트를 전파해야 한다.

둘째, 인프라가 제대로 만들어졌는지 확인해야 한다. 특정 제품으로부터 부분적으로 아웃소싱할 수는 있겠지만, 추적 시스템의 일부는 여전히 기존 인프라에서 실행되거나 애플리케이션의 성능에 영향을 줄 수 있다. 그리고 대부분의 작업을 없앨 수 있더라도, 추적 시스템 설계의 절충점을 이해하면 다양한 공급업체를 평가할 수 있고 추적에 대한 처리, 저장, 분석을 하는 데 필요한 비용이 반영된 공급업체의 가격에 대해 통찰력을 얻을 수 있다.

팀 단위의 채택

팀에서 분산 애플리케이션을 만들 때, 회사의 규모가 큰 경우 개발 과정이 쉽지 않을 수 있다. 분산 추적의 성공적인 도입을 위해서는 사용자와 팀뿐만이 아니라 회사 전체, 심지어 회사 외부의 많은 팀과 협업해야 한다.

이런 맥락 속에서 분산 추적에서 최대한의 가치와 더불어 가장 현실적인 가치를 얻고자 할 것이다. 즉, 팀이 추적을 도입했을 때 어떤 가치를 얻을 수 있을지 잘 보여줘야 한다. 목적을 달성하려면, 어디에 도입하고 어떻게 도입할지 신중하게 고려해야 한다. 추적은 '끝점과 끝점 사이의 이해'를 위한 도구로 보는 경우가 많지만, 개별 팀에게도 가치를 제공할 수 있다. 구체적인 예를 보여줘야 다른 팀들에게도 설득력을 갖고 이야기할 수 있다.

또한 규모에 맞게 추적을 도입하려면 상당한 컴퓨팅 리소스와 스토리지 리소스가 필요하다. 6장에서는 이런 리소스의 비용을 좀 더 자세히 다룰 것이다. 그러나 추적을 도입하는 방법을 고려할 때, 기능에 관한 부분 외에도 이런 기능이 대규모로 처리되는 방식에서 회사의 요구사항을 충족할 수 있는 추적 솔루션을 선택하는 것이 중요하다. 또한 추적을 통해 서서히 얻게 될 가치보다 비용이 더 빠르게 늘어나서 부담을 주지는 않을지 확인하는 것도 중요하다.

사용자에게 가까이 다가가기

애플리케이션 사용자를 가까운 곳에서 관측하는 것만큼 추적이 갖는 비즈니스 가치를 확인하는 더 좋은 방법은 없다. 애플리케이션과 사용자가 어떻게 상호 작용하는가? 모바일 앱을 통해 상호 작용하는가? 단일 페이지 웹 애플리케이션으로써 아니면 좀 더 전통적인 웹 애플리케이션으로써 상호 작용하는가? 특수한 장치를 통해 상호 작용하는가? 팀에서 사용자에게만 API를 제공하는 경우가 있을 수 있으며, 이 경우 API는 최대한 사용자에게 긴밀하게 접근할 수 있다. 무엇이든 사용자 가까이에서 성능을 측정하면, 확실히 계측을 잘 활용했다고 말할 수 있다. 지금까지의 경험으로 보면, 많은 사람이 팀의 규모와 무관하게 이 접근 방식을 따르지 않고, 대신 도구를 사용하기 위해 서비스를 쉽게 선택했다. 불행히도, 계측 자체는 쉬운 작업이지만, 추적이 팀의 우선순위로 여겨져야 한다는 증거를 만드는 데 도움이 되지 않았으며, 개발자가 추적을 계속 출시하면서 직면한 문제를 해결할 때 도움이 되지 못했다.

추적을 처음 시도할 때는 사용자를 너무 가까이서 살펴보려고 할 수 있다. 예를 들어 모바일 애플리케이션이 느리게 출시되는 경향이 있는 경우, 초기 버전의 추적을 도입할 때 너무 오래 걸리거나 계측을 반복하는 과정이 느릴 수 있다. 고치기 쉬운 웹 애플리케이션을 이용하거나 자주 모바일 애플리케이션을 빌드하는 것이 좋은 선택일 수 있다. 합리적으로 사용자에게 가까이 다가가면서도, 계속해서 빠르게 사용자의 동향을 파악할 수 있다.

또한 사용자와 비즈니스에 중요한 특정한 형태의 요청이나 트랜잭션을 고려해야 한다. 예를 들어 사용자 행동의 일부를 분석해서 기록할 때 사용되는 비동기 요청 방식을 선택하고 싶을 수 있다. 이는 쉽고(간단한 요청이며 많은 조사 없이 쉽게 변경할 수 있고), 상대적으로 위험 부담이 덜하다(변경 사항은 사용자에게 나쁜 영향을 미치지 않을 것이다). 하지만 이런 형태의 요청으로 분석을 시작하면 얻을 수 있는 이점이 훨씬 적다. 대신 중요한 사용자 전환을 나타내는 요청 형태로 시작하는 것이 좋다. 예를 들어, 애플리케이션이 전자 상거래 솔루션의 일부인 경우 구매가 발생하는 시점부터 시작하는 것이 좋다.

중심에서 시작하기: 로드 밸런서와 게이트웨이

모바일 애플리케이션, 웹 애플리케이션 또는 애플리케이션의 다른 클라이언트로 시작할 수 없다면, 백엔드 시스템에서 사용자와 상대적으로 가까운 부분인 인그레스 로드 밸런서 또는 API 게이트웨이 같은 위치를 선택할 수 있다.

인그레스 로드 밸런서, 특히 HTTP(또는 'OSI 계층의 일곱 번째 계층') 로드 밸런서는 추적을 빠르게 시작하기에 좋은 후보이다. 로드 밸런서는 트래픽을 효율적으로 통과하도록 설계됐으며, 이미 생성된 다른 메트릭과 로그뿐 아니라 스팬을 생성하기가 비교적 쉽다.

널리 사용되는 많은 로드 밸런서는 추적 기능을 내장하거나 추적 기능을 쉽게 추가할 수 있는 기존 플러그인을 지원한다. 예를 들어 앙보이^Envoy^는 여러 개의 트레이서를 즉시 사용할 수 있도록 지원한다. 링커는 오픈 센서스^OpenCensus^ 컬렉터를 지원하고, 엔진엑스^Nginx^는 여러 추적 시스템과 함께 사용할 수 있는 오픈 트레이싱 플러그인을 지원한다.

HTTP 로드 밸런서는 요청 경로, 메서드, 프로토콜을 비롯해 여러 가지 흥미로운 태그를 자동으로 추가할 수 있으며, 요청의 성공 또는 실패를 나타내는 상태 코드를 추가할 수 있다. 이 태그는 분산 추적을 사용해 애플리케이션 성능을 이해할 때 유용한 데이터 소스가 될 수 있다.

전송 제어 프로토콜^TCP, Transmission Control Protocol^ 또는 'OSI 계층 3 또는 4 레벨' 로드 밸런서는 HTTP(또는 다른 애플리케이션 수준의) 요청 데이터에 접근할 수 없으므로 활용도가 크게 떨어진다. 지금까지 TCP 로드 밸런서에 계측 기능을 추가하는 것이 분산 추적 솔루션의 일부로서 어떤 가치를 제공하는지에 관한 몇 가지 예를 봤다.

API 게이트웨이는 또한 사용자와 비교적 가깝고 풍부한 정보가 담긴 텔레메트리를 수집할 수 있는 기회를 제공한다. API 게이트웨이를 관리하는 팀은 종종 추적을 통해 어려움을 줄일 수 있어 든든한 협력자가 될 것이다. 특히 게이트웨이 아래에 있는 API의 성능을 책임지는 경우가 많으며, 적어도 업스트림 시스템의 성능이 좋지 않을 때 자주 알람을 받곤 한다.

게이트웨이 서비스가 서비스를 제공하는 끝점과 게이트웨이 역할을 하는 서비스로 스팬을 내보낼 수 있다면, 이런 스팬을 사용해 다른 백엔드 서비스(그리고 서비스 유지 관리에 책임이 있는 해당 팀을 위해)의 성능 저하를 나타낼 수 있다. API 게이트웨이는 권한 부여와 그 외의 공통 서비스를 비롯해 여러 업스트림 시스템을 호출하고 API 요청과 연관된 비즈니스 로직을 제공하는 서비스를 자주 호출하기 때문에 중요하다. 이 방법의 즉각적인 효과는 게이트웨이 서비스를 소유한 팀이 어떤 팀이 성능을 개선해야 하는지 좀 더 확실하게 확인할 수 있다는 것이다. 다음은 추적 기능이 개별 팀에게도 도움이 되는 방법의 예시이다. 서비스의 성능을 종속성의 성능과 연결해 짧은 추적으로도 뛰어난 가치를 제공할 수 있다.

인그레스 로드 밸런서 또는 API 게이트웨이로 추적을 도입할 때 이런 초기 추적을 통해 도입의 다음 단계를 구상할 수 있다. 예를 들어 특정 업스트림 서비스가 요청 대기 시간의 병목 현상을 일으키는 원인으로 자주 지목되는 경우, 해당 서비스는 논리적으로 다음 계측 대상이 된다. 그리고 그 계측은 사용자가 인지하는 대기 시간에 직접적인 영향을 미치는 결과를 제공할 것이다.

인프라 활용: RPC 프레임워크와 서비스 메시

마지막으로, 대규모 회사에서 추적을 시작하는 세 번째 방법은 서비스를 연결하는 인프라를 활용하는 것이다. 팀에서 원격 프로시저 호출RPC, Remote Procedure Call을 위한 표준 프레임워크가 있거나 서비스 메시를 사용하는 경우, 추적과 폭넓게(깊지는 않지만) 통합하기 위한 작업을 적어도 절반 이상 끝낼 수 있다.

4장에서 알아본 것처럼, RPC 프레임워크와 서비스 메시는 서비스를 연결하는 표준 방법을 제공하며 보안, 서비스 디스커버리, 로드 밸런싱, (현재의 주제와 관련된) 텔레메트리 생성을 지원한다. 많은 프레임워크와 서비스 메시들이 이미 추적 기능을 지원하거나 쉽게 확장할 수 있게 만들어져 있다. 인그레스 로드 밸런서와 마찬가지로 요청 정보와 오류 코드를 포함해 이런 스팬에 추가 정보를 추가할 수도 있다. RPC 프레임워크와 서비스 메시는 서비스 사이의 콘텍스트 전파를 촉진할 수 있으며, 헤더와 다른 메타데이터 사이에 스팬과 추적 ID가 포함되도록 할 수 있다.

콘텍스트 추출은 또 다른 이야기이다. 이런 많은 프레임워크는 서버 측에서 요청을 처리할 때는 포함되지 않으므로, 이를 처리할 다른 방법을 찾아야 한다. 요청 처리의 일부로서 회사 전체에 공통 코드가 이미 사용된 경우, 해당 시점에서 추가 미들웨어를 연결해 추적 콘텍스트를 추출할 수 있다. 그러나 일반적인 요청 처리 코드가 없으면, 요청이 도착할 때 콘텍스트를 추출하기 위해 서비스 자체를 약간 변경해야 한다. 이런 옵션 중 하나라도 사용할 수 있는 것이 없다면, 엄청난 수의 스팬 추적을 개별적으로 해야 하므로 끝점과 끝점 사이의 가시성을 높이는 효과를 바라기는 어려울 것이다.

프레임워크에 계측 기능을 추가하는 것만이 아니라, 시작할 서비스를 하나 선택하고 해당 서비스를 통해 콘텍스트가 올바르게 전파되는지 확인해야 한다. 최소한 해당 서비스를 관리하는 팀은 처리하는 요청의 성능이 업스트림 서비스와 어떤 관련이 있는지 이해할 수 있을 것이다. 앞의 방법과 마찬가지로 회사의 모든 서비스를 심층적으로 분석하지 않아도 추적 기능을 폭넓게 통합하면 다음 단계로 추적을 도입할 수 있다.

서비스 오케스트레이션 이야기

로드 밸런서, 서비스 메시와 그 외 다른 인프라 등을 살펴봤지만, 추적 도입 과정의 일부로서 쿠버네티스나 다른 오케스트레이션 도구를 언급하지 않은 이유가 궁금할 것이다(결국 쿠버네티스 사용자는 확실히 분산 추적이 필요할 것이라 생각한다). 언젠가는 가능해지겠지만, 지금의 오케스트레이션 시스템은 분산 추적을 빠르게 도입하기 위해 직접 제공하는 기능이 그다지 많지 않다(물론 추적 솔루션의 구성 요소가 실행되는 인프라의 일부로서 쿠버네티스 또는 다른 플랫폼을 사용할 수 있지만, 여기서는 텔레메트리 수집 방법을 설명한다).

가장 핵심적인 이유는 쿠버네티스를 포함한 대부분의 오케스트레이션 플랫폼이 개별 요청을 처리하는 방식이 아닌 올바른 위치에서 올바른 코드를 실행할 수 있도록 집중하기 때문이다. 이들이 서비스 검색 같은 일에 도움을 줄 때, 되도록 빨리 목표를 달성할 것이다. 다시 말해 이들 플랫폼은 데이터 플레인이 아닌 컨트롤 플레인에 집중한다.

여러 면에서 쿠버네티스 같은 오케스트레이션 도구는 분산 추적 같은 관측 가능성 도구를 보완한다. 분산 추적은 분산 시스템에서 발생하는 상황을 이해할 수 있도록 돕고, 오케스트레이션 도구는 이런 시스템을 제어하고 변경 사항을 적용하는 수단을 제공한다. 어떤 서비스 배포가 문제를 일으키는지 알면, 쿠버네티스가 신속하게 서비스를 문제가 없었던 버전으로 복원할 수 있도록 도와줄 것이다.

반복적으로 채택하도록 이끌기

처음 추적을 도입한 팀(첫 번째 팀)이 추적 기능을 잘 활용하는 성공 사례를 보여준 후, 다음 단계는 두 번째 팀이 성공하도록 돕는 것이다. 첫 번째 팀에서 배운 교훈을 통해 다음 단계를 더 쉽게 진행할 수 있도록 한다. 이렇게 하면 다음에 채택할 팀을 선택하고, 어떻게 접근할 것인지를 모두 알 수 있다. 예를 들어 추적의 첫 번째 출시에서 성능 문제를 해결하기 위해 다른 팀이 관여했는지 생각해봤는가? (이런 문제에 다른 팀이 관여한 적이 있는가?) 초기 출시에서 추적한 문제와 비슷한 문제에 직면한 다른 팀이 있는가?

또한 첫 번째 팀에서 효과가 있었던 전략과 효과가 없었던 전략을 생각해보자. 추적이 많은 가치를 주는 특정한 형태의 요청이 있는 경우, 해당 형태의 요청과 비슷한 요청을 찾아본다. 특정한 태그가 중요하다면, 새 서비스마다 태그가 포함돼 있는지 확인한다. 특정한 활용 사례가 많이 발굴된다면, 새로운 팀이 더 잘 활용할 수 있도록 필요한 정보를 얻기 위해 자동화하는 방법을 고려한다.

회사 전체에서 초기 도입 과정 중에 사용되는 프레임워크나 표준 라이브러리를 사용하지 않았다면 작업 계획을 세워야 한다. 추적을 지원하기 위해 수집한 증거를 통해 팀이 추적에 투자하는 것이 쉬워야 한다.

시작 시점에 처음 추적을 도입할 때 걱정하지 않았던 내용을 이제 다시 돌아볼 차례이다. 바로 프로세스를 표준으로 만드는 방법이다. 4장에서 설명한 것처럼, 추적은 작업 이름이 표시되는 방식과 스팬에 포함된 태그 종류를 규정한 표준이 있을 때 가장 효과적이다. 첫 번째 팀이 추적을 도입할 필요는 없었지만(실제로 아무런 가치도 제공하지 않았을 수도 있지만), 두 번째 팀, 특히 그 이후의 여러 팀이 이를 추적하는 것이 중요할 수 있다. 이를 통해 추적에서 가장 큰 가치를 얻을 수 있다. 또한 이때가 모든 서비스가 추적이 활성화된 상태로 빌드되고 배포될 수 있도록 추적이 추가된 체크리스트를 고려해야 하는 좋은 시점이다.

초기 출시의 목표는 추적의 가치를 입증하는 것이었지만, 프로세스 표준을 만드는 것은 각 후속 팀 사이의 마찰을 줄이고 추적이 팀 사이에 일관적으로 사용되도록 하는 것이었다.

트레이서 아키텍처

회사 전체에 추적을 출시할 때는 사용하는 트레이서가 더 큰 부하에 대비할 수 있도록 준비해야 한다. 오픈소스 트레이서를 배포하든 자체 솔루션을 채택하든 관계없이 진행 상황을 이해하면, 추적 솔루션을 원활하게 도입하고 확장할 때 도움이 된다. 아키텍처는 구현마다 다를 수 있지만, 이 절에서는 대부분 트레이서의 주된 구성 요소를 거시적인 관점에서 살펴볼 것이다.

그림 5-1은 트레이서 아키텍처의 단순화된 모습을 보여준다. 구성 요소에 따라 다양한 곳에서 결합할 수 있지만, 트레이서의 작업은 다음과 같이 논리적으로 나눌 수 있다.

프로세스 내 라이브러리

애플리케이션 코드는 보통 네트워크 요청을 만드는 것이 아니라 SDK를 사용해 스팬을 만든다. 앞 장에서 언급했듯, 이 SDK는 명시적 계측의 일부로서 사용되거나 리플렉션 reflection 또는 동적 언어의 기능을 사용해 스팬을 자동으로 만들 수 있다.

사이드카와 에이전트

추적 시스템의 일부는 애플리케이션 근처에서 실행되며 데이터를 다른 트레이서로 신속하게 전달할 수 있다.

컬렉터

대체로 상태 정보를 관리하지 않는 사이드카나 에이전트와 달리, 컬렉터는 스팬을 일시적으로 저장하거나 필터링하거나 집계 통계를 계산하거나 저장과 분석을 위해 준비할 수 있다.

중앙 집중식 저장과 분석

바로 이 부분이 실제로 의미 있는 일이 발생하는 곳이다. 이 부분에서 추적이 스팬 구성 요소로부터 구성되고 애플리케이션 성능 전체를 아우르는 전역 통계를 계산한다. 또한 개발자가 추적을 검색하고 추적을 그림으로 표현할 수 있는 사용자 인터페이스도 제공한다.

각각의 구성 요소를 차례대로 살펴보자.

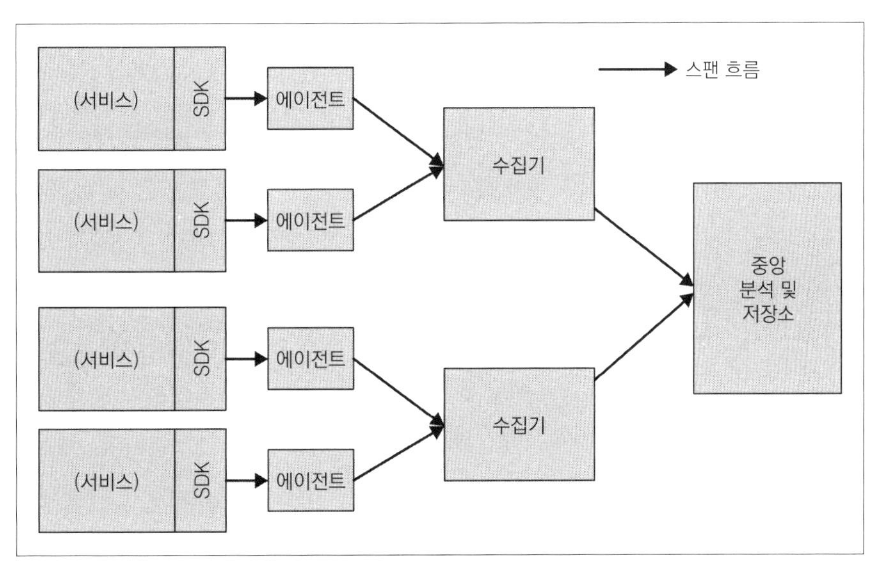

그림 5-1 단순화된 트레이서 아키텍처

프로세스 내 라이브러리

애플리케이션은 네트워크를 통해 스팬이 생성될 때 추적 시스템으로 스팬을 보낼 수 있지만, 애플리케이션에 버퍼를 사용해 데이터를 모아뒀다가 일괄적으로 전송하면 많은 이점을 얻을 수 있다. 일괄 전송하면 스팬에서 반복되는 부분은 한 번만 전송하면 되며, 네트워크 비용을 줄일 수 있다. 모든 서비스가 이 기능을 다시 구현할 수는 없으므로, 거의 모든 트레이서는 SDK의 일부로서 자체적으로 관리하는 버퍼에 데이터를 불러온 후 전송하는 기능을 제공한다.

또한 이들 라이브러리는 추적 프로그램의 다른 구성 요소를 검색하는 기능과 함께, 네트워크 오류가 발생하면 재전송을 시도하고 오류를 적절하게 보고하는 기능도 제공한다. 또한 대용량 서비스에 중요한 여러 성능 최적화를 달성할 수 있다. 즉, 스팬이 버퍼에 저장하는 방식(해당 버퍼가 동기화되는 방식 포함)을 최적화하고 단일 네트워크 연결을 통해 여러 스팬을 지속적으로 스트리밍해서 성능을 개선한다(네트워크 비용, 대기 시간, 로컬 메모리 소비 감소).

여러분이 팀 내에서 어떤 위치에 있고 담당하는 서비스의 종류나 역할이 무엇인지에 따라, 새로운 추적 라이브러리를 도입하는 것이 간단한 작업일 수도 있고 시간이 매우 오래 걸리는 작업일 수도 있다. 매주(심지어 매일) 배포되는 서비스의 경우 새로운 종속성을 추가하는 것을 좀 더 쉽게 할 수 있다. 만약 여러분이 플랫폼 팀의 일원이라면 변경을 위한 사례 만들기, 익숙하지 않은 코드에서 풀 요청pull request 만들기, 요청에 대한 승인받기, 변경 사항 적용 등 좀 더 많은 작업이 필요할 수 있다. 어쨌든 실제 프로세스는 언어, 플랫폼과 패키지(또는 의존성) 관리 시스템에 달려 있다.

일부 플랫폼, 특히 인터프리터, 적시JIT, Just-In-Time 컴파일러 또는 다이내믹 링킹을 사용하는 플랫폼에서는 코드를 변경하거나 재컴파일하지 않고 프로세스 내 라이브러리를 도입할 수 있다. 예를 들어 자바의 특수 에이전트는 이미 불러온 모듈의 바이트 코드를 검사해 필요한 계측과 트레이서 라이브러리를 자바 가상 머신JVM, Java Virtual Machine에 동적으로 연결할 수 있는 수단을 제공한다. 이럴 때 새로운 구성으로 서비스를 재배치하는 것만으로도 충분할 수 있다(이런 플랫폼의 서비스는 추적을 처음 시작할 때 훌륭한 시작점이 될 수 있다).

사이드카와 에이전트

사이드카와 에이전트라는 용어는 여러 가지 의미를 지닐 수 있으므로 트레이서 구성 요소가 어떤 기능을 구현하는지 이해하기 위해 이 용어들을 좀 더 자세히 살펴보는 것이 좋다. 대개 이들은 독립 실행형 구성 요소로, 애플리케이션 가까이에서 실행되지만 애플리케이션 성능에 거의 영향을 끼치지 않도록 격리된다. 이런 종류의 구성 요소를 만들려는 일반적인 동기는 프로세스 내 라이브러리에서 사이드카로 최대한 많은 기능을 이동해 모든 언어 또는 플랫폼을 대상으로 이 기능을 다시 구현할 필요성을 줄이는 것이다. 이 기능 중 일부에는 다른 트레이서 구성 요소 검색과 네트워크 오류 처리를 포함할 수 있다.

인프라 설정 방법에 따라 호스트 수준 데몬(예: systemd 사용) 또는 서비스 컨테이너와 함께 실행되는 사이드카 컨테이너의 형태를 취할 수 있다. 한 가지 중요한 부분은 이런 사이드카를 실행할 때 필요한 리소스를 미리 확보하는 것이다. 하나의 서비스 인스턴스를 추적할 때는

CPU 사용량이 적을 수 있지만, 애플리케이션의 모든 서비스를 위해 추적을 도입할 때 전체 비용이 빠르게 늘어날 수 있다.

컨테이너화된 환경에서도 호스트당 하나의 사이드카만 실행하는 것을 고려할 수 있다(예: 쿠버네티스의 데몬 셋 사용). 이렇게 하면 (일부 사이드카를 더 적게 실행하므로) 잠재적으로 리소스를 절약할 수 있고, 서비스 수명주기 동안 더 나은 텔레메트리를 수집할 때 도움이 된다(같은 쿠버네티스 파드 내에서 실행되면 파드가 종료되는 것과 동시에 종료되기 때문에 추적 사이드카가 개별 서비스가 종료되는 순간을 관측하지 못할 수도 있다). 반면, 호스트당 하나의 사이드카만 실행하면 해당 호스트의 노이즈가 많은 하나의 서비스 인스턴스가 너무 많은 텔레메트리를 생성해 추적 사이드카에 큰 부담이 되고 다른 서비스 인스턴스의 데이터를 잃어버릴 수 있다.

역사적으로 '에이전트agent'라는 용어는 서비스 인스턴스와 직접적으로 상호 작용하거나 심지어는 서비스 인스턴스의 일부로서 작용해 종종 서비스 자체의 실행 환경에 연결되는 프로세스를 설명할 때 사용한다. 대부분의 최신 추적 시스템은 이런 종류의 기능에 '클라이언트' 또는 'SDK'라는 용어를 사용하지만, 때에 따라 계속 이 용어를 사용하는 것을 볼 수 있다. 이런 시스템을 사용하지 않는 많은 이유 중 하나는, 이 시스템이 성능에 큰 영향을 미치는 플러그인과 연관 지을 수 있고 경우에 따라서는 스테이징 또는 QA 환경에서만 사용할 수 있으며 고객에게 직접 영향을 주는 프로덕션 환경에서는 사용할 수 없기 때문이다. 자바의 스페셜 에이전트는 실행 시 추가로 발생하는 시간에 관한 단점들보다는 전통적인 에이전트의 다양한 장점들(주로 설치하기 쉽다는 점) 덕분에 얻을 수 있는 이점이 더 크기 때문에 이와 같은 이름으로 불린다.

컬렉터

스팬 데이터는 종종 저장이나 분석에 최적화되지 않은 형식으로 생성된다. 그와 동시에 추적을 도입한다고 해서 모든 데이터가 의미 있게 활용되는 것은 아니다. 이런 스팬의 대부분은 충분한 가치를 제공하지 못하며, 6장에서 설명하겠지만 가치 있게 만드는 비용은 높다. 따라서 스팬을 변환하고 샘플링하고 집계하는 것이 중요하다. 이런 이유로, 보통 애플리케이션과 나머지 추적 구성 요소 사이에 추상화 수준을 제공하기 위해 많은 트레이서에는 컬렉터collector라는 구성 요소가 포함된다. 컬렉터가 사이드카 또는 에이전트와 다른 점은 대개 애플리케이션 서비스에서 더 먼 곳에서 실행되고 전용 호스트 또는 가상 컴퓨터에서 실행할 수 있다는 것이다. 컬렉터의 기능은 구현마다 다르지만, 여기서는 몇 가지 흔한 사례를 살펴볼 것이다.

대부분의 프로세스 내 라이브러리와 사이드카는 서비스 프로세스의 성능을 최대한 방해하지 않도록 스팬 전송을 처리한다. 이렇게 하면, 대체로 서비스가 요구하는 계산의 양을 최소화할 수 있다(CPU는 종종 가장 적은 리소스이기 때문이다). 그러나 이는 네트워크 소비 관점에서 스팬을 전송하는 가장 효율적인 방법이 아니며, 스팬을 쿼리하거나 저장하거나 분석하기에 편리하지도 않다. 컬렉터의 일반적인 기능 중 하나는 들어오는 스팬을 이런 프로세스에 더 적합한 형식으로 변환하는 것이다. 예를 들어 일반적인 압축 알고리듬을 사용해 스팬을 압축하는 것을 생각해볼 수 있다. 또 다른 압축 기술은 흔히 나타나는 문자열(예: 공통 서비스, 작업 이름, 공통 태그)의 사전을 만든 다음 해당 사전을 참조하는 사전과 스팬을 전달하는 것이다.

컬렉터는 여러 다른 형식의 스팬을 허용하고 스팬을 하나의 균일한 형식으로 변환할 수 있다. 그 외에도 여러 트레이서 시스템으로 스팬을 전달할 수 있으며, 심지어 다른 형식으로 변환해 스팬을 전달할 수도 있다. 프로세스 내 라이브러리in-process library 또는 사이드카가 여러 트레이서 구현에서 공유되는 경우(오픈 텔레메트리의 경우처럼), 컬렉터가 트레이서별 형식을 받아들이는 첫 번째 구성 요소일 수 있다.

컬렉터는 또한 종종 (적어도 부분적으로는) 스팬 샘플링을 책임진다. 즉, 스팬의 하위 집합만 처리되는 구현에서는 컬렉터가 다른 트레이서 구성 요소로 전달할 스팬을 선택할 책임이 있다. 스팬의 속성이나 다른 정보를 기반으로 균일하게 무작위로 포함하는 스팬을 샘플링하는 방법에는 여러 가지가 있다. 때에 따라 샘플링을 프로세스 내에서나 사이드카에서 처리할 수 있지만 스팬을 샘플링하는 방식을 제어하는 매개변수를 변경해야 할 필요가 있으므로, 이 기능을 더 작은 중앙 제어 프로세스로 이동하면 이 구성을 쉽게 관리할 수 있다. 또 다른 경우에는 스팬을 샘플링하기 전에 더 긴 기간 동안 버퍼에 저장해야 하므로, 대개는 사이드카에서 사용할 수 있는 것보다 더 많은 메모리가 필요하다.

컬렉터는 또한 수많은 스팬 중 일부를 샘플링해서 집계 통계를 계산해야 할 수도 있다. 예를 들어 샘플링되지 않은 스팬은 주어진 서비스로부터 수신한 총 스팬 수, 오류가 발생한 스팬 수 또는 지정된 태그 키와 값을 사용한 스팬 수, 중간 또는 표준편차를 포함한 일부 또는 모든 스팬의 대기 시간 또는 히스토그램histogram 같은 것이다.

이런 통계의 계산은 서비스 프로세스나 사이드카에서 처리하기에는 무리가 있을 수 있다. 이들 통계는 또한 중요한 샘플링이 발생하기 전에 계산된다면 더 정확할 것이다. 모든 경우에 이런 집계를 계산하는 목적은 되도록 적절한 샘플링 구간을 유지하면서 다른 트레이서 구성 요소로 전달해야 하는 전체 데이터양을 줄이는 것이다.

컬렉터는 제공하는 기능에 따라 다양한 방법으로 배포할 수 있다. 경우에 따라 스팬을 저장하거나 인덱싱하거나 처리하기 위해 상당한 리소스가 필요할 수 있다. 이때, 종종 애플리케이션의 나머지 부분과 분리하기 위해 전용 호스트에 배포되곤 한다. 만약 컬렉터가 많은 분량의 샘플링을 처리한다면, 애플리케이션과 같은 네트워크에 배포하는 것이 유익할 수 있다. 왜냐하면, 다른 트레이서 구성 요소가 같은 네트워크에 배포되지 않은 경우에는(그리고 여전히 전용 호스트에 있는 경우에도) 네트워크 비용을 줄일 수 있기 때문이다.

반면에 트레이서 구현이 이 절에서 설명하는 기능을 거의 처리하지 않는다면 이 기능은 사이드카와 에이전트에 내장할 수 있다. 이는 상태 정보의 분량이 작은 경우 종종 발생한다(특히 해당 상태가 서비스 인스턴스에만 해당되는 경우 그렇다). 이렇게 하면 배포할 구성 요소가 줄어들어 트레이서 배포를 간소화할 수 있다.

중앙 집중식 스토리지와 분석

마지막으로, 트레이서는 이런 스팬(그리고 그로부터 계산된 다른 정보)을 활용해 개발자에게 가치를 제공해야 한다. 이 작업은 보통 몇 가지 구성 요소로 나뉜다. 이들은 애플리케이션에서 모든 추적 텔레메트리를 수집하고, 저장하고, 분석하고, 알아보기 쉽게 그림으로 표현하는 일을 담당한다. 구성 요소의 수와 기능은 선택한 추적 구현에 따라 크게 다르다. 마찬가지로, 이런 트레이서 구성 요소를 배포하는 방법도 이 선택에 따라 크게 달라진다.

트레이서는 스팬과 그 외의 데이터를 다양한 방식으로 저장할 수 있다. 트레이서에는 스팬 또는 추적 데이터베이스와 시계열 데이터(요청 속도와 대기 시간 포함)를 포함할 수 있다. 이러한 스토리지 시스템은 일반적으로 이러한 스팬과 시계열에 대해 최소한 몇 가지 다른 인덱스를 제공한다. 또한 수집 프로세스 중에 사용되는 스팬의 임시 스토리지(예: 메시지 큐)도 포함할 수 있다. 트레이서에는 개발자 쿼리나 자동화된 분석에 대응해 이러한 스토리지 시스템을 검색할 수 있는 구성 요소도 포함된다. 대부분의 경우 트레이서는 문제 관리 프로세스의 일부로 사용되며, 이 경우 트레이서는 지난 몇 초 동안 발생한 요청에 관련된 질문에 답할 수 있어야 한다. 따라서 추적을 수신, 저장, 인덱싱, 분석하는 프로세스도 요청이 완료된 후 몇 분 또는 몇 초 안에 완료돼야 한다. 많은 양의 데이터 때문에 데이터를 수집하고 저장하는 트레이서 구성 요소는 배포와 관리에 많은 노력이 필요하다.

이 트레이서 구성 요소의 가장 중요한 측면은 앞에서 설명한 기능을 중앙 집중식으로 관리하는 것이다. 추적의 전반적인 핵심은 서비스 사이의 가시성을 제공하는 것이므로 트레이서의 구성 요소는 모든 서비스의 데이터를 수집해야 한다. 대부분의 트레이서 구현에서 프로세스 내 라이브러리, 사이드카와 컬렉터는 모두 하나의 서비스 인스턴스나 몇몇 애플리케이션 인스턴스로 실행되면서, 정보를 수집하려는 애플리케이션만을 좁게 바라본다. 이런 중앙 집중식 스토리지와 분석 구성 요소는 전달된 모든 데이터를 추가해서 통일된 관점으로 애플리케이션과 그 동작을 바라볼 수 있게 해준다.

점진적인 도입

분산 추적을 도입하기 위한 여정을 시작할 때, 구현의 어떤 측면이 팀에 가장 큰 어려움을 줄 수 있는지 생각해보자. 아마도 여러분의 팀은 많은 언어와 프레임워크를 사용할 것이다. 회사 안에서 여러 팀은 서로 비슷한 기술을 선택하지만, 다른 프로세스를 사용해서 출시 일정을 관리할 수 있다. 일부 추적 활용 사례는 다른 것보다 훨씬 더 중요할 것이다. 또는 특정 팀이 다른 대부분의 팀보다 훨씬 더 큰 규모로 운영할 수 있다. 팀 사이에 서로 무엇이 다르고, 이런 차이점이 추적과 관련된 선택에 어떤 영향을 줄 수 있는지 생각해야 한다.

이런 모든 잠재적인 다양성에도 불구하고 오픈소스 API, SDK, 라이브러리를 사용하는 것은 큰 어려움이 없다고 말할 수 있다. 추적 도구를 구현할 때 여러 가지 선택을 할 수 있도록 만드는 것과 동시에 애플리케이션에 끼칠 잠재적인 성능 영향을 최소화하는 방식으로 도구를 만들기 위해 많은 노력을 기울였으며 오픈 트레이싱, 오픈 센서스, 오픈 텔레메트리 같은 프로젝트에서 다양한 오픈소스 트레이서와 상업용 트레이서 구현체를 사용할 수 있다. 또한 새로운 트레이서를 처음부터 만들겠다고 결정한다고 해도 훌륭한 선택이다.

오픈소스 API와 SDK를 사용하면 프로세스 초기에 트레이서 구현체를 비교할 수 있다. 서로 다른 트레이서가 제공하는 기능은 다양할 수 있다. 팀 내에서 추적할 때는 구체적인 구현 결과를 사용해야 한다. 이 비교의 일환으로 규모에 맞게 테스트해야 한다. 선호하는 트레이서가 프로덕션 워크로드의 트래픽을 처리할 수 있는지 여부를 프로젝트에서 확인하느라 몇 개월 동안 시간을 쓰는 것을 원하지는 않을 것이다.

또한 최소한 팀의 관점에서는 분산 추적의 도입이 한동안 계속될 것임을 기억해야 한다. 일찍부터 계측 기능을 구현하기 위해 팀에서 투자를 해왔다면, 단기적으로나 장기적으로 유익한 가치를 얻을 수 있는지 평가해봐야 한다.

데이터 보호, 보안, 그리고 연계

지금까지 애플리케이션에 계측 기능을 추가하고 트레이서를 배포하는 방법을 살펴볼 때는 모든 코드를 제어할 수 있다고 가정을 단순화했다. 실제로 이 코드는 데이터 센터나 가상 사설 클라우드뿐 아니라 사용자의 휴대폰과 컴퓨터를 포함해 애플리케이션의 일부로서 활용할 수 있는, 서비스 제공자가 관리하는 환경을 포함한 다양한 환경에서 실행된다. 제어 범위 밖에서 실행되는 코드에 의해 텔레메트리가 생성되는 경우에는 해당 데이터의 품질과 관련해 몇 가지 더 질문해야 할 것이 있다.

프론트엔드 서비스 텔레메트리

분산 추적의 강점 중 하나는 프론트엔드 서비스(모바일 앱과 웹 클라이언트)의 성능과 백엔드 서비스의 성능을 연계해 애플리케이션의 작동 방식을 완벽하게 파악할 수 있는 능력이다. 프론트엔드 서비스에서 텔레메트리를 수집하면 사용자와 최대한 가까이에서 성능을 측정할 수 있다. 그러나 그 특징 때문에 프론트엔드 텔레메트리는 몇 가지 방법으로 특별하게 취급돼야 하며, 지금 논의하는 맥락에서 얼마나 신뢰할 수 있고 신뢰해야만 하는지 질문하는 것이 중요하다.

플랫폼 자체의 품질 때문에 프론트엔드 텔레메트리를 가장 먼저 의심할 수 있다. 모바일 장치와 데스크톱의 시간 정보는 대체로 정확도가 떨어진다고 보는 경향이 있다. 즉, 모바일 장치가 보고하는 시간은 백엔드 서버에서 보고한 시간과 몇 초 또는 몇 분이 다를 수 있다. 이 때문에 프론트엔드 서비스에서 보고된 스팬이 (백엔드 서비스에서 보고된 것처럼) 자식 스팬 이후까지 시작되지 않는 것처럼 보일 수 있는 클럭 스큐clock skew[1]가 발생한다. 그림 5-2에서는 자세한 예를 통해 최상위 추적이 어떻게 나타나는지를 보여준다. 이 예에서 스팬 A는 프론트엔드 서비스에 의해 생성되고, 다른 4개의 스팬은 스팬 B와 C를 포함하는 백엔드 서비스에서 온다. 이 스팬은 A의 서브 스팬이다. A가 C보다 먼저 시작하는 동안(당연하게), B 이후에 시작하는 것처럼 보이지만, 실제로는 있을 수 없는 일이다.

이 문제를 해결하는 두 가지 일반적인 방법이 있다. 먼저, 추적 솔루션은 네트워크 시간 프로토콜NTP, Network Time Protocol의 적응을 사용해 이 클럭 스큐를 측정하려고 시도할 수 있다. 여기에는 추적 라이브러리(프론트엔드 서비스의 일부로서 실행)와 추적 구현 내에서 모두 타임스탬프를 기록하고 이런 타임스탬프를 비교해 클럭 스큐를 추정하는 작업이 포함된다. 이 클럭 스큐는 스팬에 나타나는 타임스탬프에서 추정한 클럭 스큐를 더하거나 빼서 프론트엔드 스팬에서 제거할 수 있다. 나의 경험에 따르면, 이 방법은 대체로 효과적이다. 그러나 실패하면 (대개는 모바일 장치에서 코드를 실행할 수 있는지 알 수 없는 많은 불확실성 중 하나 때문에) 결과가

1 클럭 스큐(혹은 타이밍 스큐)는 동기식 디지털 회로 시스템(컴퓨터 시스템 등)에서 동일한 소스의 클럭 신호가 게이트 또는 더 진보된 반도체 기술에서 와이어 신호 전파 지연 때문에 서로 다른 시간에 다른 부품에 도착하는 현상을 말한다. 두 클럭의 판독값 사이의 즉각적인 차이를 스큐(skew)라고 한다(위키백과에서 인용함(https://en.wikipedia.org/wiki/Clock_skew)). – 옮긴이

혼란스러울 수 있으며 원래 타임스탬프보다 정확도가 떨어지는 결과가 나올 수도 있다(이런 상황이 발생하면 개발자가 이 기능을 사용하는 것을 중지하고 원래 타임스탬프를 복원할 수 있도록 호출해야 한다).

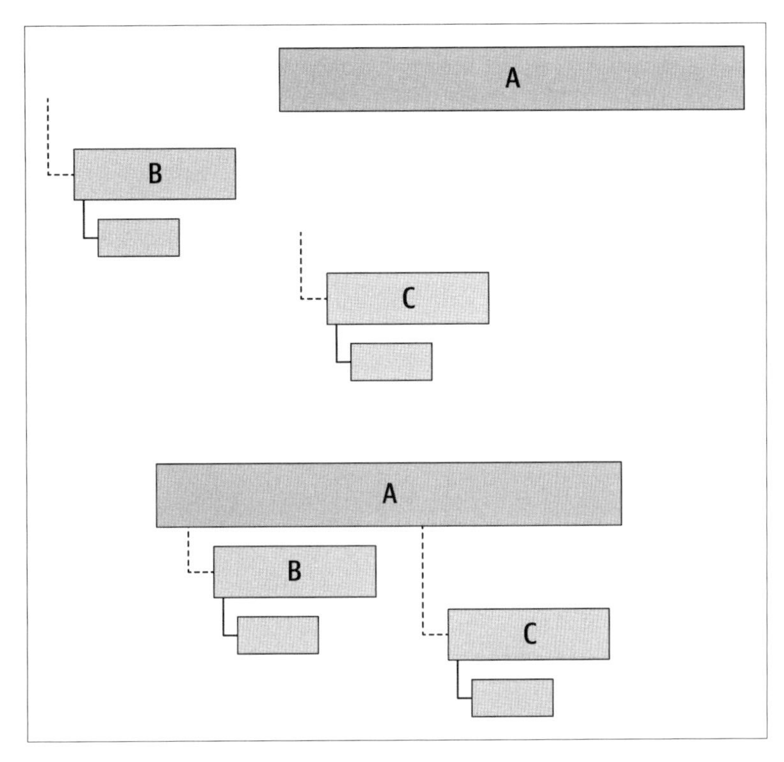

그림 5-2 수정 전(위)과 후(아래)의 클럭 스큐를 보여주는 추적의 예시

프론트엔드 서비스와 백엔드 서비스 사이의 시간 차이를 해결하는 두 번째 방법은 클라이언트와 서버 스팬 사이의 인과 관계를 활용하는 것이다. 정의에 따르면 클라이언트 스팬은 관련 서버 스팬이 시작되기 전에 시작돼야 한다. 항상 그런 것은 아니지만, 많은 애플리케이션에서 서버는 연결된 클라이언트가 종료되기 전에 종료된다. 이를 감안할 때 프론트엔드 스팬의 타임스탬프를 조정해 이런 인과 관계를 유지할 수 있다. 클럭 스큐 추정과 달리, 이런 조정은 더 예측할 수 있는 결과를 도출한다. 그러나 이런 조정은 거칠다. 프론트엔드 스팬이

시작되는 시점을 정확하게 설정하지 않고 상한을 설정하기만 하면 된다. 따라서 응답이 아닌 요청에 의해 소비되는 네트워크 시간을 구별하는 것은 어렵다.

앞에서 추적 솔루션을 구현하면서, 두 가지 기술을 조합해 사용했다. 정확한 시간 모델을 만들기 위해 클럭 스큐 추정을 사용하지만, 이런 추정이 합리적임을 확인하기 위해 인과 관계를 확인한다. 그림 5-2의 추적 아랫 부분은 A의 타임스탬프가 수정된 후 같은 추적이 어떻게 보이는지를 나타낸다.

프론트엔드 텔레메트리는 악의적인 사용자의 행동 때문에 데이터의 무결성이 깨질 수 있다. 즉, 이 사용자들은 텔레메트리를 조작해 성능 문제를 위장하거나 허위 문제를 나타내는 스팬을 만들어 다른 작업을 방해할 수 있다. 악의적인 사용자는 또한 서비스 거부 공격을 시도해서 추적 시스템에 부담을 주려고 시도할 수 있다.

여기서 선택할 수 있는 해결 방식 중 하나는 단순히 문제를 무시하는 것이다. 가짜 텔레메트리를 생성해서 얻을 수 있는 이득이 미미하기 때문에 사용자가 그런 공격을 하지 않도록 만드는 것이다. 그림 5-3의 (A)는 이와 같은 상황을 보여준다. 스팬은 다른 애플리케이션 백엔드로 가는 요청과 동시에 인터넷을 통해 백엔드를 추적하기 위해 직접 전송된다. 프론트엔드 서비스의 스팬을 사용하는 방법에 따라 이 방법이 팀에 적합할 수 있다.

이 방법은 프론트엔드 서비스의 스팬(즉, 신뢰할 수 없는 소스)을 백엔드 서비스의 출처와 분리하는 형태로 응용할 수 있다. 이렇게 하면 추적 시스템이 어떤 식으로 공격을 받더라도 백엔드 서비스에서 시작된 스팬이 정확하다는 것을 확신할 수 있다(그리고 다른 솔루션을 적용할 때까지 단순히 프론트엔드 서비스를 무시한다).

오픈 텔레메트리의 '공용 끝점' 개념(4장에서 살펴봤다.)은 이런 종류의 신뢰 경계를 나타내는 또 다른 방법이다. 이 속성을 설정하면, 이 시점으로 전파된 콘텍스트를 완전히 신뢰하지 않는다는 것을 추적 시스템에 표시한다.

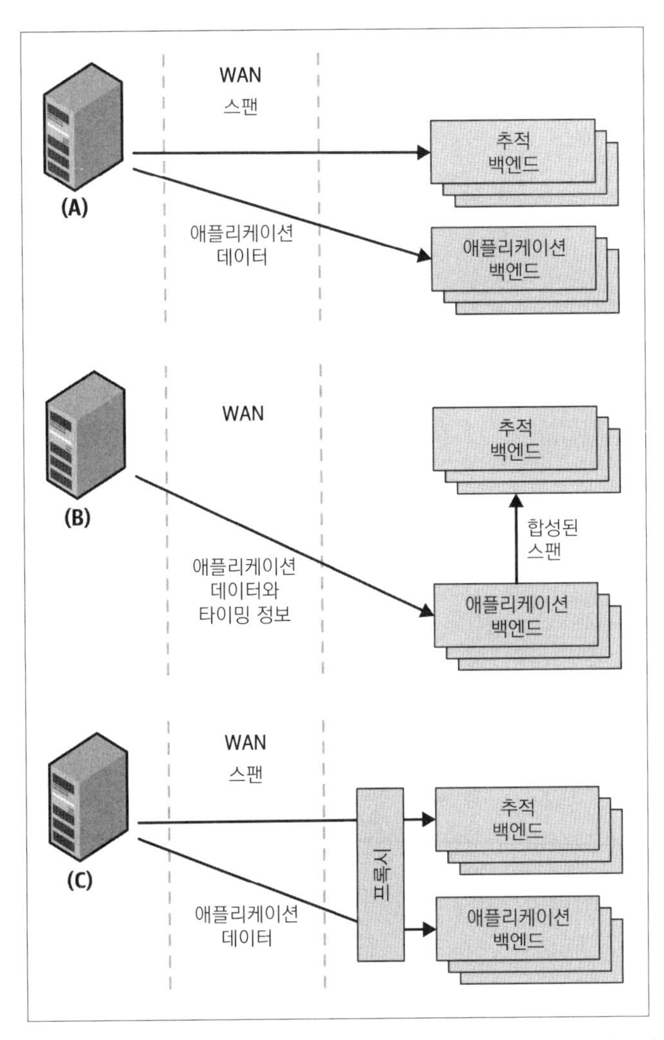

그림 5-3 프론트엔드 서비스(예: 모바일 애플리케이션)에서 백엔드 추적까지 스팬을 보내는 세 가지 방법

프론트엔드 서비스를 신뢰하는 대신 백엔드에서 이런 스팬을 합성할 수 있다. 즉, 프론트엔드 서비스에서 직접 스팬을 보내지 않고, 이런 프론트엔드 서비스는 백엔드로 충분한 데이터(예: 스팬 시작 시간과 종료 시간)를 백엔드로 보내서 해당 스팬을 재구성하고 추적 구현으로 전달할 수 있다. 그림 5-3의 (B)는 이런 모습을 보여준다(그림에는 애플리케이션 백엔드에서 추적 시스템으로 전송된 스팬이 표시돼 있지 않다). 이는 애플리케이션 백엔드에서 제공하는 API를 확

장하는 것을 의미할 수 있지만, 이런 API는 일반 추적 API보다 훨씬 좁기 때문에 공격자가 제공할 수 있는 잘못된 정보의 종류를 제한하고 이를 처리할 때 드는 비용이 늘어난다(공격을 하기 위해 애플리케이션에 맞게 고친다는 전제하에서).

이 방법에는 몇 가지 장점이 있다. 프론트엔드 서비스의 네트워크 요청 수와 크기를 절약할 수 있다. 또한 백엔드 배포만 필요하기 때문에 프론트엔드 텔레메트리의 형식을 좀 더 쉽게 업그레이드할 수 있다. 그러나 이 방법을 사용하면, 백엔드가 사용 불가 상태가 됐을 때 백엔드 텔레메트리나 프론트엔드 텔레메트리를 받을 수 없다. 또한 프론트엔드 추적 SDK의 일부를 다시 구현하기 때문에 훨씬 더 많은 작업이 필요하다.

마지막으로, 프론트엔드 서비스의 스팬을 받아들이는 가장 안전한 방법은 이런 요청을 인증하는 것이다. 예를 들어 그림 5-3의 (C)와 같이 스팬이 전송되는 사용자를 확인할 수 있는 인증 프록시를 설정할 수 있다. 실제로, 이미 프록시 중 하나를 사용했을 수 있으므로 텔레메트리를 인증하는 것은 단순히 구성에서 새 경로를 설정하는 문제일 수 있다.

이 방법에는 몇 가지 단점이 있다. 애플리케이션이 익명의 트래픽을 허용하는 경우에는 작동하지 않으며, 공격자가 여전히 이런 프록시를 통해 가짜 데이터를 전송할 수 있다. 물론 공격자가 인증 시스템을 손상시키면 추적 시스템을 혼란스럽게 하거나 마비시킬 수 있다. 그러나 이 경우 고민해야 할 전혀 다른 크기의 문제가 발생할 것이다.

관리형 서비스를 위한 서버 측 텔레메트리

때에 따라 이제 다른 사람이 추적을 도입할 수 있도록 지원할 수 있다. 일부 관리형 서비스 제공 업체는 이제 제공하는 서비스를 나타내는 원격 분석을 시작한다. 즉, 이런 서비스나 텔레메트리를 관리할 필요가 없다. 이 방법은 아직 초기 단계이지만, 관측을 쉽게 할 수 있도록 만들기 위한 중요한 단계이다.

관리형 서비스 제공자는 데이터 저장, 데이터 분석 또는 다른 서비스와의 통합을 제공하는 등 애플리케이션의 일부를 빠르게 구현하거나 확장할 수 있는 좋은 방법이다. 또한 이런 서비스 제공자는 일종의 기준 성능을 제공해야 할 의무가 있지만, 애플리케이션 성능에 좋은 방향이든 나쁜 방향이든 영향을 줄 수 있는 여지도 있다. 혹 그렇지 않더라도, 관리되는 서비스 성능이 나머지 애플리케이션의 성능과 어떤 관련이 있는지 이해하는 것이 여전히 유용할 수 있다.

서비스 제공자와의 협력 없이도 애플리케이션에 클라이언트 측 스팬을 추가해 서비스가 어떻게 작동하는지를 더 잘 볼 수 있도록 애플리케이션을 구성할 수 있다. `GET /<key>` 라벨이 붙은 스팬 예제가 그림 5-4에 나와 있다. 외부 요청이 완료되기를 기다리는 시간을 나타내기 위해 `kind: client` 태그를 지정한다. 관리되는 서비스 스팬이 없으면 이 추적의 최하위 스팬이 된다. 그러면 이 요청에서 어떤 일이 발생했는지는 알 수 없다.

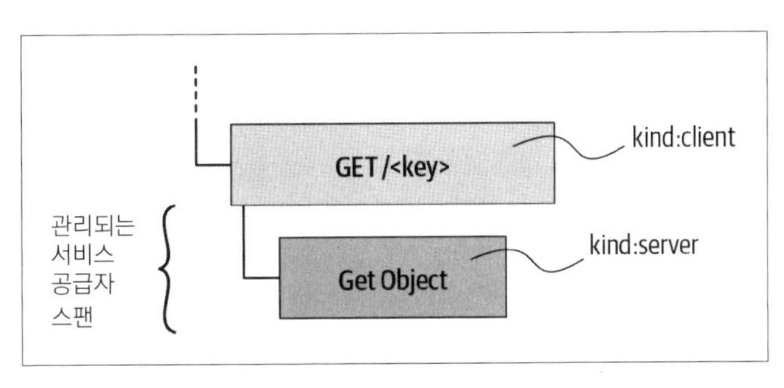

그림 5-4 관리형 서비스 제공자의 스팬을 포함하는 추적 예제

그러나 관리되는 서비스 스팬에서는 그림과 같이 `GetObject`(`kind: server`라고도 함)라는 스팬이 표시된다. 그러면 클라이언트와 서비스 스팬의 차이를 사용해 요청 대기 시간에 따른 네트워크의 영향을 측정하는 등 8장과 9장에서 설명한 접근 방식의 일부로서 사용할 수 있다. 사실, 이 추적은 이 책에서 볼 수 있는 다른 추적과 다르지 않아 보인다. 또한 서비스 제공자가 선호하는 가시성 수준에 따라 요청이 처리된 방법을 배울 수도 있다.

프론트엔드 스팬과 마찬가지로 팀이 통제할 수 없는 장치의 데이터는 믿고 사용하기에 걱정되는 점이 다소 있다. 이 서비스 제공자와 명시적인 관계가 있기 때문에 의도적으로 데이터를 오염시키지 않는다는 것을 신뢰할 수 있다. 그러나 문제가 발생하면 외부 소스와 데이터를 분리할 수 있도록 이런 스팬을 파악하는 것이 여전히 유용할 것이다.

관리형 서비스 스팬을 쉽게 통합하기 위해 해결해야 할 몇 가지 문제가 여전히 있다. 예를 들면 다음과 같다.

- 스팬은 어떻게 추적 백엔드로 전송되는가? (서비스 제공자로부터 직접 받을지의 여부)
- 추적 콘텍스트는 관리형 서비스에 어떻게 전파되는가? (요청 메타데이터의 일부로서인가?)
- 오퍼레이션 이름, 태그, 그 외의 스팬 데이터에 어떤 이름을 지정하는가? 그리고 그 외 다른 규칙이 사용되는가?

결국 위의 질문들은 추적을 연계할 수 있는 방법을 모두 담는 질문들이기도 하다. 이전에도 이런 문제가 몇 가지 있었지만(예를 들어 여러 오픈소스 기술을 통합할 때), 소프트웨어가 다른 팀에 의해 만들어졌을 뿐만 아니라 독립적으로 관리될 때 더욱 문제가 어려워졌다. 부분적으로 오픈 텔레메트리가 한 것과 같은 노력으로 이런 문제를 해결할 수 있다. 그러나 텔레메트리 데이터의 형식뿐만 아니라 데이터 수집 방법에 관한 추적 솔루션의 표준으로 만드는 (또는 최소한 조정하는) 과정이 필요하다.

관리형 서비스 텔레메트리는 여전히 새로운 기술이고, 소수의 서비스에서만 사용할 수 있다. 만약 이런 기능을 제공하는 제품이 있다면, 제품을 만든 사람들에게 감사를 표하고 적극 활용하길 바란다.

마무리

서비스에 올바른 방식으로 계측 기능을 추가하는 것은 분산 추적의 첫 번째 단계이며, 잘 처리하면 사용자나 다른 개발자가 시간을 투자해서 만들어낸 데이터보다 많은 데이터가 생성된다. 분산 추적을 성공적으로 도입하려면, 해당 데이터를 조사하고 애플리케이션 성능을 이해하고 개선할 때 필요한 통찰력을 찾아야 한다. 이것이 트레이서 구현의 나머지 역할이다.

이 장에서는 더 큰 팀 내에 추적을 도입할 때의 몇 가지 인적 요소와 많은 트레이서 구현의 고급 아키텍처를 고려했다. 트레이서를 설계하는 주된 이유는 컴퓨팅, 네트워크, 스토리지 같은 인프라 비용을 관리하는 것이다. 다음 장에서는 이런 인프라 비용을 알아보고, 다양한 트레이서가 인프라 비용 문제를 어떻게 처리하는지 자세히 살펴본다.

6장

비효율성, 비용, 샘플링

애플리케이션을 이해하기 위해 추적할 올바른 스팬들을 정의하는 것은 어렵다. 그런데 이 과정을 달성하더라도, 애플리케이션에서 방출되는 엄청난 양의 스팬을 관리해야만 하는 또 다른 문제에 직면할 것이다. 애플리케이션이 적절한 양으로 데이터를 생성하더라도, 애플리케이션 성능과 컴퓨팅 인프라 비용에 미치는 영향을 이해하는 것이 중요하다. 분산 추적의 첫 번째 원칙은 다른 관측 가능성 도구와 마찬가지로 '먼저 해를 끼치지 않아야 한다'는 것이다. 추적은 애플리케이션에 거의 영향을 주지 않는 방식으로 구현할 수 있지만, 인프라 비용을 관리하는 것은 더 어려울 수 있다.

모든 스팬이 동일한 가치를 지닌 것은 아니다. 많은 스팬은 애플리케이션 내에서 (바람직하게) 풍부한 요청을 처리한다. 이런 요청의 성능을 측정하고 몇 가지 예를 들어보는 것이 도움이 되지만, 적은 수만으로도 충분할 수 있다. 반면에 드물게 발생하는 버그와 관련이 있거나 빈도가 낮지만 사용자와 관련된 중요한 스팬은 지금 발생하는 문제의 원인을 파악할 수 있는 중요한 단서가 되기도 한다.

무엇보다도 요청 하나를 나타내는 스팬들을 원자 단위로 유지하는 것이 중요하다. 요청의 일부만 사용할 수 있는 경우, 추적은 문제가 발생한 상황의 시작부터 끝까지 모든 정보를 제공한다는 목표를 달성하지 못한다. 이는 많은 스팬이 일반적인 경우를 나타내기 때문에 가치가 없어 보일 수 있지만, 같은 요청 내에서 일반적이지 않은 스팬의 콘텍스트를 제공하는 것이기도 하다.

모든 스팬의 가치가 같지 않다면, 적절한 스팬을 선택해야 비용 관리와 추적이라는 두 마리 토끼를 모두 잡을 수 있다.

이 장에서는 이해를 돕기 위해 추적 솔루션의 아키텍처에 관한 몇 가지 가정을 할 것이다. 대부분의 추적 솔루션에는 그림 5-1에 표시된 대부분의(또는 모든) 구성 요소가 포함되지만, 서로 다른 방식으로 구현할 수 있다.

첫째, 대부분의 추적 솔루션에는 애플리케이션 개발자가 스팬을 만들고 설명을 달 수 있는 일종의 SDK가 포함된다. 일부 솔루션에는 사이드카 프로세스 또는 같은 호스트에서 애플리케이션 서비스에 근접한 에이전트를 포함할 수 있다. 컬렉터들은 집계 프로세스를 시작하며, 마지막으로 스팬은 중앙 서비스에서 분석되고 저장된다.

애플리케이션 비효율성

추적 비용이 나타날 수 있는 첫 번째 위치는 애플리케이션 자체의 성능이다. SDK 추적은 애플리케이션의 성능에 영향을 미치지 않는 것이 이상적이지만, 주의를 기울이지 않으면 추적은 애플리케이션의 지연 시간과 처리량 모두에 영향을 줄 수 있으며 이것이 추적 비용이다.

지연 시간

지연 시간 또는 요청을 처리할 때 필요한 시간은 애플리케이션 소유자에게 가장 중요하다. 개발자들은 분산 추적을 이용해 지연 시간을 줄일 수 있는 방법을 찾고자 한다. 그러나 추적을 만드는 데 필요한 데이터를 수집하면 지연 시간이 길어질 수 있다. 이러한 영향을 이해하는 것은 스팬을 적절하게 나누는 데 있어 중요한 부분이다.

스팬을 만들고, 종료하고, 태그와 로그를 추가하면 지연 시간이 발생할 수 있다. 고성능의 트레이서들은 애플리케이션 스레드에서 반드시 필요한 작업만 하고, 나머지 작업은 백그라운드 스레드로 분리해서 처리한다. 그럼에도 불구하고, 스팬을 만들려면 종종 추가 데이터 호출, 할당 또는 공유 자료 구조의 변경이 필요하다. 예를 들면 다음과 같다.

- 스팬을 만들려면 새 개체를 할당하고, 작업 이름을 나타내는 문자열이 저장된 메모리 주소값을 추가하고, 성능 타이머에서 값을 읽으며, 스레드 로컬 상태를 변경해야 할 수 있다.
- 이벤트를 로그로 기록하려면 네트워크를 통해 전송할 수 있는 일반적인 형식으로 자료 구조를 스트림으로 변환해야 할 수 있다.
- 스팬을 마치려면 성능 타이머에서 값을 읽고, 개체의 필드를 변경하고, 해당 개체를 공유 버퍼에 저장해야 한다.

추가 개체를 할당하면, 특히 성능에 중요한 코드에 추적 계측이 추가되는 경우 영향을 줄 수 있다. 가비지 컬렉션GC, Garbage Collection을 지원하는 언어에서 이런 할당은 컬렉션에도 영향을 주어 지연 시간이 발생하고, 성능에 안 좋은 영향을 미칠 수 있다.

로그 기록은 많은 양의 데이터를 포함하기 때문에 여기서 가장 큰 영향을 줄 수 있다. 로그 기록을 위한 모범 사례는 이벤트가 구성돼야 한다는 것이다. 애플리케이션 개발자는 각 이벤트를 필드 이름을 포함해 잘 정의된 구조로 기록해야 한다.

```
span.LogEvent({'request_id': req.id,
    'error_code': 404,
    'message': 'document not in corpus'});
```

그러나 이런 이벤트는 네트워크를 통해 다운스트림 트레이서 시스템으로 보낼 수 있는 일반 형식으로 변환돼야 한다. 일반적으로 이는 각 이벤트가 하나의 문자열(종종 JSON 문자열)로 직렬화됨을 의미한다. 이를 위해 정수와 다른 이진 데이터를 적절한 표현으로 변환하는 데 추가로 메모리 공간과 처리 시간이 필요하다.

이런 변환 과정 비용을 줄이기 위한 한 가지 전략은 작업을 늦추거나 백그라운드 스레드로 옮기는 것이다. 효과적인 방법이긴 하지만, 이벤트의 일부로서 전달된 매개변수가 나중에 수정되면 의도하지 않은 결과가 발생할 수 있다. 점진적인 진행 과정이 스팬의 일부로서 기록되는 예제 6-1을 참고하길 바란다.

예제 6-1 점진적인 진행 과정이 스팬의 일부로서 기록됨

```
status = {progress: 0.1, complete: false};
span.LogEvent({'message': 'work started', 'status': status});
doSomething();
status.progress = 0.2;
```

이벤트가 해당 예제의 마지막 줄 이후까지 완전하게 변환되지 않으면, 나중에 추적의 일부로서 나타나는 데이터는 LogEvent가 불릴 때 애플리케이션의 상태를 반영하지 않을 것이다.

일부 트레이서는 일반 이벤트와 대역 밖에서 스트림으로 변환할 수 있는 이벤트를 구분한다. 그러나 애플리케이션 개발자는 종종 이런 미묘한 차이를 놓치며, 많은 트레이서는 모든 이벤트가 대역 밖에서 스트림으로 변환할 수 있는 간단한 인터페이스를 선택한다. 따라서 많은 트레이서 API는 사용자가 이벤트의 각 필드를 스칼라 값으로 표현하도록 강요한다. 만약 여기에 해당되지 않는다면, 트레이서로 로그를 기록할 때 변경을 허용하거나 공유할 수 있는 자료 구조는 전달하지 않는 것이 가장 좋다.

다중 스레드 애플리케이션에서 공유 버퍼를 사용하면 많은 스레드가 해당 버퍼에 스팬을 추가하려고 할 때 경합의 원인이 될 수 있다. 이는 일괄 처리 스팬을 공유 버퍼에 추가하기 전에 로컬로 일괄 처리하는 방식을 사용하거나, 잠금이 필요 없는 자료 구조를 해당 버퍼의 구현으로 사용하는 방식으로 문제를 최소화할 수 있다.

추적은 애플리케이션 대기 시간에 영향을 줄 수 있지만, 모범 사례를 따르면 대개 영향이 작고 측정하기 어려울 수 있다. 예를 들어 스팬이 네트워크 호출의 일부로만 생성되는 경우 지연 시간 변경에 노이즈가 있을 수 있다. 추가로 호출하는 메서드, 일정한 크기의 바이트 단위 메모리 할당, 원자 비교, 스왑 명령 처리는 같은 데이터 센터 내에서도 왕복으로 원격 프로시저 호출RPC을 만드는 것보다 훨씬 빠르다. 이런 모범 사례를 재사용할 수 있는 버퍼 및 잠금 없는 자료 구조와 결합하고 작업을 백그라운드 스레드로 옮긴다면, 대부분의 개발자는 사용자가 직접 사용하는 프로덕션 시스템에서도 추적 때문에 발생하는 지연 시간에 따른 영향을 무시할 수 있다.

다른 종류의 추적으로 인한 성능 영향

이 책 전체에서는 분산 추적에 초점을 맞추고 있지만, 개발자가 애플리케이션 성능을 이해하기 위해 사용하는 다른 많은 추적 방식이 있다. 커널 추적과 브라우저 추적이 그 예이며, 이런 많은 기술과 관련 도구는 단일 프로세스에 초점을 맞춰서 해당 프로세스의 성능을 자세히 알아볼 수 있다. 개별 메서드 또는 코드 라인 수준까지 세밀한 성능 데이터를 제공하는 경우가 종종 있으며, 높은 수준의 밀도를 얻기 위해 언어를 개발한 업체의 기술들이나 실행 환경과 긴밀하게 통합돼 성능에 큰 영향을 미칠 수 있다. 사용자가 마주하는 기능과 관련이 있거나 대규모 배포 환경에서 사용하도록 설정하면 사용자 경험이 저하되거나 인프라 비용이 늘어날 수 있다.

개발자가 분산 추적에 대해 처음 배우고 그것이 프로덕션 시스템에서 사용되는 방식을 처음 확인하면, 성능에 미치는 영향이 거의 없다는 사실에 놀랄 수 있다. 분산 추적은 프로세스 간의 통신 같은 이벤트에 초점을 맞추기 때문에 발생하는 비효율성은 이벤트 자체의 지속 시간과 비교했을 때 무시할 수 있는 수준이다.

처리량

추적은 또한 일정량의 인프라가 정해진 기간 동안 처리할 수 있는 요청량을 줄여 애플리케이션 성능에 영향을 줄 수 있다. 같은 수의 요청을 처리하려면, 추가적인 컴퓨팅 성능이 필요하기 때문에 인프라 비용이 증가할 수 있다. 처리량은 종종 이런 비용이 클 수 있는 대량 서비스의 중요한 관점이다.

이 장의 '지연 시간' 절에서 설명하는 것처럼, 지연 시간에 따른 영향을 관리하는 주된 방법 중 하나는 작업을 백그라운드 스레드로 이동하는 것이다. 그런 다음, 이 스레드는 스팬 데이터를 스트림으로 변환해 다운스트림으로 보낼 수 있도록 한다. 또한 스팬당 네트워크 비용을 줄이고 실패한 네트워크 요청을 다시 시도하기 위해 스팬을 버퍼에 저장하는 일을 담당한다. 다른 맥락에서와 마찬가지로, 버퍼를 사용하는 것은 단점이 있다. 버퍼 크기가 클수록 네트워크 오버헤드가 증가해 메모리 사용량이 증가한다. 또한 버퍼가 클수록 애플리케이션에서 이벤트가 발생하는 시점과 추적 도구에서 이벤트가 관측되는 시점 사이에 지연이 발생한다. 모범 사례는 애플리케이션 이벤트가 1분 이내에 관측 가능성 도구에 반영돼야 함을 나타낸다. 지연 시간이 이보다 길어지면, 개발자와 운영자가 변경 사항(예: 이전 버전으로 복원)이 원하는 효과를 내는지 여부를 적절하게 이해할 수 없다.

모바일 클라이언트에게는 전력이 또 하나의 중요한 리소스이며, 많은 장치가 모바일 데이터 무선 통신의 전원을 주기적으로 꺼서 전력을 절약한다. 트레이서 SDK는 무선 통신의 전원이 꺼진 동안 너무 오래 스팬을 버퍼링하지 않도록 주의해야 한다(스팬을 보내면 다시 전원이 들어와 켜질 것이다).

메모리 사용량 및 전력 소비량에 대한 걱정과 추적 파이프라인의 다른 부분에도 추가 지연이 발생할 수 있다는 사실을 감안해 대부분의 트레이서 라이브러리는 최대 수 초 동안, 보통 1초 미만의 시간 동안만 버퍼에 데이터를 저장하도록 개발했다. 또한 다운스트림 트레이서 시스템에 오랫동안 연결을 유지해 스팬을 백엔드로 스트리밍함으로써 지연 시간을 효과적으로 줄이면서도 메모리에 미치는 영향을 최소화하며 네트워크 비용을 절감할 수 있다.

트레이서는 스팬 데이터를 압축해 네트워크 비용을 줄일 수 있지만, 네트워크 리소스를 위해 컴퓨팅 리소스를 거래하는 또 다른 예시이다. 종종 단일 프로세스에서 생성된 스팬은 많은 작업 이름, 태그 키, 일부 태그 값을 공유한다. 예를 들어 서비스는 대개 고정된 수의 끝점만 제공하며, 이 끝점은 해당 프로세스가 생성한 스팬 안에 있는 고유한 작업 이름을 결정한다. 스팬에는 종종 언어 또는 플랫폼, 호스트 또는 데이터 센터를 나타내는 태그가 포함되며, 해당 프로세스에서 생성된 모든 스팬에 의해 공유된다. 이 문자열을 여러 스팬을 포함하는 요청의 일부로서 한 번만 보내면 상당한 양의 대역폭을 절약할 수 있다. 트레이서는 또한 전체 스팬 버퍼를 전송하기 전에 GZIP 압축 알고리듬으로 압축하는 것과 같은 일반적인 압축 기술을 사용할 수 있다. 이 모든 경우에 트레이서는 네트워크 사용량을 낮추는 대신 약간의 컴퓨팅 비효율이 발생할 수 있다.

마지막으로, 트레이서 SDK와 에이전트는 만들 수 있는 스팬들의 하위 집합들만 내보내서 처리량을 최소화할 수 있다. 이 장의 후반에서 샘플링 전략의 일부로서 이를 알아볼 것이다.

구글의 비효율성 추적

구글의 분산 추적 시스템인 대퍼는 대용량 분산 시스템의 대기 시간을 측정하기 위해 개발했다. 처음 추적 기능을 사용하는 많은 사용자는 애플리케이션의 비효율성이 너무 크기 때문에 프로덕션 시스템에서 추적을 사용할 수 없다고 생각했다.

엄청난 규모에도 불구하고 구글은 대퍼를 모든 웹 검색 요청 처리 과정 안에 도입했다.[1] 기술 보고서에 쓰인 것처럼, 다양한 샘플링 속도에서 대기 시간과 처리량에 미치는 영향을 측정했다. 각 서버가 초당 수만 건의 요청을 처리하더라도, 구글은 16개의 요청 중 한 번의 샘플링으로 인한 대기 시간과 처리량의 영향이 실험 오류 내에 있음을 발견했다. 대퍼는 애플리케이션 비효율성에 미치는 영향 때문이 아니라, 이러한 스팬의 저장과 관련된 인프라 비용 때문에 더 적극적으로 샘플링하는 경우가 많았다. 수만 대의 서버에서 동시에 실행하는 경우, 16 대 1의 샘플링을 사용하더라도 대퍼는 데이터를 합리적인 비용으로 저장하기에 너무 많은 데이터를 생성했다.

인프라 비용

애플리케이션 자체를 추적하느라 발생하는 성능 영향은 어렵지 않게 줄일 수 있지만, 추적을 수집, 저장하고 원하는 목표를 정해놓고 분석할 때 필요한 네트워크와 스토리지 비용은 더 중요한 설계 문제이자 엔지니어링 문제이다.

이런 비용을 좀 더 구체화하기 위해 단순화하고 쉽게 만든 모델을 단계별로 살펴볼 것이다. 이것은 애플리케이션의 크기와 구현에 관련된 많은 가정을 담기 때문에 애플리케이션 추적 비용을 분석하기 위한 가이드가 아니다. 그러나 추적이 인프라 비용에 영향을 줄 수 있는 여러 가지 방법의 상대적 규모를 파악하는 데 도움이 될 것이다.

개별 스팬(태그와 로그 포함)의 크기가 대략 500바이트라고 가정하면, 애플리케이션 추적에 필요한 대략적인 데이터 속도를 계산해 이런 비용을 추정할 수 있다. 최종 사용자 요청 수(즉, 사용자가 애플리케이션과 상호 작용하는 횟수)와 애플리케이션의 서비스 수(브라우저 또는 모바일 애

1 [Sig10]

플리케이션과의 인증 같은 백엔드 서비스, 사용자 데이터베이스 서비스, 또는 결제 서비스를 포함한 수)에 따라 추정할 수 있다. 예를 들어 애플리케이션이 초당 2,000개의 최종 사용자 요청을 처리하고 20개의 서비스로 구성되는 경우, 초당 20MB의 스팬 데이터를 생성하거나 매시간 72GB 정도의 데이터를 생성할 것이다.

네트워크

추적 솔루션은 애플리케이션에 미치는 영향을 최소화할 때 도움이 되며, 이런 스팬을 분석에 사용할 수 있게 하고(따라서 사용자 추적을 위한 통찰력의 원천이 된다.), 신속하게 애플리케이션에서 스팬 데이터를 되도록 빨리 이동시킬 것이다. 앞에서 설명한 것처럼 트레이서는 추가적인 계산 작업을 통해 일부 네트워크 비용을 절약할 수 있지만, 이런 스팬을 수집하는 방법에는 여러 가지 추가적인 설계상의 선택지가 있다.

모든 네트워크 비용이 같은 것은 아니다. 데이터 센터나 가상 사설 클라우드[VPC] 내에서 네트워크 전송은 대개 무료이며, 보통 네트워크의 대역폭은 개별 컴퓨터의 처리 성능에만 영향을 받는다(보통 초당 약 수 GB이다). 반면에 VPC 외부에서 데이터를 전송하면 많은 비용이 발생한다. 리전 또는 대륙 내에서 데이터를 전송할 때 드는 비용은 GB당 최소 0.01달러이지만, 대륙이나 공용 네트워크를 통해 데이터를 전송할 때 드는 비용은 10배에서 20배 정도 증가한다. GB당 0.10달러의 비용을 가정하면, 인터넷을 통해 모든 스팬을 전송하는 트레이서는 작은 예제 애플리케이션에서 하루 약 173달러의 네트워크 요금이 발생한다.

비교해보자면, 애플리케이션 자체를 실행할 때 필요한 인프라의 보수적인 추정치조차도 이 양보다 적다. 예를 들어 서비스의 각 인스턴스가 초당 500개의 요청을 처리할 수 있고 모든 서비스가 모든 요청에 관여한다고 가정하면, 80개의 가상 컴퓨터 인스턴스가 필요하다. 시간당 0.04달러(종량제 요금)로 이 인스턴스의 가격은 하루에 약 77달러이다. 애플리케이션이 동작하는 방식은 다양한 형태가 있을 수 있지만(물론 애플리케이션의 성능은 규모에 따라 다를 수 있다.), 이 예제는 인터넷을 통해 모든 스팬을 전송할 때 필요한 네트워크 비용이 애플리케이션을 실행할 때 필요한 컴퓨팅 비용과 비슷한 수준임을 보여준다. 대부분의 팀이 기꺼이 지출하는 비용보다 더 많은 비용을 지불해야 한다.

스팬이 저장되는 위치는 비용에 큰 영향을 줄 수 있다. 애플리케이션에 가까이 저장하면 이런 비용을 줄일 수 있지만, 이 때문에 글로벌 추적 분석이 복잡해질 수 있다. 대부분의 트레이서는 이런 비용을 줄이기 위해 스팬을 샘플링한다.

스토리지

스팬이 어디에 저장되든, 트레이서는 스팬을 어딘가에 반드시 저장해야 한다. 기준을 잡기 위해 간단한 블록 스토리지 시스템(예: 아마존 웹 서비스 S3 또는 구글 클라우드 스토리지)을 사용하고 클라우드 서비스가 한 달 동안 1GB를 저장하는 비용으로 0.02달러를 청구한다고 가정해보자. 한 달 동안 스팬을 저장하는 것이 충분하다고 가정하면, 이 블록 스토리지 솔루션을 사용해 애플리케이션 예제에서 생성한 스팬을 저장할 때 드는 비용은 하루 약 35달러가 된다.

그러나 이런 스토리지 솔루션은 가장 단순하고 저렴한 솔루션 중 하나이다. 스팬을 사용하려면 단순히 스팬을 저장하는 것 이상의 기능이 필요하다. 스팬을 검색하기 위한 기능을 제공하고, 비슷한 또는 관련 스팬을 분석하기 위한 대규모의 액세스를 제공하고, 스팬 그룹의 메트릭을 집계하려면 스팬을 저장한 후에는 인덱스를 생성하는 방법이 필요하다. 물론 이 지표들에는 스토리지와 그 외의 리소스가 필요하므로, 이 추정치는 순수하게 구현에 드는 비용의 하한 값으로 봐야 한다. 네트워킹 리소스의 경우와 마찬가지로 대부분의 추적 솔루션은 스토리지 비용을 줄이기 위해 일정한 형태의 샘플링을 구현한다.

구글의 비용 추적

대퍼로 구현된 대부분의 샘플링은 네트워크와 스토리지 비용 절감을 목표로 했다. 프로세스 자체의 기본 샘플링 비율은 1,024분의 1이며, 스팬은 일반적으로 안전하게 저장되기 전에 10배 감소됐다.

이런 샘플링 비율에서도 대퍼는 추적을 리전별 스토리지에 저장해 네트워크 비용을 줄였다. 대퍼가 처음 배포될 당시에는 대부분의 요청이 단일 리전 내에서 실행되는 서비스 모음에 의해 처리됐으므로, 주어진 추적의 모든 스팬이 단일 리전에서 생성됐다. 팀에서는 스팬을 검색할 때 활용할 수 있는 속성을 사용하는 것이 쉽지 않았다. 이들은 원래 2개의 서로 다른 인덱스(서비스용과 호스트용)를 구현했지만, 사용 패턴이 이런 인덱스를 별도로 관리하는 비용을 정당화할 수 없다는 것을 알게 됐다. 대퍼 프로젝트 팀은 나중에 두 가지를 하나의 복합 인덱스로 결합해 비용을 기준에 맞췄다.[2]

샘플링

지금까지 추적 솔루션에 발생할 수 있는 다양한 비용을 설명했다. 모든 요청에 대해 모든 스팬이 수집되고 저장되고 인덱싱되면, 추적 비용이 애플리케이션 자체를 실행하는 비용보다 더 클 수 있다는 결론을 얻었다.

따라서 추적 솔루션이 어떤 방식이든 텔레메트리 데이터의 양을 줄이는 것이 가장 중요하다. 트레이서는 여러 가지 전략을 사용하지만, 가장 넓고 효과적인 방법은 스팬을 샘플링해서 스팬의 하위 집합을 수집하고 처리하는 것이다. 거의 모든 중요한 애플리케이션 동작은 둘 이상의 요청으로 나타나므로, 추적 솔루션이 관심 있는 각 동작 중 적어도 하나 이상의 예제를 수집할 수 있는 한, 추적 기능을 사용하는 사용자는 이런 예제를 사용해 버그와 성능 문제를 찾고 해결할 수 있다.

2 [Sig10]

최소 요구 사항

스팬을 샘플링하는 방법을 결정할 때 가장 먼저 고려해야 할 중요한 사항은 추적 솔루션이 완전한 추적을 만들었는지 확인하는 것이다. 완전하다는 것은 트레이서가 수집을 위해 주어진 요청을 선택했을 때 해당 요청에서 모든 스팬을 수집해야 한다는 의미이다. 완전하지 못하다면, 사용자는 처음부터 질문을 많이 받는다.

그림 6-1의 추적은 불완전한 추적의 한 예인 3개의 스팬을 보여준다. 이들 세 스팬은 A(추적 루트), C(부모 스팬 B), E(부모 스팬 D)로 표시된다. 이를 통해 사용자는 대기 시간이 C 또는 E 때문인 것으로 추측할 수 있지만, 그림의 세 가지 구성은 C와 E가 호출된 이유에 대한 몇 가지 가능성이 있음을 보여준다. 가장 가까운 공통 조상은 A, B 또는 D일 수 있으며, 이런 각 가능성 때문에 사용자가 느려짐의 원인을 이해하기 위해 다른 조치를 취할 수 있다. 또한 추적에 표시되지 않은 C 또는 E의 하위 항목으로 추가 스팬은 지연 시간의 진짜 원인을 설명할 수 있다.

분산 시스템의 많은 문제와 마찬가지로 분산 시스템에서 일관되게 샘플링하는 것은 조정이 필요하기 때문에 어렵다. 샘플링 결정은 전체적으로 이뤄지거나, 각 서비스와 관련된 트레이서 구성 요소는 종종 요청과 관련된 정보를 공유해 일관된 샘플링 결정을 내려야 한다. 이 작업은 애플리케이션이 처리하는 모든 요청을 처리해야 하므로, 효율적인 방법으로 진행해야 한다.

데이터 센터끼리 네트워크를 통해 전송하는 비용이 높기 때문에 샘플링 결정은 애플리케이션에서 또는 애플리케이션과 밀접하게 이뤄져야 한다. 최소한, 데이터 스팬이 데이터 센터나 VPC를 떠나기 전에 결정을 내려야 한다. 이는 리전 또는 클라우드 서비스에 고루 배포된 애플리케이션에서 특히 큰 문제가 될 수 있다.

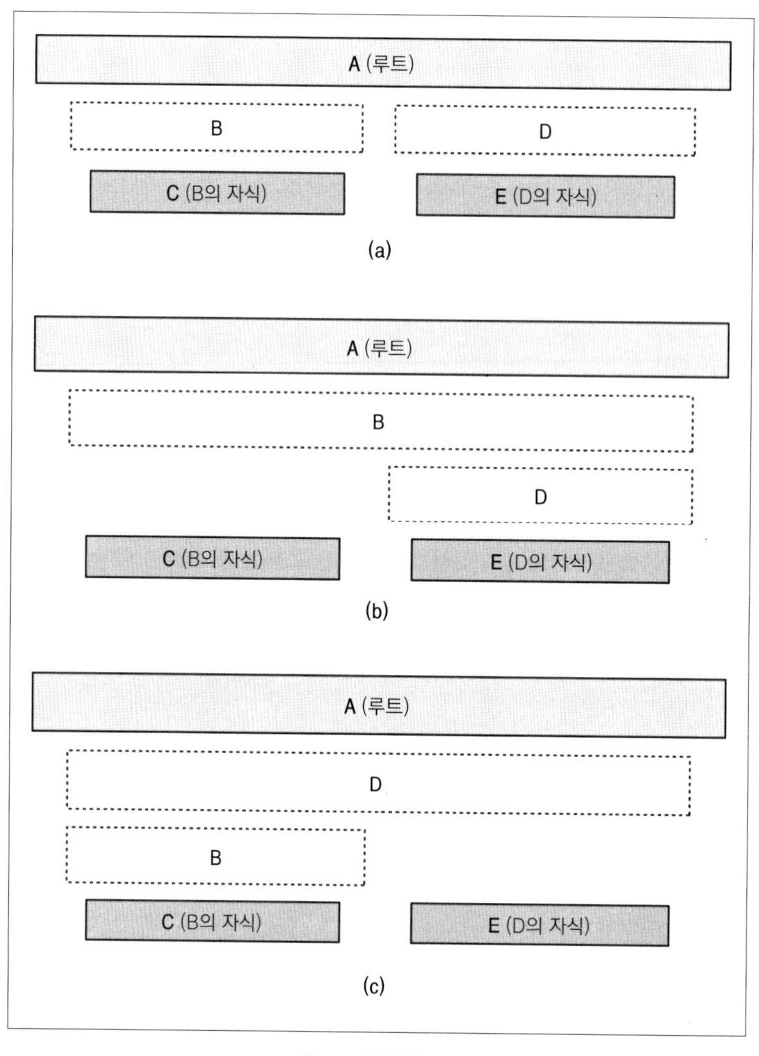

그림 6-1 불완전한 추적

전략

샘플링은 추적 솔루션에서 거의 모든 곳에 사용되므로 추적을 샘플링할 때 사용하는 방법과 데이터 종류별로 각 솔루션을 분류하는 것이 유용할 수 있다. 샘플링되는 추적은 처리할 수 있는 분석 종류와 분석 결과에 영향을 미친다. 추적 솔루션과 샘플링 방법을 선택할 때 어떤 종류의 활용 사례가 가장 중요한지 고려해야 한다.

사전 샘플링

보존할 스팬을 결정하는 간단한 방법은 지정된 요청에 관한 스팬이 생성되기 전에 샘플링 결정을 내리는 것이다. 이 결정은 요청의 시작 시점이나 데이터의 머리말에서 결정되므로, 종종 사전 또는 헤드 기반 샘플링이라고 표현한다. 때에 따라서는 요청을 보지 않고 샘플링 결정을 내리며, 이를 편향되지 않은 샘플링이라고 한다.

초기에 대퍼는 각 요청이 시작될 때 코인 플립coin flip을 함으로써 그 결과를 요청에 관여한 다른 모든 서비스에 전달하는 이 전략을 따랐다. 이 전략을 사용하면, 각 서비스는 요청 처리를 시작하는 순간 해당 요청을 처리하는 과정에서 스팬을 수집할지 여부를 알 수 있다.

솔루션은 요청의 일부 기능에 따라 샘플링 속도가 달라질 수 있다. 예를 들어 처리량이 적은 서비스 또는 끝점을 추적하는 트레이서는 더 높은 샘플링 빈도를 사용하도록 구성할 수 있다. 이 경우 추적 솔루션 사용자는 데이터의 샘플링 방법을 제어하는 규칙들을 만들어야 한다.

샘플링 빈도는 동적으로 변경돼 원하는 출력 속도를 달성할 수 있다. 이렇게 하면, 애플리케이션의 실제 처리량에 관계없이 주어진 인프라(대부분 네트워크와 스토리지)를 운영하기 위한 예산을 책정하고 해당 인프라를 최대한 활용할 수 있다.

사전 샘플링은 추적만을 집계하고(특히 처리량이 많은 서비스) 추적 집단 내에서 다양성이 거의 없는 활용 사례를 위한 강력한 접근법이다. 구글은 검색 서비스로 들어오는 요청이 많고 비교적 유사하기 때문에 대퍼 기능의 일부로서 사전 샘플링을 선택했다.

사전 샘플링은 간단하고 효율적이지만 두 가지 단점이 있다. 먼저, 요청에 관여하는 모든 서비스에 샘플링 결정을 전달해야 한다는 것은 애플리케이션 코드가 상당한 수준의 일관성을 갖는다는 것을 의미한다. 또한 각 요청의 루트 스팬을 확실하게 결정할 수 있어야 한다. 각 코인 플립의 결과가 올바르게 전파되지 않거나 부주의하게 무시될 경우, 불완전한 추적이 생성된다. 구글에서는 통일된 코드 기반(작은 언어 집합과 단일 RPC 프레임워크) 관리로도 충분했다. 또한 구글은 표준화된 프론트엔드 서버를 실행하므로 어디서 추적을 시작할지 결정하는 것이 대부분 쉽다.

둘째, 사전 샘플링은 요청을 처리하는 과정에서 어떤 일이 발생할지 알 수 있는 정보 없이 샘플링 결정을 내릴 수 있다. 요청 자체의 매개변수는 결정을 알리는 데 사용할 수 있지만, 요청 기간이나 요청 성공 여부 같은 중요한 신호는 요청이 완료된 후에야 알 수 있다. 이것은 두 단계로 샘플링을 처리해 어느 정도 상황을 쉽게 만들 수 있다. 데이터양을 좀 더 관리하기 쉬운 수준으로 줄이기 위해 각 서비스 인스턴스 내에서 첫 번째 샘플링 단계를 처리한다. 이렇게 부분적으로 샘플링된 데이터는 중앙 집중식 솔루션으로 전달될 수 있으며, 이 솔루션은 각 요청의 전체 과정과 지연 시간, 그리고 응답 코드를 포함한 응답을 통해 두 번째 샘플링 결정을 내릴 수 있다. 그러나 서비스 인스턴스 자체 내에서(즉, 첫 번째 단계에서) 샘플링이 발생하면, 자주 발생하지 않는 흥미로운 동작이 있는 요청이 손실될 것이다. 다음 절에서는 샘플링 결정이 중앙 위치에서만 이뤄지는 솔루션을 살펴본다.

응답 기반 샘플링

사전 샘플링의 여러 단점을 해결하기 위해 많은 트레이서는 응답의 기능이나 응답 내용을 포함해 요청에서 파생된 정보를 기반으로 각 샘플링 결정을 내린다. 예를 들어 응답의 일부는 요청이 실패했음을 나타낼 수 있다. 이 실패는 요청을 샘플링하기 위한 장치로 사용할 수 있다(문제를 추적할 때 실패한 요청은 특히 중요하기 때문이다). 샘플링 결정은 요청의 끝 또는 마지막 부분의 데이터에서 결정되므로, 이 전략을 꼬리 기반tail-based 샘플링이라고도 한다.[3]

발생한 오류 외에, 응답 기반 샘플링은 샘플링 결정의 일부로서 요청 기간을 사용할 수도 있다. 예를 들어 트레이서는 임곗값을 설정하고 지속 시간이 해당 임곗값을 초과하는 모든(또는 상당 부분) 추적을 유지할 수 있다. 응답 크기 또는 다른 애플리케이션 고유의 응답 기능도 이런 결정을 내리는 데 사용할 수 있다.

3 '꼬리 기반'이라는 말은 통계 관련 지식이 있는 사람들에게는 특히 혼란스러운 용어일 수 있다. '꼬리'는 비대칭 분포의 좁은 부분을 가리킬 수 있기 때문이다. 여기서 '꼬리 기반'으로 샘플링한다는 말은 다른 요청에 비해 대기 시간이 긴 요청을 샘플링한다는 것을 의미한다.

응답 기반 샘플링은 사전 샘플링보다 구현하기 훨씬 어렵다. 사전 샘플링과 달리, 스팬이 샘플링될지 여부는 해당 스팬에 해당하는 요청 부분이 완료된 후 수 초(또는 그 이상)까지 알 수 없을 것이다. 예를 들어 깊이 중첩된 스팬은 추적의 루트 스팬이 끝나기 몇 초 전에 준비될 수 있으며, 추적을 샘플링할 것인지 결정하기 몇 초 전에 준비될 수 있다. 이때 해당 서브 스팬은 임시로 어떤 방식을 사용하든 저장해야 한다. 이 때문에 애플리케이션(로컬에 저장된 경우) 또는 추가 네트워크 대역폭(없는 경우)의 리소스를 소비할 수 있다.

중앙 집중식 샘플링 결정

추적의 목적은 애플리케이션을 넓게 볼 수 있는 뷰를 구성하는 것이므로, 샘플링 기술에 애플리케이션을 이해하기 위한 폭넓은 지식이 필요한 것은 당연하다. 앞서 본 샘플링의 경우처럼 서비스에서 서비스로 단일 비트를 전달하는 것조차도 글로벌 조정의 한 형태이다. 더 많은 정보가 모일수록 더 정교한 샘플링 방법을 적용할 수 있다.

모든 스팬을 중앙에 저장하고 샘플링을 처리하는 순진한 접근 방식은 운영 비용이 비싸다. 그러나 먼저 스팬의 일부만 중앙에 저장하고, 중앙 집중식 데이터를 사용해 샘플링 결정을 한 다음, 이런 샘플링 결정을 다시 전달해 분산 방식으로 구현할 수 있도록 하면 비슷한 결과를 얻을 수 있다.

이 하이브리드 방식을 구현하는 첫 번째 단계는 샘플링 스팬을 결정할 때 선택된 스팬을 계속 사용할 수 있도록 하는 것이다. 이를 위해서는 애플리케이션이 처리해야 하는 가장 긴 요청 기간 동안 스팬을 버퍼에 저장해야 한다. 예를 들어 애플리케이션이 최대 30초까지 걸릴 수 있는 대화형 검색 쿼리를 처리하는 경우, 이 버퍼는 샘플링 결정을 내리고 전달하기까지 걸리는 시간을 고려해 최소 30초 분량(혹은 그 이상)의 스팬을 보유할 수 있을 만큼 충분히 커야 한다. 다른 애플리케이션에서는 5분 또는 10분 정도의 버퍼가 더 적합할 수 있다. 설명을 위해 트레이서가 1분 동안 스팬을 버퍼에 저장한다고 가정하겠다.

예를 들어 같은 추적에 속하는 2개의 스팬을 생각해보자. 스팬 A는 HTTP 요청 처리를 나타내고, 스팬 B는 해당 요청 처리의 일부로서 진행되는 데이터베이스 쿼리를 나타낸다. 또한 데이터베이스 쿼리 이후에 상당한 추가 컴퓨팅이 발생한다고 가정하자. 그림 6-2는 이 추적의 모양을 보여준다.

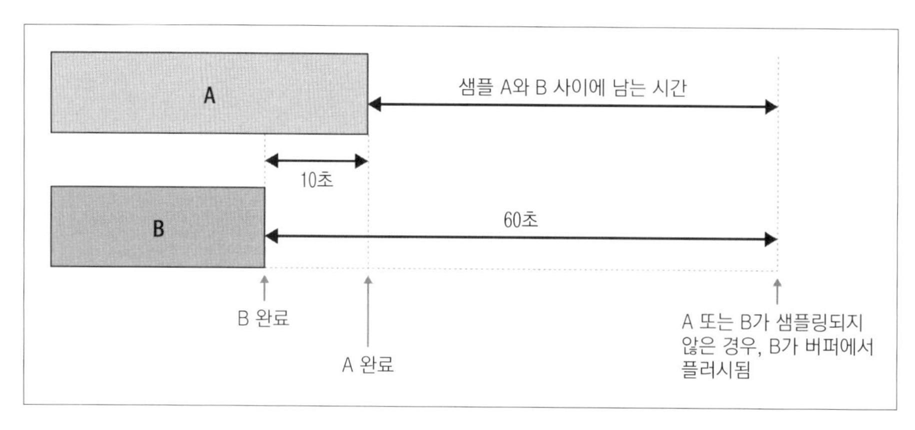

그림 6-2 버퍼 이벤트의 타임라인이 있는 추적

그림 6-2에서 스팬 A는 스팬 B가 끝난 후 10초가 지나야 완료된다. 스팬 A의 속성(예: HTTP 요청의 응답 코드)을 사용해 샘플의 일부로서 A를 선택하는 경우, 스팬 B가 완료된 후 10초 이상 지날 때까지 결정을 내릴 수 없다. 스팬 B는 버퍼에 10초 이상 유지돼야 한다.

대개 이런 버퍼는 메모리 내 캐시로 구현되며, 스팬이 도착하면 버퍼에 저장된다. 메모리는 빠르고 쉽게 스팬을 짧은 기간 동안 저장할 수 있다. 그리고 버퍼의 저장 용량이 부족해지면, 새 스팬이 추가될 때마다 가장 오래된 스팬을 덮어 쓴다. 스팬을 로컬 디스크에 기록할 수 있지만, 이를 저장하는 추가적인 가치는 상대적으로 낮으며, 이때 발생하는 비용은 큰 부담이 된다.

1분 안에 생성되는 스팬의 수가 상당히 많을 수 있으므로, 서비스 프로세스 내에서 이 버퍼를 구현할 수 없을 것이다. 필요한 메모리의 양이 서비스 자체에 큰 영향을 줄 정도로 커질 것이다. 때때로 버퍼는 사이드카 프로세스로, 또는 흔히 별도의 컨테이너나 전용 가상 컴퓨터에서 구현된다(그림 6-1에서 '컬렉터'로 표시). 앞에서 설명했듯이 처리량이 많은 애플리케이션의 경우, 네트워크 비용을 지속적으로 관리하기 위해 이 버퍼를 같은 데이터 센터나 VPC 내에서 애플리케이션과 가까운 곳에 배치해야 한다.

이 방법의 핵심은 추적의 일부인 모든 스팬을 쉽게 구분할 수 있도록 하는 것이다. 사실, 이것은 추적을 구성하는 스팬이 다양한 소스에서 도착하고 수집 및 분석될 때 스팬을 해당 추적으로 정렬해야 하기 때문에 이미 요구 사항에 들어 있던 내용이다. 프로세스 간에 콘텍스트를 전파하는 과정에서 각 스팬에는 TraceID나 자신이 속한 추적을 구분하는 다른 수단이 있어야 한다. 추적 솔루션은 TraceID를 사용해 샘플링해야 할 스팬을 나타낼 수 있다. TraceID가 스팬 자체보다 훨씬 작고, 샘플링된 스팬 수가 전체 스팬 수보다 훨씬 작기 때문에 이 기술은 인프라 비용을 크게 낮출 수 있다. 그림 6-3은 컬렉터에서 중앙 분석과 스토리지 구성 요소로 가는 스팬 흐름의 일부를 TraceID로 대체하는 방법을 보여준다. 일부 또는 모든 TraceID가 중앙 분석 구성 요소로 전달되면, 샘플링 결정이 일관되게 이뤄지도록 다른 컬렉터로 다시 보낼 수 있다.

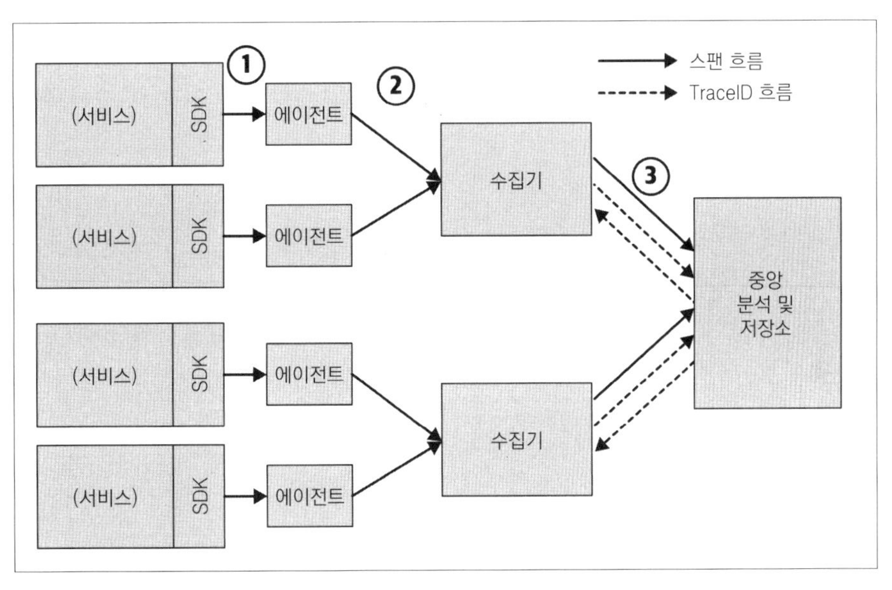

그림 6-3 TraceID가 어떻게 전파되는지 보여주는 변경된 컬렉션 아키텍처

추적 선택하기

추적 솔루션이 폭넓은 요청 특성을 기반으로 샘플링 결정을 내릴 수 있는 방법을 제공하면, 어떤 특성을 사용해야 하는지 선택해야 한다. 추적을 샘플링하기로 한 결정은 스팬을 샘플링하기로 한 결정(결국 추적의 일부가 될 것이다.)에서 시작하므로, 유용한 추적으로 이어질 스팬 특성을 선택해야 한다.

앞에서 언급했듯이, 한 가지 방법은 문제를 나타내는 추적을 선택하는 것이다. 추적이 느리거나 오류가 있는 경우에는 가장 활용할 수 있는 정보가 많기 때문이다. 그러나 이 방법은 몇 가지 문제점이 있다. 첫째, 문제가 있는 요청을 이해하기 위한 기준으로 사용할 수 있는 정상적인 요청이 있어야 도움이 된다. 둘째, '느린' 구성 요소는 스팬이 나타내는 작업에 따라 다를 수 있다. 대개 실행 비용이 비싼 특정 작업이 다른 작업보다 느리게 처리될 수 있으므로, 빠르게 실행되는 작업은 샘플링이 잘되지 않을 수 있다. 셋째, 주어진 스팬에 오류 태그가 지정될 수 있지만, 스택 위쪽의 작업은 해당 오류에서 복구할 수 있다. 즉, 추적 전체가 그다지 흥미로운 정보가 없을 수 있다는 뜻이다.

다른 모든 범위에 비해 느린 스팬을 선택하는 대신, 많은 추적 솔루션은 동일한 서비스 및 작업 안에서 다른 스팬에 비해 느린 스팬에 중점을 둔다. 마찬가지로, 추적의 원점에서 오류를 나타내는 스팬 또는 지정된 서비스의 최상위 스팬이 더 가치가 있을 확률이 높다. 이와 같이 추적 솔루션은 각 서비스 및 작업의 성능 모델을 구축한 다음 이러한 모델과 관련된 스팬(그리고 추적을 만들지 여부)을 선택할 수 있다. 팀별 서비스의 규모가 작고 서비스당 최대 수십 개의 작업을 담당하는 팀에서 이 방법은 종종 사용자에게 많은 가치를 제공한다.

그러나 이 방법을 사용하는 추적 솔루션은 이런 방면의 의도적 또는 비의도적 오용을 처리할 수 있는 몇 가지 안전 장치를 마련해야 한다. 예를 들어 사내 제품과 상용 제품 모두에서 추적 솔루션을 만들고 관리하면서, 다른 종류의 데이터가 운영을 목적으로 유출되는 많은 사례를 봤다. 한 사례로, 개발자가 작업을 요청의 URL(사용자 ID 포함)로 설정했던 일이 있었다. 이 때문에 수십만 건의 '작업'이 발생했으며, 추적 시스템은 각각의 느린 추적을 수집하려고 시도했다. 분명히 이는 실행 비용이 비싸고 사용자에게 거의 가치가 없는 것이다.

메트릭 도구를 구현하는 사용자와 고급 사용자에게는 익숙한 문제일 것이다. 높은 카디널리티 집합의 각 요소마다 상태를 유지하는 것은 많은 비용이 든다. 따라서 각 서비스 및 운영 사례에서 흥미로운 예를 찾으려는 추적 솔루션에는 어느 정도 제한된 범위 안에서 가장 일반적으로 발생하는 작업만 선택하는 방식의 안전 장치가 포함돼야 한다. 실제로 이러한 안전 장치가 구현되면, 어떤 태그에든 적용할 수 있어 추적 솔루션이 광범위한 추적을 대표하는 샘플을 수집할 수 있다.

스팬(즉, 추적)을 흥미롭게 만드는 특성으로 무엇을 활용할 것인지 선택했다면, 얼마나 자주 샘플링할지를 선택하는 것만 남는다. 이러한 선택은 주로 비용에 의해 좌우될 수 있다. 인프라 비용을 얼마나 쓸 것인지 예산을 정한 다음, 정한 예산에 맞는 최대한 많은 수의 추적을 주기적으로 샘플링하도록 추적 솔루션을 구성한다.

또한 새 버전이 출시되거나 프로덕션 구성이 변경되는 시기 등의 외부 이벤트를 기반으로 추적을 선택하는 것도 고려할 수 있다. 서비스 중단은 종종 애플리케이션의 여러 부분이 변경돼 발생하며, 이런 문제가 발생했을 경우 발생하는 상황을 설명할 때 도움이 되는 추적 정보를 확보하는 것은 중요하다. 예를 들어, 경고가 발생하는 등 문제가 발생한 것으로 알려진 순간은 여러 가지 흔적을 포착할 수 있는 훌륭한 기회이기도 하다.

모든 편향된 샘플링과 마찬가지로, 지연 시간, 오류율 또는 기타 애플리케이션 성능 측면의 통계를 계산할 때는 추적 도구가 편향을 고려하는 것이 중요하다. 예를 들어 추적 솔루션이 더 느린 요청으로 편향되는 경우 서비스의 평균 대기 시간을 계산할 때 사용되는 요청의 가중치를 낮추는 것이 중요하다.

상용 ETL 솔루션

ETL 도구(상용 추출Extract, 변환Transform, 로드Load 도구)를 사용해 추적 솔루션의 처리 부분을 구현할 수 있을까? 물론 어느 정도 가능하긴 하지만, 가장 일반적인 ETL 도구는 훨씬 더 동질적인 데이터를 처리하기 위해 만든 것이다. 앞에서 설명한 것처럼 모든 스팬이 같은 가치를 제공하는 것은 아니다. 속도가 느리거나 오류가 있는 스팬은 성능 향상에 중요한 단서가 될 수 있다. 마찬가지로, 느린 스팬(또는 실패한 스팬) 같은 추적의 일부인 일반 스팬도 유용한 콘텍스트를 제공할 수 있다. 또한 스팬의 실제 값은 추적 솔루션에서 몇 초 또는 몇 분 후에 수집될 때까지 알 수 없을 수 있다. 많은 ETL 도구는 각 데이터 조각을 독립적으로 처리하거나 수집을 균일하게 처리할 수 있어야 하므로 분산 추적에 적합하지 않다.

놀랍게도, 일반적인 ETL 솔루션은 다른 종류의 리소스(예: 네트워크와 스토리지)를 교환할 때 유연성이 떨어진다. 나의 경험으로 보면, 컬렉션에 일반 솔루션을 사용하려면 추적을 위해 특별히 만들어진 솔루션보다 훨씬 더 많은 인프라 리소스가 필요했다.

반면에 스팬을 샘플링하고 추적으로 그룹을 만들면, 상용 도구를 사용해 스팬을 분석하고 저장할 수 있을 가능성이 높아진다. 자세한 내용을 다루는 것은 이 책의 주제를 벗어나지만, 7장과 8장에 설명된 많은 활용 사례는 상용 도구를 사용해 구현할 수 있다.

데이터의 양을 줄이기 위한 다른 접근 방식(결국 비용 문제)

추적 솔루션을 만들 때의 주된 문제들 중 하나는 비용을 관리하는 것이다. 스팬을 통한 선별을 거쳐 스토리지 또는 네트워크 요금을 늘리지 않고도 사용자에게 유용한 정보를 찾을 수 있다. 데이터양을 줄이고(즉, 비용을 관리하기 위한) 주된 기술로 샘플링에 초점을 맞췄지만, 추적 솔루션에서도 활용할 수 있는 다른 기술이 있다.

보통 추적 솔루션에서 다루지 않는 내용일 수 있지만, 스팬 통계를 수집하는 것은 해당 집합의 모든 세부 정보를 기록하거나 한 스팬의 모든 정보를 기록하지 않고 스팬 집합에서 일부 정보를 얻을 수 있는 강력한 방법이다. 특정 작업이 수행되는 속도, 특정 태그 값의 빈도 또는 스팬 클래스의 대기 시간 히스토그램은 모두 효율적으로 표현할 수 있으며(종종 스팬 하나보다도 적은 공간을 차지하기도 한다.), 애플리케이션에서 발생하는 작업을 이해할 수 있는 강력한 통찰력을 제공할 수 있다.

마찬가지로, 일단 추적을 샘플링하면 그 추적의 모든 세부 사항을 저장할 필요는 없다. 어떤 작업이 크리티컬 패스(critical path)를 차지했는지(그리고 얼마나 현상에 많이 관여했는지) 또는 특정한 흥미로운 태그가 있는지 아는 것만으로도 가치가 있을 수 있다. 추적을 내구성 있게 저장하기 전에 이 정보를 추출할 수 있고, 추적 자체를 폐기하면 스토리지 비용을 크게 줄일 수 있다.

마무리

다른 관측 가능성 도구와 마찬가지로 분산 추적 도구는 애플리케이션 성능에 미치는 영향을 최소화해야 한다. 운 좋게도 이 작업을 처리하는 간단한 방법이 있다. 규모에 관계없이 애플리케이션 자체에 부담이 거의 없는 방식으로 추적을 구현할 수 있으므로, 프로덕션 환경에서 추적을 사용하는 것이 안전하다. 분산 시스템 그리고 거의 모든 현대의 애플리케이션에서 프로덕션 이외의 여러 문제를 재현하기 어려우므로 이 기능은 중요하다. 프로덕션에서 추적을 사용하면 이런 문제를 훨씬 더 빨리 찾을 수 있다.

애플리케이션에 미치는 영향은 크지 않지만, 추적 데이터를 처리하고 저장하는 비용은 클 수 있다. 추적의 가치는 여러 서비스에서 요청을 따르거나 스팬과 관련된 태그와 이벤트에 관계없이 종종 제공하는 세부 정보에 들어 있다. 추적은 요청과 응답이 나타내는 것보다 훨씬 더 클 수 있으므로, 모든 추적을 저장하는 것은 인프라 관점에서 비싸다. 그러나 모든 추적 데이터가 같은 가치를 지니는 것은 아니다. 느리거나 실패한 요청을 나타내는 추적은 더 많은 가치를 제공할 수 있다. 추적의 하위 집합을 샘플링하고 나머지를 폐기하는 것은 비용을 통제하면서 올바른 추적을 수집할 수 있게 도와주므로 널리 사용되는 기술이다.

추적 솔루션의 개발자 또는 사용자로서(또는 둘 다), 샘플링 결정이 내려질 때와 무엇보다도 이런 결정에 정보를 제공할 때는 사용되는 정보를 포함해 서로 다른 샘플링 기술을 알아야 한다. 서로 다른 기술은 다양한 성능 상충 관계를 제공하고 더 많은 활용 사례를 지원할 수 있을 것이다.

추적은 개별 요청을 기준으로 관측을 쉽게 할 수 있도록 만드는 것을 의도했기 때문에 메트릭과 로그를 포함한 다른 종류의 텔레메트리를 위한 중요한 역할을 할 수 있는 기회를 제공한다. 추적 기능을 사용하면 텔레메트리 데이터를 상황에 맞게 배치해 모든 관측 가능성 도구의 가치를 극대화할 수 있다. 7장에서는 흔히 관측 가능성 도구에서 바라는 것은 무엇이며 추적 기능이 다른 도구와 어떻게 관련돼 있고 어떻게 그 이점을 증폭시킬 수 있는지를 주로 다룰 것이다.

7장

새로운 관측 가능성 점수표

구글이나 트위터 같은 회사의 엔지니어들은 프로덕션 시스템을 모니터링할 뿐만 아니라 상대적으로 적은 수의 신호를 사용해 시스템의 동작을 이해할 수 있으므로 관측 가능성이 유용하다고 홍보했다. 제어 이론에서 차용한 '관측 가능성observability'이라는 용어는 공식적으로 시스템의 내부 상태를 외부 출력을 통해 유추할 수 있는 성질을 나타낸다. 시스템이 복잡해지고 그에 따라 시스템을 관리하는 사람의 수가 상대적으로 적어 문제의 크기와 난이도를 줄일 수 있는 방법이 필요해지면서 주목받은 개념이다. 또한 사이트 신뢰성 엔지니어링SRE, Site Reliability Engineering 팀의 일환으로 관측 가능성을 담당하는 많은 엔지니어가 소프트웨어 분야의 업무를 직접 하는 것이 아니라, 소프트웨어를 운영하고 신뢰할 수 있는 인프라를 만드는 작업을 했다. 이와 같이 몇 가지 외부 신호로부터 소프트웨어 성능을 이해하기 위한 모델이 매력적이며 궁극적으로 필요했다.

공식적인 정의에도 불구하고, 관측 가능성은 많은 실무자의 머리를 아프게 한다. 대개 이 용어는 소프트웨어 시스템을 관측할 때 사용되는 도구인 메트릭, 로그 기록, (이 책을 읽는 여러분에게는 놀라운 것은 아니지만) 분산 추적 같은 용어로 사용한다. 이 세 가지 도구는 '관측 가능성의 세 가지 기술'로 알려졌으며, 각각은 시스템 동작을 이해할 때 필요한 부분이다. 종종 별도의 도구로 구현되기는 하지만, 대개 관측 가능성 플랫폼의 일부로서 함께 사용한다.

메트릭, 로그 기록, 추적 도구는 서로 다른 3개의 해당 데이터 소스를 중심으로 만들어지며, 각 데이터 소스에서 얻어지는 것들 중 어느 것이 효과적이거나 효율적인지에 대한 기준으로 비교되는 경우가 많다. 그러나 결국 사용자는 데이터의 출처보다 관측 가능성 도구를 통해 배울 수 있는 것에 더 관심이 있다.

사용자는 분산 시스템의 원인과 결과 사이의 관계를 이해하기 위해 관측 가능성 도구를 사용한다. 즉, 도구의 작동 방식이나 데이터의 출처보다 도구로 할 수 있는 작업에 더 관심이 많다. 이 장에서는 관측 가능성의 세 가지 기술을 살펴보고, 그 한계를 고려하고, 보편적인 관점에서 관측 가능성 도구를 평가하기 위한 프레임워크를 만들 것이다.

잘 알려진 세 가지 기술

세 가지 기술을 도입할 때의 장단점과 대안을 검토하기에 앞서, 최근 가장 많이 사용되는 세 가지 관측 가능성 도구를 이해하는 것이 유용하다.

메트릭

넓게 정의된 메트릭metric은 개발자와 운영자가 해당 서비스의 총체적 상태를 파악하고 그 서비스가 어떻게 사용되는지를 이해할 수 있도록 하는, 서비스에 관한 통계의 모음이다. 요청 속도, 평균 지속 시간, 평균 크기, 큐 크기, 요청 수, 오류 수, 활성 사용자 수 등이 이에 해당한다.

이런 값은 보통 시계열 데이터로 수집되므로 시간이 지나면서 나타나는 메트릭의 변화를 보고 이해할 수 있다. 변경 사항은 다른 일치하는 이벤트들과 상관관계가 있으며, 이 때문에 어떤 수정 작업을 해야 하는지 알 수 있다.

현재의 프로덕션 환경에서는 흔히 메트릭을 1분마다 또는 1분에 6회에서 12회 사이의 빈도로 집계한다. 운영자가 높은 수준의 가동 시간을 목표로 신속하게 대응하려면, 메트릭을 최대 1분 이내에 집계하고 그림으로 표현하는 것이 가장 이상적이다.

> **메트릭과 서비스 수준 표시기**
>
> 『사이트 신뢰성 엔지니어링』(제이펍, 2018)의 저자는 서비스 또는 애플리케이션이 제공하는 서비스 수준 척도(SLI) 측면에서 서비스나 애플리케이션이 제공하는 수준이나 품질을 측정하는 방법을 설명했다.[1] 서비스 수준을 정량적으로 측정하는 방법으로서 서비스 수준 척도는 메트릭의 하위 집합이며, 다른 메트릭과 마찬가지로 흔히 시계열로 측정된다. 서비스 수준 척도의 예를 들면, 요청 기간(또는 대기 시간)과 오류 발생률을 포함해 이 장에 제공된 몇 가지 예가 포함된다.
>
> 물론 많은 다른 형태의 메트릭이 있으며, 종종 서비스 수준 척도와 비서비스 수준 척도 메트릭을 동시에 측정할 때 같은 도구를 사용한다. 이 때문에 이런 도구의 사용자 측에서 약간의 혼란이 발생할 수 있다. 서비스 수준 척도를 측정하고 서비스 수준 목표(SLO)와 비교해야 하는 반면, 다른 메트릭은 (그렇게 하는 것이 서비스 수준 목표 중 하나를 충족할 때 도움이 되지 않는 한) 최적화해야 할 항목이 아니다. 따라서 독자가 대시보드와 지표가 실제로 서비스 수준의 지표인 경우, 서비스 수준 척도로 명확하게 라벨을 지정하는 것이 좋다.

개발자와 운영자가 메트릭 변경 사항을 더 잘 이해할 수 있도록 개발자는 메트릭을 기록할 때 라벨을 추가한다. 흔히 키-값 쌍 형태로 각 라벨은 메트릭 변경 상황을 좀 더 구체적으로 설명한다. 예를 들어 요청 대기 시간은 요청을 처리하는 서비스 버전, 요청이 처리된 호스트 또는 호스트가 실행 중인 데이터 센터를 표시할 수 있다.

라벨을 사용하면 대기 시간 같은 메트릭이 각 호스트마다 하나씩 하위 메트릭으로 나뉠 수 있다. 이를 통해 운영자는 (예를 들어) 과부하된 호스트가 느린 요청에 책임이 있음을 설정해서 문제를 정확히 찾아낼 수 있다.

메트릭의 종류: 카운터와 게이지

대부분의 메트릭은 카운터counter와 게이지gauge라는 두 가지 종류로 나뉜다. 카운터는 발생한 특정 형태의 이벤트 수를 잘 나타내는 값이며, 요청 개수와 전송된 바이트 수를 예로 들 수 있다. 개발자의 관점에서 볼 때 카운터와 관련된 기본 작업은 카운터의 값을 늘리는 것이다.

---

1 [Bey16]

카운터는 여러 가지 방법으로 조작할 수 있다. 예를 들어 변경 사항을 함께 추가하면 여러 소스의 변경 사항을 쉽게 집계할 수 있다. 또한 카운터에서 서로 다른 시점의 카운터 값을 고려해 변경률을 쉽게 계산할 수 있다. 예를 들어 카운터로 기록되지만, 요청 수는 흔히 분당 요청 수 또는 초당 요청 수 같은 비율로 표시된다.

게이지는 소프트웨어의 일부 상태를 숫자 값과 특정 시점으로 나타내는 메트릭이다. 요청 기간, 대기열의 크기 또는 현재 활성 사용자 수를 예로 들 수 있다. 개발자의 관점에서 게이지와 관련된 기본 작업은 현재 값을 설명하거나 설정하는 것이다.

게이지는 카운터의 값을 집계하는 것보다 좀 더 어렵다. 그렇게 하면 반드시 정보가 삭제되기 때문이다. 여러 소스의 게이지 값을 결합할 때 메트릭 시스템은 평균, 최소 및 최대를 포함해 해당 소스의 통계를 수집한다.

게이지 값은 히스토그램을 사용해 결합할 수도 있다. 값의 범위는 개별 버킷으로 나눌 수 있으며, 각 버킷의 인스턴스 수를 기록할 수 있다. 이렇게 하면 게이지를 카운터로(또는 좀 더 정확히 말해 여러 카운터로) 효과적으로 전환할 수 있으며, 각 버킷의 개수를 간단히 합산해 쉽게 결합할 수 있다. 히스토그램은 다른 통계가 그로부터 파생될 수 있다는 점에서 유용하다. 예를 들어 버킷 수를 사용하면 메트릭 도구가 게이지의 99번째 백분위 값을 추정할 수 있다.

메트릭 도구

메트릭 도구를 구현할 때의 문제는 주로 데이터를 집계하는 방법에서 비롯된다. 값이 집계되는 범위와 기준은 무엇인가? 다른 소스의 범위와 기준은 어떻게 정렬될까?

로그 기록

로그 기록은 시스템이 이벤트를 텍스트 또는 구조화된 데이터로 수집하는 활동을 설명하고, 이런 이벤트를 나중에 인쇄하거나 사용하고 분석하기 위해 저장한다. 관측 가능성 영역에서 보면, 로그 기록은 보통 중앙 집중식 로그 기록을 가리키며 각 서비스 인스턴스의 이벤트 데이터가 한 시스템으로 전송돼 균일하게 분석이 이뤄지므로 편하게 검색할 수 있다.

이와 같은 수집과 분석 방식을 지원하려면, 로그 항목에 이벤트가 발생한 시간을 나타내는 타임스탬프가 있어야 한다. 그러나 이 외에 로그의 표준 구조는 마련된 것이 거의 없다. 관측 가능성 도구를 위해 용도가 정해진 표준 스키마가 있지만(예: 웹 서버 로그), 로그 구조는 애플리케이션에서 사용하는 방법과 개발자가 로그를 만드는 방법에 의존적이다.

예제 7-1은 자바에서 Log4j를 사용해 로그를 기록하는 예를 보여준다.

예제 7-1 자바로 작성한 로그 기록 예시

```
import org.apache.logging.log4j.Logger;
import org.apache.logging.log4j.LogManager;
...
Logger LOGGER = LogManager.getLogger();
LOGGER.info("Hello, world!");
```

마찬가지로 예제 7-2는 Go 언어로 로그 기록을 하는 방법을 보여준다.

예제 7-2 Go 언어로 작성한 로그 기록 예시

```
import "log"
import "bytes"
...
buf bytes.Buffer
logger = log.New(&buf, "logger: ", log.Lshortfile)
logger.Print("Hello, world!")
```

로그 기록 규칙

로그 기록을 통해 생성되는 데이터의 양 때문에 로그 기록에는 공통적으로 사용되는 몇 가지 규칙이 있다. 첫째, 대부분의 로그 기록 시스템은 '레벨' 또는 '심각도'라는 개념을 지원한다. 일반적인 수준의 예로는 '정보', '경고', '오류'가 있다.

이들은 자동 또는 수동 필터링 프로세스의 일부로서 사용할 수 있다. 예를 들어 로그 기록 도구는 몇 시간 동안만 정보 수준 로그를 보관하지만, 오류 수준 로그는 영원히 저장할 수

있다.

두 번째 일반적인 규칙은 상관관계 ID 또는 관련 로그 항목 사이에 링크를 만드는 다른 방법을 추가하는 것이다. 분산 시스템에서는 요청이 한 서비스에서 다른 서비스로 전달될 경우 요청을 추적할 때 종종 사용한다. 예를 들어 단일 최종 사용자 요청과 관련된 모든 로그는 해당 요청마다 고유 식별자를 포함할 수 있다.

가장 넓은 의미에서 정의된 로그 기록 도구의 요약도 이 절이나 이 장의 범위를 훨씬 벗어난다. 로그 기록은 수익 추적, 보안 감사, 비즈니스 메트릭 추적과 같이 흔히 상상하는 것 이상으로 광범위하게 사용되기 때문이다. 이 도구들이 관측 가능성 통합 제품의 일부로서 어떻게 작동하는지 이해하기 위해 일래스틱 서치Elasticsearch, 로그 스태시Logstash, 키바나Kibana(이 세 가지를 흔히 앞 글자만 따서 'ELK 스택'이라고 부름)를 사용하는 일반적인 구현 방식을 간단히 설명할 것이다.

ELK 스택에서 로그 데이터는 서버 로그, 이벤트 API 및 스트리밍 발행-구독pub-sub 시스템을 포함해 여러 소스에서 생성돼 로그 스태시에 전달된다. 로그 스태시는 추가적인 구조를 제공하고 서로 다른 소스에서 데이터를 정규화해 전달받은 로그 데이터를 변환한다. 그런 다음, 결과는 일래스틱 서치로 전달돼 쉽게 검색할 수 있도록 인덱싱된다. 마지막으로, 키바나는 일래스틱 서치에 저장된 데이터를 기반으로 대시보드를 만드는 데 사용되는 분석 도구이자 시각화 도구이다.

로그 기록 도구를 활용할 때 가장 큰 과제는 비용 효율적이면서도 효율적으로 검색할 수 있도록 데이터를 저장하는 것이다. 대부분의 로그 항목은 가치가 거의 없지만, 드물게 발생하는 오류나 의심스러운 트랜잭션이 포함된 로그를 찾는 것은 큰 가치가 있다. 특정 형태의 검색은 단일 요청과 관련된 모든 로그를 찾는 것이다.

분산 추적

앞의 장들을 거쳐왔다면, 분산 추적의 목적, 범위, 구현 방식을 어느 정도 이해할 수 있을 것이다. 이 장에서는 구글 대퍼Google Dapper 프로젝트의 일부로서 구현된 분산 추적 기술에 국한해 정의하는 것이 유용하다.[2] 이 정의에 따르면, 분산 추적은 애플리케이션에서 요청 데이터를 수집한 다음 이 데이터를 추적으로 분석하고 그림으로 표현하는 일이라고 말할 수 있다.

스팬 형태의 추적 데이터는 애플리케이션에서 수집, 전송, 완료된 요청을 재구성할 수 있는 방식으로 저장돼야 한다. 5장과 6장에서 분산 추적 구현의 고급 아키텍처와 이런 구현의 몇 가지 문제를 살펴봤다. 중앙 집중식 로그 기록 시스템과 마찬가지로 이런 많은 문제는 많은 양의 데이터를 전송하고 저장하는 것과 관련이 있다. 어떻게 보면, 추적은 수집 프로세스를 애플리케이션 요청 처리에 긴밀하게 연결해 이런 비용을 해결하려는 특수한 형태의 로그 기록이다. 추적 도구는 종종 성능 분석과 관련된 활용 사례에 초점을 맞추므로, 애플리케이션 이벤트의 타이밍(예: 요청 기간)을 나타내는 몇 가지 공통 필드를 만든다.

시각화 도구로서의 분산 추적 도구는 종종 플레임 그래프flame graph(아이시클 그래프icycle graph를 뒤집은 모양) 또는 스팬 사이의 타이밍 관계를 나타내는 트리를 사용해 요청을 표시한다.

분산 시스템 소프트웨어 개발의 일부인 분산 추적의 현재 사례는 주로 구글의 대퍼 프로젝트와 그 이후의 오픈 집킨Open Zipkin과 예거Jaeger 프로젝트(각각 트위터와 우버에서 만든 프로젝트이다.)로부터 비롯된 것이다. 많은 팀이 오픈소스 도구인 오픈 집킨과 예거를 배포했다.

이런 모든 도구는 일부 SDK 또는 에이전트를 수집 파이프라인 및 스토리지 시스템(대개 상용 제품)과 결합해 데이터를 저장하고 처리한다. 대퍼의 경우 이 스토리지 시스템은 빅 테이블이었지만, 오픈 집킨과 예거는 카산드라, 일래스틱 서치, 심지어는 (오픈 집킨용) MySQL을 사용해 배포할 수 있다.

'분산 추적'이란 목록에 포함되지 않지만, 많은 애플리케이션 성능 관리APM, Application Performance Management 도구는 분산 추적과 겹치는 기능을 제공하며 그 일부로서 추적을 포함할 수 있다. 하지만 APM 도구는 데이터 수집에 더 간단한 접근 방식을 사용하기 때문에 대규모 분산 시스템에서는 효과를 내지 못하는 경우가 종종 있다. 특히 APM 도구는 콘텍스트를 통과하지 못하거나 성능에 안 좋은 영향을 주지 않도록 아주 작은 샘플을 사용해야 할 수 있다(추적이 끊어지거나 데이터가 누락될 수 있다).

---

2 [Sig10]

추적 솔루션을 구현하고 배포할 때의 문제는 주로 어떻게 활용할지에 따라 달라진다. 대퍼는 주로 장기적인 성능 최적화에 초점을 맞췄으므로, 주된 문제는 주로 구글의 서비스 운영 규모 때문에 추적을 전송하고 저장하는 것과 관련된 비용을 관리하는 것이었다. 이기종 개발 환경이 더 많은 회사에서는 완전한 추적 데이터를 생성하는 방법으로 애플리케이션에서 스팬 데이터를 수집하는 것은 어려울 수 있다.

세 가지 기술의 치명적인 문제점

이런 각각의 도구를 차례로 고려한 결과, 각각을 효과적이고 효율적으로 구현할 때 발생하는 몇 가지 문제를 살펴볼 수 있었다. 다른 한편으로는 이런 도구의 문제와 제한 사항을 좀 더 체계적이고 전체적인 방식으로 고려하는 것도 유용하다. 그렇게 하면 도구를 만들고 운영하고 사용하는 방식에 따라 달라지는 장단점을 더 잘 이해할 수 있을 것이다. 이는 또한 그것들이 실제로 세 개의 분리되고 독립적으로 정의된 도구 범주라는 개념에 도전할 것이다.

설계 목표

관측 가능성 솔루션을 전체적으로 설계할 때 고려해야 할 세 가지 기술이 있다. 이런 영역은 특정 활용 사례보다 폭이 넓으며, 솔루션에서 가치를 어떻게 도출하고 그 가치가 비용과 어떻게 관련되는지에 초점을 맞춘다. 어떤 솔루션이든, 다음 각 영역에서 어떻게 문제를 해결하는지 평가할 수 있어야 한다.

- 모든 트랜잭션을 고려하는가? 그렇다면, 모든 트랜잭션의 영향을 솔루션을 사용해 측정할 수 있다.
- 카디널리티 문제에 면역성이 있는가? 그렇다면, 이 솔루션을 사용해 임의의 트랜잭션 하위 집합을 분석할 수 있다.
- 비용이 비즈니스 가치에 비례해 증가하는가? 그렇다면, 비즈니스 규모가 클수록 관측 가능성 솔루션 비용도 비례해서 증가한다.

모든 트랜잭션 고려하기

드물게 일어나는 이벤트도 관측할 수 있는 관측 가능성 솔루션이라면 모든 데이터를 설명할 수 있다. 예를 들어, 드물게 발생하는 오류나 가장 작은 고객 세그먼트의 동작이 여기에 해당한다. 트랜잭션을 샘플링하는 솔루션은 발생 빈도가 낮지만 가치가 높은 이벤트를 놓칠 수 있다.

카디널리티 문제로부터의 면역

사용자가 데이터의 임의 하위 집합에 관한 질의를 해보고 동작을 비교할 수 있다면, 관측 가능성 솔루션은 카디널리티 문제에 영향을 받지 않는다. 카디널리티는 집합에서 중복되지 않은 요소의 수를 나타낸다. 관측이라는 영역에서 카디널리티는 데이터 포인트에 존재하는 서로 다른 라벨(또는 태그)의 수를 표현한다. 카디널리티 문제는 여러 가지 라벨로 데이터를 관리하고 쿼리해야 하는 문제를 말한다. 예를 들어, 사용자가 서로 다른 두 호스트에서 실행되는 서비스 인스턴스 간에 성능 데이터를 비교할 수 있는가? 수십 개의 호스트가 있을 때는 어떨까? 수백 개의 호스트가 있다면 어떨까? 나아가 수천 개의 호스트가 있다면 어떨까? 소프트웨어 버전별로 성능 데이터를 더 세분화할 수 있는가? 고객 세그먼트 전체 또는 개별 고객의 성능을 비교할 수 있는가? 이러한 질문을 받기 전에 데이터를 집계하는 솔루션은 문제를 제대로 풀지 못할 수 있다. 데이터가 집계되지 않으면 높은 리소스 비용이 발생할 수 있다.

비즈니스 가치에 비례해 늘어나는 비용

관측 가능성 솔루션의 비용은 트랜잭션 수가 증가하더라도 트랜잭션당 비용이 일정하게 유지되면 비즈니스 가치에 비례해 증가한다. 마이크로서비스 또는 서버리스 기반 아키텍처를 포함한 최신 분산 시스템의 경우, 개발자는 새로운 서비스 또는 기능을 추가할 때 새로운 관측 가능성 데이터 소스를 추가할 수 있다. 이들 각각은 더 많은 데이터를 생성하므로 트랜잭션 수가 고정돼 있어도 더 많은 비용이 든다. 그러나 그렇게 함으로써, 관찰 가능성 솔루션은 각 트랜잭션의 가치에서 더 많은 부분을 차지한다.

세 가지 기술 평가하기

이런 설계 목표하에 표 7-1에서 볼 수 있듯이 관측 가능성의 세 가지 기술 각각을 간결하게 평가할 수 있다.

표 7-1 세 가지 기술의 치명적인 문제점

주제	메트릭	로그	분산 추적
모든 트랜잭션을 고려하는가?	예	예	아니오
카디널리티 문제에서 자유로운가?	아니오	예	예
비용이 비례적으로 증가하는가?	예	아니오	예

메트릭의 치명적 결함

모든 트랜잭션을 처리하는 메트릭 도구를 만드는 것은 간단하다. 카운트, 평균, 표준편차 같은 통계는 분산 처리를 이용해 쉽게 계산할 수 있다. 더욱이, 전송하고 저장해야 할 데이터의 양이 적고 실제로는 트랜잭션 수와 관련해 일정하기 때문에 계산할 때 드는 비용은 적다.

그러나 메트릭 처리와 저장 비용은 데이터 집합의 카디널리티에 따라 증가한다. 즉, 서로 다른 라벨의 수가 증가하면서, 더 중요한 부분으로는 다른 라벨과의 조합의 수가 증가하면서 이런 통계를 관리하는 비용이 크게 증가한다. 유지해야 하는 값의 수가 다른 라벨의 수에 따라 기하급수적으로 증가한다.

예를 들어, 메트릭 도구가 5개의 서로 다른 호스트의 요청 수를 수집하고 각 요청에 다음 항목이 모두 나타났다고 가정해보자.

- 호스트 이름
- 응답의 종류(오류 없음, 권한 부여되지 않음, 잘못된 요청, 서버 사용 불가 또는 내부 오류)
- 요청이 발행된 클라이언트 호스트(5개가 있었다고 가정하자.)

이처럼 라벨을 사용하면, 메트릭을 사용해 아래의 질문들에 답할 수 있다.

- 어느 호스트가 가장 많은 요청을 처리했는가?
- 어떤 호스트에서 가장 많은 내부 오류가 발생했는가?
- 어떤 클라이언트 호스트가 가장 부정적인 영향을 끼친 요청을 보냈는가?

요청 수와 관련된 이런(그리고 다른 모든) 질문에 모두 대답하려면, 메트릭 도구가 5 × 5 × 5 = 125개의 서로 다른 카운터 값을 집계해야 한다. 이 작은 예는 비용이 많이 들지 않을 수 있지만, 실제 활용 사례에서는 사용자가 동작을 검사하고자 하는 수십 가지 다른 차원과 이러한 각 차원마다 수백 또는 수천 개의 다른 값이 있을 수 있다. 수백만 또는 수십억 개의 서로 다른 조합을 추적하는 것은 엄청나게 많은 비용이 든다. 결과적으로 대부분의 메트릭 솔루션은 추적할 수 있는 서로 다른 라벨들의 조합의 수를 제한한다. 이런 솔루션은 문제가 발생한 시점을 이해할 때는 강력한 도구가 될 수 있지만, 문제가 발생한 이유를 이해하는 데는 큰 도움이 되지 못한다.

로그 기록의 치명적 결함

중앙 집중식 로그 기록 솔루션은 모든 트랜잭션을 정의에 따라 설명한다(모든 이벤트를 로그 항목으로 기록한다). 또한 각각의 새 이벤트를 저장하는 비용은 해당 이벤트의 크기에만 비례하고 앞에 발생했던 이벤트의 수나 내용은 비례하지 않으므로 보통 카디널리티 문제로부터 영향을 받지 않는다. 메트릭과 달리 라벨, 태그 또는 그 외의 구조를 개별 로그에 추가할 때 숨겨진 비용은 발생하지 않는다. 사용자가 관련 항목을 찾을 수 있도록 로그 데이터의 인덱스를 관리할 때 약간의 노력이 들지만, 구글 같은 검색 엔진은 임의의 쿼리를 사용해 큰 데이터 집합을 효율적으로 검색하는 여러 가지 기술을 개발했다. 이런 많은 기술을 로그 데이터에 적용할 수 있다.

이 비용은 예측할 수 있지만, 전체적으로 적은 비용은 아니며 마이크로서비스, 서버리스 또는 그 외의 분산 아키텍처를 채택하는 팀의 경우에는 적용 범위를 확장할 때 어려움을 겪을 수 있다. 로그 기록이 개별 트랜잭션의 문제점을 설명하기 위해서는 해당 트랜잭션과 연관된 모든 로그를 표시해야 한다. 즉, 고정된 수의 트랜잭션이라도 시스템의 복잡성을 추가하면(예를 들어 새로운 서비스를 추가하는 등) 트랜잭션 수가 일정하게 유지되더라도 로그 기록 비용이 증가한다.

결과적으로 개발자는 자세한 로그 기록을 애플리케이션에 추가하는 것을 꺼리며, 대부분의 경우 로그 기록은 비용을 절약하기 위해 프로덕션 환경에서 크게 축소되거나 심지어 비활성화될 수 있다. 많은 성능 문제가 규모에 따라 또는 예측하기 어려운 고객 행동의 맥락에서만 나타나기 때문에 이런 프로덕션 로그 중 일부에 상당한 가치가 있을 수 있는데, 위의 활동(비용 문제 때문에 로그를 줄이는)은 특히 문제가 된다.

분산 추적의 치명적 결함

분산 추적 도구는 분산 애플리케이션을 지원하기 위해 만들어진 것이므로(서비스 사이를 포함해), 개별 트랜잭션의 완전한 기록을 유지하는 것이 주된 기능이다. 따라서 추적이 전송되고 저장되는 트랜잭션의 비율을 변경하기만 하면 비용을 쉽게 제어할 수 있다. 대퍼는 적은 양(0.1% 또는 0.01%)의 트랜잭션만 샘플링하면 성능을 이해하고 최적화 작업을 추진할 때 여전히 큰 가치가 있는 것으로 나타났다. 스팬 수를 크게 늘리는 방식으로 새로운 서비스를 추가하면 샘플링 속도를 간단히 낮출 수 있다. 또한 로그 기록과 마찬가지로 높은 카디널리티 태그 또는 다른 설명을 스팬에 추가할 때는 아무런 문제가 없다.

그러나 이 샘플링은 큰 단점이 있다. 샘플링을 하고 나면, 더 이상 애플리케이션 성능의 완전한 그림을 재구성할 수 없다. 드물게 발생하는 트랜잭션 종류를 조사하는 것도 할 수 없다. 예를 들어 운영자가 99.9번째 백분위수 지연 시간 성능을 이해하려면, 1만 분의 1 샘플링에서 유용한 예시를 찾는 것은 불가능하다.

따라서 분산 추적은 발생하는 시기를 결정하기보다는 전체적인 성능 문제를 설명하기 위한 도구로 사용한다. 그리고 구글처럼 상대적으로 동질적인 사용자가 있는 대용량 애플리케이션에는 유용할 수 있지만, 적게 사용되는 애플리케이션을 위한 중앙 집중식 로그 기록에 비해 많은 이점을 제공하지 않으며 소규모 사용자 세그먼트나 자주 발생하지 않는 오류를 파악하는 데 도움을 주지 못한다.

3개의 파이프(서로 떨어진 세 가지 기술이 아님)

아마 여러분은 이 시점에서 문제의 틀을 파악하기 위한 몇 가지 질문을 할 수 있을 것이다. 예를 들면, '샘플링 형식을 사용해야만 하는 기술로 분산 추적을 정의하는 이유는 무엇인가?'라는 질문이다. 혹은 '메트릭 시계열을 미리 계산해 별도의 스트림으로 저장해야 하는 이유는 무엇인가?'라는 질문도 있겠다. 참으로 좋은 질문이다. 이런 도구를 만든 사람은 각각 특정한 사용 사례에 맞게 최적화하는 데 초점을 맞추지만, 실제로는 세 가지 개별 도구가 아니라 텔레메트리 데이터를 수집하고 관리하는 세 가지 다른 기술이다.

대신 이 세 가지 기술에 대한 관점을 기둥pillar처럼 서로 분리된 것이 아니라 파이프pipe처럼 데이터를 전송하고 저장하는 세 가지 방법의 연결로 바라보면, 적절한 비용으로 여러분의 좋은 질문에 대한 답을 찾을 기회가 많을 것이다. 통합 관측 가능성 플랫폼을 어떻게 설계할 수 있는지 알아보는 것은 이번 장의 주제를 벗어나긴 하지만, 다음 예제는 메트릭, 로그 기록과 분산 추적 데이터를 사용해 일반적으로 다른 기술 중 하나와 관련된 기능을 제공하는 방법을 보여준다.

- 로그는 추적 형태로 표현할 수 있다. 각 항목에 트랜잭션 또는 요청 식별자(상관관계 ID라고도 함)가 태그로 지정된 경우, 개별 트랜잭션과 관련된 모든 로그를 찾기 위해 쿼리를 설명하는 것이 간단하다. 로그에 요청 대기 시간이 포함된 경우(또는 로그 쌍을 사용해 대기 시간을 유추할 수 있는 경우), 플레임 그래프flame graph 또는 아이시클 그래프icicle graph로 표현할 수 있다.
- 시계열은 스팬에서 파생될 수 있다. 예를 들어, 스팬의 지속 시간은 스팬이 생성될 때 또는 이벤트 발생 이후에 추출될 수 있다. 그런 다음, 지연 시간 값들을 시계열로 표시할 수 있다(샘플링을 사용하는 경우 결과의 크기를 적절하게 조정해야 한다). 다른 메트릭 시계열은 스팬에서 발생하는 태그에서 파생될 수도 있다.
- 스팬에서 로그를 추출할 수도 있다. 용량이 충분히 작은 경우 스팬에서 설명을 추출해 별도의 로그로 중앙에 저장할 수 있다.
- 로그에서 메트릭 시계열을 계산할 수 있다. 예를 들어, 페이스북의 스쿠버Scuba 데이

터베이스는 초당 수백만 개의 이벤트를 수집하고 저장한 다음 사용자가 이런 이벤트에서 파생된 메트릭을 시계열로 쿼리를 실행하고 볼 수 있도록 한다.[3]

- 메트릭 카운터 또는 게이지를 변경한 부분은 스팬 설명으로 추가할 수 있다. 메트릭은 보통 소스와 밀접하게 집계돼 전송 비용과 저장 비용을 줄이지만, 스팬에 변경 사항을 연결하면 분석 방법에 추가적인 가능성이 제공된다.

관측 가능성 데이터를 구성하는 이 세 가지 방법이 많은 절충점을 제공하지만, 도구 선택의 일환으로 이런 절충점을 사용자에게 선택하도록 요청해서는 안 된다(도구를 구현하는 사람이 고려해야 할 사항이다). 이와 동시에 관측 가능성 도구를 사용하면서 결국 이런 선택을 한 비용을 지불할 것이다. 다음 절에서 살펴보겠지만, 먼저 달성하려는 결과의 관점에서 문제에 접근해야 한다. 그래야만 필요한 도구와 도구의 성능을 적절하게 평가할 수 있다.

관측 가능성의 목표와 활동

세 가지 기술의 약점은 그다지 새로울 것이 없다. 세 가지 관측 가능성 도구가 모두 쓰여야 한다는 법칙 같은 게 있는 것은 아니고, 그저 편리성을 위한 '삼중창'이다. 그럼에도 불구하고, 이 세 가지 기술은 종종 다른 팀에 도구를 제공해야 하는 인프라 팀의 점검 목록으로 사용되기도 한다. 불행하게도, 세 가지 기술 모두에 적합한 구현체를 찾는다고 하더라도 여전히 관측 가능성 플랫폼에는 부족한 부분이 남는다. 즉, 개발자와 운영자는 메트릭, 로그 기록, 추적 도구를 사용하더라도 애플리케이션과 서비스의 동작을 이해하지 못할 수 있다. 이런 도구는 함께 사용하더라도 관측 가능성의 중요한 목표를 달성하지 못하는 경우가 많기 때문이다.

3 [Abr13]

관측 가능성의 두 가지 목표

관측 가능성 도구를 사용할 때는 두 가지 목표만 고려한다.

- 기준 성능 개선
- 기준 성능 복원(성능 저하 후)

개발자는 기준 성능을 개선해 사용자 경험을 개선하거나 인프라 비용을 절감하고자 한다(혹은 이 두 가지 모두를 추구한다). 사용자용 애플리케이션의 경우 성능은 종종 요청 대기 시간을 말하지만, 시간이 더 많이 소요되는 다른 트랜잭션도 포함할 수 있다. 이런 최적화 작업은 보통 며칠, 몇 주 또는 몇 달 동안 진행되는 과정이다.

관측 가능성 도구는 첫 번째 성능을 측정할 때(즉, 기준을 수립할 때) 기준 성능을 개선하는 데 중요하며, 그 후 개발자가 소프트웨어 일부의 성능을 개선할 때 더 효과적인 방향으로 갈 수 있도록 이끄는 데 중요하다. 모놀리스 방식의 애플리케이션을 사용하는 개발자는 CPU 프로파일러를 사용해 애플리케이션의 어느 부분이 가장 많은 시간을 소비하는지 이해할 수 있다. 분산 시스템에서는 요청의 느린 부분이 실제로 사용자 경험에 영향을 주는 시점이 명확하지 않다. 9장에서는 기준 성능을 개선하기 위해 작업을 계획하고 실행하는 방법을 결정할 때 분산 추적이 얼마나 중요한지 보여주는 예제를 살펴볼 것이다.

기준 성능을 향상시키는 계획된 작업과 달리, 기준 성능 복원은 거의 계획되지 않은 작업이다. 애플리케이션 중단을 포함한 성능 저하는 매출 손실을 초래하고 제품 평판에 나쁜 영향을 미치며, 사용자가 서비스에 갖는 신뢰감을 떨어뜨릴 수 있다. 따라서 프로덕션 시스템에서 발생하는 성능 저하는 되도록 빨리 해결해야 한다. 팀의 서비스 수준 목표에 따라 성능 저하를 탐지하고 이해한 후 문제를 해결하기까지 시간이 많지 않을 수 있다.

관측 가능성 도구는 또한 기준 성능을 복원할 때 중요하다. 한 서비스의 문제는 종종 해당 서비스 자체에서 감지되지 않지만, 여전히 다른 서비스의 성능에 안 좋은 영향을 미칠 수 있다(두 서비스를 모두 같은 팀에서 관리하거나 2개의 다른 팀에서 관리하는 경우에도 마찬가지이다). 9장에서 알아보겠지만, 분산 추적은 성능 저하에 효과적으로 신속하게 대응할 때 중요하다.

관측 가능성의 두 가지 기본 활동

기준 성능을 개선하고 복원하는 것은 다른 종류의 목표처럼 느껴질 수 있지만, 모두 두 가지 기본 활동을 기반으로 한다.

- 사용자가 경험할 성능이 미치는 영향 측정
- 측정값의 변화를 설명하기

모니터링 도구, 특히 인프라와 네트워크 모니터링 도구를 사용하는 몇몇 사용자에게는 오직 사용자에게 끼치는 영향에 초점을 둔다는 좁은 정의가 놀라울 수 있다. 호스트, 스토리지, 네트워크 활용률에서 대기열 크기, 연결 열기, 가비지 컬렉터GC, Garbage Collector의 비효율성과 기타 성능 지표까지 프로덕션 소프트웨어 시스템의 동작을 설명하는 수백 가지 다른 유형의 측정값이 있다.

기준 성능을 개선할 때, 사용자가 관측했던 부분에서 성능을 개선하는 작업을 하지 않는다면 (혹은 비용을 줄이기 위한 작업을 하지 않았다면) 아마 시간을 낭비한 것일 수 있다. 그리고 사용자에게 영향을 주지 않는 사소한 일로 새벽 3시에 잠을 깼다면, 다른 팀원들과 꼭 필요한 긴급 경보로 무엇을 만들어야 할지 진지하게 고민해야 할 것이다!

사용자에게 끼칠 성능 영향을 깐깐하게 측정해야 하겠지만, 이 맥락에서 정확히 '성능'이 무엇을 나타내는지는 그리 중요하지 않다. 대개 사용자가 인지할 수 있는 소프트웨어의 행동은 측정할 가치가 있다. 요청 지연만이 아니라 정량적인 사용자 경험, 심지어 정확성까지도 모두 성능에 관련된 것으로 볼 수 있다.

사용자 영향에 초점을 맞추는 것은 '원인보다는 증상에 관한 경고'와 관련이 있다. 물론 도구는 다른 모든 잠재적인 원인을 측정해야 하지만, 관측 가능성 도구를 사용하는 사용자는 두 번째 기본 활동인 사용자에게 영향을 미치는 성능의 차이를 설명하는 데 이러한 도구들이 도움이 된다는 것에만 관심을 기울여야 한다. 다른 모든 측정 항목을 집중해서 살피다 보면, 더 중요한 작업에 집중하지 못할 위험성이 있다. 합리적인 규모의 모든 프로덕션 시스템에는 항상 수십 가지(수백 개는 아니더라도) 요소에 문제가 발생하지만, 그중 극히 일부만이 주어진 시간에 사용자에게 영향을 미친다.

이런 종류의 산만함에 대한 구체적인 예로, 운영 센터나 대기 중인 많은 엔지니어의 모니터에서 볼 수 있는 거대한 대시보드를 떠올릴 수 있다. 시계열의 행과 행으로 채워진 이 대시보드는 운영자에게 무엇이 잘못됐는지 알려주는 많은 신호를 보여줄 수 있다.

심지어 사용자에게 영향을 주는 문제가 발생하더라도, 이런 대시보드에는 종종 동시에 변화하는 많은 그래프를 표시할 수 있다. 문제가 발생하면 종종 여러 가지 다양한 측면의 성능에 영향을 줄 수 있다. 그러나 이 그래프는 단지 서로 상관관계가 있는 실패를 보여주므로 문제의 원인에 더 가까이 다가가지는 않는다. 팀에서 한두 명의 사람이 이런 종류의 대시보드를 보고 문제의 근본 원인을 추론할 수는 있지만, 만약 휴가를 간 사이에 이런 일이 벌어졌다면 대시보드는 그다지 도움이 되지 않는다.

더 나쁜 것은 팀의 많은 구성원이 이 대시보드만으로 모든 문제를 완벽하게 알 수 있다고 믿는 것이다(문제의 원인을 설명할 수 있는 모든 설명이 들어 있다는 것이다). 결국 대시보드는 똑똑하고 경험 많은 사람이 만든 것이다! 이 때문에 대시보드에서 문제를 설명할 수 없으면, 원인을 모르는 '네트워킹 결함' 또는 다른 문제여야 하므로 조사해서는 안 된다는 가정으로 이어진다. 불행하게도 현재의 소프트웨어 시스템은 개발자, 심지어 노련한 사용자조차도 모든 있을 수 있는 원인을 예상하기에 너무 복잡하고 역동적이다.

성능의 변화는 종종 시간에 따라 달라지는 현상('오후 5시 3분에 서비스가 느려지기 시작했음' 또는 '오전 11시 30분에 오류가 발생했음')으로 설명되는 반면, 시간은 단지 발생하는 다른 이벤트의 다른 표현이다. 여기서 말하는 이벤트는 새 서비스 출시, 서비스 종속성 중 하나의 변경, 환경의 변화 등 무엇이든 상관없다.

관찰 가능성 도구가 이런 이벤트를 서로 구별할 수 있는 방법으로 성능을 측정하는 것은 중요하다. 이는 앞서 설명한 카디널리티와 관련된 근본적인 요구 사항이다(출시된 버전, 호스트, 클라이언트 또는 해당 성능에 영향을 미칠 수 있는 다른 차원의 성능을 비교하는 기능이다).

성능 변화를 설명할 수 있는 신호의 수는 성능이 사용자에게 영향을 줄 수 있는 방법의 수보다 훨씬 더 크다. 일반적인 애플리케이션은 사용자에게 영향을 줄 수 있는 몇 가지 방법만 측정할 수 있지만, 사용자가 왜 영향을 받는지에 관한 수천 또는 수만 가지의 설명이 있을 수 있다. 문제는 신호 대 잡음비SNR, Signal-to-Noise Ratio 문제가 아니며(정보가 애초에 부족하다.), 너무 신호가 많아서 문제이다(너무 많은 데이터 소스가 있다). 각각의 데이터 소스는 비록 최근에 일어난 문제를 설명할 때 도움이 되지 않더라도 어떤 시점에서의 성능 문제를 설명하는 데는 아마도 도움이 될 것이다.

여전히 도구가 성능 문제의 근본 원인을 자동으로 찾아낼 수 있는 지점에서는 멀리 떨어져 있다. 따라서 변형을 설명하는 관측 가능성 도구의 역할은 종종 검색해야 하는 영역을 좁히는 데 도움이 된다. 이것은 있을 수 있는 원인이 무엇인지 예상한 바를 보여주는 식이다. 또한 개발자와 운영자가 대화형으로 데이터를 쿼리해 가설을 세운 다음, 이를 뒷받침하거나 부인할 증거를 만들 수 있도록 하는 것도 가능하다.

성능 변화를 설명하면, 성능 향상을 위한 조치를 취하게 하는 관측 가능성 도구의 목적에 가까이 가게 된다. 변화의 종류에 따라 처리할 작업의 형태가 달라지며, 느린 요청이 새로 출시한 버전과 관련된 문제라고 판단하면 해당 버전을 이전 버전으로 되돌려야 한다. 만약 느린 요청이 모두 같은 컴퓨팅 노드에서 발생한다면, 새로운 노드는 기존 노드를 기능적으로 보강하거나 교체하도록 준비돼야 한다. 궁극적으로 성능의 변화를 설명할 수 있으면, 사용자에게 미치는 영향을 제어할 수 있다.

새로운 점수표

이런 목표와 활동을 바탕으로 이제 메트릭, 로그 기록, 분산 추적의 장단점을 생각해보고, 일반적으로 관측 가능성 플랫폼의 효과를 더 끌어올릴 수 있도록 해보자. 이번에는 솔루션이 앞에서 설명한 각 활동을 어떻게 다루는지 알아볼 것이다.

먼저, 사용자가 성능에 미치는 영향을 사용자가 측정할 수 있도록(또는 다른 방법으로 증상을 측정할 수 있도록) 관측 가능성 도구를 아래의 특성에 따라 판단해야 한다.

- 통계적 충실도statistical fidelity[4]
- 카디널리티 제한
- 용량 제한
- 시간 제한

어떤 도구도 한계가 없는 완벽한 충실도를 제공할 수는 없지만(적절한 비용으로), 이들 사이의 올바른 균형을 유지하는 것이 가치 제공에 중요하다.

둘째, 사용자가 이러한 측정의 변화를 설명하는 데 도움이 되도록 관찰 가능성 도구는 가능한 여러 가설을 빠르게 좁힐 수 있어야 한다. 이를 위한 정해진 방법은 없지만, 관측 가능성 도구가 이를 촉진하기 위해 취할 수 있는 몇 가지 고도화된 접근 방식이 있다.

- 콘텍스트 제공
- 영향도를 기반으로 우선순위 정하기
- 상관관계의 자동화

이런 접근 방식들은 관측 가능성 도구가 영향도를 얼마나 잘 측정하는지 판단할 수 있는 방법보다 더 정성적이다. 이 내용은 이 장에서 자세히 설명할 것이고, 이어지는 장에서는 특정 활용 사례와 관련해 자세히 설명하겠다.

통계적 충실도

충실도fidelity는 많은 수의 요청의 행동을 요약할 때 관측 가능성 도구가 행동의 전반적인 '모양'을 이해하기 위한 정보를 충분히 유지한다는 것을 의미하고 종종 히스토그램으로 보여진다.

평균과 표준편차 같은 통계는 정규 분포나 다른 간단한 분포를 따르는 행동을 요약할 때 유용한 도구이다. 그러나 지연 시간 같은 소프트웨어 측정은 대개 거의 정상적이지 않으며(종종 너무 길게 이어진다.) 다중 모드이다. 예를 들어 요청 대기 시간은 종종 캐시에서 필요한 데이

4 그다지 널리 쓰이는 표현은 아니라는 판단하에 원문상의 용어를 병기했다. – 옮긴이

터를 찾을 수 있는지 여부에 따라 여러 모드가 있다. 대기 시간을 이해하거나 개선하려고 할 때 캐시 적중 횟수를 늘리거나 캐시 불일치cache miss로 인한 대기 시간을 개선해 현재 목표를 가장 잘 달성할 수 있는지 이해하는 것이 중요하다.

히스토그램은 이런 개별 동작을 수집하고 상대 빈도를 이해하는 간단한 시각적 방법을 제공한다. 히스토그램은 또한 다른 백분위수 같은 통계를 도출하기 위해 사용할 수 있다.

높은 백분위수 지연 시간

다른 통계(예: 개수, 평균 또는 표준편차)보다 측정하기가 더 어렵지만, 높은 백분위수 측정은 특히 요청 대기 시간의 경우 성능을 이해하고 개선할 때 중요하다. 따라서 평균 지연 시간뿐만 아니라 가장 느린 요청의 지연 시간(예: 95번째, 99번째 또는 99.9번째 백분위수)을 측정하는 것이 가장 좋다.

분산 시스템에서 요청을 수백 개의 서비스에 걸쳐 분산시키는 조합은 개별 서비스로 가는 요청 중에서 단 1%만이 느릴 수 있지만, 이런 느린 요청이 사용자에게 영향을 미칠 가능성은 훨씬 더 높을 수 있음을 의미한다.

좀 더 품질 관점에서 보면, 요청의 1%가 가장 느리게 처리되는 사용자는 나머지 사용자들보다 더 민감할 수 있다. 이들은 종종 시스템의 한계를 뛰어넘는 전문적인 사용자들이다. 데이터양이 증가하거나 사용자 상호 작용의 복잡성이 증가하면서 더 많은 사용자의 대기 시간이 길어질 수 있다.

카디널리티 제한

여러 차원에서 성능을 분류하는 기능은 변형을 설명하는 핵심 요소이다. 따라서 관측 가능성 솔루션은 이런 차원을 나타내는 많은 다른 라벨 또는 태그가 있는 데이터를 수집하고 분석할 수 있어야 한다. 데이터의 카디널리티에는 약간의 제약이 있을 수 있지만, 관측 가능성 솔루션은 성능의 변화를 설명하기 위해 라벨, 태그와 그 외의 메타데이터를 사용할 수 있는 능력을 측정해야 한다.

용량 제한

관측 가능성 솔루션의 용량 제한은 1분마다 수집할 수 있는 이벤트 수와 각 이벤트로 수집할 수 있는 세부 정보 수로 정의된다. 모든 이벤트가 수집되지 않는 경우, 어떤 메커니즘을 사용해 이벤트를 선택할지(즉, 샘플링 같은 방법으로) 결정해야 한다. 이벤트를 선택할 때 사용되는 프로세스는 사용할 수 있는 후속 분석과 샘플에서 어떤 통계를 유추할 수 있는지에 영향을 줄 수 있다.

시간 제한

모든 관측 가능성 활동이 영원히 유지될 수 있는(또는 그래야 하는) 것은 아니다. 관측 가능성 솔루션이 저장하는 이력의 양을 때로는 '지평선horizon'이라고 부른다. 활용 사례에 따라 지평선은 그때그때 다른 것이 적절하다. 새 버전의 유효성을 검사하는 경우에는 몇 시간 또는 며칠 분량이 적절할 수 있다. 분기별 최적화 프로젝트의 영향을 측정하려면, 분명히 더 긴 지평선이 필요할 것이다. 인프라 용량 계획에는 비즈니스의 계절성을 설명하기 위해 1년 이상의 데이터가 필요할 수 있다.

시간의 또 다른 중요한 측면은 요청이 측정과 분석에 얼마나 빨리 반영되는지 여부이다. 항상 사용할 수 있는 서비스의 기준 성능을 복원하기 위해서는 1분 이내에 측정을 해야 한다. 그 외 다른 활용 사례의 경우 매일 또는 매주 일괄 처리의 일부로서 데이터를 처리하는 것으로 충분할 수 있다.

콘텍스트 제공

많은(아마 대부분의) 소프트웨어 문제는 구성 요소 하나의 문제가 아니라 2개 이상의 구성 요소 사이에서 이뤄지는 예기치 않은 상호 작용 때문에 발생한다. 가장 흔한 경우 중 하나는 하나의 구성 요소가 정상적으로 실패하지만, 첫 번째 구성 요소에 의존하는 다른 구성 요소가 이렇게 발생하는 오류를 올바르게 처리하지 못하는 경우이다.

따라서 관측 가능성 솔루션은 상황에 따라 실패 또는 다른 성능 문제를 다룰 수 있어야 한다. 문제의 원인이 된 최초의 요청은 무엇인가? 어떤 동작 순서 때문에 현재 상태가 발생했는가? 분산 추적은 이런 종류의 콘텍스트를 위한 한 가지 예시이지만, 콘텍스트는 여러 요청 또는 호스트까지 확장할 수 있다. 예를 들어 한 서비스 인스턴스가 다시 시작된 이유를 이해하려는 운영자는 다른 여러 인스턴스에서 최근에 크래시crash가 발생했다는 사실을 이해하면 도움이 될 것이다(그리고 이때 로드 밸런서가 트래픽을 다른 곳으로 보내도록 유도했다는 사실도 이해하면 좋을 것이다).

영향도를 기반으로 우선순위 정하기

앞에서 언급했듯이 분산 시스템의 복잡성 때문에 느리게 처리되는 많은 요청(또는 요청의 일부)을 포함해 항상 많은 문제가 발생할 수 있다. 관측 가능성 솔루션은 사용자에게 미치는 영향을 기준으로 문제와 잠재적 원인의 우선순위를 정하려고 할 때 도움이 된다.

한 가지 예로 요청의 크리티컬 패스에 얼마나 관여했는지에 따라 성능 문제의 우선순위를 정하는 것이다. 크리티컬 패스의 처리 속도를 높인다면, 최종 사용자가 경험하게 될 응답 대기 시간이 빨라진다. 지금까지 알아본 바로는 크리티컬 패스에 있지 않은 요청의 속도를 높이는 것은 최종 사용자에게 영향을 미치지 않으므로, 시간을 들일 가치가 없다고 볼 수 있다.

자동화된 상관관계

운영자는 소프트웨어 시스템이 왜 잘 동작하고 왜 실패하는지를 파악할 수 있는 중요한 지식을 지니지만, 분산 시스템에서 나오는 신호가 너무 많아 필요한 것만 보기 어렵다. 관측 가능성 솔루션은 성능 문제와 관련이 있는 신호를 촉진하고, 반대로 상관없는 신호를 걸러내어 운영 담당자가 중요한 것에만 집중할 수 있도록 도와준다. 예를 들어 점진적으로 배포하던 중에 집계된 오류 발생 비율이 새 버전에 비해 훨씬 높은 경우에는 버전에 따른 성능 차이를 보여주는 것이 중요하다(반면, 호스트별로 분류를 표시하면 잘못된 결론으로 이어질 수 있다).

앞서가는 길

이런 관점에서 관측 가능성 도구를 선택할 때 단순히 '이것이 좋은 메트릭 도구인가?' 같은 질문을 해서는 안 된다(또는 '좋은 로그 기록 도구 또는 좋은 추적 도구인가?'와 같은 질문들). 그 대신에 '이 도구는 좋은 관측 가능성 도구인가?'라고 질문하는 것이 타당하다. 이는 각 도구와 특히 분산 추적의 폭넓은 정의를 받아들이는 것이다. 메트릭과 로그와는 달리 분산 추적은 분산 시스템을 관측하려는 의도에서 시작된다. 분산 시스템에서 사용되는 관측 가능성 도구가 애플리케이션의 전체적인 관점을 제공하는 것이 중요하며, 분산 추적을 통해 애플리케이션을 개발하고 실행하는 방법에서 훨씬 더 큰 역할을 할 수 있는 기회가 있다.

이어지는 장에서 사용 사례와 잠재적인 미래 작업을 고려할 때, 우리는 추적에 대한 더 넓은 관점을 살펴보려 한다. 구글에서 대퍼와 같은 도구로 배포된 것뿐만 아니라, 여러 정보 소스를 활용하고 개발자와 운영자에게 시기적절하고 비용 효율적인 방식으로 그것들을 결합하는 도구로서 말이다. 또한 로그 데이터를 다른 정보 소스로 활용해 특정 이벤트 데이터를 추적하고 발생한 상황을 사용자에게 설명할 때 사용할 수 있다.

세 가지 관측 가능성 요소는 기존 도구를 쉽게 분류할 수 있는 방법을 제공하지만, 이 개별 기술이라는 패러다임에서 벗어난다면 관측 가능성 문제에 접근하는 방법을 더 풍부하게 만들 수 있다. 다음 장에서는 다양한 활용 사례를 고려할 때(개별적으로나 특히 서로 결합될 때), 이처럼 서로 다른 데이터 소스가 프로덕션 시스템에서 원인과 결과를 연결하는 것을 어떻게 도울 수 있는지 알아보겠다.

8장

기준 성능 개선하기

소프트웨어 시스템이든 물건을 만드는 공장이든, 여러 프로덕션 시스템에서는 제품을 만드는 과정이 생산 비용과 제품 자체에 큰 영향을 미친다. 최신 소프트웨어에서 생산 비용은 대부분 컴퓨팅 리소스와 그 외의 여러 인프라와 관련이 있으며, 사설 데이터 센터에서 서버를 구매하고 실행하거나 클라우드 서비스로부터 인프라와 소프트웨어 라이선스를 임대하는 비용을 포함한다. 소프트웨어가 제공되는 방식은 사용자 경험에도 영향을 미친다. 이 장에서는 분산 추적을 사용해 비용을 절감하고 사용자 경험을 개선하는 방법을 알아보겠다.

특히 몇 주, 몇 달 또는 분기 동안 소프트웨어의 기준 성능을 개선하는 데 초점을 맞출 것이다. 기준 성능을 이해하면 나중에 몇 주 또는 몇 달에 걸쳐 효과적으로 엔지니어링 작업을 계획할 수 있어 긍정적인 영향을 줄 수 있는 기회를 극대화할 수 있다. 반면에 다음 장에서는 문제가 발생했을 때 해당 기준에 맞게 성능을 복원하는 방법을 주로 다룰 것이다.

앞의 장에서는 '관측 가능성의 세 가지 기술'이라는 맥락에서 분산 추적을 살펴봤다. 특히 소프트웨어 개발자와 운영자는 분산 추적과 다른 관측 가능성 도구를 활용해 메트릭, 로그, 추적이라는 세 가지 성능 텔레메트리 수집 기능을 모두 활용할 수 있다고 했었다. 따라서 이 장에서는 분산 추적을 보는 것뿐만 아니라, 애플리케이션 요청의 맥락에서 텔레메트리를 적용하는 방법으로 추적 데이터를 사용해 텔레메트리를 분석하고 시각화하기 위한 수단으로 고려할 것이다. 애플리케이션 성능을 이해하기 위한 방법으로 개별 추적을 살펴보는 것부터 시작하지만, 많은 수작업을 자동화하고 수백 또는 수천 개의 추적을 활용하는 접근 방식으로 빠르게 진행할 것이다.

그러나 성능 데이터 분석을 시작하기 전에 먼저 대량의 요청에 필요한 통계 도구를 포함해 성능을 측정하는 방법을 만들어야 한다.

성능 측정

사용자용 애플리케이션의 경우 사용자에게 영향을 줄 수 있는 성능을 측정하는 것이 중요하다. 따라서 요청 대기 시간은 이런 애플리케이션의 중요한 메트릭이며, 대기 시간은 되도록 사용자와 최대한 가깝게 측정해야 한다. 사용자의 브라우저 또는 모바일 앱에서 대기 시간을 측정하는 것이 로드 밸런서에서 측정하는 것보다 낫다. 이렇게 하면 네트워크가 성능에 미치는 영향을 확인할 수 있다. 사용자 상호 작용과 새로운 결과가 화면에 표시될 때까지의 대기 시간을 측정하는 것이 더 좋으며, 이렇게 하면 여러 요청이 백엔드에 미치는 영향과 클라이언트가 완료한 모든 처리를 볼 수 있다.

낮은 대기 시간의 경제적 가치

수많은 연구 결과에 따르면, 지연 시간이 거의 감지할 수 없는 수준으로 늘어나더라도 수익이나 다른 유형의 사용자 전환에 큰 영향을 줄 수 있는 것으로 나타났다. 구글이 실시한 실험에 따르면, 검색 결과 페이지를 로드하는 시간을 0.5초로 늘리면 전체 검색 횟수가 20% 줄었고, 반대로 페이지를 더 빠르게 표시하면 검색량은 거의 비례적으로 증가하는 것으로 나타났다.[1] 아카마이(Akamai)는 지연 시간을 100밀리초 이내로 만들면 전자 상거래 이탈률을 7%나 줄일 수 있다는 연구 결과를 발표했다.[2] 핀터레스트(Pinterest)는 방문자 대기 시간이 40% 단축된 후 가입 전환율이 15% 증가한 것으로 나타났다.[3]

소프트웨어 성능의 경제적인 가치를 생각할 때 인프라 비용을 줄이는 데 집중하는 것이 쉬울 수 있지만, 사용자 경험을 개선하는 것은 사용자에게 유익할 뿐만 아니라 실질적이고 측정할 수 있는 비즈니스 가치이기도 하다.

1 [May10]

2 [Aka17]

3 [Med17]

성능을 측정할 때는 여러분이 신경 쓰는 사용자의 성능을 고려해야 한다. 일반 사용자의 성능 향상에 초점을 맞추는가? 아니면 고급 사용자를 위한 것인가? 그것도 아니면, 특정 고객층을 위한 것인가? 어떤 고객층을 선택하는가에 따라 성능 측정 방법이 달라진다.

대부분 사용자의 성능 향상에 관심이 있거나 비용 절감을 위해 노력한다면, 중간 지연 시간 개선을 목표로 설정하는 것이 좋은 시작점이 될 수 있다. 중간 지연 시간을 개선하기 위해 노력하는 것은 많은 사용자의 성능을 개선할 수 있을 뿐만 아니라 전체 비용을 줄이기 위해 택할 수 있는 좋은 시작점이기도 하다. 많은 요청이 배포하면서 클러스터로 분산되는 경향이 있으므로, 각 요청에 필요한 계산 작업을 줄이면 전체 컴퓨팅 요구 사항에 큰 영향을 줄 수 있다.

최악의 경험을 한 사용자들 중에서도 하위권의 성능을 개선하려면(자세한 방법은 나중에 설명하겠다.), 높은 백분위수 지연 시간을 측정함으로써 올바른 방향을 파악할 수 있다. 요청의 1%만 지연 시간을 개선할 때 시간이 오래 걸리는 것은 언뜻 잘 이해되지 않을 수 있다. 그러나 이런 선택을 고려해야 할 몇 가지 중요한 이유가 있다.

- 애플리케이션 중간에 들어갈 서비스를 담당하는 경우 서비스가 처리하는 요청의 1%가 최종 사용자의 1% 이상에게 영향을 줄 수 있다. 이 문제는 대부분의 서비스 인스턴스에서 사용자의 요청이 (직접적으로나 간접적으로) 확산될 때 가장 자주 발생한다. 느린 요청이 특정 사용자에게 영향을 줄 확률은 요청의 해당 부분을 처리하는 인스턴스 수에 따라 증가한다. 가장 느린 인스턴스가 해당 사용자가 관측한 전체 지연 시간을 결정할 것이기 때문이다.
- 높은 백분위수에 해당하는 지연 시간을 경험하는 사용자는 종종 나머지 사용자에게도 도움이 된다. 가장 느린 요청은 보통 애플리케이션 중에서 이미 한계에 다다르거나 거의 한계에서 실행 중인 부분들에 영향을 끼친다. 요청량이 증가하면서 점점 더 많은 요청이 비슷한 문제를 겪을 것이다. 현재는 요청의 1%만 개선하지만, 머지않아 더 많은 부분을 차지할 것이다.

- 우리의 경험에 따르면, 대기 시간이 긴 사용자는 더 큰 데이터 집합을 사용하거나 더 복잡한 쿼리를 실행하기 때문에 그렇게 하는 경향이 있다. 이들은 또한 매출의 큰 부분을 담당하는 사용자이므로, 가치가 높은 사용자일 가능성이 있다.

사용자 요청 실패나 복구할 수 없는 오류가 항상 '성능'의 일부로 다뤄지는 것은 아니지만 측정하는 것이 중요하다(모든 '성능' 측정값을 '빠르게' 또는 '느리게'로 표현한다면, 실패한 요청은 끝없이 느려지는 것이다). 분산 시스템에서는 서비스의 소프트웨어 버그(지역적인 것이든 아니면 훨씬 더 깊은 문제이든), 사용자 오류, 네트워크 문제, 준비되지 않은 서비스 등 여러 가지 이유로 실패할 수 있다. 여러 가지 측면에서 오류를 이해하는 것은 분산 추적의 핵심 요소이며, 오류들을 분리하려면 서비스 사이의 종속성과 서로 상호 작용하는 방식을 이해해야 한다.

애플리케이션 성능의 두 가지 '중요' 메트릭, 즉 대역폭과 포화 수준은 개별 요청에 대기 시간이나 오류가 존재할 수 있다는 것과 연관 지을 수 없다(한 개별 요청이 트래픽을 급증하게 하는 원인의 일부일 수 있지만, 다른 요청보다 그 요청이 더 결정적인 원인이라고 말할 수는 없다). 이런 메트릭은 대개 지연 시간보다 처리량에 더 초점을 맞춘 애플리케이션에서 더 큰 역할을 한다. 이는 많은 일괄 처리 시스템과 일부 대용량 전송 시스템(비디오 처리 포함)에 적용된다. 이런 애플리케이션에서 처리량이 주어진 임곗값 아래로 떨어지면 사용자 경험에 문제가 발생할 수 있지만, 대부분의 최적화는 처리량을 유지하면서 비용을 절감하는 것에 초점을 맞춘다. 그러나 대역폭과 포화 수준은 지연 시간과 오류 발생 비율을 설명하고 개선할 때 중요한 신호가 될 수 있다. 이제 분산 추적에 어떻게 통합할 수 있는지 알아보자.

비즈니스, 팀 또는 사용자에게 중요한 성과 측정 방법이 무엇이든, 일단 목표가 무엇인지 결정하고 나면 목표를 측정하고 목표를 설정하는 것이 업무의 우선순위를 결정할 때 중요하다. 이 책의 주제를 벗어나는 내용이지만, 서비스 수준 척도를 설정하는 것은 성능을 정확하게 측정할 수 있도록 아래 항목을 결정해 성능 측정 방법을 공식화하는 것이다.

- 측정값(예를 들어 중간값 또는 99번째 백분위수의 대기 시간)
- 측정 대상(예를 들어 서비스, 끝점 또는 작업)
- 측정 기간(예를 들어 마지막 5분)

분산 추적 솔루션에 통합될 경우 서비스 수준 척도는 데이터 수집 및 샘플링을 할 것인지를 자동으로 결정하는 데 도움이 될 뿐만 아니라, 성능 문제의 근본 원인을 파악할 수도 있다. 그러나 이 내용을 보기 전에 통계에서 몇 가지 개념을 알아보겠다.

백분위수

이 장과 다음 장에서는 이따금 발생하는 높은 백분위수의 지연 시간이나 때에 따라 99번째 백분위수의 지연 시간을 살펴볼 것이다(백분위수에 익숙하다면 이 절을 건너뛰어도 좋다). 평균값, 최댓값 같은 통계와 마찬가지로 백분위수는 대규모 요청 집합의 성능을 요약하는 방법이다. 그러나 평균 또는 최대와 달리 백분위수는 요청들을 비교하는 훨씬 더 강력한 방법을 제공한다. 백분위수와 이와 유사한 통계를 볼 수 있는 두 가지 대표적인 사례는 '곡선에 따라 등급이 매겨진' 학업 시험이나 어린이의 키 또는 몸무게 측정이다.

백분위수는 다음과 같이 정의할 수 있다. 각 백분위수는 모집단의 주어진 부분이 해당 값 아래에 있는 일부 측정값(이 경우에는 대기 시간이다.)을 제공한다. 예를 들어 50번째 백분위의 대기 시간이 100밀리초ms인 경우, 고려되는 요청의 50%가 100밀리초보다 빠르다. 마찬가지로, 90번째 백분위의 대기 시간이 1초라면 고려된 요청의 90%가 1초보다 빠른 것이다(표 8-1 참조).

표 8-1 요청 대기 시간과 통계의 예시

요청 대기 시간(밀리초)
87
89
91
93
102
138
174

(이어짐)

요청 대기 시간(밀리초)
260
556
5,000

선택된 통계(밀리초)	50번째 백분위수
120	평균
659	90번째 백분위수
1,000	최대

표 8-1에 나와 있는 요청 대기 시간을 고려하면, 표에서 보듯이 평균과 50번째 및 90번째 백분위수를 계산할 수 있다(값 사이에 삽입되는 백분위수의 정의를 사용하도록 선택했다).

백분위수는 단순히 평균값을 보는 것보다 더 많은 유연성을 제공한다. 간단히 말해, 평균을 보는 것은 평균이 데이터 전체를 대표할 때만 잘 작동한다. 소프트웨어 성능을 측정할 때 값이 넓게 분포되는 것은 드문 일이 아니다. 그리고 몇 개의 값이 널리 분포돼 있으면, 평균보다 큰 영향을 줄 수 있다. 이 예제에서는 큰 값이 하나 있기 때문에 평균은 그 값을 제외한 모든 값보다 크다. 50번째 백분위수(또는 중간값)는 보통의 평균보다 특이한 값을 더 잘 잡아낼 수 있다.[4]

백분위수는 또한 가장 느린 요청의 성능을 이해하고 개선하려고 할 때 유용하다. 최대 지연 시간을 보고 싶은 유혹이 강하게 들 수 있지만, 최대 지연 시간 값은 종종 타임 아웃이 구성되는 방식이나 텔레메트리 또는 모니터링 시스템의 몇 가지 특성에 따라 결정된다. 예를 들어 정확히 60초가 걸리는 요청을 조사하는 경우, 전체 요청이 중단될 때까지 요청의 일부가 반복적으로 실패한 것을 발견할 확률이 있다(느린 요청을 디버깅하는 것이 아니라 실패한 요청을 말한다). (전체 요청량에 따라) 가장 느린 1%, 5% 또는 10%의 요청을 보면, 보통 지연 시간을 개

4 표준편차를 사용해 분포의 폭을 평가할 수 있다. 그러나 대부분의 지연 시간 분포는 정규 분포가 아니다. 다음 절에서 살펴보겠지만, 전체 분포를 보는 것이 중앙값을 포함한 단일 백분위수를 보는 것보다 훨씬 좋을 수 있다.

선할 수 있는 더 나은 후보를 찾기 편리하다.

주의: 백분위수로 계산하기

백분위수를 사용하는 것은 많은 엔지니어와 개발자에게 익숙하지 않은 개념이고, 이와 동시에 분산 추적과 다른 관측 가능성 도구를 구현하는 사람들에게 몇 가지 과제를 남긴다.

평균과 최댓값은 별도의 호스트(또는 별도의 데이터 센터)에서 측정한 다음 쉽게 결합할 수 있다. 적절하게 가중치를 부여함으로써 평균을 계산하고, 가장 큰 값을 고르면 그것이 최댓값이다.

그러나 평균값과 최댓값 같은 통계와 달리, 50번째 백분위수의 개별 측정값들을 결합하는 간단한 방법은 없다. 사용자는 관측 가능성 도구를 활용하는 것에만 의존해서는 안 된다.

소규모 데이터 집합의 컴퓨팅 백분위수는 혼란스럽고 오해의 소지가 있을 수 있다. 나는 종종 수십 개의 예제로 데이터 집합 중 99번째 백분위수(또는 99.9번째 백분위수) 지연 시간을 측정하려고 하는 개발자들을 봤다. 표 8-1의 예를 작게 유지하려면 잘못된 답을 고른 것이다. 10개 점의 예에서 90번째 백분위수는 단 2개 점(가장 큰 두 점)에 의해 결정된다!

백분위수(또는 그 문제에 관한 통계)가 몇 개의 점에 의해서만 결정될 때, 그 점들의 측정에서 잡음이 그 백분위수로 이어질 수 있다. 또한 서로 다른 도구가 백분위수를 계산하는 방법(예: 보간 또는 가장 가까운 점 사용)의 차이 때문에 결과를 비교하기가 어려울 수 있다. 이런 상황일 때 잘못된 결론을 내릴 수 있다. 몇 개의 점만으로 결정되는 백분위수를 계산하지 않도록 해야 한다.

히스토그램

네트워크 비용과 스토리지 비용 측면에서 약간 더 비싸지만, 히스토그램은 소수의 통계보다 훨씬 자세한 정보를 제공한다. 이는 서비스 동작이 단일 가우시안 또는 '벨' 곡선보다 훨씬 복잡한 소프트웨어의 성능에서 특히 중요하다. 시계열 그래프를 읽는 데 익숙하다면 처음에는 익숙하지 않은 것처럼 보일 수 있지만, 성능을 개선하기 위한 도구로 빠르게 활용할 수 있을 것이다.

측정 단위(이 경우 대기 시간)가 세로축에 있는 시계열 그래프와 달리, 히스토그램에서는 측정 단위가 가로축에 있다(그림 8-1 참조).

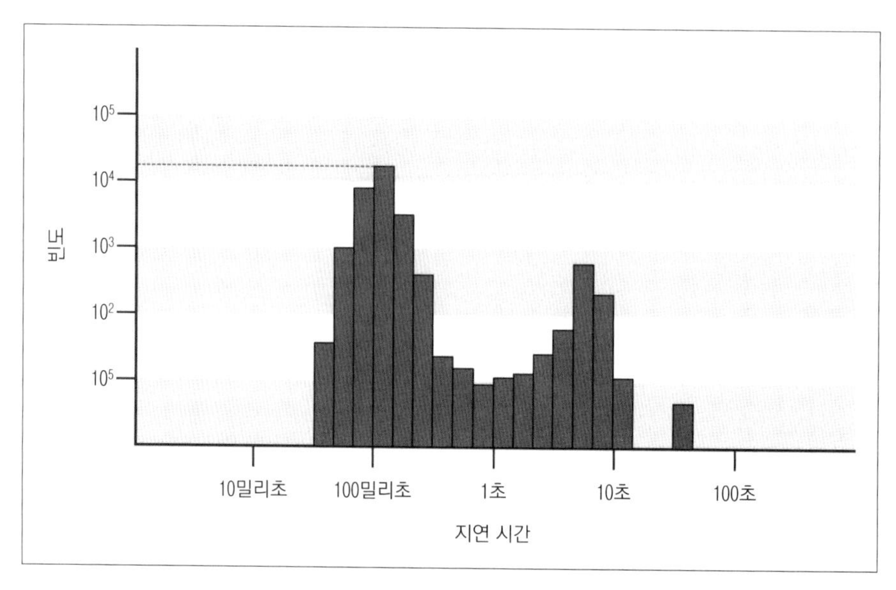

그림 8-1 히스토그램의 예제

히스토그램의 각 막대는 전체 모집단의 하위 집합을 나타낸다. 예를 들어 대기 시간이 100~150밀리초 사이인 요청이 있다고 가정하자. 막대의 높이는 해당 하위 집합의 크기를 나타낸다. 이것은 때때로 '빈도'라고 표현한다. 이 예제에서는 지연 시간이 100밀리초에서 150밀리초 사이인 약 1만 개의 요청이 있다. 많은 지연 시간 히스토그램과 마찬가지로, 이 예제는 로그-로그 스케일log-log scale로 표시된다. 대수 수평 축을 사용하면 대기 시간이 훨씬 더 길어지고(수 밀리초에서 1분까지), 대수 수직 축을 사용하면 요청의 작은 하위 집합에서도 패턴을 볼 수 있다.

99번째 백분위수와 다른 백분위수의 대기 시간은 최댓값 같은 통계보다 특이한 값에 더 강하지만, 애플리케이션 성능의 여러 측면을 드러내지 못할 수 있다. 그림 8-1의 요청에서 99번째 백분위수 대기 시간은 약 3초이다. 그러나 100~150밀리초 사이의 요청 클러스터가 약

1초만 느려지더라도 여전히 이런 상황이 발생한다. 또한 5초 내외의 시간이 걸린 요청들이 10초가 걸렸다고 하더라도 여전히 마찬가지이다. 궁극적으로 99번째 백분위수는 요청의 단순한 구분을 보여주는 것이다. 이들 중 99%는 더 빠르며 1%는 더 느리다. 두 집합 내에서 요청이 어떻게 분배되는지에 대해서는 아무것도 알 수 없다.

그러나 지연 시간 막대그래프의 모양은 서비스 또는 애플리케이션의 성능을 훨씬 자세하게 설명한다. 이 장의 후반부와 다음 장의 여러 가지 분석 기법에서 이 분석을 사용해 요청을 의미 있는 클래스로 나누고, 이런 클래스 간 성능 차이의 원인을 이해하는 방법을 알아볼 것이다.

크리티컬 패스 정의하기

기본적으로 복잡한 분산 시스템에서는 많은 서비스와 원격 프로시저 호출RPC, Remote Procedure Call들이 대부분 느리다. 사실, 열심히 일하는 개발자들조차도 이런 문제가 드러나기 전에는 문제를 발견하고 해결하기 어려울 것이다. 그리고 실제로 모든 문제를 해결하려고 해서도 안 된다! 이런 문제는 대부분 사용자에게 영향을 미치지 않으므로, 이를 해결하는 것은 비즈니스나 팀에 별다른 가치를 가져다주지 못한다. 특정 서비스의 대기 시간 문제를 해결하려고 할 때는 그 문제가 사용자가 알 수 있는 성능에 영향을 줄 수 있음을 확신할 수 있어야 한다 (7장에서는 이를 '영향도에 따른 우선순위 결정'이라고 언급했다).

어떤 서비스가 사용자가 알 수 있는 성능에 영향을 미치는지 이해하는 직관적인 방법은 먼저 각 느린 요청의 크리티컬 패스를 결정하는 것이다. 원래 프로젝트 관리의 일환으로 개발된 크리티컬 패스가 분산 소프트웨어 시스템의 요청들에 적용되는 경우에는 요청을 처리하는 부분을 나타내며, 함께 모아질 때 요청의 전체 요청 처리 소요 시간을 결정한다.

분산 추적의 관점에서 추적의 크리티컬 패스는 해당 추적의 서브 스팬들이거나 이 스팬들의 부분이다. 어떤 정의에 따르면, 다음 두 가지 조건이 모두 충족되는 경우에만 시간 t에 대해 스팬 A가 크리티컬 패스의 부분이 된다고 한다.

- 시간 t에서 스팬 A의 종료는 A의 부모를 차단한다.
- 시간 t에서 자식 스팬의 종료는 A를 차단하지 않는다.

이것은 크리티컬 패스를 생각하는 편리한 방법이다. 나름의 방법으로 추적의 '바닥 에지 bottom edge'를 설명한다. 그러나 때에 따라(그리고 나중에 설명하는 것처럼), 동시에 여러 개의 자식 스팬이 있을 때 약간의 모호함이 나타난다. 이런 모호성을 피하기 위해 다음과 같이 크리티컬 패스를 정의한다. 스팬 A는 시간 t에서 A의 길이를 줄여서, 요청의 전체 지연 시간을 줄인 경우에만 시간 t에서 크리티컬 패스의 일부이다.

그림 8-2는 크리티컬 패스가 음영 처리된 추적의 예시를 보여준다. 크리티컬 패스의 길이는 전체 요청의 길이와 같으며, 이 경우 가장 긴 스팬의 길이와 같음을 알 수 있다. 이 예제에서 스팬 A는 요청의 시작과 끝을 포함해 여러 지점에서 크리티컬 패스에 관여한다. 스팬 B, D, E는 각각 전적으로 크리티컬 패스에 있다. 스팬 C는 부분적으로 크리티컬 패스에 있지만, D 전후에만 있다.

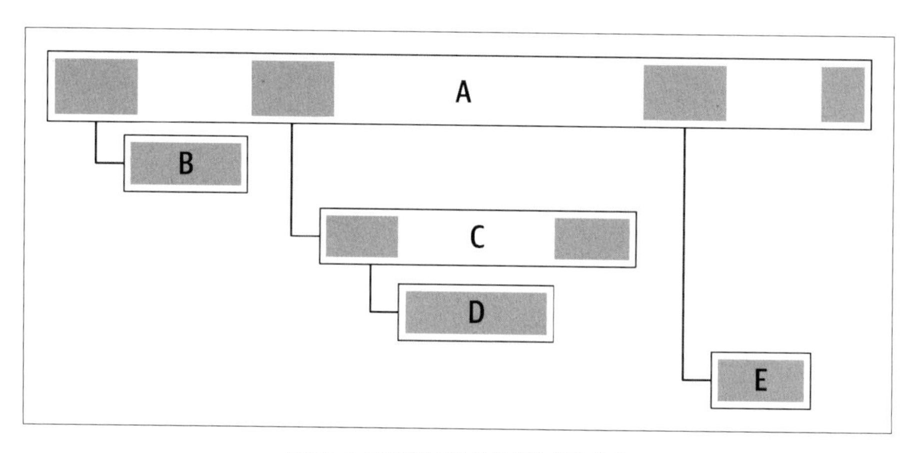

그림 8-2 크리티컬 패스가 포함된 추적 예제

이 요청의 대기 시간을 줄이려면, 스팬 B, D 또는 E를 확인하거나 스팬 A와 스팬 C에서 다른 스팬이 차단하지 않는 부분을 확인해야 한다.

그림 8-3은 두 번째 추적을 보여준다. 이 예제에서 2개의 스팬은 같은 작업을 나타내지만,

클라이언트(클라이언트 A)와 서버(서버 A)로 인식된다.

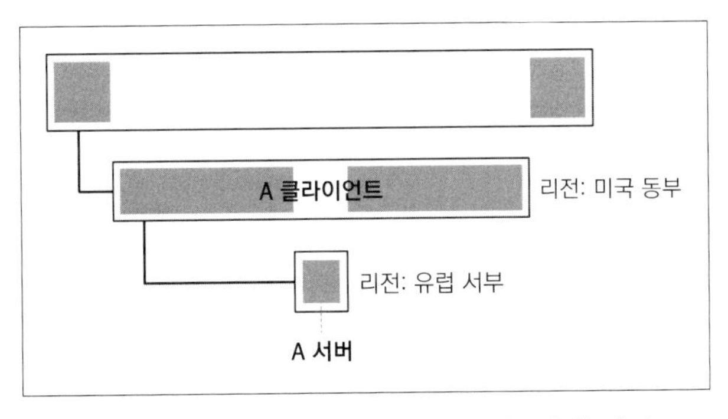

그림 8-3 크리티컬 패스상에 클라이언트 스팬을 포함하는 추적

클라이언트 A가 크리티컬 패스상에 있는 시점을 살펴보면, 클라이언트가 왜 여기서 작업하는지 궁금할 것이다. 이 경우 지연 시간은 네트워크 지연으로 인한 것일 수 있지만, 추적 도구마다 다르게 표시할 수 있다. 사용자는 종종 다음을 고려해야 한다. 지연은 서비스에 의해 직접적으로 발생하는가? 아니면 외부 네트워크(예: 네트워크)로 인한 지연인가? 아니면 다른 리소스(예: CPU 또는 잠금)에 대한 경합 때문에 발생한 지연인가? 나중에 살펴보겠지만, 스팬에 관한 추가 메타데이터는 이런 상황을 해결할 때 도움이 될 수 있다.

그림 8-4는 크리티컬 패스가 음영 처리된 세 번째 추적을 보여준다. 이 경우 스팬 A에는 동시에 실행되는 작업을 나타내는 2개의 서브 스팬(B와 C)이 있다. 시간 t에서 A는 서브 스팬 중 하나에서 차단된다고 할 수 있으며(2개 중 어느 것도 다른 스팬에서 차단되지 않음), 따라서 '크리티컬 패스'의 첫 번째 정의에 의해 둘 중 하나가 크리티컬 패스에 있는 것으로 여길 수 있다.

그러나 이 경우 B의 길이를 줄인다고 해도 요청의 전체 길이가 줄어들지 않는다. C를 줄이는 경우에만 효과가 있을 것이다. 동시에 실행되는 작업을 설명하는 여러 서브 스팬이 있는 경우, 가장 긴 요청은 크리티컬 패스에 있는 유일한 요청이다.

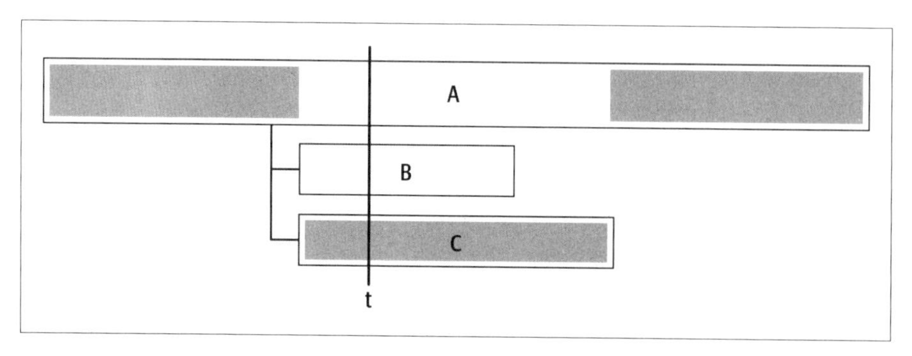

그림 8-4 동시 서브 스팬과 크리티컬 패스가 포함된 추적 예제

여기서 유의할 점이 있는데, 앞의 정의에 따르면 크리티컬 패스에서 스팬의 길이를 약간 줄일 경우 요청의 전체 대기 시간이 줄어들지만 모든 대기 시간이 줄어드는 것은 아니라는 사실이다.

예를 들어 크리티컬 패스 위에 스팬이 있고 길이는 1초 정도 된다고 가정하자. 길이를 500밀리초로 줄였다고 해서 반드시 전체 요청 시간을 500밀리초로 줄일 수 있는 것은 아니다. 그림 8-4에 표시된 추적에서 스팬 C의 길이가 B의 길이보다 짧아지면 더 이상 크리티컬 패스에 있지 않으므로, 기간을 줄여도 전체 지연 시간이 더 이상 줄어들지 않는다. 개별 스팬으로 표시되는 작업을 최적화하는 과정에서 크리티컬 패스에 표시되는 스팬을 모두 변경할 수 있으므로 추가 최적화 작업을 위해 계획을 변경할 필요가 있다.

인과 관계 이해하기

구글 대퍼가 널리 보급한 스팬 기반 분산 추적 모델을 사용하면, 스팬에서는 부모를 명시적으로 참조한다. 이 정보로부터 스팬이 서로가 시작된 곳을 보여주는 트리를 만들 수 있다. 그러나 몇몇 스팬 사이의 관계를 유추하는 가정은 그저 가정일 뿐이다.

자식 스팬이 시작될 때, 부모 스팬의 실행이 자식 스팬의 작업 때문에 중단되는가? 아니면, 다른 작업이 동시에 계속 진행되는 비동기 요청인가? 이 차이점을 이해하는 것은 스팬을 생성한 코드를 이해하기 위해 추적을 조사하는 개발자에게 일정 부분 달려 있다.

또한 스팬을 사용해 동시 작업을 나타내기 위한 규칙을 적용하면 도움이 될 수 있다. 예를 들어, 둘 이상의 스레드(또는 워커 등)가 동시에 처리될 때마다 부모와 다른 별도의 스팬을 사용할 수 있다. 즉, 하나의 스레드가 비동기 호출을 한 다음, 처리를 계속하면서 2개의 서브 스팬을 만들어야 한다. 이렇게 하면, 원래 스레드가 비동기 호출을 차단하는지 여부를 더 쉽게 이해할 수 있고 자동 추적 분석을 통해 현재 상황을 좀 더 잘 이해할 수 있다.

성능 향상을 위한 접근 방법

이런 개념을 바탕으로 기준 성능을 개선하기 위한 여러 가지 접근 방식을 알아볼 것이다. 이 책에서는 분산 추적에 초점을 맞추므로, 성능 문제를 분산 시스템 내의 단일 구성 요소로 분리하는 방법을 검토할 것이다. 또한 소프트웨어 최적화를 기존 방식대로 하는 것이 익숙하고 특정 기능, 클래스, 모듈의 속도나 효율성을 개선하기 위해 디버거, 프로파일러와 그 외의 도구를 사용해 문제를 해결할 수 있다고 가정한다. 이런 접근 방식의 목표는 해당 메서드, 클래스 또는 모듈을 구분해 해당 도구를 적용할 수 있도록 하는 것이다.

개별 추적

분산 추적의 가장 기본적인 용도는 개별 요청을 검토하고 예상치 못한 동작과 흔한 안티패턴을 찾아내거나 다른 개선의 기회를 찾는 것이다.

개별 추적을 최적화할 때 가장 먼저 해야 할 질문은 다음과 같다.

- 크리티컬 패스 안에서 최적화할 수 있는 작업이 있는가?
- 크리티컬 패스를 조회하는 쿼리를 캐시에 저장할 수 있는가?
- 요청에 의해 제공되는 기능을 리팩터링함으로써 값비싼 작업을 일반적으로 필요한 작업과 분리할 수 있는가?

앞서 언급했듯이, 크리티컬 패스를 이해하지 않고 이런 질문을 하는 것은 사용자가 겪은 문제를 개선할 때는 아무런 도움이 되지 않는 헛수고로 끝날 수 있다.

그림 8-2에 표시된 것처럼 추적을 최적화할 때는 이런 스팬의 상대적 길이도 고려해야 한다. 이때 D가 E보다는 두 배 이상 길기 때문에 D를 20% 개선하면 E를 20% 개선한 것보다 두 배 이상 효과를 얻게 된다(이와 유사하게, D의 결과를 캐시에 저장하는 것은 동등한 캐시 적중률을 가정할 때 E의 결과를 캐시에 저장하는 것보다 두 배의 이점을 얻을 수 있다). 따라서 크리티컬 패스의 가장 큰 부분을 차지하는 스팬에서 최적화 작업에 집중해야 한다.

리팩터링이 성능에 끼치는 영향을 이해하려면 몇 가지 설명이 더 필요하다. 이 예제를 좀 더 구체적으로 설명하기 위해 그림 8-2에서 스팬 B는 일부 인증 작업을 나타내고, 스팬 C는 사용자가 마지막으로 로그인한 이후 변경된 내용을 결정하는 계산을 처리하고, 스팬 E는 사용자의 디스플레이 기본 설정을 조회한다고 가정한다. 종종 API의 끝점들을 유지 보수할 때, 그 끝점의 기준 성능과 용도는 시간이 지나면서 바뀔 수 있다. 이 예제의 원래 활용 사례는 이런 작업들(스팬 B, C, E)을 한 번에 묶어서 처리하는 것이지만, 지금은 디스플레이 환경 설정을 조회하기 위해 끝점이 자주 호출되는 것이다. 이 경우, 끝점을 두 부분으로 리팩터링하면 해당 환경 설정을 훨씬 빠르게 반환할 수 있다. 하나는 변경된 부분을 결정하는 부분이고, 다른 하나는 해당 환경 설정을 반환하는 부분이다. 때때로 이와 같은 경우의 '최적화'는 단순히 더 적게 작업을 하는 것이다.

분산 추적으로 시작할 때 발견된 가장 흔한 문제 중 하나의 다른 예를 그림 8-5에서 나타냈다. 왼쪽의 추적은 6개의 서브 스팬이 있는 루트 스팬을 표시한다(A~F로 표시돼 있다). 이러한 스팬은 하나 이상의 원격 데이터베이스에 전달할 쿼리를 포함해 다른 서비스를 순차적으로 호출한 상황을 나타낸다. 종종 이런 호출은 서로 독립적으로 실행되며(즉, 그중 어느 것도 다른 결과에 의존하지 않음), 호출이나 쿼리를 동시에 실행할 수 있는 경우가 종종 있다. 그림 오른쪽에 있는 추적에서 보듯이, 동시에 실행된다면 요청의 전체 지연 시간을 크게 줄일 수 있다.

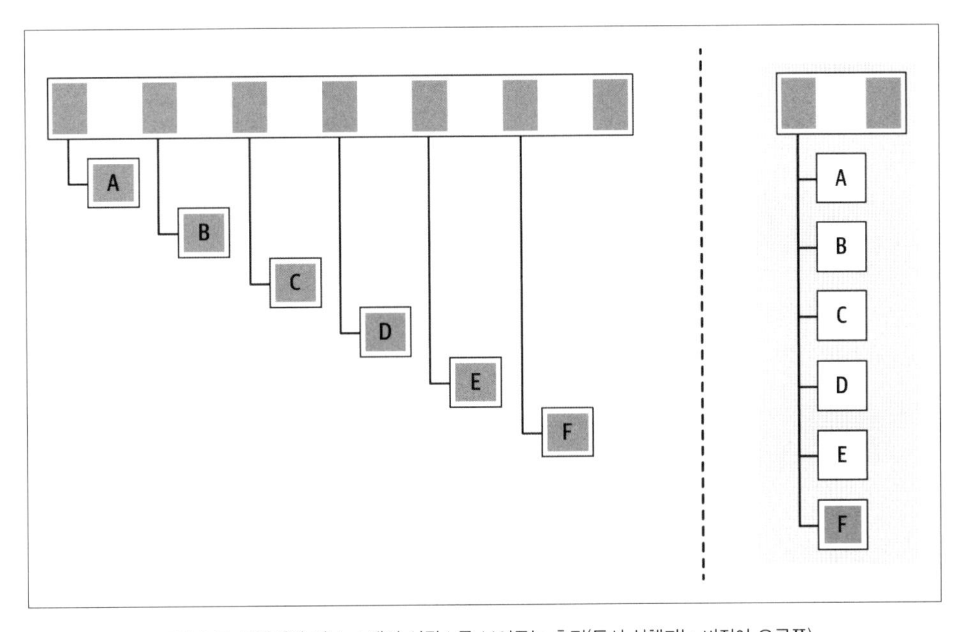

그림 8-5 독립적인 서브 스팬의 시퀀스를 보여주는 추적(동시 실행되는 버전이 오른쪽)

때때로 여러 개의 서브 스팬을 개별적으로 고려할 때 각각 효율적으로 구현되지만, 더 큰 요청의 일부로서 다룰 때는 중복된 작업을 하기도 한다. 그림 8-6의 예제를 살펴보자. 왼쪽에 A로 표시된 두 스팬은 모두 같은 계산을 나타낸다(두 A 스팬을 함께 사용하면 크리티컬 패스의 대부분을 나타낸다). 이 코드를 리팩터링함으로써 계산을 한 번만 처리하도록 최적화할 수 있으며(2개의 서브 스팬 각각으로 결과가 전달됨), 그림의 오른쪽에 표시된 것처럼 요청을 처리할 때 필요한 전체 시간이 줄어든다. 이렇게 하면 요청 중에 처리해야 할 전체 작업량이 줄어든다. 이는 추적이 대기 시간과 처리량을 모두 개선할 수 있는 예시이다.

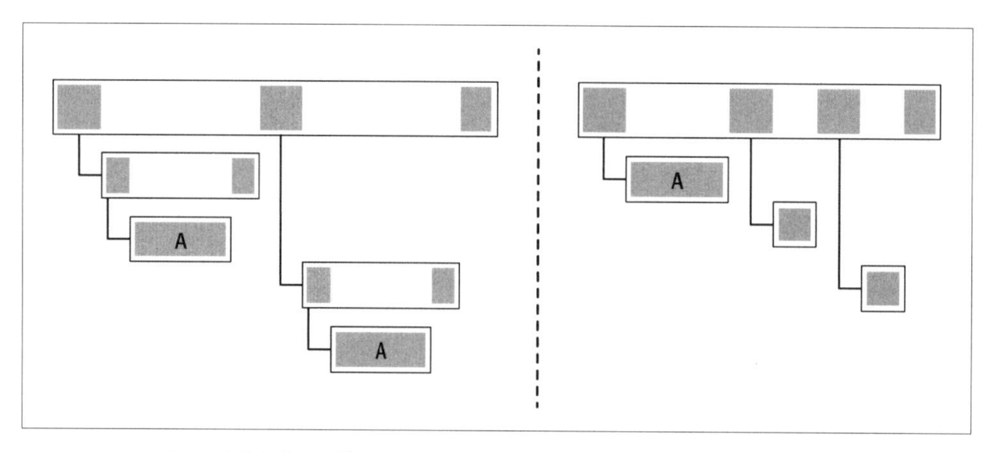

그림 8-6 2개의 서브 스팬(오른쪽은 리팩터링된 버전)에서 처리된 중복 작업을 보여주는 추적

최적화 기회를 제공할 수 있는 개별 추적의 마지막 사례는 코드 자체를 최적화하는 것이 아니라 해당 코드의 구성을 변경하는 것에서 비롯된다. 그림 8-3은 단일 RPC의 클라이언트 스팬과 서버 스팬 사이에 큰 차이가 있으며 이 차이는 종종 네트워크 대기 시간의 결과일 수 있다는 추적을 보여준다. 이 네트워크 대기 시간은 불가피한 부분일 수도 있지만, 때로는 구성이 잘못돼 발생할 수 있다. 예를 들어 한 서비스가 다른 서비스를 호출하지만 로컬 서비스 대신 다른 데이터 센터의 인스턴스로 요청을 전달하거나, 또는 다른 리전의 데이터베이스 복제본을 쿼리하는 것일 수 있다. 이 문제는 서비스 구성이 한 데이터 센터에서 다른 데이터 센터로 부주의하게 복사될 때 자주 발생한다.

이 예제에서는 추적에서 찾은 각 스팬의 태그를 검사해 이를 확인할 수 있음을 보여준다. 리전 태그가 클라이언트와 서버 스팬에서 다른 경우 전체 대기 시간을 줄일 기회가 있을 수 있음을 나타내는 좋은 증거이다.

편향된 샘플링과 추적 비교

6장에서는 샘플링을 비용을 제어하는 메커니즘으로 사용하는 방법을 살펴봤다. 요약하면 모든 추적(그리고 모든 스팬)을 수집하는 것은 애플리케이션 성능을 이해하거나 개선하기 위해 필요하지 않으며, 대체로 엄청나게 비싸다고 했었다. 추적은 주로 느린 요청이나 오류가 있는 요청을 나타내는 추적을 선택해 중요한 정보를 담는 추적자에 편향성을 부여하는 방식으로 샘플링할 수 있다. 여기서는 비즈니스, 팀 또는 사용자에게 중요한 성능 지표(서비스 수준 척도)를 개선하기 위한 샘플링을 고려할 것이다. 또한 올바른 추적을 선택하면, 문제의 근본 원인을 신속하게 구분하기 위해 추적을 비교할 수 있다.

단일 추적을 보는 것이 중간 지연 시간을 개선하기 위한 좋은 접근 방법일 수 있지만, 가장 느린 요청의 성능을 개선하는 것은 최소 2개의 요청, 즉 중간 지연 시간에 가까운 요청과 높은 백분위수 지연 시간을 나타내는 요청을 고려하는 것이 가장 좋다. 그러나 요청을 무작위로 균일하게 샘플링하면, 느린 요청에 관한 정보를 많이 얻을 수 없을 것이다. 특히 요청의 분포가 그림 8-1에 표시된 것과 같을 경우 그렇다. 즉, 만약 요청의 지연 시간이 균등하게 분배된다면 균등한 샘플링이 합리적인 접근 방법이 될 수 있지만, 지연 시간은 거의 균등하게 분배되지 않기 때문에 가끔씩 가치가 있는 추적이 수집되도록 샘플링이 편향되게 조정해야 한다. 느린 요청을 개선하려면 충분한 수의 99번째 백분위수(또는 99.9번째 백분위수)의 지연 시간 요청이 샘플링돼야 한다. 이는 심지어 요청이 여러 번 발생할 확률이 낮더라도, 중간 요청만큼 자주 요청이 샘플링됨을 의미할 수 있다.

마찬가지로, 오류가 있는 요청들 위주로 편향된 샘플링을 하는 것이 중요하다. 서비스는 주로 오류 발생 비율을 일정한 퍼센트로 유지하려고 시도하므로, 균일한 샘플링으로는 합리적인 예제들을 찾지 못할 수도 있다.

샘플링 편향성을 시험하기에 좋은 후보가 될 수 있는 더 많은 애플리케이션별 기능이 있다. 예를 들어 0.1%의 사용자에게만 해당하는 실험을 실행하는 경우, 해당 실험을 실행하는 코드의 성능을 이해하려면 해당 사용자 집합에 편향하는 것이 중요하다.

추적 샘플을 채취하면(2개 내외), 추적 샘플을 비교해 느린 추적이 느리게 된 원인을 파악할 수 있다. 보통 느린 요청에서 모든 서브 스팬이 비례적으로 더 길지는 않지만, 1개 또는 2개의 서브 스팬은 훨씬 더 길다.

그림 8-7은 `/api/update-inventory` 요청을 추적한 2개의 추적을 보여준다. 하나는 빠른 속도로 186밀리초가 걸리는 것으로 나타났고, 다른 하나는 1.49초가 걸리는 것으로 나타났다(두

경우 모두 클라이언트가 관측한 것이다). 크리티컬 패스에 영향을 주는 스팬을 살펴보면, 두 추적의 스팬은 거의 길이가 같다. 윗쪽 예제에서 28배 이상의 시간이 걸리는 쓰기 캐시 작업은 예외이다. 때에 따라 이 작업이 더 오래 걸리는 이유를 이해하기 위해 추가 조사가 필요할 수 있지만, 두 추적을 비교하면 가장 느린 이유를 몇 가지 이론에 근거해서 고를 수 있다.

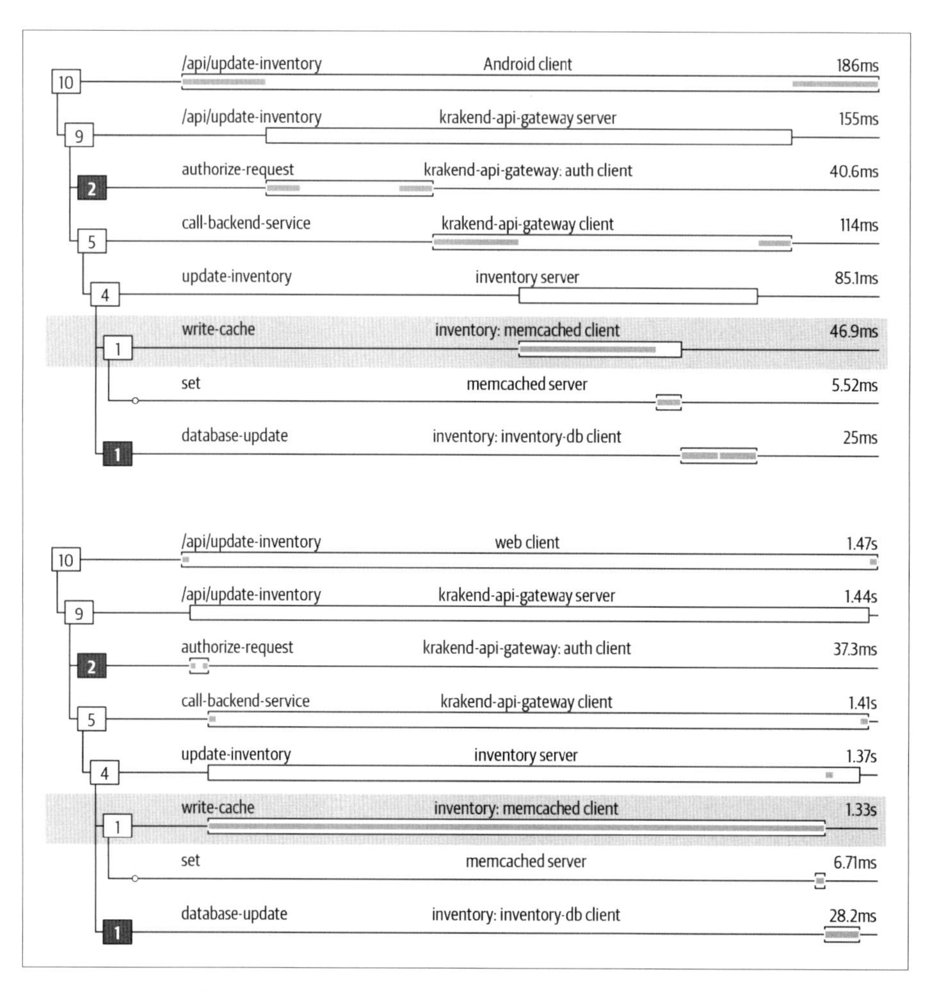

그림 8-7 예제 API 요청을 추적한 후 얻은 각각 빠르고 느린 응답 속도를 보여주는 2개의 추적

추적 검색

지연 시간, 오류 또는 스팬의 다른 기능을 기반으로 한 자동 샘플링뿐 아니라 사용자는 수동으로, 임시로 스팬을 검색할 수 있다. 예를 들어 사용자는 특정 클래스의 오류를 제거하기 위해 노력할 수 있다. 또는 사용자가 자신의 사용자 계정을 사용해 새 코드를 테스트하고 해당 계정과 관련된 추적을 검색하려고 할 수 있다. CI[Continuous Integration]/CD[Continuous Deployment] 파이프라인의 일부로서 생성된 추적의 경우, 빌드 라벨 또는 배포 정보로 태그가 지정돼 사용자가 실패와 관련된 추적을 빠르게 찾을 수 있을 것이다. 사용자가 특정 추적을 검색할 수 있어야 유효성을 검사하거나 반박하려는 가설을 세울 수 있다. 이런 활용 사례를 지원하려면 관련 추적을 쉽고 효율적으로 찾을 수 있는 방식으로 추적을 인덱싱해야 한다.

추적 같은 구조화된 데이터를 인덱싱하는 작업은 충분하다. 그러나 대부분의 경우 이런 인덱스는 추적 스토리지만큼 크기가 커질 수 있다. 스토리지는 분산 추적과 관련된 주된 비용 중 하나이므로, 사용자의 요구와 이 비용의 균형을 맞추는 방법을 이해하는 것이 중요하다.

구글이 대퍼를 도입하는 과정에서는 서비스를 기반으로 한 단일 인덱스와 호스트, 시간이 사용자의 많은 요구를 충족시킬 수 있음을 보여줬다.[5] 그 이유는 여러 가지가 있다. 첫째, 대부분의 사용자가 적은 수의 서비스를 담당하고 한 번에 하나의 성능에만 초점을 맞췄기 때문이다. 둘째, 다른 관측 가능성 도구가 문제 발생 시점에 따라 달라지기 때문이다. 처음에는 호스트를 기반으로 조회할 수 있게 하는 인덱스를 제공했지만, 추가 비용을 정당화하기에 충분한 것은 아니었다. 비슷한 접근 방식을 사용하는 도구는 활용 사례를 단일 서비스 중심의 도구로 제한할 수 있다.

추적 도구를 사용하면 검색 쿼리를 빠르게 만드는 데 도움이 될 수 있다. 검색 엔진이 입력을 시작할 때 쿼리를 제안하는 것처럼, 추적 도구는 관련된 추적을 제안할 수 있다. 예를 들어 사용자가 서비스를 선택하면, 도구는 해당 서비스가 구현하는 작업과 해당 서비스에 관련된 태그를 제안할 수 있다. 따라서 추적 도구는 추적에서 찾은 데이터의 형식을 감지하는 것도 가능하다. 예를 들어, 제안은 사용자가 서비스에서 어떤 종류의 오류가 발생하는지 이해

5 [Sig10]

하거나 서비스가 의존하는 작업을 열거할 때 도움이 될 수 있다. 이 프로세스를 통해 사용자가 기준 성능에 영향을 미치는 요소에 관한 가설을 제시할 수 있다.

사용자가 가설을 세우고 나면, 다음 단계는 그 가설을 뒷받침하거나 반박하는 증거를 찾는 것이다. 흔적을 찾아보는 것이 그 증거를 찾는 방법이다. 추적을 사용해 탐색할 수 있는 가설의 몇 가지 예는 다음과 같다.

- 긴 요청은 종종 재시도에서 차단된다(retry=true 태그가 있는 스팬 찾기).
- 캐시 불일치는 대기 시간이 발생할 때 대부분의 시간을 차지한다(cache=miss 태그가 있는 스팬 찾기).
- RPC 대기 시간을 초과하는 요청(시간 초과 또는 RPC 취소를 나타내는 오류가 있는 스팬 찾기)

기존 가설을 검증하고 반박하는 것은 분산 추적의 중요한 활용 사례이지만, 나중에 추적 도구가 사용자가 애플리케이션 성능에 관한 새로운 가설을 만드는 데 도움이 되는 분석 과정을 살펴볼 것이다.

다중 모드 분석

이 장의 나머지 부분에서는 하나 또는 2개의 추적에만 의존하는 것이 아니라 통계적으로 중요한 수집에 의존하는 활용 사례를 설명할 것이다. 요청의 동질성에 따라 수십, 수백 또는 수천 개의 추적이 될 수 있다. 히스토그램은 몇 가지 다른 통계 방식보다 훨씬 더 많은 정보를 제공하는 방식으로, 많은 추적의 동작을 그림으로 표현하는 편리한 방법을 제공한다. 여기에서는 다중 모드multi-modal 분석을 사용해 성능을 다음 최적화 단계를 알리는 데 사용할 수 있는 작은 범주로 나누는 방법을 보여준다.

모달리티modality(히스토그램의 맥락에서)는 그래프에서 피크peak로 표시된다. 각 모달리티는 거의 비슷한 대기 시간을 나타내는 추적 집합이다. 히스토그램은 피크가 여러 개인 경우 다중 모드이다. 앞에서 언급했듯이, 단일 서비스 또는 단일 작업의 대기 시간 히스토그램에는 단순한 종 모양의 곡선이 거의 없다. 대기 시간은 보통 다음과 같은 여러 가지 개별 요소에 의해 결정되기 때문이다.

- 클라이언트가 사용 중인 네트워크 종류(예: 모바일 데이터(3G, 4G, 5G) 또는 광대역 인터넷)
- 기존 연결 또는 세션을 재사용할 수 있는지 여부
- 캐시에서 요청을 처리할 수 있는지 여부
- 요청이 지속적으로 상태를 변경하는 것과 관련이 있는지 여부
- 업스트림 요청 시간이 초과돼 다시 시도해야 하는지 여부

예를 들어 캐시에서 결과를 찾을 수 있는 요청은 평균보다 10배 더 빠를 수 있다. 캐시를 사용하는 서비스는 보통 하나의 피크가 캐시 적중에 해당하고 다른 하나가 캐시 불일치에 해당하는 다중 모드 대기 시간 분포를 나타낸다. 서비스가 이런 요소 중 하나 이상에 영향을 받을 수 있으므로, 다섯 가지 이상의 양식이 있는 히스토그램을 보는 것은 드문 일이 아니다.

그림 8-8은 다중 모드 지연 시간 히스토그램을 보여준다. 왼쪽에는 요청이 단일 분포로 표시된다. 오른쪽에서 요청은 세 그룹으로 나뉜다(왼쪽의 각 막대의 높이는 오른쪽의 해당 막대의 높이의 합이라는 점을 고려하길 바란다). 이 히스토그램은 요청이 클라이언트 네트워크 종류로 나뉠 때 볼 수 있는 것을 보여준다. 대부분의 광대역 요청은 대부분의 4G 요청보다 빠르다(그리고 거의 모든 3G 요청보다도 빠르다). 그리고 대개 4G 요청은 3G 요청보다 빠르다.

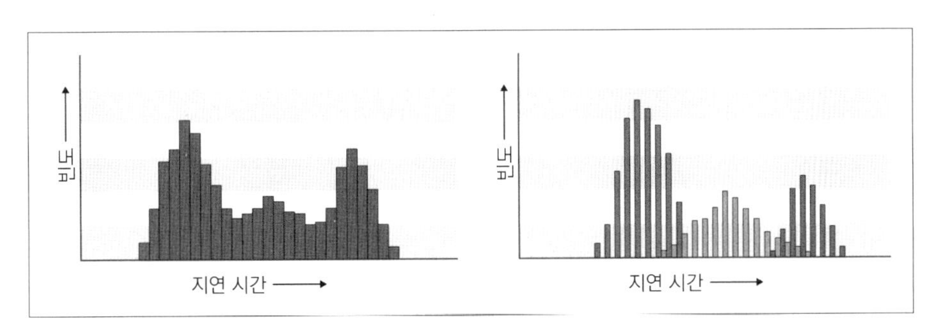

그림 8-8 다중 모드 히스토그램(왼쪽: 결합됨, 오른쪽: 별도의 구성 요소)

각각의 형태를 구별하는 것이 무엇인지 이해하는 것이 성능 향상에서 중요하다. 때에 따라 다중 모달 분석을 통해 올바른 요청들을 비교했는지 확인할 수 있다(지속적으로 상태를 변경하

는 요청을 그렇지 않은 요청보다 빠르게 만들 수는 없을 것이다). 다른 방법으로는 올바른 해결 방법을 찾는 데 집중하는 것이다. 백엔드 처리 시간을 단축하면 요청 수 또는 결과 크기를 줄이는 것보다 3G 네트워크 사용자 대기 시간을 개선할 가능성이 적다. 또 다른 경우, 성능과 비용 절충을 관리할 때 도움이 된다. 또한 캐시 크기를 늘리면 지연 시간 문제를 어느 정도 해소할 수 있지만, 추가 컴퓨팅 리소스가 필요할 수 있다.

다중 모드 분석은 대기 시간을 기준으로 요청을 비교하는 것보다 더 정확한 정보를 제공한다. 빠른 요청과 느린 요청을 비교하는 것은 종종 두 가지 다른 양식의 추적을 비교하는 것보다 통찰력을 덜 제공할 것이다. 다중 모드 분석은 또한 사용자가 '지연 시간 단축'에서 페이로드 크기 축소 또는 캐시 적중률 개선 같은 좀 더 구체적인 다음 단계로 이동할 수 있다는 점에서 중요하다. 좀 더 구체적인 요청에 집중하면, 앞에서 설명한 다른 기술을 사용해 더 느린 요청의 근본 원인을 찾을 수 있다.

히스토그램 빈 너비와 다중 모드 분석

히스토그램을 사용할 때 고려해야 할 부분들은 많겠지만, 다중 모드 분석에서 특히 중요한 것은 빈(Bin)의 크기이다. 빈 크기는 막대그래프의 막대 너비이다. 빈이 작을수록 밀도가 높을 것이며, 히스토그램을 통해 얻을 수 있는 정보가 더 많을 것이다. 더 큰 빈을 사용하면 각 요청에 포함된 추가 정보가 손실되므로 문제가 될 수 있다. 각 버킷은 다양한 예제를 나타낸다.

그러나 너무 많은 빈을 사용하면 원본 샘플의 랜덤 노이즈가 히스토그램에서 여러 모달리티로 나타날 수 있다. 예를 들어 많은 요청 대기 시간이 116밀리초와 118밀리초인 경우에도 요청 대기 시간이 117밀리초인 것은 거의 없을 수 있다. 이는 아마도 애플리케이션에서 서로 다른 두 가지 동작의 결과가 아니라, 균일한 모집단 내에서도 측정값에 약간의 차이가 있음을 보여주는 결과일 것이다. 동전 던지기로 처음 나온 결과가 앞면이라고 해서 다음이 항상 뒷면이라고 예상할 수는 없는 것과 마찬가지이다.

빈 히스토그램은 주어진 히스토그램 안에서도 고정될 필요가 없다. 축의 작은 끝에서 더 좁고 큰 끝에서 더 넓은 빈을 사용하는 것이 요청 대기 시간을 이해할 때 특히 적절함을 알 수 있었다. 특히 대기 시간이 로그 스케일로 그래프화되는 경우 그렇다. 또한 몇 밀리초만 줄이면 요청을 완료하기까지 몇 초가 걸리지 않으므로 의미 있는 방식으로 성능을 개선하는 행동에 사용자가 집중할 수 있다.

집계 분석

추적 컬렉션은 개별 추적의 작은 변화에 덜 영향을 받는 방식으로 성능에 관한 결론을 도출하는 데 사용될 수도 있다. 두 추적을 비교하는 앞의 예제에서는 한 가지 큰 차이만 있었으므로(비교하기가 비교적 간단했음), 상황에 따라 많은 차이가 있을 수 있고 다른 부분들은 중요하지 않을 수 있다. 더 많은 추적 샘플을 활용해 추적 도구를 사용하면, 성능을 의미 있게 개선할 수 있는 패턴을 더 잘 볼 수 있다.

간단한 형태의 집계 분석은 이런 추적 내에서 가장 흔한 오류를 확인하는 것이다. 이 방법은 실패한 요청만 포함된 샘플들을 볼 때 특히 유용할 수 있다. 일반적인 오류는 이런 실패를 제거하려고 할 때 고려해야 할 원인이 되기 때문이다(이런 접근 방식을 어떻게 개선할 수 있는지 궁금하다면 다음 절을 참조하길 바란다).

'이런 추적 내의 오류'라고 말하면, 지정된 추적의 모든 스팬에서 발생하는 오류를 의미한다. 여기서 추적의 진가가 조금씩 드러나기 시작한다. 메트릭은 모바일 클라이언트와 백엔드 모두에서 오류가 증가하는 것을 관측할 수 있도록 돕지만, 추적은 두 가지 형태의 오류가 모두 같은 요청 내에서 발생하는 형태로 모습이 그려진다.

구글이나 다른 곳에서 관측한 가장 효과적인 집계 분석 방법 중 하나는 집계 크리티컬 패스 분석이다. 이 분석에서는 일단 추적 샘플이 제공되면, 성능 영향을 측정하려는 범위의 스팬 클래스를 식별한다. 이것은 보통 해당 추적 샘플에서 발생하는 서비스 또는 작업들이다(일부의 경우 해당 클래스를 더 세분화할 수 있다). 분석 결과는 샘플에서 지연 시간을 개선하기 위해 최적화 노력을 집중해야 할 위치를 알려준다.

분석은 다음과 같이 진행된다. 각 추적마다 각 스팬 클래스가 해당 추적의 크리티컬 패스 백분위수를 차지한 비율을 계산한다. 표 8-2는 그림 8-2의 추적에서 각 스팬으로 인한 크리티컬 패스의 양을 보여준다. 해당 추적의 라벨이 서비스에 해당한다고 가정하면, 이 경로에서 크리티컬 패스의 40%가 A이고, B가 10% 정도 관여한 것으로 나타난다. 이 백분위수가 각 추적마다 계산되면 집합의 모든 추적에 걸쳐 평균이 계산된다.

표 8-2 그림 8-2의 추적에서 각 스팬이 관여한 크리티컬 패스의 백분위수

스팬	크리티컬 패스에서 차지하는 비율
A	40%
B	10%
C	20%
D	20%
E	10%

분석 중인 샘플의 다른 추적이 이 예와 유사하다고 가정하면, A, C, D에 최적화를 적용할 때 샘플이 추출된 모집단에서 추적의 지연 시간을 줄일 수 있는 가장 좋은 기회가 될 것이다. B와 E는 단순히 크리티컬 패스에 덜 관여하기 때문에 기회가 적다. B의 지속 시간을 0으로 줄이면 요청 대기 시간이 평균 10% 향상된다.

전체 크리티컬 패스 분석은 백분위수가 아닌 각 스팬이 임계 경로에 관여하는 절대 시간 동안 진행할 수도 있다. 아마도 이것은 결과를 샘플에서 가장 느린 추적에 가장 큰 영향을 미치는 최적화로 편향되도록 할 것이다. 이는 의도적인 것일 수 있지만, 초기 추적 샘플을 최적화하려는 것(예를 들어 99% 백분위수 이상에 해당하는 추적)에 더 잘 일치하도록 제한하는 것이 더 좋을 것이다. 이렇게 하면 샘플에서 몇 가지 특이한 값의 영향을 줄일 수 있다.

집계된 크리티컬 패스 분석을 진행할 때 몇 가지 주의할 점이 있다. 첫 번째는 모든 집계 분석에 실제로 적용되는 것으로, 적절한 샘플을 선택했는지 확인해야 한다. 흔히 저지르는 실수 중 하나는 트래픽이 많은 시간대의 요청을 포함하지 않아서 최적화하려는 요청을 적절하게 나타내지 않는 기간 동안 샘플을 얻는 것이다. 사용량이 많은 시간대에 발생하는 요청은 리소스 경합이 발생하는 위치를 훨씬 잘 보여줄 수 있다.

두 번째는 네트워크 시간이 (명시적으로 또는 암시적으로) 스팬에 속하는 이유를 찾는 것이다. 그림 8-2의 예시에서 A로 표시된 스팬이 크리티컬 패스에 상당한 시간을 기여했음을 확인했다. 그러나 이 스팬은 3개의 RPC를 만드는 것으로 보인다. 스팬 B, C, E가 모두 클라이언트가 아닌 해당 RPC 서버에서 생성된 스팬이라면, A로 인한 시간 중 일부는 네트워크를 통해

데이터가 전송되기를 기다리는 시간일 것이다. 이 시간을 줄이기 위해 A를 개선할 수 있지만 (예를 들어 페이로드의 크기를 압축하거나 축소하는 등), A 자체의 코드를 최적화하는 것은 효과가 거의 없을 것이다.

상관 분석

마지막 분석 방법으로 이번 장을 마칠까 한다. 분산 추적은 개발자들에게 기준 성능을 개선할 수 있는 가장 강력한 분석 기법이다. 앞에서 설명한 많은 기법이 성능에 관련된 기존의 가설을 검증하거나 반박할 수 있게 해주지만, 상관 분석은 이를 뒷받침할 증거와 함께 새로운 가설을 만들어 한 단계 더 나아간다. 이 방법은 많은 개발자에게 완전히 새로운 워크플로우이다. 직관에 의존해 개선하려는 방식 대신 추적 도구를 사용하면 성능을 개선할 수 있는 가장 큰 기회를 직접 찾을 수 있다. 물론 애플리케이션에 관한 경험과 전문 지식이 필요하지만, 백지에서 시작하는 대신 어느 정도 '초안'을 만들어 시작할 수 있다.

앞 절에서는 실패한 요청 샘플에서 일반적인 오류를 확인하면, 실패한 요청의 근본 원인이 된 오류 유형을 찾는 데 도움이 될 수 있음을 언급했다. 이 방법은 때때로 유용할 수 있지만, 실수하기 쉽다. 특히, 발생 시점을 설명하지만 발생하지 않는 시점을 설명하지는 못한다. 이 문제점을 이해하려면 다음 예제를 고려해보자. 여기에 설명된 대로 두 가지 형태의 오류가 추적에 나타나는 것으로 가정하자. 오류 1은 90%의 추적에서 실패한 요청을 나타낸다. 오류 2는 모든 추적의 100%에서 발생한다(요청의 성공과 실패를 모두 포함한다).

실패한 요청임을 명백하게 나타내는 추적 샘플을 고려할 때, 모든 실패한 요청에 오류 2가 나타나고 오류 1은 샘플의 90%에만 나타나므로 오류 2가 문제의 원인일 확률이 높다. 그러나 오류 2는 성공한 요청을 포함해 모든 요청에서 발생하므로, 샘플의 실패 원인이 될 가능성은 거의 없다. 이 오류는 성공한 요청에서 복구됐으므로 복구할 수 있을 것이다. 여기서 실제로 묻고자 하는 질문은 '실패한 요청에서 어떤 형태의 오류가 발생할 가능성이 더 높은가?'가 아니라 '어떤 형태의 오류가 실패와 더 밀접한 관련이 있는가?'이다. 비록 상관관계는 원인이 아니지만 근본 원인을 찾아내는 강력한 방법이다.

상관 분석을 진행하려면 하나의 추적 샘플이 아니라 2개의 샘플이 필요하다. 하나의 샘플은 제거하거나 최소한 줄이려는 추적군을 가지고 있어야 한다. 예를 들어, 실패했거나 응답 속도가 느린 요청들이 보여야 할 것이다. 두 번째 샘플은 첫 번째 샘플을 보완해야 한다. 대개 성공적이거나 빠른 요청들로 구성된 집합이다(이 설정은 실험 그룹과 제어 그룹이 모두 포함된 훌륭한 과학 실험으로 생각할 수 있다).

2개의 샘플 집합뿐 아니라 상관관계를 찾을 수 있는 기능 집합도 필요하다. 분산 추적에서 이런 기능은 이런 추적을 구성하는 스팬과 관련된 서비스, 작업, 오류, 태그 같은 기능이다. 또한 해당 스팬의 지속 시간과 크리티컬 패스의 백분위수가 포함된다. 이 분석은 추적의 모든 스팬의 특징을 고려할 수 있다. 예를 들어 그림 8-3에 표시된 부모 스팬을 조사하더라도 아래의 두 스팬의 태그는 분석에 중요할 수 있다.

2개의 샘플 집합(A와 B라고 함)과 몇 가지 기능을 갖췄다면, 분석을 진행한다는 것은 단순히 각 기능을 보고 묻는 것이다. 샘플 A에서는 발생하지만 샘플 B에서는 발생하지 않을 가능성은 무엇일까? 이를 각각의 특징을 나타내는 '상관 계수'를 산출해 나타낼 수 있다. 계수 1.0에서 지정된 기능이 샘플 A의 모든 추적에 나타나고 샘플 B의 추적에는 나타나지 않을 수 있으며, -1.0의 계수에서 주어진 기능이 샘플 B의 모든 추적에 나타나고 샘플 A의 추적에는 전혀 나타나지 않을 수도 있다. 계수 0.0에서는 두 샘플 모두 같은 특징이 나타날 수 있다. 상관 계수가 1.0 또는 -1.0에 가까울수록, 나타나는 특징이 두 샘플의 차이를 설명할 수 있다.

두 가지 형태의 오류가 있는 예제로 돌아가서, 이제 오류 1의 상관 계수는 0.9이고 오류 2의 상관 계수는 0.0임을 알 수 있다. 이렇게 하면 요청 1이 실패한 이유를 이해하려고 할 때, 오류 1이 훨씬 더 좋은 위치임을 알 수 있다.

물론 오류는 무엇이 잘못됐는지 이해할 때 도움이 되는 하나의 수단일 뿐이다. 앞서 언급했듯이, 스팬의 태그와 크리티컬 패스로의 기여는 이 분석을 추진할 때 사용될 수 있는 중요한 기능 중 하나이다. 이것은 4장에서 다룬 계측의 중요성을 잘 알려준다.

표 8-3은 프로덕션 서비스에서 추출한 개인정보를 없앤 예제이며 여러 태그를 포함한다. 이는 지연 시간이 99번째 백분위수 이상인 단일 연산에서 얻은 추적을 살펴볼 때의 상관 분석

결과를 보여준다.

표 8-3 개인정보를 제거해 만든 여러 개의 태그별 상관 계수를 보여주는 예제

특징	상관 계수
org_name: Acme	0.41
project_name: acme-prod	0.41
operation: fetching	-0.39
total_rows_read: 0	-0.37

이 예제에서는 대기 시간과 단일 팀(이 경우 사용자 집합) 사이의 관계가 비교적 밀접하게 관련돼 있음을 보여준다. 아마도 팀은 많은 양의 데이터를 보유하므로, 이를 이용해 복잡한 쿼리를 만들어 실행할 것이다. 어느 경우든 이런 쿼리는 상당히 실행 비용이 비쌀 수 있다. 이유를 이해하려면 추가 조사가 필요할 것이다(이것은 당연히 이 팀의 가장 큰 프로젝트와 관련이 있다. 종종 이 분석은 하나 또는 2개의 중복 태그를 생성할 수 있다). 이 예제에서 대기 시간은 행을 읽지 않은 쿼리(`total_rows_read: 0`)와 음의 상관관계가 있으며, 이 쿼리는 보통 가장 느린 상위 1%의 쿼리 중 하나가 아님을 나타낸다. 또한 왜 느린 쿼리가 느린지 알 수 있는 힌트를 얻게 될 것이다(아마도 새로운 인덱스가 필요할 수도 있다). 어쨌든, 다음 단계는 이런 기준을 충족시키는 몇 가지 추적을 보는 것이다.

이런 모든 태그를 추가할 때 고려해야 할 부분 중 하나는 태그의 수와 해당 태그의 값(즉, 카디널리티)이 커져서 이 모든 추적 데이터를 관리할 때 많은 비용이 들 수 있다는 것이다(특히 `total_rows_read`는 수천 개의 다른 값을 나타낼 수 있다). 7장에서는 카디널리티 제한을 관측 가능성 도구를 비교하는 중요한 방법으로 찾아냈다. 다행히도 대부분의 분산 추적 도구(상관 분석을 지원하는 도구)는 이런 종류의 카디널리티를 쉽게 지원할 수 있다.

개발자는 다음을 포함해서 애플리케이션에 적합한 많은 수의 태그를 스팬에 추가해야 한다.

- 소프트웨어 버전(플랫폼과 타사 구성 요소 버전 포함), 적용된 실험 요소와 여러 부수적인 '기능 플래그'

- 사용자 코호트user cohort, 세그먼트segment와 그 외의 사용자 행동 분류 기준
- 계산이 실행되는 위치(예: 호스트, 클러스터 또는 데이터 센터)
- 요청을 처리하는 동안 경합이 발생할 수 있는 모든 리소스(예: 데이터베이스 테이블, 연결 풀, 잠금)
- 호스트, 가상 컴퓨터 또는 컨테이너의 CPU, 디스크 또는 네트워크 부하 메트릭

이런 기능은 성능의 변화를 설명할 수 있으므로, 애플리케이션 텔레메트리에 포함하는 것은 여기에 설명된 분석을 위한 원시 데이터를 제공하는 과정에서 중요한 첫 단계이다. 마지막으로, 지금까지 알아본 내용들을 다시 떠올려보자. 이런 종류의 메트릭은 원래 분산 추적의 일부가 아니었지만, 이를 스팬과 연결하면 요청 자체의 일부로서 처리된 계산 때문이 아니라 단순히 계산 집약적인 요청이 근처에서 실행됐기 때문에 요청이 느린 경우를 설명할 때 도움이 될 수 있다(예: 같은 호스트에서). 다음은 좋은 관측 가능성 도구가 앞 장에서 설명한 '세 가지 기술'에 걸쳐 있는 예시이다. 여러 형태의 데이터(이 경우 메트릭과 스팬)를 수집하면 더 강력한 분석을 지원할 수 있다.

다중 모드 분석을 사용해 상관 분석에 사용할 샘플 집합을 구분할 수도 있다. 앞의 예제에서는 1%의 가장 느린 요청과 나머지 99%를 비교했다. 그러나 빠름과 느림의 구분이 그렇게 임의로 정의된 경계에 속하는 일은 드물다. 사실, 다중 모드 분포의 특성상 여러 가지 종류의 '빠르거나 느린' 요청이 있을 것이다. 샘플 집합 중 하나 이상이 한 가지 동작을 나타내는 경우, 상관 분석의 품질이 훨씬 높아진다.

다중 모드 분석을 활용하려면, 먼저 대기 시간의 히스토그램을 고려한 다음 가장 느린 피크(또는 해당 피크가 너무 작은 경우 여러 개의 느린 피크 또는 가장 큰 느린 피크)의 추적을 샘플 집합 중 하나로 사용해야 한다. 나머지 추적을 다른 샘플 집합으로 사용하고 이 절에 설명한 대로 분석을 계속 진행한다.

완전히 자동화된 분석

이 장에서는 느리거나 실패한 요청을 설명하는 가설을 자동으로 열거할 수 있는 분석을 설명했다. 성능 문제를 파악하고 수정하는 프로세스를 완전히 자동화할 수 있는가? 나의 경험에 비춰보면, (다행인지 불행인지는 모르겠지만, 관점에 따라) 대답은 '아니오'이다.

첫째, 대기 시간이 길어질 수 있는 태그가 여러 개 있을 수 있지만, 그중 하나만 '고정'할 수 있는 문제일 수 있다(문제의 또 다른 부작용은 아니다). 태그를 소스 코드, 구성, 인프라, 사용자 동작에 매핑하는 방법을 이해하려면 텔레메트리 자체에는 없는 지식이 필요하다.

둘째, 나의 경험에 따르면 자동화된 다중 모드 분석 형식을 사용해도 샘플 집합을 자동으로 구분하기가 어렵다. 애플리케이션 성능의 여러 측면이 복잡한 분포를 만들기 위해 교차할 수 있으며, 샘플 집합을 만들기 위한 올바른 임곗값을 찾으려면 애플리케이션에 관한 지식뿐만 아니라 시행착오가 필요할 수 있다.

마지막으로, 몇몇 요청이 느린 이유를 자동으로 파악할 수 있다고 해도, 더 자주 요청을 빠르게 하는 경로는 있을 수 없다. 예를 들어 느린 요청은 특정한 계정 집합과 밀접한 상관관계가 있다고 가정하자. 이런 계정을 비활성화하는 것은 분명히 전반적인 지연 시간을 개선할 수 있는 한 가지 방법이지만 합리적인 선택은 아니다. 대신, 이런 사용자들이 무엇을 시도하고 해결 방법을 찾았는지 알아내기 위한 연구, 또는 이런 느린 요청을 제거하기 위해 새로운 기능을 개발하는 노력이 필요할 수 있다.

일부 작업은 자동으로 처리할 수 있지만(예를 들어 문제가 있는 버전을 이전 버전으로 되돌리는 것과 같이), 사람들(개발자와 운영자)의 개입 없이는 여전히 일 처리가 불가능하다(현재로서는 어쨌든 그렇다).

마무리

기준 성능을 개선하는 것은 결국 여러분과 사용자 모두에게 중요한 성능의 측면을 정의하고, 성능을 결정할 때 가장 큰 요소를 발견하고, 성능 문제를 해결하기 위해 애플리케이션을 변경하는 작업이다.

성능, 특히 대기 시간에 영향을 수는 요소를 찾는 과정에서 각 요청의 크리티컬 패스를 고려해야 한다. 각 요청의 크리티컬 패스를 결정할 수 있다는 것은 분산 추적을 사용할 때의 주된 이점이다. 이를 사용하면 성능 향상을 위한 노력이 효과를 발휘할 것임을 보장할 수 있다.

분산 추적의 전통적인 사용은 개별 요청 분석에 초점을 맞춘다. 그러나 좀 더 강력한 분석은 수백 또는 수천 개의 요청을 사용해 추적에서 패턴을 찾는다. 또한 새로운 가설을 검증(또는 반박)할 뿐만 아니라, 성능을 개선할 수 있는 기회를 설명하는 새로운 가설을 생성할 때 도움이 된다. 커스터마이징 여부와 자동 생성 여부에 상관없이 이런 가설은 하나의 서비스뿐 아니라 이런 추적을 구성하는 스팬을 생성하는 모든 서비스의 텔레메트리를 활용할 수 있다.

9장

기준 성능 복원하기

앞 장에서는 일반적으로 사용자 환경 개선이나 비용 절감 혹은 이 두 가지 모두를 목표로 기준 성능을 개선하는 방법을 설명했다. 이번 장에서는 분산 추적이 최근에 배포한 변경 사항 때문에 성능이 저하됐을 때 어떻게 문제 해결에 도움이 되는지 알아보고, 이전 수준으로 빠르게 성능을 복원할 수 있는 방법을 알아볼 것이다.

팀이 이와 같은 문제에 접근하는 방식은 다양할 수 있지만, 대부분의 팀은 자체적인 문제 대응 계획을 따른다. 이런 계획에는 문제가 발생했을 때 문제 상황을 파악하는 방법(서비스의 일부 또는 전체 중단 또는 심각한 성능 저하), 팀 구성원에게 알림을 받는 방식, 대응 방법, 그리고 (문제를 해결한 후) 어떤 종류의 후속 조치가 있는지 파악하는 것이 포함돼야 한다. 보안 침해 같은 성능 관련 문제가 아닌 다른 형태의 문제도 있지만, 여기서는 문제 해결과 대응 측면에서 여러 가지 접근 방식을 구성할 것이다.

또한 이 장은 단일 서비스 관점에서 성능에 초점을 맞출 것이다. 대부분의 개발자는 최소한의 서비스만 담당하므로 단일 서비스의 성능 측면에서 성능 문제만 집중해 파악하는 것이 자연스럽다. 물론 중요한 것은 사용자가 볼 수 있는 전반적인 애플리케이션 성능이다. 이 장의 대부분에서는 애플리케이션 성능과 개별 서비스의 성능을 어떻게 연관 지을 수 있는지 알아본다.

이 장은 기준 성능 복원에 초점을 맞추므로, 최근에 성능 변화가 있었다고 가정한다. 그리고 소프트웨어는 (대체로) 결정론적이므로, 성능의 변화는 보통 소프트웨어나 소프트웨어가 실행되는 환경의 변화에 의해 결정된다. 서비스 성능에 영향을 주는 변경 사항은 대개 다음 네 가지 영역 중 하나이다.

서비스 자체의 변경 사항

　새로운 배포 또는 구성 변경

사용자 동작 변경

　해당 서비스의 '사용자' 역할을 하는 다운스트림 서비스에 영향을 주는 새로운 배포 또는 구성 변경 사항(최종 사용자와 그 외의 다른 서비스 모두 포함)

　새로운 기능이나 외부 이벤트에 대응하는 새로운 행동

업스트림 종속성 변경 사항

　새로운 배포, 구성 변경 또는 해당 종속성을 공유하는 다른 서비스의 트래픽 변경 사항(직간접적인 내용을 모두 포함한다.)

기본 인프라 변경 사항

　호스트, 컨테이너 또는 네트워크 구성 변경

　같은 리소스로 경합하는 같은 위치의 서비스들

성능 문제를 최소화하기 위해 취하는 조치는 대개 문제의 근본 원인을 식별한 다음 해당 변경 사항을 취소하는 형태로 진행된다. 새로 배포하거나, 구성을 변경하거나, 인프라를 변경하는 경우 변경 사항을 복원하는 경우가 종종 있다. 사용자 동작이 변경되는 경우, 새로운 기능을 비활성화하거나 특정한 형태의 요청 또는 쿼리가 실행되지 않도록 차단할 수 있다. 두 경우 모두 코드 속도가 느리거나 쿼리 비용이 많이 드는 추가 리소스를 준비하는 것을 의미할 수 있다.

이런 변경 사항을 취소하려면 원래 변경을 담당한 개발 팀과 개발자를 파악하는 것이 중요하다. 문제를 설명하고 현재 작업을 중지하고 변경 사항을 복원(또는 기능 비활성화 등)할 수 있도록 충분한 증거를 제공하는 등, 이 팀과 효과적으로 대화해야 한다. 그리고 이 모든 단계에서 성능 저하는 평판에 끼치는 영향이 크고, 경제적이며, 심지어 법적인 영향을 미칠 수 있으므로 시간이 꼭 필요하다.

문제 정의하기

기준 성능을 복원하는 방법을 설명하기 전에 먼저 성능을 정의해야 한다. 8장에서는 지연 시간, 실패율, 트래픽 비율, 채도라는 '네 가지 황금 신호'로 시작했지만, 처음 두 가지에 초점을 맞췄다. 대역폭과 포화 수준은 종종 개발자와 운영자가 시스템 상태를 이해하고 예측하기 위해 사용하지만, 애플리케이션의 최종 사용자에게는 직접적인 영향을 덜 미치며, 그 영향은 종종 지연 시간 측면에서 나타난다. 여기서는 지연 시간과 실패율에 계속 초점을 맞출 것이다.

이 장에서는 또한 서비스 수준 척도를 성능을 측정하는 정확한 방법으로 정의했다. 서비스 수준 척도 기준을 정의하는 것은 실제로 어떤 성능이 필요한지 의도를 선언하는 것으로 시작한다. 이는 서비스 수준 목표를 정의하는 것이다. 서비스 수준 목표는 해당 지표의 가치를 목표로 하는 서비스 수준 척도이다.

예를 들어, 서비스 수준 척도 중 하나가 지난 5분 동안 측정된 서비스의 백분위 99%의 지연 시간인 경우 서비스 수준 목표는 이 지연 시간이 1초 미만일 수 있다. 또는 서비스 수준 척도 중 하나가 지난 10분 동안 측정된 서비스의 오류 발생 비율인 경우 서비스 수준 목표는 이 비율이 모든 요청의 0.1% 미만일 수 있다.

앞 장에서 오류를 다룰 때, 한 서비스에서 발생한 오류가 다른 서비스의 동작에 어떤 영향을 미치는지 살펴봤다. 그러나 서비스가 전혀 응답하지 않는 경우도 고려해야 한다. 이 경우를 이해하려면 서비스가 자체 오류 발생 비율을 보고하는 방법을 보는 것이 아니라, 해당 서비스 외부에서 오류를 측정해 오류 발생 비율을 측정하는 것이 중요하다. 이 방법으로 측정하면, 서비스가 요청에 응답할 수 있는 시간이나 사용 가능한 시간을 이야기할 수 있다. 따라서 또 다른 서비스 수준 목표는 서비스가 한 달 동안 분당 한 번 측정되는 시간의 99.9%일 수 있다.

비즈니스 메트릭 기반 서비스 수준 목표

이 장에서는 스팬에서 쉽게 파생되고 많은 분산 추적 솔루션에 나타나는 지연 시간과 오류 발생 비율 같은 메트릭을 기반으로 서비스 수준 목표에 초점을 맞춘다. 그러나 비즈니스에 가장 중요한 메트릭을 기반으로 서비스 수준 목표를 고려해야 한다.

예를 들어 전자 상거래 애플리케이션에서는 구매율 또는 구매 시간을 서비스 수준 목표로 할 수 있다. 모바일 앱 구성 요소가 포함된 제품은 콜드 스타트(cold start)를 포함해 앱과의 큰 맥락에서 상호 작용을 평가할 수 있다.

스팬에 사용자 작업에 관련된 정보(구매 성공 여부 등)가 태그로 지정된 경우, 이런 메트릭은 추적에서 파생될 수 있으며 성능 저하는 특정 (집합) 요청에 연결할 수 있다. 이렇게 하면 올바른 성능 저하 분석을 효과적으로 조사할 수 있다.

역사적인 가치를 지향하는 서비스 수준 목표를 선택해야 한다. 즉시 달성하지 못할 목표를 설정하는 것은 의미가 없다. 그러나 서비스 수준 목표는 또한 사용자의 기대치를 고려해야 한다. 몇몇 분야(예를 들어 일부 금융 애플리케이션의 경우)에서는 애플리케이션이 올바르게 작동할 수 있다면, 정확성을 위해 사용자는 가용성을 희생할 수 있다. 또 다른 영역(예를 들어 관측 가능성 플랫폼)에서는 애플리케이션의 가용성이 높은 경우 사용자가 약간의 정밀도 손실을 허용할 수 있다.

서비스 수준을 정의하는 마지막 단계는 서비스 수준 목표를 충족시키지 못하면 무슨 일이 일어나는지 설명하는 것이다. 이것은 보통 서비스 수준 협약^{SLA, Service Level Agreement}의 형태를 취한다. 서비스 수준 협약은 서비스 수준 목표이며, 이 목표를 충족시키지 못하면 어떤 결과가 초래된다. 서비스 수준 협약에는 종종 일종의 금전적 보상이 포함된다. 예를 들어, 서비스 수준 목표를 충족시키지 못하면 고객에게서 받은 요금의 일부를 반환해야 할 수 있다. 또는 계약 기간이 끝나기 전에 고객과의 계약을 해지할 수 있는 옵션을 고객에게 제공할 수 있다. 순전히 애플리케이션의 성능과 관련된 서비스 수준 척도나 서비스 수준 목표와 달리, 서비스 수준 협약에서는 이런 성능을 실제 결과의 맥락에 반영한다.

서비스 수준 목표와 서비스 수준 협약을 설정하면, 기준 성능을 설정하고 언제 조치를 취해야 하는지 이해할 때 도움이 된다. 목표가 99번째 백분위수 지연 시간을 1초 미만으로 유지하는 것이고, 성능 변화로 200밀리초에서 250밀리초로 증가했다면 한밤중에 깨어날 가치가 없을 것이다(다음번에 성능 향상을 위한 여유 시간이 있을 때 시작하기에 좋은 장소일 수는 있겠다).

기준 성능을 단순히 '현재 작동하는 방식'으로 정의하고 싶을 수 있지만, 좀 더 엄격한 정의를 사용하면 해당 성능을 복원하기 위해 조치를 취해야 할 시점을 좀 더 확실하게 결정할 수 있다. 아마도 더 중요한 것은, 조치를 취할 필요가 없는 시점을 결정할 때 도움이 된다는 사실이다. 결국 프로덕션 시스템을 변경하는 것은 항상 위험을 수반하며, 아마도 그 시간에 더 나은 일을 해야 할 것이다.

인적 요소

분산 추적을 사용해 성능 저하를 일으키는 변경 사항을 확인하는 방법을 자세히 알아보기 전에, 추적이 문제 처리 과정이 사람과 프로세스를 지원할 수 있는 방법을 고려하는 것이 좋다. 기준 성능 개선과 달리, 문제에 대응하는 것은 계획되지 않은 작업이다. 대개 시간이 핵심이므로 의사소통과 사람 사이의 상호 작용을 촉진하는 것은 일반적인 엔지니어링 작업보다는 문제 대응에 훨씬 더 큰 역할을 할 것이다.

누가 문제를 이해할 지식이 있고 누가 작업을 할 것인지 결정하는 것은 종종 코드 자체를 디버깅하는 것만큼 어렵다. 더욱이, 일단 이런 결정이 내려지면 실제로 의사소통을 하고 정보가 기록된 후에 다른 사람이 이해할 수 있도록 기록돼야 한다.

지적당하지 않도록 (피하기)

문제가 다시 발생하는 상황을 책임지는 것을 달가워하는 사람은 아무도 없다. 실제로, 팀은 성능 저하에 대한 책임이 없음을 빠르게 보여줄 수 있는 방식으로 성과를 측정하도록 인센티브를 받는다. 결과적으로, 성능 저하가 발생하면 많은 팀이 자신들의 잘못이 아님을 증명하려고 노력할 것이다. 이 때문에 많은 팀이 자신들이 아닌 다른 팀을 비난하지만, 왜 자신들이 정당한지를 입증할 증거는 없다.

예를 들어, 서비스 A가 서비스 B에서 사용하는 공유 스토리지 솔루션을 제공한다고 가정하자. 서비스 B의 지연 시간이 늘어나면서, 서비스 B를 소유한 팀이 서비스 A에 불만을 표시할 것이다. 서비스 A의 메트릭은 여전히 서비스 수준 목표를 충족했으며, 서비스 A를 소유한 팀은 서비스 B가 API를 잘못 사용했다고 주장한다. 언젠가 봤던 회의의 한 장면 같지 않은가?

추적은 이런 종류의 충돌을 해결할 때 도움이 될 수 있다. 이 예제에서는 서비스 A와 서비스 B의 관점에서 서비스 A의 성능을 측정하는 방법을 제공한다. 서비스 A가 전체적으로 서비스 수준 목표를 충족하지만 서비스 B가 아닌 것일 수 있다. 또는 실제로 서비스 B에서 서비스 A로 가는 요청을 최적화할 수 있다는 증거를 볼 수 있다. 또는 실제 범인은 서비스가 아니라 공유 리소스를 남용하는 네트워크 또는 다른 서비스 A의 클라이언트 같은 제삼자일 수 있다. 분산 추적을 사용하면 대화를 사실로 되돌릴 수 있으며, 중요한 것은 관련된 모든 사람이 같은 요청을 이야기할 수 있도록 하는 것이다.

'메신저' 입 막기

많은 경우, 문제가 발생한 시점과 해당 변경 사항이 서비스 수준 척도에 나쁜 영향을 미치는 시점 사이에 많은 서비스가 있을 수 있다. 예를 들어 많은 서비스가 스택에서 더 아래로 발생한 오류를 그냥 지나칠 수 있다. 마치 문제가 발생했을 때 이런 서비스의 오류 발생률이 증가한 것처럼 보일 수 있지만, 이런 오류는 해당 서비스의 문제를 나타내는 것이 아니라 다른 곳에서 오류가 발생한 것만 나타낸다.

이 중개 서비스가 문제를 일으킨 변경 사항이 없으면, 해당 서비스를 변경한 후에도 문제를 해결할 수 없을 것이다. 그러나 이런 중개 서비스를 담당하는 팀은 여전히 일상적인 업무를 두고 (긴급하게 호출되는 일을 포함해) 하던 일을 멈춰야 할 수 있다. 문제를 논의하기 위해 회의에 참석하거나 다른 방법으로 시간을 허비할 수도 있다.

평균 문제 복구 시간MTTR, Mean Time To Repair은 성능 저하 문제를 해결하기까지 걸리는 시간을 기술한다. 그러나 평균 결백 증명 시간MTTI, Mean Time To Innocence 같은 말을 들어보지는 못했을 것이다. 이 용어는 문제가 발생했을 때 서비스가 잠재적으로 실패했지만, 결과적으로는 그렇지 않은 팀에 패널티를 부여하기까지 걸리는 시간을 설명할 때 사용한다. MTTI는 발생한 문제가 어떤 서비스에 얼마나 큰 영향을 끼쳤는지에 대해 충분한 이해가 없었으므로 팀 전체에서 지불한 비용으로 생각할 수 있다.

이 문제들을 해결하기 위해 메신저의 '입을 막을 수 있다.' 즉, 메시지를 전달하기보다는 서비스에서 발생한 오류를 수정하거나, 다른 문제가 있는 요청과 관련된 팀의 관여를 제한하는 방법을 찾아야 한다. 컴파일러가 특정 종류의 오류나 경고를 억제하도록 지시하는 것과 같은 방식으로 '억제'한다. 때때로 가치가 있을 수 있지만, 이 경우에는 또 다른 잡음의 원인일 뿐이다.

추적을 사용하면 이런 팀을 빠르게 퇴치할 수 있으며, 추적을 볼 때 오류가 발생한 첫 지점과 오류가 발생한 위치를 쉽게 확인할 수 있다.

문제 전달하기

불행히도, 발생한 문제는 짧게는 몇 시간에서 길게는 며칠 동안 해결되지 못할 수도 있다. 그 긴 시간 동안 한 사람이 계속해서 그 문제만을 보거나 해결에만 집중하기는 어렵다. 이럴 때는 문제를 주도적으로 조사하거나 상황을 알리는 책임을 맡아야 한다. 문제를 다른 담당자에게 넘길 때는 지금까지 알아낸 정보와 맥락을 새로운 담당자가 잘 알 수 있도록 전달하는 것이 중요하다.

정보와 맥락을 공유하기 어려운 큰 이유는 불완전한 내용을 공유해야 하기 때문이다(결국 무슨 일이 일어나는지 모두 파악했다면, 문제를 간단히 처리할 수 있고 모두가 손해를 보는 일을 피할 수 있을 것이기 때문이다). 이 경우에도 추적이 도움이 될 수 있다. 문제가 있는 것으로 보이는 요청 클래스를 식별한 다음에 해당 요청을 추적해 몇 개의 추적을 수집할 수 있다면, 요청의 모든 세세한 부분을 파악하지 못했더라도 괜찮다. 추적은 어떤 일이 일어나는지를 알 수 있는 많은 세부 사항뿐만 아니라 다른 서비스 간의 인과 관계도 포착하기 때문에 후속 담당자들은 이를 활용해 여러분이 미처 못 본 사실을 짚을 수 있는 좋은 질문을 할 수 있다. 즉, 추적은 좁고 넓은 데이터들을 수집할 수 있는 방법을 제공한다. 문제가 있는 요청만 나타내기 때문에 좁고, 시간이 필요한 조사 방법에만 국한되지 않기 때문에 할 수 있는 일이 무궁무진하다.

바람직한 포스트모템

데브옵스 문화를 지지한다면(특히 당신이라면!), 팀이 참여하는 여러 사건마다 포스트모템postmortem을 진행하고 토론할 것이다. 포스트모템은 문제의 원인, 처리 방법, 대응 방식의 장점과 개선된 부분을 기록할 수 있는 기회이다. 바람직한 포스트모템은 사실 자체에 초점을 맞출 것이다. 문제 자체나 문제와 관련된 실수로 반복되는 일을 피하려면 무슨 일이 있었는지 정확하게 이해하는 것이 중요하다.

SRE 커뮤니티에서 하는 우스갯소리로(그리고 2차 세계 대전 중 영국이 참전을 독려하기 위해 배포하던 동기 부여 포스터에서 했던 말처럼) '평정심을 유지하고 포스트모템을 위해 데이터를 수집하라.'라는 말이 있다. 문제 대응의 열기 속에서 발견한 내용을 정확하게 기록하는 것은 어려울 수 있다. 예를 들어 업스트림 서비스가 성능 저하가 발생함과 동시에 새 버전을 배포한 것으로 밝혀지면, 해당 팀은 해당 버전을 빨리 되돌려야 할 수 있다. 몇 분 후 성능 저하가 해결되면 새 버전이 발생했던 성능 저하의 원인이라고 가정할 수 있다. 실제로 그 버전에 문제가 발생한 원인이 있었지만, 이상적으로는 그 증거를 얻을 수 있을 것이다. 그러나 문제에 대응하고 어떤 일이 있었는지 세심한 기록을 할 만한 여유는 없을 것이다. 그 대신 문제를 처리하는 도중에 발생한 문제와 관련된 증거, 혹은 잠재적인 증거를 신속하게 포착할 수 있는 도구를 고려해야 한다.

분산 추적을 사용하면 해당 증거를 쉽게 수집할 수 있다. 각 추적의 세부적인 특성 때문에 소수의 추적조차도 충분한 정보를 제공할 수 있다. 예를 들어 스팬에 소프트웨어 출시 버전이 태그로 지정된 경우, 느린 요청이 몇 번이라도 추적되면 해당 버전이 성능 저하의 원인이라는 증거를 낼 수 있다.

포스트모템을 위한 정보를 공유 문서, 채팅방 또는 다른 도구를 사용해 기록하든, 잠재적으로 유용한 추적에 대한 링크를 추가하는 것은 문제 대응을 하느라 정신없이 바쁜 와중에도 시간을 할애할 가치가 있는 일이다. 이런 정보들은 문제가 발생한 동안 무슨 일이 있었는지 이론을 검증할 때 사용할 수 있다. 이 흔적들은 사후 검토와 운영 검토 중에 강력한 시각 보조 도구로 사용할 수 있다.

성능 복원 방법

올바른 서비스 수준 목표를 사용하면, 기준 성능이 어떤 모습이고 서비스에서 벗어난 시점을 이해하기 시작했다는 확신을 얻을 수 있다. 때로는 혼자 활동하는 것처럼 느낄 수 있지만, 문제 해결과 대응은 항상 팀 수준에서 협동해야 하는 일이다.

분산 추적이 어떻게 성능 저하의 근본 원인을 파악하고 최소화하는지를 보여주는 몇 가지 방법을 이어서 설명하겠다. 대부분의 경우 각각의 접근 방식은 다양한 종류의 변경 사항에 적용된다. 예를 들어 새로운 버전의 서비스를 배포했든, 업스트림 종속성이나 다운스트림 사용자 중 한 사람이 원인이 됐든 상관없이 이런 변경 사항이 서비스 성능에 영향을 미치는지 여부를 추적할 때 도움이 될 수 있다.

추적은 또한 통신 도구의 역할을 할 수 있으며, 다음의 각 방법은 문제 대응 중이나 문제 대응 후에 소통을 원활하게 하는 방법을 제공한다.

경고 워크플로우와 통합하기

문제 처리 대응은 종종 자동 알림으로 시작된다. 즉, 일부 서비스 수준 척도가 미리 정해진 임곗값을 초과했으며, 에스컬레이션 정책escalation policy과 온 콜 일정on-call schedule에 따라 누군가에게 자동으로 전화를 하거나 윙윙거리는 알람 소리가 들리기 시작하는 것이다. 만약 전화기에서 소리가 들린다면, 침대에서 나와 노트북을 열고 조사를 시작할 것이다. 최소한 이 경고에는 서비스 수준 척도와 임곗값이 포함된다. 여기서부터 무엇이 잘못됐는지, 그리고 어떻게 그 문제를 최소화할 수 있는지 이론을 세우는 것은 여러분의 몫이다. 대개 여기에는 하나 이상의 관측 가능성 도구를 열고 문제의 징후를 찾는 과정이 포함된다.

이 장의 나머지 부분에서는 분산 추적으로 성능 저하의 근본 원인을 파악하고 기준 성능을 복원할 수 있는 여러 가지 방법을 알아볼 것이다. 이런 기술은 일부 예비 결과가 경고의 일부로서 포함되는 경우 특히 효과적이다. 이 경우 링크를 클릭하면 조사를 시작할 수 있다.

가장 간단한 것부터 가장 복잡한 것까지 지금까지 설명하는 모든 접근 방식은 비교적 간단한 것이었다. 예를 들어 오류 발생 비율이 급상승해 경고가 발생하면 실패한 요청이 하나 이상 있어야 한다. 또는 지연 시간 같은 서비스 수준 척도가 일부 임곗값을 초과한 경우, 분석의 기초를 형성할 수 있는 해당 임곗값보다 느린 여러 요청이 있을 것이다. 이런 요청의 흔적과 다른 분석 결과를 경고의 일부로서 포함시키면 귀중한 시간을 절약할 수 있다. 원시 메트릭과 로그도 경고의 일부로서 포함할 수 있지만, 분산 추적이 제공할 수 있는 콘텍스트를 제공하지는 않는다.

무엇을 경고할 것인지 결정하기 위한 모범 사례를 완벽하게 설명하는 것은 이 책의 범위를 벗어난다. 그러나 원인이 아닌 증상을 설명하는 경고 메시지를 표시하는 것이 좋다. 즉, 사용자가 관측할 수 있는 부분인 서비스 수준 목표와 서비스 수준 협약의 일부로서 선택한 것과 동일한 메트릭을 기반으로 경고가 작동돼야 한다. 편리하게도, 일반적으로 대부분의 서비스에 중요한 몇 가지 증상이 있을 뿐이다. 즉, 관리하고 문서화할 경고라는 것은 거의 없다. 반면에 성능 저하가 일어날 수 있는 원인의 수는 이보다 수십 배는 더 많다. 근본 원인을 찾을 때 고려해야 할 가능성의 수를 줄이는 것이 추적과 관측 가능성 도구의 역할이다. 이 프로세스를 촉진할 때 도움이 되는 정보를 경고 자체에 포함시킬 수 있다면 더 좋을 것이다.

한 단계 더 나아가 성능 저하가 있을 때 제대로 알려야 할 사람들에게 정확하게 경고를 전달할 수 있다. 예를 들어, 서비스 수준 목표 위반 징후가 있으면 적절한 누군가에게 경고를 표시해야 한다. 그러나 결국 API 게이트웨이의 소유자(사용자와 서비스 수준 목표의 정의에 가장 가깝다.)나 백엔드 서비스의 소유자가 요청을 처리하고 오류를 반환하는 것이 맞을까? 백엔드 서비스 소유자부터 시작하는 것이 더 좋을 것이다. 실제로 오류가 발생한 곳이기 때문이다.

필요한 경우 언제든지 API 게이트웨이 팀 구성원이 조사에 관여하도록 만들 수 있다. 경보 시스템은 추적 정보를 사용해 근본 원인을 해결할 수 있는 개발자와 운영자에게 경보를 전달할 수 있다. 이 방법을 사용하면 앞에서 언급한 메신저를 '억제하는' 방법을 자동화할 수 있다. MTTR에서 귀중한 시간을 절약할 수 있으며, 팀 전체에서 다른 사람의 업무가 중단된 (그리고 새벽에 잠을 깨운) 횟수를 크게 줄일 수 있다.

개별 추적

개별 추적을 보는 것은 문제 대응과 근본 원인 분석의 일부로서 추적을 활용하는 가장 간단한 방법 중 하나이다. 개별 추적은 문제가 흑과 백 상태일 때 특히 유용하다. 예를 들어 영향을 크게 끼칠 수 있는 큰 규모의 변경 사항이 서비스에 배포되는 상황이 그렇다. 즉, 모든 요청(또는 적어도 상당수의 요청)이 실패했으므로 해당 요청을 쉽게 구분할 수 있다.

그림 9-1은 실패한 요청의 예를 보여준다. 오류는 D에서 B까지의 스팬에서 추적의 윗 단계까지 전파된다(오류를 일으킨 스팬이 무엇인지 대강 윤곽이 그려졌다). 스팬 D와 관련된 로그를 보면, 오류가 스팬 E에서 얻은 응답과 관련이 있음을 알 수 있다. 즉, 예상했던 일부 불변성이 충족되지 않은 것이다. 이는 몇 가지 항목들 중 하나를 의미할 수 있다. D가 최근 배포를 나타내거나 E가 최근 배포를 나타낸다. 어떤 서비스가 최근에 새로운 버전을 배포했는지 결정하고 나면, 문제를 최소화하기 위해 적절한 서비스 소유자를 찾아 배포를 이전 버전으로 되돌려야 한다. 앞에서도 언급했듯이, 그림에 나온 흔적을 따라 보내면 동기를 부여할 수 있다. 이 예제에서는 추적과 로그의 조합을 사용한다. 추적은 오류의 영향을 파악할 때 도움이 되고, 로그는 문제를 정확히 찾아내는 데 도움이 되는 추가 정보를 제공한다. 단독으로 사용한다면, 각각은 큰 위력을 발휘하지 못한다.

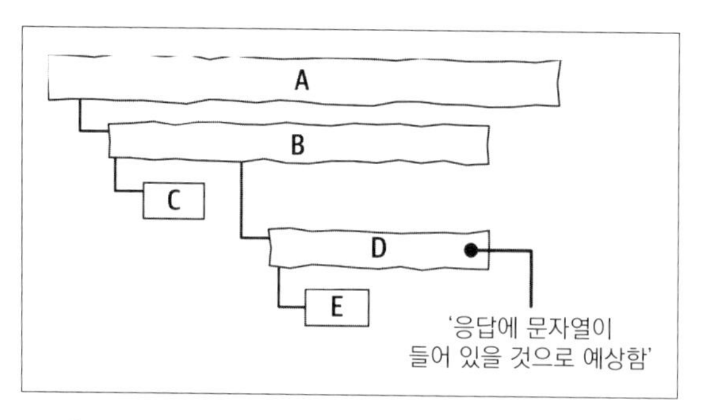

그림 9-1 스택을 전파하는 동안 오류가 발생했음을 나타내는 추적

문제 대응 과정에서 개별 추적을 사용할 경우 빠르게 앞으로 나아가기 때문에 추적 하나에서 보이는 증상에 매몰돼 인시던트 원인을 잘못 파악해서 잘못된 결론을 도출하기 쉬운 위험이 있다. 예를 들어 그림 9-1에 표시된 오류가 오랫동안 발생했을 수 있으며, 최근에 변경된 내용을 통해 오류를 처리할 수 있다. 또는 사용자 동작의 변경 때문에 오류가 발생했을 수 있다(어쨌든 오류를 수정하는 것은 여전히 좋은 생각이다. 하지만 문제에 대응하는 것에만 집중하는 이유는 버그를 수정하는 가장 좋은 방법이기 때문이 아니라, 문제를 최소화할 수 있는 가장 안전한 방법이기 때문이다). 이 장의 뒷부분에 나오는 일부 접근 방식은 이런 종류의 '성급한 일반화'를 피하기 위해 수백 또는 수천 개의 추적을 활용하는 방법을 보여줄 것이다.

편향된 샘플링

앞 장에서 설명했듯이, 비즈니스나 팀에 중요한 서비스 수준 척도를 기반으로 편향된 추적 샘플링을 하는 것은 분산 추적에서 가치를 이끌어내는 효과적인 방법이다. 또한 이 장에서 본 것처럼 요청이 느리거나 실패한 부분에 편향해서 분석할 수 있다. 그러나 기준 성능을 복원할 때 가치가 있는 몇 가지 다른 형태의 편향이 있다.

대부분의 성능 저하는 애플리케이션이나 환경의 변화 때문에 발생하므로, 이런 변경 사항을 주시하면서 편향된 샘플링을 하는 것이 유용할 것이다. 예를 들면 다음과 같다.

- 인프라 구성을 변경하려는 경우 변경 전후에 적절한 추적 정보가 있는지 확인한다.

- 새 버전의 서비스를 배포할 때 이전 버전과 새 버전의 흔적이 있는지 확인한다.
- 실험을 시작하거나 새롭고 중요한 기능을 천천히 출시하는 경우 변경 전, 변경 중, 변경 후에 흔적이 있는지 확인한다.

이런 종류의 이벤트가 일어나는 동안 편향된 샘플링을 하기 위해 고려해야 할 몇 가지 방법이 있다. 첫 번째 방법은 추적 도구를 사용하면 API 호출 또는 구성 변경을 사용해 샘플링 알고리듬을 동적으로 조절할 수 있게 만드는 것이다. 예를 들어 특정 호스트에서 수집한 추적의 수를 일시적으로 늘릴 수 있다. 새 버전의 서비스를 실행하는 호스트를 샘플링한다면, 새 버전으로 편향된 샘플링을 하는 것이다.

두 번째 방법은 텔레메트리 데이터 자체에서 이런 변경 사항을 명확하게 나타내기 위해 스팬에 태그를 추가하는 것이다. 예를 들어, 인프라 또는 소프트웨어 버전을 나타내는 태그를 추가하면 지정된 요청이 새 버전 또는 이전 버전(또는 경우에 따라 둘 다)에 도달했을 때 쉽게 알 수 있다. 이 방법에서 특히 강력한 점은 추적 도구가 이런 변경 사항을 감지하고, 이를 반영하도록 샘플링 알고리듬을 자동으로 변경할 수 있다는 것이다. 예를 들어, 새 버전의 서비스가 점진적으로 배포되는 경우 새 버전의 스팬에는 이전에는 볼 수 없었던 태그가 포함될 것이다. 이는 새 버전의 추적 샘플링 속도를 높이고 이전 버전의 추적 샘플링 속도를 높이는 데 사용할 수 있다(현재 변경 사항이 없는 서비스와 비교한다). 두 가지를 모두 사용하면 두 버전을 더 잘 비교할 수 있다.

인프라, 배포, 실험 관리 도구와 통합하면 이런 종류의 편향된 샘플링을 좀 더 쉽게 달성할 수 있다. 인프라와 배포 도구는 스팬의 일부로서 인프라 구성과 소프트웨어 버전을 포함할 때 사용할 수 있는 환경 변수를 설정할 수 있다. 실험 관리 도구(기능을 켜고 끌 수 있는 플래깅 시스템flagging system 포함)를 구성하거나 확장해 현재 진행 중인 실험과 기능 구성에 관한 내용을 스팬에 실명으로 달 수 있다. 어쨌든 소프트웨어 또는 인프라에 계획된 변경 사항이 있을 때, 분산 추적 솔루션이 이런 변경 사항을 파악했는지 확인하면 영향을 이해할 때 필요한 데이터를 확보하는 데 도움이 된다.

카오스 엔지니어링을 응용한 추적 활용

추적을 다른 프로덕션 도구와 통합할 수 있는 또 하나의 기회는 카오스 엔지니어링(chaos engineering)에 있다. 분산 시스템에 의도적으로 오류를 주입해 소프트웨어와 팀이 어떻게 대응할 것인지 이해하는 것이다. 기술적으로 문제 처리 대응이나 기준 성능 개선으로 볼 수 있는 부분은 아니지만, 이 방법을 사용하면 실제 문제가 발생할 때를 대비할 수 있다. 분산 추적을 사용하면, 이 기술을 통해 발견된 모든 문제를 해결할 때 필요한 데이터를 제공할 수 있다.

물론 카오스 엔지니어링을 통해 인위적으로 주입된 오류나 문제 상황은 사용자가 볼 수 있는 성능에 영향을 미치지 않을 정도로 드물어야 한다. 불행하게도, 주입 실패가 있는 요청은 균일한 샘플링 기술을 사용해 수집되지 않을 수도 있다고 봐야 한다. 새 버전 출시와 그 외의 계획된 변경들처럼, 스팬에 태그를 추가하면 오류가 의도적으로 발생하는 시점을 표시해 이 문제를 해결하고 추적을 위해 분석을 수집할 수 있다.

추적은 또한 주입된 결함이 사용자에게 영향을 주는 경우를 파악할 때 도움이 된다. 스택의 맨 위로 전파되는 주입된 실패는 주입된 실패가 있는 스팬과 오류가 있는 루트 스팬을 모두 포함하는 추적을 찾아 검색할 수 있다. 이런 상황이 발생하면, 팀 구성원에게 즉시 경고를 보내거나 더 나은 방법으로 문제가 발생하는 실패 주입 종류를 비활성화할 수 있다.

실시간 응답

의사 결정을 지원하기 위해 신중하게 데이터를 수집할 충분한 시간이 있는 계획된 성능 개선 작업과는 달리, 문제에 대응할 때 어떤 종류의 데이터가 필요한지 예상하기 어렵고 수집할 시간도 없을 것이다. 그러나 분산 추적 도구는 실시간 검색 기능을 제공해 현재 상황을 신속하게 파악할 수 있도록 도와준다.

그림 9-2는 집킨이 제공하는 추적 검색 기능의 예를 보여준다(이 도구가 실시간 검색 이상의 기능을 제공한다는 것을 그림에서 알 수 있지만, 이 절에서 '전환' 옵션은 무시할 것이다). 이 기능을 사용하면 특정 서비스를 포함하거나, 지연 시간이 지정된 임곗값을 초과하거나, 특정 태그 또는 다른 메타데이터가 포함된 추적을 찾을 수 있다. 이 기능을 사용하면 요청이 느리거나 실패한 사례를 추적할 수 있으며, 무엇이 잘못됐는지를 설명하는 이론을 만들기 시작할 때 이 문

제를 설명하는 데 도움이 될 만한 다른 기능을 보여주는 추적을 찾을 수 있다. 예를 들어 카나리아 버전이 성능 저하와 관련이 있다고 생각할 수 있으므로, 해당 카나리아가 처리하는 추적을 검색하는 것이 좋은 시작점이 될 수 있다. 여러 번의 검색을 실행하면 추적을 비교해 차이점을 이해하기 시작할 수 있다.

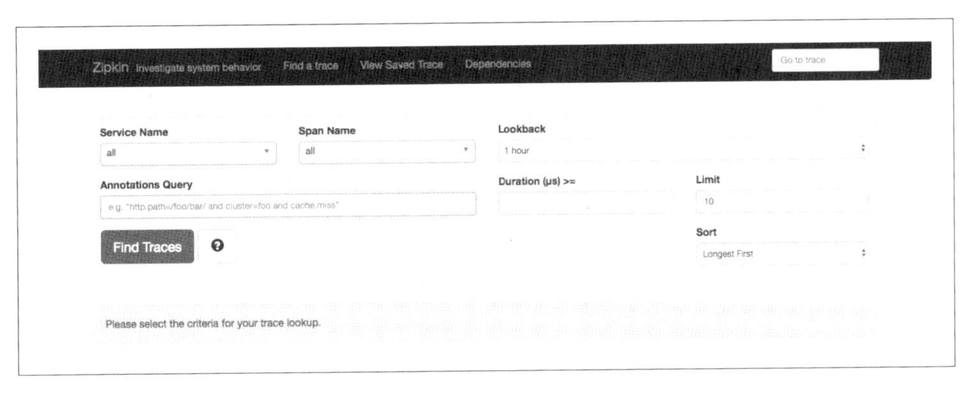

그림 9-2 집킨의 추적 검색 기능 스크린샷

이 기능은 많은 로그 집계 도구가 제공하는 기능과 비슷하며, 대량의 진단 데이터를 즉석에서 검색할 수 있는 기능을 제공한다. 그러나 대부분의 경우, 문제의 증거를 제공하는 로그로는 문제 원인에 관련된 증거를 찾기 힘들다. 서비스에서 서비스로 로그를 추적하는 것은 어려울 수 있지만, 반면에 분산 추적 도구는 이런 로그를 끝점과 끝점 간 요청의 콘텍스트에 쉽게 넣을 수 있다. 물론 모든 로그에 상관관계 ID를 추가하지 않았다면 말이다. 로그에 이런 종류의 식별자가 들어 있다면, 7장에서 알아본 것처럼 로그 기록 시스템을 추적 시스템으로 전환한 것이다.

다른 추적 도구는 서로 다른 방식으로 데이터를 수집하고 저장하므로 도구에서 제공하는 정확한 기능은 그림 9-2에 표시된 것과 다를 수 있다. 그럼에도 불구하고 여전히 다음 두 가지 관측을 기반으로 분산 추적으로 가능한 것이 무엇인지 추측할 수 있다.

- 네트워크 성능(특히 로컬 네트워크 성능)이 지속적으로 빠르게 향상된다.
- 실시간 응답에 필요한 데이터는 정의상 거의 모두 수명이 짧다.

첫 번째로, 애플리케이션에서 합리적인 비용으로 많은 부분의 추적 데이터를 추출할 수 있어야 함을 알 수 있다. 즉, 발생 빈도가 낮은 이벤트도 추출해 실시간 검색과 분석에 사용할 수 있다. 두 번째로, 최소한 실시간 분석을 위해 추적 솔루션이 데이터를 오랫동안 유지하지 않아도 됨을 알 수 있다. 이렇게 하면 추적과 다른 텔레메트리를 저장하는 전체 비용을 크게 줄일 수 있다.

어쨌든 분산 추적에서 '실시간'의 의미는 무엇인가? 분산 애플리케이션에 일어나는 대부분의 변경 사항은 사람이 직접 만들고 전파하고 적용할 때 적어도 몇 초 정도는 걸리므로, 1초 미만의 결과를 얻는 것이 필요하지 않을 수 있다(특히 많은 요청에 1~2초가 걸릴 수 있다). 반면에 새로운 데이터가 관측 가능성 도구에 나타날 때까지 1~2분 이상 기다리려면, 방금 배포한 버전이 성능 저하를 해결했는지 빠르게 보고 싶을 때는 기다리기 힘들 것이다. 긴 시간을 기다려야 한다면 쓸모없는 도구가 될 수도 있다!

결국 '실시간'의 의미는 문제 대응 프로세스의 다른 측면(변경 사항을 탐지하고 신속하게 처리할 수 있는 속도 포함)과 사용자와의 약속에 달려 있다. 항상 사용 가능한 상태를 유지해야 하는 애플리케이션을 운영한다면 모든 다운타임이 중요하며, 변경이 발생하는 시점과 조사할 수 있는 시점 사이의 모든 지연 시간까지도 중요하다.

성능 저하가 발생한 후 몇 분 내에 개발자에게 경고를 표시할 것으로 예상되는 경우, 문제 대응의 일부로서 발생하는 대부분의 추적 검색도 해당 요청의 몇 분 내에 발생한다. 모든 추적 도구는 기준 성능을 설정할 때 도움이 되는 몇 가지 기록 추적을 수집하고 저장해야 한다. 그러나 실시간 응답 지원을 전문으로 하는 추적 솔루션을 사용하면 지난 몇 분 동안 발생한 상황을 훨씬 더 자세히 기록할 수 있다. 이럴 때 문제에 대응하는 사람들은 발생한 상황과 관련된 거의 모든 데이터에 자유롭게 접근할 수 있다. 어떤 쿼리가 미리 실행될지 알 필요가 없고, 유용한 추적이 수집되도록 필터 또는 실행 조건을 설정할 필요가 없다. 이런 추적을 임시로 저장해 추적 솔루션을 합리적인 비용으로 활용할 수 있다.

무엇이 정상인지 알기

서비스 수준 목표를 설정하면 기준 성능의 단순 기대치를 설정할 때 도움이 될 수 있지만, 정상적인 조건에서도 실제 성능에는 훨씬 더 많은 변화가 있을 것이다. 예를 들어 사용자의 행동은 매일 또는 매주 주기를 따라 성능에 영향을 줄 수 있다. 이런 예상되는 변경 사항을 고려할 때, 효과적인 문제 대응을 위해서는 기준 성능을 좀 더 정교하게 정의하는 것이 중요하다. 정상적인 상태를 더 잘 이해하는 한 가지 방법은 현재 성능을 1시간 전, 하루 전 또는 일주일 전과 비교하는 것이다(여러분의 사업 규모가 소매점 수준이라면 다른 측면의 계절성도 고려해야 할 것이다).

현재 상황과 비교해 현재의 성과를 이해하면 더 나은 결정을 내릴 수 있다. 예를 들어 대역폭이 꾸준히 증가하면서 부하 증가로 인해 응답 지연 시간이 늘었다고 가정해보자. 여전히 서비스 수준 목표보다 낮지만, 지연 시간이 계속 길어지면 해당 임곗값을 곧 넘어갈 것이다. 이 부하를 처리하기 위해 더 많은 인스턴스를 준비해야 할까? 아니면 기다려야 할까(불필요한 인프라 비용이 발생하지 않도록 하기 위해)? 이 질문은 다시 말해 지금 겪는 트래픽이 최대치인지를 묻는 질문과 같은 것이다. 이 질문에 답하려면 주로 어제, 지난주 또는 지난해 피크가 발생한 시기를 기반으로 데이터를 검색해야 할 것이다.

그림 9-3은 히스토리 데이터의 시각화를 사용해 기준 성능을 이해하는 방법과 성능이 어떻게 변경됐는지를 이해할 수 있는 두 가지 예를 보여준다. 왼쪽은 지연 시간(위)과 대역폭(아래)의 주기적인 동작을 보여주는 시계열 그래프이다. 2개의 시계열을 양쪽 메트릭에 오버레이overlay했다. 한 그래프(검은색)는 지난주에 서비스가 실행된 방식을 보여준다. 또 다른 그래프(금요일 저녁에 해당하는 세로선으로 끝남)는 이번 주에 서비스가 지금까지 실행된 방식을 보여준다. 대역폭(아래쪽)은 일(하루) 주기와 주 단위 주기를 모두 표시하며, 주말 저녁에는 가장 높은 정점을 기록한다. 세로 막대는 현재 시간을 나타낸다. ①에서 이 그래프를 살펴보면, 로드가 거의 정점에 근접하지만 정점에는 이르지 못했으므로 몇 개의 인스턴스를 더 준비하는 것은 좋은 아이디어일 수 있다.

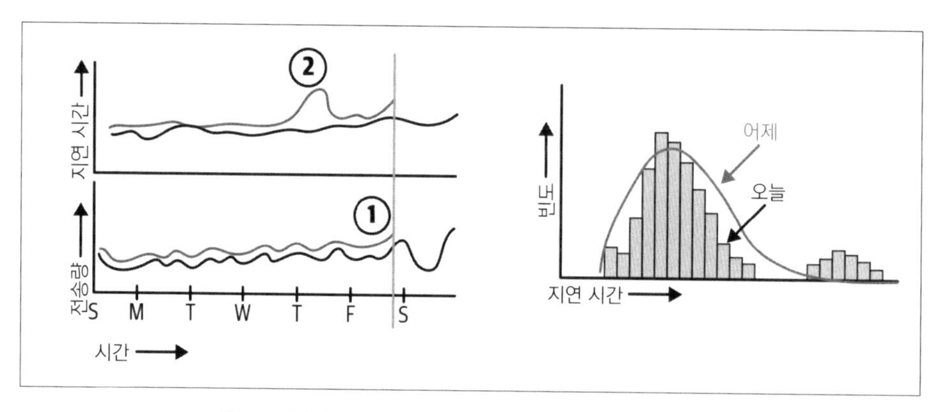

그림 9-3 과거의 성능 데이터를 활용해 무엇이 정상 상태인지 파악하기

흥미롭게도, 지난 주 ②에서 발생한 95번째 백분위수 지연 시간(상단)도 급증했다. 이 수치는 트래픽 증가와는 일치하지 않았으며, 지난주 동안 이 시점에서 급등하지도 않았다. 이는 정상 상태와의 편차를 나타내며, 다른 이벤트(예: 배포) 때문에 지연 시간이 바뀔 수 있음을 보여준다.

그림 9-3의 오른쪽은 과거의 성능을 오버레이한 히스토그램이다. 이 막대는 지연 시간의 현재 분포를 보여준다(예: 마지막 1시간 동안의 요청의 경우). 선은 어제 같은 기간 동안의 요청 분포를 보여준다. 이 경우, 오늘의 그래프에는 어제 그래프에 나타나지 않은 두 번째 피크가 있다. 이는 어제 존재하지 않았던 서비스 성능의 새로운 측면이 있거나 일부 사용자의 행동이 크게 변화했음을 나타낸다.

이 히스토그램 분석은 8장에서 설명한 다중 모드 분석과 관련이 있다. 그러나 이 경우 단일 분포 내에서 2개 이상의 피크를 단순히 비교하기보다는 2개의 서로 다른 분포에서 피크의 수와 크기를 비교해야 한다.

'정상적인 것'을 지연 시간이나 오류 발생 비율 같은 소프트웨어 성능 측면에서만 표현할 필요는 없다. 예를 들어 전체 사용자 행동을 추적하는 것도 정상적인 상황을 결정하는 역할을 할 수 있다. 일반적인 전환율과 세션 길이를 알면 사용자가 일반적인 행동에서 벗어나는지 확인할 수 있다. 편차는 소프트웨어 성능 저하의 주된 증상이거나 소프트웨어 성능의 변화가 원인일 수 있다. 어느 쪽이든, 사용자 행동을 이해하면 애플리케이션 성능이 비즈니스나 팀에 얼마나 큰 영향을 미치는지 알 수 있다.

자동 추적 분석은 성능이 정상에서 벗어났는지 확인할 때 도움이 될 수 있다. 지금까지는 대부분 백분위 지연 시간 같은 메트릭으로 측정된 성능의 변화를 고려했다. 그러나 백분위수를 보는 것이 지연 시간의 중간 값을 보는 것보다는 도움이 되지만, 백분위수에만 초점을 맞추면 여전히 성능의 큰 변화를 놓칠 수 있다. 여기서는 자동화된 분석이 지연 시간 분포의 형태를 보고 변화가 있었는지 여부를 확인하는 방법을 알아보겠다.

이전에는 2개의 지연 시간 히스토그램을 오버레이함으로써 현재 성능을 과거 성능과 비교할 수 있는 방법을 고려했다. 이 방법은 여러 종류의 변경 사항을 구분하는 유용한 방법이지만, 여전히 한계가 있다. 예를 들어 그림 9-4는 두 샘플의 대기 시간 히스토그램을 보여준다. 두 번째 샘플이 첫 번째 또는 그 이상의 성능 변화를 나타내는지 결정하려는 상황을 가정해보자. 두 샘플 사이에 99번째 백분위수 지연 시간에는 5% 미만, 99.9번째 백분위수 지연 시간에는 1% 미만의 차이가 있다. 이런 측정과 2개의 히스토그램을 살펴보면 2개의 샘플이 같은 기본 서비스 동작을 나타내는 것으로 생각할 수 있다.

그러나 오른쪽에 있는 요청(거의 절반이다!)은 왼쪽에 있는 요청보다 훨씬 빠르다. 이런 빠른 요청의 대부분은 히스토그램의 첫 번째 버킷에 들어가고(화살표로 표시), 지속 시간은 수십 밀리초에 불과했다(책에 나와 있는 많은 히스토그램과 마찬가지로 세로축은 로그 스케일로 그려져 있음을 기억하자). 캐시 도입이나 이와 유사한 최적화가 원인일 수 있다. 원인이 무엇이든 관계없이, 높은 백분위수 지연 시간이나 육안 검사 같은 메트릭으로 변경 사항을 확인할 수 없으면 다른 도구를 고려해야 한다.

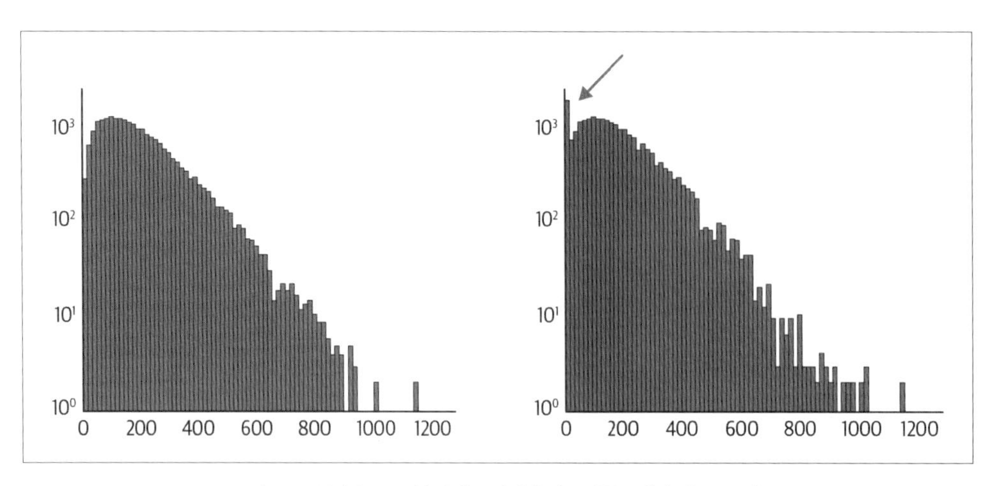

그림 9-4 시각적으로 비슷하게 보이지만 서로 다른 2개의 히스토그램

다행히 2개의 샘플 집합을 같은 분포에서 추출할 수 있는지 여부를 결정하는 강력한 통계 기술이 많이 있다. 이 기술들에 관한 자세한 설명과 그중에서 선택할 수 있는 방법은 이 책의 주제를 벗어나지만, 한 가지 기술을 통해 이 문제를 해결하는 방법을 알아볼 것이다. 여러분이 알아야 할 것은 우선 이런 기술들이 존재한다는 것이다. 그리고 성능 변화를 측정할 수 있는 강력한 애플리케이션을 갖췄다는 점이다.

여기서 고려할 기법은 콜모고로프-스미노프K-S, Kolmogorov-Smirnov 통계량을 사용하는 것이다. K-S 통계량은 두 분포의 차이를 단일 스칼라 수로 측정한다. 이 기법을 설명하기 위해서는 먼저 통계 연구에서 다른 개념을 정의해야 한다. 지금까지 분포를 그림으로 표현하는 방법으로 여러 히스토그램을 보여줬다. 여기서는 누적 분포 함수CDF, Cumulative Distribution Function를 보여줄 것이다. 이것은 두 가지 면에서 히스토그램과 다르다. 첫째, 이름이 말해주듯 카운트를 누적하므로, CDF의 각 포인트는 왼쪽의 해당 히스토그램 포인트의 합계이다. 둘째, 세로축은 정규화되므로 0에서 1 사이의 값이다. 샘플 집합을 CDF를 이용해 프레임으로 나누면 더 쉽게 비교할 수 있다.

그림 9-5는 두 가지 누적 분포 함수를 보여준다. 처음에는 위쪽 줄이 아래쪽 줄보다 느리게 커지지만 빨리 넘어간다. 히스토그램으로 렌더링하면 더 왼쪽에 더 가파른 피크로 표시된다.

K-S 통계는 화살표로 표시된 것처럼 두 CDF 사이의 가장 큰 수직 거리에서 생성된다. 이 거리가 멀수록 두 CDF가 서로 다른 분포에서 추출될 가능성이 높아진다. 즉, 실제 성능에 변화가 있다는 것이다. 알다시피, 이런 측정값은 많은 히스토그램을 빠르고 쉽게 그릴 수 있도록 해준다.

통계는 어떻게 사용할 수 있을까? K-S 통계(또는 유사한 통계)에는 임곗값이 있을까? 이 임곗값을 넘어서면 성능 저하가 발생하는가? 대개 그렇지 않다. 많은 서비스의 성능이 시간이 지나면서 변화할 수 있다. 서비스가 애플리케이션 전체의 성능에서 가장 큰 변화를 겪었다고 해서 반드시 문제가 있거나, 문제가 있다고 해서 해당 서비스가 문제의 근본 원인인 것은 아니다. 그러나 K-S 통계 같은 기술은 정보를 구성할 때 유용하다. 예를 들어 K-S 통계 또는 그 외의 변화 척도에 따른 분류 서비스(또는 운영 등)는 서비스 유지 보수에 책임이 있는 담당자가 근본 원인을 파악할 때 도움이 될 수 있다.

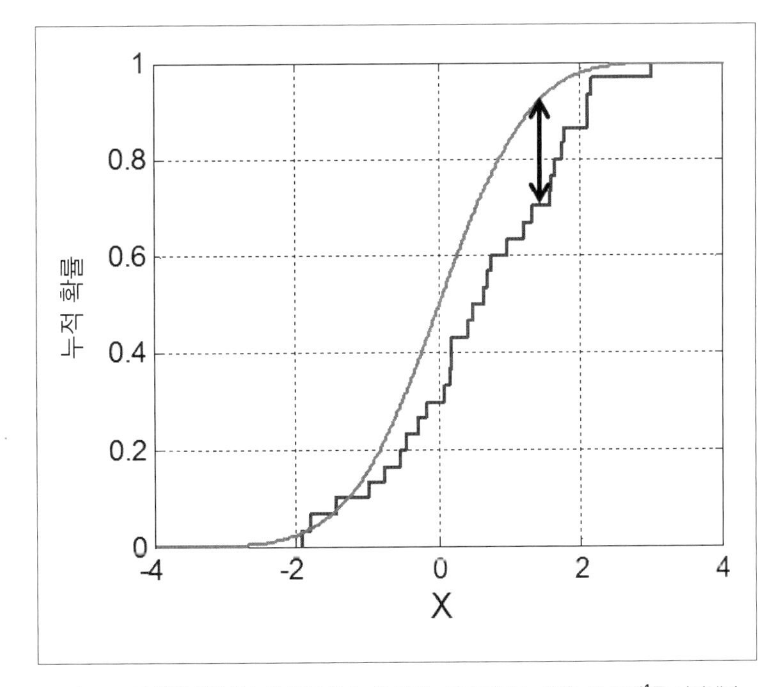

그림 9-5 두 샘플 집합의 누적 분포 함수. 화살표는 콜모고로프-스미노프 통계[1]를 나타낸다.

1 출처: 위키백과(https://oreil.ly/Sc0wk)

집계와 상관 근본 원인 분석

앞 절에서 설명한 기술은 집계 분석의 한 예시이다. 1~2개의 추적 외에도 통계적으로 중요한 샘플을 사용해 성능의 변화가 발생했는지 여부를 확인했다. 성능에 변화가 있음을 확인한 후에는 보통 기준 성능을 복원해 해당 변화의 근본 원인을 찾을 수 있다. (쉽게 들리지 않는가?) 8장에서는 집계 분석을 사용해 기준 성능을 개선하는 방법을 보여줬다. 이 방법들은 또한 애플리케이션과 환경에 일어난 변경 사항을 이해하고, 마지막에는 성능 저하 문제를 해결하는 강력한 응용 방식을 사용한다.

이런 방법 중 하나의 첫 단계는 추적을 2개의 샘플 집합으로 나누는 것이다. 각 샘플 집합들은 모든 비교의 기초를 형성할 것이다. 기준 성능 복원의 맥락에서, 첫 번째 샘플 집합은 성능 저하가 발생하는 현상 그 자체에서 얻어야 한다. 성능 저하가 지금 나타나고 있다면, 문제를 비교적 쉽게 해결할 수 있다. 성능 저하의 원인이 요청의 일부분에만 존재한다는 사실을 확인하면(예를 들어 카나리아 버전에 문제가 있음을 이해한다면), 해당 부분에서 샘플링하는 것도 중요하다.

두 번째 샘플 집합은 기준 성능을 나타내야 한다. 이는 성능 저하가 시작되기 전(약 1시간, 1일 또는 일주일 전)의 추적 집합일 수 있다. 즉, 애플리케이션의 일반적인 사항을 이해하고, 애플리케이션과 사용자가 나타내는 주기적 동작과 유사한 지점에서 기준 집합을 선택한다. 앞의 절에서 본 것처럼, 중첩된 시계열 또는 히스토그램 그래프를 사용하면 시간 경과에 따른 성능의 변화를 이해할 때 도움이 되므로, 기준 성능을 나타내는 샘플 집합을 구분할 수 있다.

상관 분석은 두 샘플 집합을 활용해 그 집합 중 하나에는 나타나지만, 다른 것에는 나타나지 않는 추적의 특징을 찾는다는 것을 기억하자. 이런 상관관계가 인과 관계를 보장하는 것은 아니지만, 성능 저하의 원인이 되는 강력한 단서가 될 수 있다.

지연 시간, 오류, 태그, 다른 메타데이터는 모두 변경된 내용을 이해할 때 사용할 수 있는 유용한 추적 기능일 수 있다. 분산 추적의 장점 중 하나는 애플리케이션 전체에서 발생하는 상황에 따라 성능 변화를 일으킬 수 있다는 것이다. 상관 분석의 일부로서 사용해야 할 추적 속성을 결정할 때는 서비스에 해당하는 속성 외에도 이런 추적의 모든 스팬에서 조회해야 한다는 것을 기억하자. 추적 내에 특정 스팬이 존재하더라도 변경된 내용을 이해하고자 할 때 강력한 신호가 될 수 있다.

예를 들어 서비스가 요청을 처리할 때 지연 시간이 늘어났다고 가정하고, 지난 5분 동안 발생한 추적 샘플과 1시간 전에 발생한 추적 샘플을 비교한다고 가정하자. 표 9-1은 이 분석으로 구분할 수 있는 작은 기능 집합을 보여준다.

표 9-1 변경된 내용을 확인할 때 사용되는 상관 분석의 예

특징	상관 계수
service: inventory, service.version: 1.14.2	0.65
runinfo.host: vm73	0.41
service: inventory,service.version: 1.14.1	−0.65

이 표는 새로운 버전의 인벤토리 서비스 및 최신 추적과 밀접한 상관관계가 있음을 보여준다. 또한 이전 버전의 서비스와 1시간 전의 추적 사이의 강력한 상관관계를 보여준다. 이를 통해 재고 서비스의 최신 버전을 이전 버전으로 되돌림으로써 문제를 최소화하기 위한 조치를 취할 수 있는 충분한 증거를 얻을 수 있으며, 업무 시간 이후까지 추가 작업을 연기하고 적절한 팀에 할당할 수 있을 정도로 충분해야 한다(또한 이 분석에서는 최신 추적과 인프라의 일부로서 제공된 호스트 중 하나의 상관관계를 보여준다. 인벤토리 서비스의 새 인스턴스가 해당 호스트에 배포됐기 때문일 수 있다).

누군가는 결국 이 문제의 근본 원인을 이해해야 하며, 상관 분석을 사용해 어떤 문제가 발생했는지 더 잘 이해할 수 있다. 앞 장에서 설명한 분석과 유사하게, 마지막 몇 분 동안의 느린 요청과 성능 저하가 발생하기 전의 정상적인 수준의 빠른 요청을 비교할 수 있다. 이를 통해 새 버전에서 지연 시간이 길어진 특정 작업을 파악하고, 인벤토리 서비스를 담당하는 팀이 해당 문제를 해결하는 방법을 이해할 수 있다.

집계 분석은 서비스 성능의 미묘한 변화를 파악할 때 도움이 될 수 있다. 2개의 추적 집합을 비교할 때 임의의 태그, 작업, 서비스와 관련된 지연 시간 관여도와 시간이 지나면서 이런

관여도가 어떻게 변화했는지를 확인할 수 있다.

그렇게 하는 한 가지 방법은 기준 경로와 성능 저하가 발생한 집합 사이에서 임계 경로가 어떻게 변경되는지 고려하는 것이다. 이 방법에서는 각 추적마다 크리티컬 패스가 계산된다('크리티컬 패스'의 정의는 8장에서 다뤘다). 그런 다음 각 서비스 및 운영의 평균 기여도를 두 세트 각각에 대해 결정한다. 서비스와 운영은 두 평균값의 차이로 순위가 매겨진다.

표 9-2에서는 이 방법의 예를 보여준다. 이 예제에서 인벤토리 서비스는 계속해서 성능 변화에 큰 영향을 미친다. 여기서 쓰기 캐시 작업은 기준 집합보다 성능 저하가 발생한 집합의 크리티컬 패스에 5배 이상 더 많이 관여한다. 이는 이 작업이 성능 저하의 원인이라는 강력한 증거이다.

표 9-2 기준 성능과 성능 저하 추적에서 크리티컬 패스가 관여한 부분들

서비스/동작	기준 성능(밀리초)	성능 저하(밀리초)	차이(밀리초)
inventory/write-cache	63.1	368	+305
inventory-db/update	1.75	2.26	+516
memcached/set	4.94	4.71	-230
inventory/update-inventory	15.2	14.8	-470
inventory/database-update	32.0	30.6	-1.4

성능 변화를 이해하는 또 다른 방법은 두 추적 집합에서 발견되는 모든 태그를 고려하는 것이다. 각 태그마다 해당 태그가 나타나는 각 집합의 모든 스팬이 열거되고, 해당 스팬의 평균 지속 시간이 각 집합마다 계산된다. 그런 다음 태그는 두 평균의 차이를 기준으로 순위가 지정된다.

표 9-3은 이와 같은 예를 보여준다. 수백 밀리초에서 1초 이상으로 평균 지속 시간이 변화한 4개의 태그가 표시된다. `item-time: new` 태그는 기준 성능 집합과 성능 저하 집합 사이에서 114밀리초에서 1.24초로 가장 큰 변화가 일어난다. 또한 버전들 사이에 어떤 코드가 바뀌었는지 찾아보기에 좋은 곳이기도 하다. 또 다른 경우, 이런 결과는 애플리케이션 자체가 아니라 일부 클라이언트(`client.browser`)의 동작이나 리소스를 놓고 벌인 경합(`db.instance` 또

는 `runinfo.host`)에서 변경됐음을 나타낼 수 있다.

표 9-3 기준 성능과 성능 저하 추적에서 스팬의 평균 지속 시간

태그	기준 성능(밀리초)	성능 저하(밀리초)	변경(밀리초)
item-type: new	114	1240	+1130
client.browser: mozilla68	111	548	+437
db.instance: cassandra.4	117	464	+348
runinfo.host: vm123	116	453	+337

크리티컬 패스와 총지속 시간에 어떤 영향을 끼쳤는지 확인하는 것은 성능 문제의 근본 원인을 찾는 데 중요한 역할을 할 수 있다. 크리티컬 패스는 회귀 분석의 일부로, 더 많은 리소스를 소비하는 코드를 분리하는 데 더 효과적이다. 총지속 시간은 단일 코드 외부에서 발생한 변경 사항을 탐지할 수 있다. 때로는 변경 사항이 새로운 코드 또는 구성이 배포된 결과일 뿐 아니라, 이전 코드와 새로운 코드가 상호 작용한 결과이기도 하다. 예를 들어 새 버전의 모바일 앱은 다른 매개변수 집합을 사용해 API를 호출할 수 있다. 이 변경 사항은 모바일 앱 또는 API 게이트웨이에서 생성된 스팬에 태그로 표시할 수 있지만, 이 스팬은 크리티컬 패스에 많은 시간을 할애하지 않을 수 있다. 두 가지 방법을 모두 사용하면, 문제를 최소화하고(추가 리소스를 준비했기 때문일 것이고) 장기적인 해결책을 마련할 때 도움이 된다(아마도 이전 코드를 최적화했기 때문일 것이다).

집계 근본 원인 분석은 몇 가지 추적을 기반으로 한 분석의 많은 문제를 극복한다. 적은 수의 예제를 사용할 때 성능 저하의 원인을 '설명'하는 거짓 이론을 쉽게 만들고 정당화할 수 있다. 또한 이 프로세스를 자동화하면, 이런 종류의 분석을 수동으로 진행할 때 발생하는 많은 문제(즉, 개발자가 많은 수의 추적을 고려할 때 시간이 오래 걸리는 문제)를 해결할 때 도움이 된다.

집계된 근본 원인 분석과 같은 접근 방식을 사용하면, 분산 추적을 통해 개발자는 직관이나 이전의 경험을 통해 만든 가설을 검증하거나 반박할 수 있을 뿐 아니라 개발자가 이런 가설을 처음부터 구성할 수 있다. 이것은 근본 원인을 가리킬 수 있는 수천 개(또는 수백만 개)의 서

로 다른 신호가 있을 수 있으므로 분산 시스템에서 특히 중요하지만, 직관과 이전의 경험이 항상 충분하지 않은 문제라면 더욱 그렇다.

마무리

아마 이 장과 8장에서 설명한 접근 방식에 다소 놀랐을지도 모르겠다. 분산 추적의 전통적인 방식으로 보기는 어렵기 때문일 것이다. 많은 개발자는 다른 도구(메트릭과 로그 집계 도구 포함)가 실패할 때 추적을 최후의 수단으로만 사용한다고 생각한다. 추적은 이른바 관측 가능성이 있는 '요소'의 세 가지 중 가장 최신 버전이며, 추적이 마이크로서비스와 다른 분산 아키텍처를 도입한 이후로 중요한 도구가 됐으므로 여전히 많은 개발자에게 익숙하지 않기 때문일 수 있다.

추적 기능은 개발자들에게 제공할 수 있는 것이 많으므로 오히려 개발자들에게는 불행한 일이 된다. 7장에서 관찰 가능성 도구의 점수표를 고려할 때는 콘텍스트 제공, 영향별 우선순위 지정, 상관관계 자동화의 중요성을 언급했다. 관측 가능성 도구는 다음의 세 가지 조건들을 만족해야 한다.

- 한 서비스의 성능 문제가 다른 서비스의 동작과 어떤 관련이 있는지 보여준다.
- 서비스의 성능이 사용자가 볼 수 있는 성능에 어떤 영향을 미치는지 보여준다.
- 성능 문제의 근본 원인이 될 수 있는 분산 애플리케이션의 변경 사항을 자동으로 식별한다.

이 세 가지 모두 성능 개선 작업의 우선순위를 정하고 문제에 신속하게 대응하는 것이 중요하다. 후자의 경우에는 개발자가 서로, 그리고 팀 전체에서 좀 더 효과적이고 효율적으로 의사소통할 수 있기 때문에 특히 그렇다.

불행하게도 기존의 관측 가능성 도구 위에 분산 추적을 단순히 여러 계층으로 나누는 것만으로는 충분하지 않다. 이 방법으로 개발자가 개별 추적을 볼 수 있지만, 앞서 살펴본 것처럼 추적의 실질적인 힘은 수백 또는 수천 개의 추적을 사용해 결론을 도출하는 집계 분석과 같은 접근 방식을 통해 발휘된다. 많은 예제에서 알 수 있듯이, 이 분산 추적이 실제로 점수표의 모든 측면을 제공하려면 추적 데이터가 메트릭 및 로그와 함께 사용되는 방식으로 사용해야 한다.

달리 말해 추적을 보면 개발자에게 통찰력을 제공할 수 있지만, 추적의 실질적인 가치는 결국 메트릭 및 로그와 함께 추적 데이터를 사용해 성능 문제가 발생하는 시기를 신속하게 이해하고 해당 문제의 근본 원인을 파악하는 것이다. 이는 성능의 변화를 설명할 수 있기 때문에 가능하다. 둘 다 원인을 간결하게 설명하는 가설을 제공하고, 이런 가설을 뒷받침하는 증거를 제공한다.

추적은 원인과 결과 사이의 관계를 명시적으로 만들어 이를 가능하게 한다. 끝점과 끝점 사이의 요청을 사용해 서로 다른 종류의 텔레메트리를 묶어 애플리케이션의 구조를 드러낸다. 추적하지 않으면 종종 모두 동시에 변화하는 (잠재적으로 큰) 메트릭 집합을 보게 될 것이며, 근본 원인이 무엇인지 파악할 수 없을 것이다. 추적을 사용하면 해결하려는 문제와 관련된 메트릭을 구분하고, 그 이유를 이해할 수 있는 맥락을 알 수 있다. 추적 자체는 완벽한 관측 가능성 솔루션이 아니지만, 분산 시스템의 관측 가능성을 만들기 위해 필요한 부분이다.

10장

과거와 현재 사이의 어딘가

여기까지 읽었다면 축하한다! 지금까지 분산 추적을 살펴볼 수 있는 거의 모든 내용을 다뤘고, 분산 추적을 여러분의 애플리케이션에서 잘 활용할 수 있도록 준비했다.

이 장에서는 분산 추적으로 미래에 해결할 수 있는 몇 가지 새로운 문제를 살펴볼 것이다(아마도 지금까지 살펴본 것을 조금 다르게 볼 수도 있을 것이다).

또한 이 책에서 설명한 몇 가지 개념이 어떻게 만들어졌는지 다시 알아볼 것이다. 이 개념들은 굉장히 모호해서 마치 뜬구름 잡기를 하는 것처럼 들릴 수 있다. 오히려, 지금까지 학습한 분산 추적은 점진적인 진화의 결과이며 아직 끝나지 않은 프로세스이다. 지금까지의 여정에서 어떤 교훈을 얻을 수 있었는가? 그리고 어떻게 분산 추적이 계속 발전할 수 있을까?

물론 미래를 완전히 확실하게 예측할 수는 없다. 그러나 지금 신중하게 결정을 내리면 여러분이 미래에 겪을 힘든 일을 미리 예방할 수 있다. 이미 책 전체에서 이런 종류의 현명한 의사 결정을 강조했다. 예를 들어 계측 구현체를 불가지론적으로 유지하고, 할 수 있다면 프레임워크 수준으로 계측을 추진하는 것과 같다. 미래를 위해 일어날 수 있는 일은 충분한 대비를 해야 한다. 분산 추적으로 어떤 종류의 새로운 문제를 해결할 수 있을까? 그리고 어떻게 분산 추적의 구성 요소들을 사용하거나 응용할 수 있을까?

이런 수많은 질문에 대해, 분산 시스템 연구 과정과 결과를 조사해 합리적인 답을 찾을 수 있다. 연구원들은 종종 새로운 설계와 최적화를 제안하고, 새로운 종류의 문제를 파악하며, 오래된 문제를 풀기 위해 새로운 관점을 제시한다. 이 책의 나머지 부분에서는 분산 추적과 관련된 연구들을 알아볼 것이다.

분산 추적: 실용주의의 역사

분산 추적이 지속된 기간과 분산 시스템이 사용된 기간 사이에는 놀라운 대비가 있다.

분산 시스템은 반세기 이상 많은 곳에서 채택하고 사용했다. 또한 분산 시스템의 행동과 도입 시의 장점을 이해하는 것에 관련된 문제들도 있다. 이에 비해 분산 추적 도구는 대략 10년 전부터 등장하기 시작했다. 또한 지난 몇 년 동안 분산 추적, 오픈소스 프레임워크 표준, 커뮤니티의 성장을 지켜볼 수 있었다.

요청 기반 시스템

왜 그런지 이해하기 위해 요즘의 마이크로서비스 아키텍처가 어디에서 왔는지 되돌아봐야 한다. 분산 시스템의 역사는 수십 년 전으로 거슬러 올라가지만, 지금처럼 많은 수의 컴퓨터를 다루게 된 배경을 살펴보려면 인터넷의 폭발적인 성장이 본격화된 1990년대 후반으로 거슬러 올라간다. 당시의 폭발적인 성장 덕분에 웹 서버 프론트엔드와 데이터베이스 백엔드가 있는 2계층 아키텍처 기반의 요청–응답 시스템이 널리 쓰였다. 요청–응답 시스템은 개념상 새로운 것은 아니지만, 웹은 이런 종류의 시스템을 전면과 중앙에 배치했다.

응답 시간 문제

요청–응답 시스템의 중요성이 커지면서 미묘한 변화가 일어났다. 이전에는 시스템 성능을 평가하는 가장 흔한 방법은 처리량 같은 시스템 수준의 메트릭을 고려하고 시간이 지남에 따른 성능 카운터 같은 시스템 수준의 측정과 연관 지어 시스템 상태를 종합적으로 측정하는 것이었다.

그러나 인터넷 시스템의 경우 처리량이 가장 중요한 메트릭이 아니었으며, 그 대신 응답 대기 시간이 중요해졌다. 가장 먼저, 시스템은 요청에 신속하게 응답하는 것이 중요했다. 다른

쪽 끝에는 집중력이 떨어지는 사람이 있기 마련이다. 일부 유명 인터넷 기술 회사들이 이를 정량화하기도 했다. 2006년 구글은 페이지를 불러올 때 걸리는 시간을 400밀리초에서 900밀리초로 늘리면 트래픽이 20% 감소한다는 사실을 알아냈다.[1] 최근 몇 년 사이의 다른 연구에서도 비슷한 효과를 확인할 수 있었다.[2]

요청 지향 정보

이런 초점이 바뀌면서 시스템 분석과 문제 해결에 가장 유용한 정보도 바뀌었다. 응답 대기 시간에 영향을 미치는 요소를 이해하려면, 느린 요청을 깊이 파고들어 분석함으로써 속도 저하의 원인을 파악해야 한다. 요청은 시스템을 추론할 때 필요한 새로운 차원으로, 하나의 시스템이나 전체 프로세스에 직교한다.

그러나 이 새로운 요청 지향적 관점은 새로운 문제를 만들었다. 요청-응답 시스템은 많은 요청을 동시에 실행하거나 요청끼리 서로 연관되기 때문에 요청 지향 정보를 알아내는 것은 쉽지 않았다. 당시에 사용되던 여러 성능 분석 접근 방식은 전체 시스템 측정과 처리량에 초점을 맞추기 때문에 적합하지 않았다.

분산 추적은 이런 요구에서 나왔다. 연구원과 실무자는 요청-응답 시스템의 성능 분석과 문제 해결에 관심이 있었다. 이 초기 탐색에서 일부 분산 추적 기술이 조금씩 만들어진다. 결국 간단한 요청-응답 시스템은 지금 여러분이 접하는 마이크로서비스 아키텍처로 진화했다. 마찬가지로, 초기 요청 중심의 분석과 문제 해결 방법도 이런 새로운 시나리오로 확장할 수 있게 다듬어지고 어디든 적용할 수 있도록 발전했다.

이것이 분산 추적의 기원이다. 분산 추적을 개별적인 개념으로 보기보다는 최근의 시스템과 환경에 가장 적합하기 때문에 선택한 여러 작은 설계를 잘 묶은 실용적인 조합으로 봐야 한다. 꼭 분산 추적만이 정답은 아니겠지만, 요즘 필요한 분석에 가장 적합한 방법일 것이다.

---

1 [Lin06]

2 [Sou09]

주목할 만한 일

몇 년간 많은 사람이 분산 추적에 기여했다. 이 대규모 작업에서 특히 영향력이 큰 네 가지 항목이 있는데, 현재의 분산 추적 프레임워크를 형성한 큰 아이디어를 구현하기 때문이다.

첫 번째는 핀포인트라는 연구 프로토타입, 두 번째는 맥파이라는 비즈니스 목적의 연구 프로토타입, 세 번째는 X-트레이스라는 연구 프로토타입, 네 번째는 구글의 대퍼라는 프로덕션 시스템이다.

핀포인트

핀포인트Pinpoint는 2002년 버클리에 있는 캘리포니아대학교과 스탠퍼드대학교의 연구원들이 개발한 연구 프로토타입이었으며,[3] 인터넷 서비스 문제의 근본 원인을 파악하는 것이 목표였다.

핀포인트는 새로운 문제 해결 접근 방식을 보여줬다. 저자들은 당시의 문제 해결 기술과 끊임없이 변화하는 인터넷 서비스의 새로운 흐름 사이에서 불일치가 더 심해진다는 것을 알게 됐다. 핀포인트 이전에는 근본적인 원인 분석을 하기 위해 시스템을 정적으로 모델링하는 일이 흔했다. 그러나 끊임없이 진화하는 인터넷 서비스에서 모델을 최신 상태로 유지하고 올바른 상태로 유지하는 것은 결코 쉬운 일이 아니다.

요즘에는 이런 문제들이 분명해 보일 수 있다. 마이크로서비스 아키텍처를 모든 의존성과 함께 정적으로 모델링한다고 상상해보자. 모든 변경 사항을 커밋할 때마다 모델을 최신 상태로 유지해야 한다는, 엄청난 양의 일과 씨름해야 하는 상황을 상상해보라. 끔찍하지 않은가?

핀포인트는 요청 지향적이고 데이터 중심적인 접근 방식을 주장한 최초의 시도 중 하나였다. 저자들은 시스템을 사전에 모델링하기보다는 시스템을 측정하고 기록된 데이터를 사용해 문제가 발생한 후 문제를 해결하는 것이 더 좋다고 생각했다. 익숙하지 않은가?

핀포인트의 핵심은 요청별로 정보를 그룹으로 만들 수 있다는 것이다. 이를 위해 핀포인트

3 [Che02]

는 각 요청에 고유한 요청 ID를 할당했으며, 이 요청 ID는 스레드 로컬 저장소TLS에서 관리된다. 결국 이 콘셉트는 요즘 전파하는 추적 콘텍스트라는 개념으로 자리 잡았다. 그러나 핀포인트는 이런 아이디어를 충분히 탐구하지는 않았다. 또한 컴퓨터 한 대에서만 실행되는 자바 엔터프라이즈 환경만을 대상으로 하므로 미들웨어 내에서 요청 ID를 쉽게 유지할 수 있다. 핀포인트는 아직 컴퓨터 또는 사용자가 만든 스레드 사이의 콘텍스트 전파를 처리하지 않았다.

맥파이

맥파이Magpie는 2004년 마이크로소프트 캠브리지 연구소의 연구원들이 개발한 비즈니스 목적의 연구 프로토타입이었다.[4] 이 프로젝트의 목표는 자세한 끝점과 끝점 사이의 추적을 기록하고(요즘 예거 또는 집킨으로 얻은 추적과 유사하다.), 실행 중에 소비된 리소스의 세분화된 정보(예: 입출력 용량과 CPU 사용량 측정)로 해당 추적에 설명을 추가하는 것이었다. 기술적인 부분의 대부분은 같은 소프트웨어 구성 요소 내에서 동시에 실행되는 요청을 분리하는 것에 집중했다.

맥파이는 핀포인트보다 더 폭넓게 적용할 수 있는 도구였다. 저자들이 여러 환경의 닷넷 애플리케이션을 위해 설계했기 때문이다. 핀포인트와 마찬가지로 맥파이는 요청 지향 정보가 필요했다. 그러나 맥파이는 핀포인트가 신중하게 회피했던 문제에 직면했다. 이기종 환경에서 실행되는 맥파이는 어디서나 열어서 볼 수 있는 미들웨어가 없고, 요청 ID를 전파하기 위한 쉬운 방법이 없었다. 유일한 옵션은 철저한 소스 코드 수준의 계측이었다. 저자들은 어려운 결정에 직면했으며, 결국 요청 ID를 전파하지 않기로 결정했다. 대신, 맥파이는 대부분 기존 출력과의 상관관계를 유추했다.

특히, 윈도우 XP부터 추가된 윈도우 OS용 이벤트 트레이싱ETW, Event Tracing for Windows 기술의 일부에 맥파이의 기술이 포함된다. ETW는 많은 수의 스레드, 네트워크, 리소스에 관련된 각

4 [Bar04]

종 이벤트들을 기록하는 일을 담당하며, 성능을 최적화했다. 이벤트 사이의 관계는 같은 스레드에서 발생하는 이벤트와 일부 동시 활동(예: 새 스레드 시작) 사이의 이벤트를 포함해 이미 이벤트에서 추론할 수 있었다. 개발자는 요청의 끝과 끝 사이에 발생하는 일을 완전히 그리기 위해 몇 가지 위치를 정해 그곳에 이벤트를 추가하기만 하면 된다(예를 들어, 네트워크 통신이 있는 경우 발신자와 수신자는 명시적으로 연결 ID를 양쪽 끝에 기록해야 한다). 이 이벤트들에서 남은 것은 기록된 이벤트로부터 추적을 구성하는 후처리 단계뿐이었다. 맥파이는 개발자가 설정한 스키마를 사용해 이벤트를 구문 분석하고 상관관계 ID를 추출하는 방법을 설명했다.

맥파이는 범용 도구를 만드는 데 어려움을 겪었기 때문에 흥미로운 시스템이다. 핀포인트는 J2EE 애플리케이션만을 다루므로 지름길을 사용할 수 있는 반면에 맥파이는 그렇게 할 수 없었다. 맥파이 이후로 다른 연구에서는 추론 기반 접근 방식을 연구했다. 예를 들어 2014년 페이스북은 '미스터리 머신The Mystery Machine'이라는 비슷한 시스템을 선보였다.[5]

그러나 요청 구조를 유추하는 것이 철저한 계측을 수행하는 것보다는 매력적인 대안이지만, 이벤트 구문 분석과 개발자가 올바른 스키마를 제공해야 한다는 전제가 있기 때문에 확장성이 부족하고 완성도가 떨어지는 접근 방식이라는 단점이 있다.

결국 분산 추적은 콘텍스트 전파를 사용하며, 실무자들은 총괄적으로 계측을 위해 노력하는 것이 가치 있다고 판단했다.

요청 추적만으로도 유용한 출발점을 찾을 수 있지만, 맥파이는 또한 리소스 사용량 같은 세밀한 정보를 추적에 통합할 때의 가치를 보여줬다. 이는 분산 추적 외부의 다른 정보 소스(예: ETW 이벤트)가 있는 경우가 많고 추적을 강화하기 위해 해당 정보를 사용해 그 가치를 개선할 수 있기 때문에 요즘 보는 모습과 비슷했다.

X-트레이스

X-트레이스X-Trace는 2007년 버클리에 있는 캘리포니아대학교의 연구원들이 개발한 추적 프

5 [Cho14]

레임워크였다.[6] 프로젝트의 중요한 목표는 여러 다른 컴퓨터, 계층, 관리 도메인에 걸쳐 실행되는 요청 문제를 해결하는 것이었다. X-트레이스는 최근 사용하는 몇 가지 주된 분산 추적 방법론에 큰 영향을 끼쳤으며, 이 프로젝트의 오픈소스 구현체는 여전히 많은 곳에서 사용한다.

핀포인트(2002년)와 X-트레이스(2007년) 사이의 기간 동안 인터넷 서비스는 계속 발전하면서 더욱 복잡하고 이질적이며 각자 고유한 형태로 진화했다. 요청 지향 추적의 필요성이 중요해졌지만, 핀포인트나 맥파이 같은 도구가 취하는 접근 방식에는 문제점이 있다. 가장 큰 문제는 운영 환경과의 긴밀한 통합이었다. 서로 다른 운영체제, 프로그래밍 언어 또는 계층(예: 네트워크)에 걸친 정보를 통합하는 것은 어렵거나 불가능한 것이었다. 요즘 이런 요소들은 당연하게 여기는 요소들이며, 마이크로서비스 세계에서는 공통적으로 생각할 수 있는 것이 거의 없다!

그러므로 X-트레이스는 일반화에 초점을 맞췄다. 어떻게 이기종 환경에서 요청 추적을 얻을 수 있었을까? 기본 설계 철학은 최소한의 가정과 요구 사항을 적용해 도구를 사용하는 사람들에게 최대한 적은 것을 요구하는 것이었다. 이를 달성하기 위해 X-트레이스는 두 가지 중요한 설계상의 결정을 내렸다. 첫째, 콘텍스트 전파를 위한 표준으로 서로 다른 구성 요소에 기록된 정보를 일관되게 결합할 수 있도록 했다. 둘째, 대역 외 보고서 수집을 통해 정보 기록과 사용 기록을 분리한다.

이벤트 사이의 관계를 유추하지 않기 위해 X-트레이스는 부모 ID와 요청 ID를 포함하도록 제안했다. 부모 ID는 동적이며 새 이벤트가 기록될 때마다 변경된다. 각 이벤트는 원인으로 지목되는 먼저 수행된 작업의 ID를 명시적으로 기록한다.

부모 ID를 포함해 X-트레이스의 백엔드 구성 요소는 요청 중에 발생한 이벤트의 순서와 동시성을 결정적으로 재구성할 수 있다. 백엔드는 시스템 내부의 타이밍이나 지식을 사용해 관계를 유추하기 위해 사후 처리에 의존할 필요가 없었다. 따라서 시스템 구성 요소가 다른 개발자는 이벤트에 포함된 정보뿐 아니라, 세부 정보 수준에서 이벤트를 기록하는 방법을 다르

6 [Fon07]

게 선택할 수 있다. 유일한 요구 사항은 X-트레이스 메타데이터를 통합하고 전파하는 것이었다.

X-트레이스는 또한 정보 기록과 사용법을 분리했다. 이는 개발자가 특정 진단 기술이나 활용 사례를 미리 결정할 필요가 없다는 것을 의미했다. 저자는 서로 다른 구성 요소의 관리자가 어떻게 추적 데이터의 일부를 제어할 것인지를 예측했다(따라서 시스템의 자세한 내부 정보는 공개하지 않는다). 대역 외 데이터 수집은 데이터 생성과 데이터 수집, 스토리지의 백엔드 문제 사이에 추상화 경계를 추가해 이를 달성했다.

분산 추적 프레임워크는 요즘 X-트레이스와 비슷한 철학을 따른다. 따라서 추적을 수집할 때 필요한 최소한의 부분만 포함한다. 이런 식으로, 프레임워크는 여전히 이기종 시스템에서도 사용할 수 있다. X-트레이스의 부모 ID는 현재의 분산 추적 프레임워크에서 사용되는 부모 스팬 ID와 유사하다.

대퍼

대퍼Dapper는 구글 내부에서 사용하려고 개발한 추적 프레임워크이다. 대퍼는 2010년 논문에 설명돼 있으며, 여전히 많은 곳에서 사용한다.[7] 대퍼의 설계는 요즘 널리 사용되는 분산 추적 프레임워크의 기초를 정립했기 때문에 아마 여러분은 대퍼를 보며 친숙함을 느낄 것이다.

2010년 이전에도 구글의 내부 시스템은 현재 유행하는 마이크로서비스 아키텍처와 유사했다. 원격 프로시저 호출RPC 기반으로, 한 요청으로 여러 서비스를 동시에 호출하는 경우가 많았다. 구글은 예전에 동기를 부여했던 것과 비슷한 문제에 직면해 있었고, 분산 추적 프레임워크를 만들어 대규모의 이기종 프로덕션 시스템을 분석할 때 요청을 중심으로 시스템을 잘 분석할 수 있도록 했다.

대퍼는 이 분산 추적 프레임워크의 이름이었다. 핀포인트, 맥파이, X-트레이스가 제시한 일부 개념을 자세히 다루면서, 동시에 실제 환경에서 발생하는 새로운 운영 문제를 해결했다.

7 [Sig10]

대퍼가 도입한 핵심 개념은 스팬 모델이다. 여기까지 읽었다면, 분산 추적의 핵심 구성 요소인 스팬의 개념에 익숙해졌을 것이다. 그러나 대퍼 이전에 분산 추적은 이벤트라는 개념을 기반으로 했으며, 이벤트는 개별 로그 기록 구문과 유사한 순간적인 시점이었다. 이벤트는 무슨 일이 있었는지 설명할 때는 유용하지만, 대퍼에게 있어서 중요했던, 실행을 위한 데이터를 직접 나타내지는 않는다. 대신 대퍼의 저자들은 (개별 RPC와 같은) 잘 정의된 요청 실행 세그먼트가 성능 문제, 특히 요청 지연 시간과 관련된 문제를 진단하는 목표와 잘 일치하는 것을 관측했다. 스팬을 계측 수준에서 중요한 기초 단위로 취급하면, 추적에서 요청의 가장 중요하고 의미 있는 부분과 관련된 타이밍 정보를 즉시 드러낼 수 있었다.

대퍼 이전에 X-트레이스의 저자는 분산 추적이 최소한의 요구 사항을 적용해야 한다고 주장했다. 그러나 대퍼는 스팬을 가장 중요한 개념으로 통합해 사용자도 해야 할 일을 만들었다. 이 신중한 설계 변경 덕분에 추적이 훨씬 유용해질 수 있었다.

대퍼는 빅테크 기업의 프로덕션에 사용된 최초의 공개 분산 추적 프레임워크였다. 대퍼를 다룬 논문에서는 예전의 추적 모델을 새롭게 제안할 뿐 아니라 추적 샘플링의 필요성, 실행 시의 비용을 둘러싼 균형, 보안 문제, 사용자가 추적 데이터에 접근할 수 있도록 하는 방법 등 이전에 고려되지 않았던 운영상의 문제 해결책을 제시했다.

다음 목적지는 어디인가?

분산 시스템의 특성이 몇 년에 걸쳐 변화하면서 분산 추적 프레임워크의 요구 사항도 변화했다. 초기의 분산 시스템 개발은 주로 요청 지향 정보를 어떻게 하면 효과적으로 얻을 수 있을지 많은 고민을 했다. 점차적으로 이들은 채택을 쉽게 하는 방법과 추적 데이터 유틸리티를 늘리는 방법 같은 실용적인 요구 사항도 통합하기 시작했다. 분산 추적 프레임워크가 좀 더 폭넓게 프로덕션 용도로 사용되면서, 확장성과 추적 백엔드를 포함하는 운영 요구 사항이 나왔다.

이런 요구 사항은 분산 추적 프레임워크 설계의 기본을 형성했지만, 아직 완전히 정립되지는 않았다. 특히 서버리스 컴퓨팅, 스트리밍 시스템의 표현 증가 같은 새로운 시스템 설계와 아키텍처가 계속해서 등장한다. 컴퓨팅 시스템이 변경되면 분산 추적 프레임워크에 영향을 주거나 분산 추적 프레임워크를 변경해야 할 수 있다.

마찬가지로, 분산 시스템의 문제 해결과 관련해서 모든 답을 얻을 수 있는 것은 아니다. 분산 추적은 현상을 좀 더 잘 볼 수 있도록 해주는 소중한 기술이며, 요청은 정보를 수집할 때 유용하게 쓰일 수 있음을 보여줬다. 그러나 분산 추적 데이터에서 값을 추출하는 방식은 아직도 다양하게 존재하며, 데이터를 얻는 기술보다 덜 확립돼 있다. 추적 분석의 새로운 발전으로 시스템이 수집하는 데이터를 변경할 수 있다.

이 책의 이후 장들에서는 이런 질문 중 일부를 조사하는 최근 연구를 살펴볼 것이다. 이를 통해 기존 요구 사항을 해결하기 위한 새로운 요구 사항과 새로운 접근 방식을 찾을 수 있다. 이런 새로운 아이디어가 모든 아이디어를 대체할지는 두고 볼 일이다.

11장

개별 요청을 넘어서

앞에서 추적을 통해 개별 요청의 끝점과 끝점 사이의 동작에 관련된 유용한 정보를 수집하는 방법을 살펴봤다. 수집한 데이터를 통해 각 개별 원격 프로시저 호출RPC에 소요된 시간, 각 홉에서 전송된 데이터양, 시간 초과 여부, 오류 응답을 볼 수 있었다. 개별 추적 정보를 주의 깊게 분석하면 왜 많은 시간이 걸렸는지 설명할 수 있다. 예를 들어 캐시에서 특정 요청이 누락된 사실을 알 수 있을 것이다. 아마도 서비스가 크기가 큰 응답 레코드를 반환해 스트림으로 변환하거나 스트림에서 복원할 때 시간이 오래 걸렸을 수 있다. 아니면 RPC를 호출하면서 응답을 받는 과정에서 지연이 발생해 성능 저하가 커졌을 수도 있다. 아마도 이 추적은 무시무시한 계단 패턴을 드러낼 것이다. 여기서는 병렬로 연결돼야 할 RPC 호출이 실제로는 순차 실행되는 형태로 변질될 수 있다.

이러한 상황 중 하나는 개별 추적에서 중요한 사실을 드러낼 수 있지만, 그림 11-1의 스팬 타이밍 다이어그램에서 볼 수 있듯이 이러한 동작을 개별적으로 해석하기는 어렵다. 개별 추적만으로는 상황이 발생하는 빈도와 요청 종류에 따른 응답을 알기 어렵다. 그래서 서비스 운영자나 소유자가 문제를 해결하기 위해 나름의 조치를 취하는 것이 필요한지, 아니면 다시는 일어나지 않을 일회성 해프닝인지 고민하지 않을 수 없을 것이다. 추적하면서 확인했던 의심스러운 부분들 가운데 실제로 특이한 부분은 무엇이었는가? 개별 추적을 집계와 비교하거나 하나의 집계를 다른 집계와 비교하면, 이런 질문에 답하는 데 도움이 되는 상황별 정보를 알 수 있다.

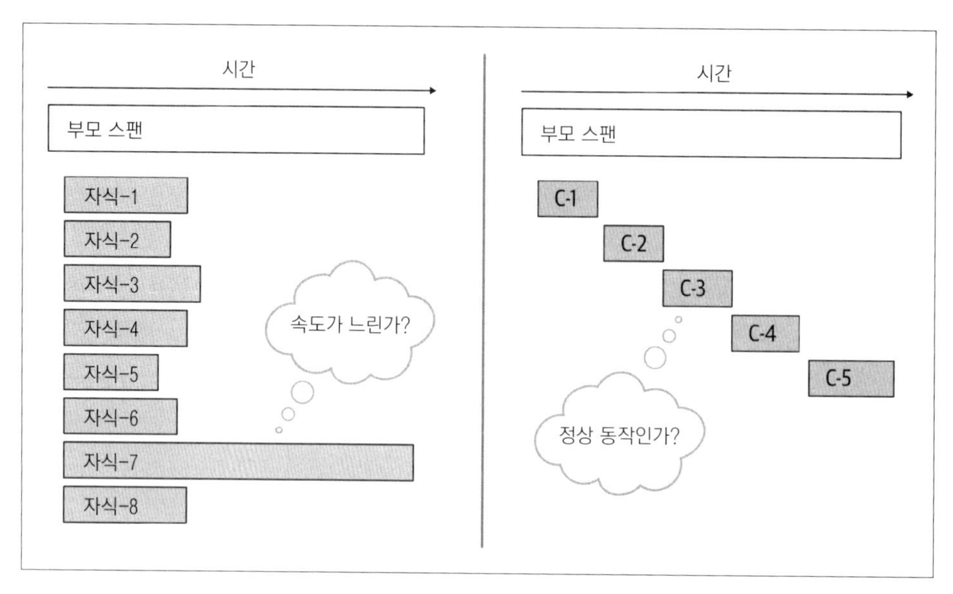

그림 11-1 데이터 없이 개별 추적을 해석하는 것은 어렵다.

집계 추적의 이점은 이것이 전부가 아니다. 개별 추적을 해석하기 위한 맥락을 제공하는 것뿐 아니라, 추적 그룹은 모든 것이 정상적으로 작동하는 상황에서도 시스템 전체를 설명할 수 있다. 추적 집계를 위한 가장 흔한 응용 기법 중 하나는 프로덕션 시스템의 서비스 간 종속성을 추출하는 것(그림 11-2 참조)이며, 다른 종류로는 용량 계획, A/B 테스트, 워크로드 경향 감지가 있다. 8장의 '집계 분석' 절에서는 집계 크리티컬 패스 분석을 사용해 최적화 노력을 집중할 위치를 찾는 방법을 살펴봤으며, 8장의 '상관 분석' 절에서는 상관 분석이 근본 원인 진단에 어떻게 도움이 될 수 있는지 보여줬다.

요약하면, 추적 집계는 두 가지 보완적인 방식으로 콘텍스트를 제공한다. 먼저, 특정 측정 또는 동작이 일반적인 추적과 비교할 때 비정상적인지 여부와 해당 특성의 유병률을 보여준다. 둘째, 집계는 시스템의 정상 상태를 캡처해 일반적인 동작의 참조 지점을 정의하고, 프로비저닝, 알림 및 시간 경과에 따른 추세 추적과 같은 작업에 연관된 데이터를 생성한다.

이 장의 나머지 부분에서는 집계 추적에서 제공하는 콘텍스트를 사용해 디버깅 작업에 집중하고 시스템 동작에 관한 통찰력을 얻는 방법을 좀 더 자세히 알아볼 것이다.

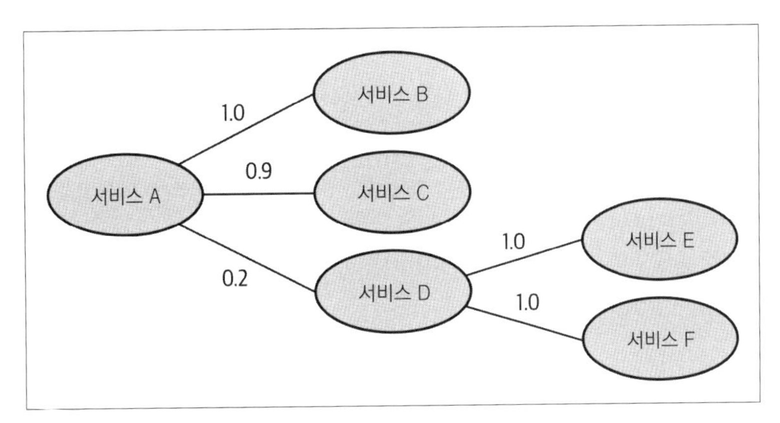

그림 11-2 서비스 의존성 그래프. 간선 가중치는 해당 종속성을 포함하는 추적의 일부를 나타낸다.

집합에서 추적의 가치

추적 집계가 실제로 어떻게 유용한지 보여주는 구체적인 예를 살펴보자.

예제 1: 네트워크 정체가 애플리케이션에 영향을 주는가?

네트워크 스위치의 카운터 같은 메트릭으로 표현되는 데이터 센터 네트워크상에 정체된 연결이 있다고 가정해보자. 이때, 네트워크 정체가 애플리케이션 트래픽에 어떤 영향을 미치는지 알아볼 것이다. 특히 잠재적으로 영향을 받는 요청의 추적을 고려할 때, '이 지연 시간이 높은 편인가?'라는 질문을 던질 것이다. 이 질문에 대답하려면 먼저 '높다high'의 의미를 결정해야 하며, 보통 95번째 또는 99번째 백분위수가 좋은 정의 선택이 될 것이다(7장의 '높은 백분위수 지연 시간' 설명 참조). 그런 다음, 기준 그룹의 추적(예를 들어 링크가 정체되지 않은 기간 동안의 비슷한 모집단)을 취해 99번째 백분위 대기 시간을 정체 중에 포착된 추적의 대기 시간과 비교한다.

반대로, 높은 지연 시간을 정의하는 항목에 같은 정보를 사용해 면밀한 검사를 위한 추적 예제를 선택할 수 있다. 이 예제에서는 지연이 문제가 있는 네트워크 링크와 상관관계가 있는지를 판단하기 위해 대기 시간이 긴 추적의 통신 패턴을 조사할 수 있다.

예제 2: API 끝점을 제공하기 위해 어떤 서비스가 필요한가?

API 끝점 중 일부를 다른 데이터 센터에서 제공하기로 결정했고, 같은 끝점을 제공할 때 사용되는 마이크로서비스를 함께 유지해 데이터 센터 사이에 교차해서 발생하는 트래픽을 피할 것이다. 그리고 계획을 세우기 위해 각 끝점을 처리할 때 몇 개의 마이크로서비스가 관여하는지 파악할 것이다. 특정 API 끝점으로 들어온 요청과 관련된 서비스 개수는 평균 몇 개일까?

집계된 추적을 사용해서 이 질문에 대답하기 위해 끝점 요청별로 그룹으로 만든 다음, 각 추적 그룹의 평균을 취하기 전에 존재했던 고유한 서비스 개수를 계산한다. 집계를 보고 있으므로 관련된 서비스 수의 자연적인 변화 때문에 혼란을 겪지는 않을 것이다. 캐시 불일치 때문에 백엔드 스토리지 서비스가 호출되는 경우처럼 동적으로 종속성이 결정되는 상황은 마이크로서비스 아키텍처에서 흔하며, 단일 추적에 전체 종속 서비스들이 포함되지 않을 수 있다.

시스템 전체를 바라보는 통찰력뿐 아니라, 추적으로 디버깅할 때 집계 추적 집합에서 파생된 상황에 맞는 지식을 좀 더 효과적으로 사용할 수 있다. 관련 분포의 꼬리 부분에 있는 추적에 주의를 집중하는 것은 종종 좋은 시작점이 된다.

예를 들어 느린 추적에서 RPC 보내기 및 받기 시간이 모든 추적에서 해당 값에 대한 분포의 99번째 백분위수에 있다는 것을 발견하면, 네트워크에 문제가 있을 수 있다는 강력한 단서가 된다. 반면에 RPC가 느리지만 모든 추적에서 평균 크기보다 수십 배 더 크다는 것을 주목한다면, 이 경우의 전파 지연이 예상과 같고 (필수적으로) 지금 디버깅하는 문제와는 관련이 없다고 합리적으로 결론 내릴 수 있다. 두 경우 모두 디버깅할 때 콘텍스트를 제공하기 위해 추적의 일부 속성(전송 시간의 99번째 백분위수와 평균 메시지 크기)을 대상으로 집계 함수를 사용했다는 점에 주목하길 바란다.

특정 추적에서 드러난 특성이 비정상적인지 확인하려면, 어느 위치에서 디버깅해야 할지 파악하고 결정하는 데 집중해야 한다. 의심스러운 작업이 충분한 추적으로 발생하는지 여부를 확인할 수 있으면, 디버깅 작업으로 가장 큰 영향을 미치는 문제를 처리할 수 있다.

데이터 정리하기

앞 절에서 설명한 예제는 추적의 다른 구성 요소에 집계를 적용하는 것에 의존한다. 각 추적의 기본 속성인 단일 값(기간)의 분포를 보고, 첫 번째 질문('이 지연 시간이 높은가?')의 답을 찾았다. 이와 반대로 '특정 API 끝점에 발생한 요청을 처리하기 위해 연결된 서비스 개수는 평균 몇 개인가?'라는 질문이 있었다. 여기서는 각 추적에 포함된 서비스 개수를 계산해 파생된 값에 집계 함수를 적용했다.

이것이 실제로 의미하는 바는 그런 질문에 답할 수 있도록 집계 추적 데이터를 구성하는 가장 좋은 방법이 명확하지 않다는 것이다. 첫 번째 질문의 답만을 원한다면, 관계형 데이터베이스 같은 플랫 테이블에 추적 속성을 저장할 수 있다고 말할 수 있다. 두 번째의 내용이 더 중요하다면, 그래프 데이터베이스를 사용하는 것을 고려할 수 있다. 두 경우 모두 임의의 태그에 적용되는 커스터마이징된 쿼리를 실행하는 것이 유용하므로, 이를 지원하는 방법이 필요할 것이다.

분명히, 집계 분석에 추적을 제공하는 가장 좋은 방법은 운영 환경의 특정 요구 사항에 달려 있다. 이런 이유로, 어떤 방법이 단순히 가장 좋다고 말하기보다는 '평평한 테이블' 접근 방식을 사용하는 허수아비 해결책을 사용해 관련된 절충할 수 있는 부분들을 좀 더 구체적으로 알아볼 것이다.

허수아비 해결책

먼저 SQL을 쿼리 언어로 선택하고, 특정 스토리지 백엔드를 지정하지 않은 채로 시작한다. 예를 들어 관계형 데이터베이스 또는 하이브Hive 데이터 웨어하우스일 수 있다. 다음 예제에서는 비표준 SQL과 유사한 의사 코드를 사용한다.

SQL을 사용해 예제 1의 질문에 어떻게 대답할 것인지를 생각해보자. 이것은 실제로 간단하다. 앞에서 설명한 것처럼, 99번째 ~ 백분위수 기간을 집계 함수로 선택해 추적 컬렉션에 적용한다. 따라서 '높음'의 정확한 값을 파악할 수 있는 쿼리는 다음과 같다.

```
SELECT PERCENTILE(duration, 0.99)
FROM traces
```

좀 더 현실적으로, 날짜 또는 요청 종류와 같은 속성에 따라 추적을 필터링하면 쿼리를 다음과 같이 확장할 수 있다.

```
SELECT PERCENTILE(duration, 0.99)
FROM traces
WHERE date = `today` AND type = 'http'
```

traces라고 하는 테이블은 한 행에 하나의 추적을 기록하고, 테이블에 지속 시간, 날짜, 추적 유형을 나타내는 열이 있다고 가정해보자. 또한 추적 식별자, 타임스탬프 및 기타 일반 속성과 같은 동일한 테이블에서 추적의 다른 속성을 드러내는 것을 상상할 수 있다.

두 번째 질문, '특정 API 끝점으로 들어온 요청에 연관된 서비스의 개수는 평균적으로 얼마인가?'로 넘어가보자.

여기서는 추적의 파생 속성, 특히 서비스 개수에 관심이 있다. 앞서 그래프 데이터베이스가 좋은 선택이라고 언급했다. 그러나 지금 고른 허수아비 해결책을 위해 플랫 테이블을 고수하면서 취할 수 있는 다양한 형태의 쿼리가 지닌 장단점을 살펴볼 것이다.

스팬당 하나의 행과 최소한 TraceID, SpanID, 그리고 서비스 필드가 들어 있는 두 번째 테이블인 spans 테이블이 있다고 가정해보겠다. 이번에는 예제 11-1에 표시된 것처럼, 관심 있는 API 끝점으로 추적을 필터링한 다음 고유한 서비스 개수의 평균을 계산한다.

예제 11-1 spans 테이블

```
SELECT AVG(num_services) FROM (
    SELECT COUNT(DISTINCT spans.service) AS num_services
    FROM spans JOIN traces
        ON traces.TraceID = spans.TraceID          -- TraceID로 조인 쿼리를 실행한다
    WHERE traces.api_endpoint = '/get/something'
    GROUP BY spans.TraceID)                        -- 추적당 서비스 개수를 그룹화한다
```

SQL에 익숙하지 않다면, 이 쿼리가 복잡해 보일 수 있다. 뒤로 물러서서 무슨 일이 일어나는지 생각해보자. 각 추적의 구성 요소 스팬을 스팬 테이블의 행 집합으로 병합했다. 추적 테이블에서 api_endpoint를 관심 있는 행으로만 필터링한 후, 일치하는 TraceID가 들어 있는 스팬만 선택한 다음 각 스팬 그룹의 고유한 서비스 개수를 계산한다. 마지막으로는 그 수의 평균을 받아 답을 얻을 수 있다. 이것으로 끝난다.

추적 그래프를 플랫 테이블로 분류하는 기본 개념은 강력하다. 일반적인 접근 방식은 추적을 구성하는 다양한 종류의 개체를 나타내는 서로 다른 테이블을 만드는 것이다. 따라서 이 예제에는 추적 정보를 포함하는 최상위 추적 테이블과 스팬 정보를 보유하는 두 번째 스팬 테이블이 있다. 실제로는 특정 공통 태그를 위한 표나 크리티컬 패스 같은 추적에서 파생된 속성을 고려할 수도 있다. 이 모든 것의 핵심은(단지 말장난을 의도한 것에 불과하다.) TraceID와 SpanID를 조인 키로 사용하는 것이다. 그러면 추적, 스팬 또는 속성 간에 집계 함수를 계산할 수 있다.

무엇을 절충해야 하는가?

눈치 빠른 독자라면, 왜 앞의 쿼리에서 조인 연산을 사용할 때 어려움을 겪었는지 궁금할 것이다. 예제 11-2와 같이 추적 테이블의 서비스 개수를 필드로 지정하면 그 어려움을 간단히 피할 수 있다.

예제 11-2 traces 테이블

```
SELECT AVG(num_services)
FROM traces
WHERE api_endpoint = '/get/something'
```

그러나 num_services 열은 원시 추적의 기본 속성이 아니므로, 서비스 개수를 계산하기 위해 데이터 집합의 모든 추적을 거치는 사전 계산이 필요하다. 실제로, 이 표의 데이터는 대개 정기적으로 예약된 일괄 처리 작업 또는 실시간 스트리밍 계산처럼 어디선가 읽어야 하는 데이터이다. 이 예에서 우리가 만드는 절충점은 전처리에 복잡성을 추가하는 것과 쿼리에 복잡성을 추가하는 것이다. 나중에 집계 분석을 위한 전처리 추적을 자세히 설명하겠지만, 먼저 샘플링과 추적 집계와의 관련성을 알아보자.

집계 분석을 위한 샘플링

이상적인 환경에서 집계 함수를 추적 모집단에 적용하면, 추적뿐 아니라 실제 시스템에도 맞는 답을 얻을 수 있다. 다시 말해 추적 결과 RPC 서버 처리 시간의 95번째 백분위수가 1초라고 표시되면, 실제 시스템에서도 마찬가지인 것이다. 안타깝게도 집계된 추적 집합이 현실을 정확하게 반영하지 않는 이유가 있다. 특히 8장의 '편향된 샘플링과 추적 비교' 절에서 설명한 것처럼, 완전히 대표적인 방식으로 샘플링하는 것이 항상 바람직하지는 않다. 샘플링된 추적의 집계 분석이 유용하지 않다는 의미는 아니지만, 결과를 해석할 때는 주의해야 한다.

편향된 샘플링 문제를 피하는 한 가지 방법은 샘플링하지 않는 것이다. 모든 추적에 되도록 빨리 집계 함수를 적용하기만 하면 결과의 무결성이 보장된다. 어떤 집계 함수를 실행할 것인지 이미 안다면, 원시 추적을 버리고 결과를 그대로 유지해 스토리지 비용을 절약하고 나중에 쿼리를 빠르고 저렴하게 만들 수 있다. 이 방법의 단점은 나중에 마음을 바꿀 수 없고, 대신 다른 집계 함수를 적용할 수 있다는 것이다. 앞에서 사용한 첫 번째 예제('이 지연 시간이 높은 편인가?')에서 미리 계산된 99번째 백분위수 지연 시간을 저장하므로, 조회 속도가 빠르고 비용이 저렴하다. 하지만 75번째 백분위수 지연 시간을 대신 확인할 수 없다는 의미이기도 하다.

요약하면, 정확성, 유연성, 비용 간에 세 가지 방식의 절충안이 있으며, 샘플링 속도를 설정하고 집계 함수를 적용할 시기를 선택해 제어할 수 있다. 다음 질문들이 선택할 때 도움이 될 것이다.

- 집계 결과에서 얼마나 많은 오류가 허용되는가? 이것은 무서운 질문처럼 들리지만, 실제로 모든 관측 시스템은 불완전한 데이터를 제공하므로 고유한 오류가 있다. 여기서 정확성과 비용 사이의 올바른 균형을 찾기 위해 추적 샘플링 속도를 의도적으로 선택하는 것이 좋다.
- 추적을 통해 무엇을 알고 싶은지 미리 생각해봤는가? 집계를 미리 적용하고 정답을 유지하는 것은 훨씬 저렴하지만, 쿼리에 유연성을 기대하기는 어렵다.

이제 처리 파이프라인 자체로 돌아가보자.

처리 파이프라인

이제 추적은 분산 시스템의 여러 컴퓨터가 생성한 레코드로 구성된다는 것을 알았다. 검사를 위해 데이터를 의미 있게 만드는 첫 번째 단계는 관련 레코드를 단일 추적 개체로 연결하는 것이다. 추적을 집계 분석에 사용할 수 있게 만들든, 단순히 한 번에 하나씩 추적을 볼 수 있는 방법을 제공하든 상관없이 이 작업을 진행해야 한다.

또한 데이터 추적이 불완전한 경우가 종종 있다. 불완전하고 버그가 많은 계측은 잘못된 레코드를 생성하거나, 수집 시스템 자체의 손실 때문에 추적을 손상시킬 수 있다. 결과적으로, 추적 데이터 정리는 종종 이 단계에서도 처리된다.

두 가지 필요한 단계가 어디선가 발생한다고 가정하면, 이제 주문형 집계를 위해 데이터를 준비하는 방법과 시기, 미리 계산할 집계 함수(있는 경우)를 고려해야 한다. 예제 2의 경우, 각 추적에서 서비스 수를 미리 계산하는 것은 파이프라인에서 실행되는 메서드이며, SQL 쿼리를 사용해 추적당 평균 서비스 수를 계산하는 것은 나중에 실행하고 필요에 따라 집계하는 것이다.

그림 11-3에서는 처리 파이프라인을 위한 두 가지 적용 가능한 아키텍처를 보여준다. 두 다이어그램 모두 추적 데이터가 위(프로덕션 서비스)에서 아래로 흐르며, 여기서 출력을 평평한 테이블로 묘사한다. 앞에서 설명한 밀짚모자 데이터 표현과 비슷한 방식이다(물론 다른 표현 방식도 쓸 수 있다). 이 다이어그램은 테이블의 궁극적인 사용 방법을 보여주지는 않지만, 보통 대화형 쿼리, 일괄 처리, 시각화, 대시보드에도 사용한다.

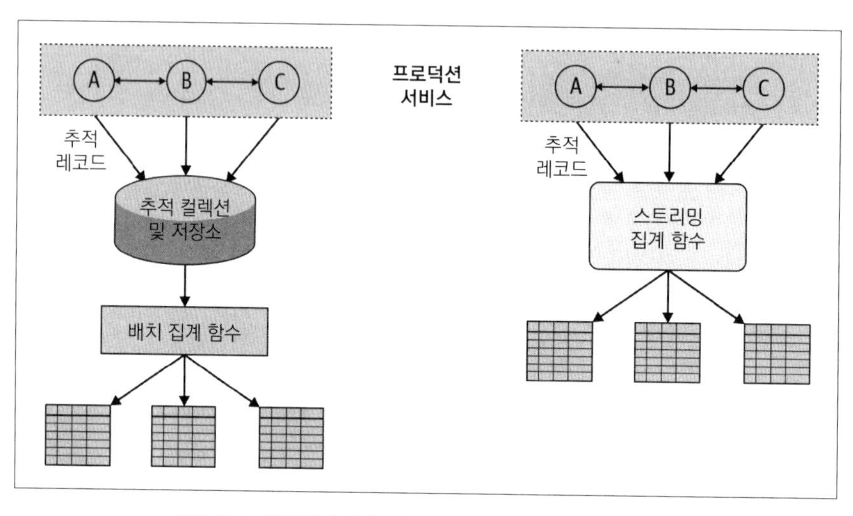

그림 11-3 추적 처리 파이프라인에 적용 가능한 두 가지 아키텍처

그림 11-3의 왼쪽은 테이블을 만들기 위해 배치 처리를 적용하기 전에 정리된 추적을 저장하는 파이프라인을 보여준다. 아직 처리 파이프라인이 없지만 추적에 집계 분석을 적용하려면 이 방법을 사용하는 것이 좋다. 기존 스토리지를 개별 추적에 사용하거나 다른 추적에 복사한 다음 현재 추적 인프라를 변경하지 않고, 데이터를 처리하기 위해 정기적으로 예약된 배치 작업을 실행할 수 있다. 출력이 다소 지연될 수 있지만, 추가 인프라에 큰 투자를 하지 않고도 추적 집계에서 통찰력을 얻을 수 있다.

다이어그램의 오른쪽에서는 추적이 도착했을 때 이를 처리하고 출력 테이블을 지속적으로 변경하는 스트리밍 시스템을 보여준다. 이와 같은 준실시간 시스템은 추적 집계에 훨씬 빨리 접근할 수 있게 해주며, 실시간 디버깅 같은 작업을 처리할 수 있고 출력을 사용해 경고를 묶어 집계를 추적할 수 있다는 흥미로운 가능성이 있다. 이런 이점에는 비용이 따른다. 특히 데이터 추적은 본질적으로 예측할 수 없고, 대량의 데이터가 대량으로 도착하기 때문에 시스템의 운영 부담이 커진다. 그래서 시스템이 수신 레코드의 처리 속도를 유지할 수 있도록 계속 관리해야 한다.

추적이 어떻게 저장되는지에 관계없이, 지정된 기준과 일치하는 추적을 빠르게 찾을 수 있으면 유용하다. 이를 달성하기 위한 한 가지 방법은 처리 파이프라인의 일부로서 인덱스를 만드는 것이다. 사용자는 많은 수의 속성과 일치하는 추적을 찾고 싶을 수 있으므로, 최대한 많은 속성을 인덱싱하는 것이 좋다. 실시간으로 집계 분석을 실행할 수 없는 경우에도 몇몇 특성이 나타나는 개별 추적을 발견하고 검사하는 기능은 디버깅에 유용하다.

실제로, 넓은 인덱스를 만드는 것은 처리 파이프라인 위에서 만들 수 있는 기능의 한 예시일 뿐이다. 또 다른 방법은 이 장의 '무엇을 절충해야 하는가?' 절에서 알아본 것처럼 추적에 포함된 서비스 수 같은 집계를 미리 계산하는 것이다. 세 번째로 중요한 처리 형태는 이기종 데이터에서 추적으로 정보를 추출하는 것이다.

이기종 데이터 통합

처리 파이프라인은 서비스 수 같은 추적의 일반적인 속성을 추출하거나, 추출된 값으로 집계를 계산하며, 영역별로 태그를 처리할 수 있는 곳이기도 하다. 4장에서는 효과적인 태그 지정 방법을 살펴봤다. 여기서는 태그에 더 많은 정보가 포함돼 있고 강력한 커스터마이징 기능을 제공하는 집계 분석을 적용할 수 있다는 점에 주목했다.

커스텀 함수

허수아비 시나리오를 기반으로 하는 간단한 예제를 생각해보자. RPC 범위에 클라이언트 및 서버의 데이터 센터를 나타내는 태그가 포함되도록 서비스를 계측하는 경우, 이 정보를 2개의 추가 열로 스팬 테이블에 (태그를 구문 분석해 데이터 센터를 참조하는 태그를 찾아) 추출할 수 있다. 이제 '이 지연 시간이 높은 편인가?'라는 질문에 대한 답을 찾기 위해 관심 있는 추적에 데이터 센터 내부 또는 서로 다른 데이터 센터 간의 트래픽이 포함되는지 여부를 고려할 수 있다. 전자의 경우 광역 네트워크 링크를 통과할 수 있으므로 속도가 상당히 느릴 것으로 예상된다.

이 아이디어를 더 응용해본다면, 다른 팀이 다른 마이크로서비스를 관리할 때 각 팀은 자체 서비스별 태그를 작성하고, 집계 추적에서 해당 태그를 커스터마이징할 수 있을 것이다. 이는 서비스가 어떻게 동작하는지 더 잘 볼 수 있도록 만들어주는 좋은 방법이다. 예를 들어 서비스가 들어오는 RPC의 인수에 따라 다른 서비스에 나가는 호출을 하는 경우, 서비스를 소유하는 팀은 인수를 기록하는 추적에 사용자 지정 태그를 기록해 발신 RPC를 '설명'할 수 있다.

처리 파이프라인에서 커스텀 함수custom function를 지원하는 것은 SQL 쿼리 도구를 위한 사용자 정의 함수UDF, User-Defined Function와 비슷하게 동작한다. 강력하고 유연하지만, 해결해야 할 어려운 문제가 있다.

- 사용자는 UDF를 어떻게 표현하는가? 시스템을 안전하게 만들려면 어떻게 해야 할까(시스템 충돌이나 무한 루프에 빠지지 않도록)?
- UDF가 CPU 또는 메모리 같은 리소스를 너무 오래 또는 너무 많이 점유하지 않도록 하려면 어떻게 해야 할까?
- UDF가 소스 코드의 계측 변경 사항과 동기화 상태를 유지하려면 어떻게 해야 할까? 태그가 변경되거나 제거되면, 처리 파이프라인의 코드를 변경하는 책임은 누구에게 있는가?

여러분은 소프트웨어 엔지니어로서 다른 영역에서도, 특히 모범 사례를 생각할 때 이와 같은 질문을 할 수 있다. 다른 중요한 인프라와 마찬가지로, 처리 파이프라인이 더 큰 소프트웨어 에코시스템에 어떻게 적합하게 적용될 수 있을지 고려하고, 그 견고성과 수명을 계획해야 한다.

다른 데이터 소스와의 결합

대부분의 마이크로서비스 운영자는 여러 수준의 소프트웨어 스택에서 방대한 양의 메트릭 데이터를 수집한다. 이 데이터를 추적과 결합하면 이해와 통찰력을 크게 확장할 수 있다. 예를 들어 '서버 시스템에 특정 커널 버전이 설치된 경우, 이 RPC가 처리하는 데 걸리는 시간이 늘어나는가?' 같은 질문을 할 수 있다. 이는 다시 말해 커널의 리눅스 TCP 동작 방식이 지속적으로 변경되고 프로덕션에서 관측되는 꼬리 지연의 역할을 할 수 있기 때문에 99번째 백분위의 지연 시간을 커널 버전별로 세분화하려고 하는 것이다.

다른 종류의 데이터가 관련된 추적에 관한 질문에는 어떻게 대답할 수 있을까? 이 경우 서버에서 커널 버전을 기록하는 모든 RPC에 태그를 추가할 수 있지만, 비효율적이며 일반적인 솔루션은 아니다. 여러분이 결합하고 싶어 하는 외부 소스에 다른 많은 데이터 조각이 있을 수 있으며, 그중 일부는 태그를 생성하지 못할 수 있다.

좀 더 유연한 방법은 쿼리에 적합한 형태로 두 데이터 소스 모두에 적절한 조인 키가 존재하게 만드는 것이다. 따라서 밀짚모자 솔루션을 사용하면, 호스트 이름, 버전, `start_time`, `stop_time` 필드가 포함된 `kernel_versions`라는 다른 프로세스가 만든 테이블을 유지할 수 있다. 이제 예제 11-3과 같이 쿼리를 만들고, 현재 커널 버전을 추적하는 테이블의 호스트 이름과 스팬 테이블의 각 행에서 호스트 이름을 결합해 커널 버전별로 99번째 백분위수 RPC 대기 시간을 추출할 수 있다.

예제 11-3 99번째 백분위수 RPC 대기 시간 추출

```
SELECT kernel_version, PERCENTILE(duration, 0.99)
FROM spans JOIN kernel_versions
```

```
    ON spans.server_hostname = kernel_versions.hostname
WHERE
    spans.timestamp > kernel_versions.start_time
    AND (spans.timestamp < kernel_versions.stop_time
      OR kernel_versions.stop_time IS NULL)
    AND spans.date = `today` AND spans.type = 'http'
GROUP BY
    kernel_version
```

두 테이블 모두에 호스트 이름이 있으면 쿼리가 간단해진다. 대개 서로 다른 소스를 같은 쿼리에 결합할 수 있는 데이터 쿼리 시스템을 설계하면 많은 양의 정보를 얻을 수 있으며, 데이터 추적도 예외는 아니다.

이것으로 집계의 이점을 간략히 살펴봤다. 추적의 집계 분석을 위한 처리 파이프라인을 만드는 것과 배포하는 것을 고려하는 여러분을 위해 각각의 장단점과 도입할 때 생길 수 있는 문제점들을 살펴봤다. 이 장을 마치기 위해 실제 추적 시스템의 사례 연구에서 그 요점이 어떻게 나타나는지 설명하면서 핵심을 다시 살펴보겠다.

마무리 그리고 사례 탐구

캐노피Canopy는 페이스북에서 사용되는 분산 추적 인프라로, 2017년 출판된 논문에서 언급했다.[1] 이 책의 저자 중 한 명인 조나단 메이스도 공동 저자로 참여했다. 집킨 또는 대퍼 같은 기존의 추적 시스템과 달리 페이스북 엔지니어는 처음부터 캐노피를 집계 분석을 지원하고 로그 기록 구문, 성능 카운터, 스택 추적 같은 이기종 데이터를 통합하도록 설계했다.

집합의 추적 값

페이스북의 추적 개수는 하루에 10억 개를 넘을 만큼 엄청나게 많으므로, 캐노피의 집계는

1 [Kal17]

예외가 아닌 표준이다. 밀짚모자 테이블의 기본 설계와 마찬가지로, 캐노피는 추적을 데이터 집합으로 집계하며, 각 열은 피처 집합으로 집계된 추적에서 파생된 값을 나타내는 기능이다. 성능 데이터를 분석할 때 페이스북 엔지니어는 시각화 도구와 대시보드를 통해 데이터 집합에 직접 접근할 뿐만 아니라 데이터 집합에 직접 쿼리한다.

데이터 정리하기

캐노피는 계측을 위해 여러 API를 지원한다. 즉, 사용하는 아주 적은 양의 추적 데이터는 다른 추적 시스템에서 익숙한 RPC를 나타내는 레코드부터 비동기 메서드 호출 사이의 인과 관계를 포착하는 이벤트와 다른 여러 가지 형식까지 포함한다. 캐노피의 처리 파이프라인에서 이런 모든 하위 수준의 데이터 모델은 모델링된 추적이라는 표준 중간 표현에 매핑되며, 파이프라인에서 피처를 추출하고 최종 데이터 집합을 출력한다.

사전 계산과 쿼리 복잡성 사이의 균형을 고려하면서, 캐노피 프로젝트 개발자들은 처리 파이프라인의 기능으로 사전 계산을 적극적으로 활용하는 형태로 문제를 분명히 다뤘다. 추적 집계를 거의 실시간에 가깝게 요청에 따라 분석할 수 있어 매력적이지만, 몇몇 사전 계산이 중복될 수 있다.

캐노피는 집계된 데이터 집합을 생성할 뿐만 아니라, 디스크에 개별 추적을 저장해 필요할 때 더 깊게 분석할 수 있다. 이는 엔지니어가 성능 문제를 디버깅할 때는 이상적인 상황이다. 데이터 집합과 그보다 높은 수준의 도구를 사용하면 어디를 더 자세히 봐야 할지 신속하게 파악할 수 있으며, 자세한 추적을 위해 정확한 추적 정보를 정확하게 검색할 수 있다.

집계 분석을 위한 샘플링

캐노피는 대표적인 (정확한) 추적 데이터들을 얻으려고 시도하지 않는다. 오히려 특성 활용 사례에 가치를 제공하는 동시에 추적량을 관리할 수 있는 수준으로 유지하는 것에 초점을 맞춘다. 개별 사용자, 팀은 끝점이나 데이터 센터 같은 요청 특성에 따라 개별적으로 샘플링 속도를 설정하는 정책을 정의한다. 속도는 사용자당 그리고 전 세계적으로 설정된 고정된 한

도에 의해 더욱 제한된다.

캐노피를 소개한 논문에서는 시스템의 주된 우선순위가 정확성(사용자별 샘플링 정책으로는 불가능)이나 비용(논문에서는 비용 문제를 직접 다루지 않음)이 아니라 유연성임을 드러냈다. 이런 선택에는 약간의 미묘한 차이가 있다. 캐노피 개발자들은 처리 파이프라인에 집계를 적용해서 유연성을 제한했다. 그러나 원본 추적을 디스크에 저장해두면, 나중에 추가 집계를 오프라인으로 계산할 수 있는 옵션을 열어둘 수 있으므로 문제를 해결할 수 있다.

이 논문에서는 캐노피 시스템 자체의 특성을 설명한다. 예를 들어, 6개월 동안 사용자 쿼리가 여러 데이터 집합의 개별 열에 얼마나 자주 접근했는지를 보고한다(페이지 로드 대기 시간을 나타내는 열 1개가 가장 많이 사용됨). 이 논문에서 언급하지 않은 이런 정보는 파이프라인에서 실행되는 집계 분석 기능들을 개선해 일반적인 쿼리를 처리하기 위해 엔지니어가 복잡한 고민을 하지 않도록 만들어주며, 인지 부담을 줄이기 위해 잠재적으로 사용한다.

처리 파이프라인

캐노피의 핵심은 처리 파이프라인으로, 그림 11-3의 오른쪽에 표시된 스트리밍 시스템과 다소 비슷하다. 지속적으로 온라인으로 실행되는 파이프라인은 수신 이벤트를 확인해 버그가 있거나 불완전한 계측을 감지해서 수정하고, 타임스탬프를 정렬하고, 누락된 정보를 추론해서 추적을 정리하는 등 추적을 모델링한다. 그런 다음 파이프라인은 집계 함수를 추적에 적용하고, 마지막으로 여러 데이터 집합을 출력한다.

캐노피 개발자들은 처리 파이프라인에 들어오는 데이터 레코드들의 입출력 속도(초당 1.16GB로 보고됨)를 유지할 수 있도록 심혈을 기울였다. 이 시스템에는 격리 대기열, 비동기식으로 처리할 오프로드 작업과 필요할 때 로드를 해제하는 방법 같은 메커니즘이 들어있다.

캐노피는 다양한 엔지니어링 팀이 요구하는 다양한 입력 데이터와 맞춤형 집계를 처리하기 위해 처리 파이프라인에서 커스터마이징된 집계 기능을 폭넓게 지원할 수 있도록 만들었다. 이 논문에서 흥미로운 부분은 원래의 시스템 설계가 어떻게 UDF를 필터와 변환의 간단한 파이프라인으로 표현하기 위한 도메인 한정 언어DSL, Domain-Specific Language를 만들게 됐는지 설명하는 부분이다. 사용자는 예상보다 더 복잡한 계산이 필요했으며, DSL은 더 일반적인 용도의 기능을 포함하도록 진화해야 했다. 또한 대화형으로 분석 기능을 탐색해야 할 필요도 생겨서, 대화형 파이썬 노트북과도 같이 쓸 수 있도록 개발했다.

이기종 데이터 통합

캐노피에는 이기종 데이터 처리에 특히 적합한 두 가지 특성이 있다. 먼저, 모든 이벤트를 공통 추적 모델로 변환하면, 서로 다른 종류의 데이터(예: 브라우저 페이지 로드와 백엔드 RPC 호출 그래프)를 캐노피의 처리 파이프라인에 직접 제공하고 적절하게 추적으로 통합할 수 있다. 마찬가지로 파이프라인의 출력 쪽에서도 커스터마이징된 집계 함수를 도입하거나 적용할 수 있는 기능으로 이런 다양한 데이터 소스에서 커스터마이징된 정보 추출을 지원한다.

앞에서 언급한 다른 데이터 소스를 분리할 수 있지만, 결합할 수 있는 방법과 달리 캐노피는 이기종 데이터를 긴밀하게 통합하도록 만들었다. 이 때문에 처리 파이프라인이 복잡해지지만, 추적에 관련된 기능을 접근하는 것은 단순하게 바뀌었다. 각 서버의 커널 버전과 같이 추적과 무관한 데이터는 여전히 프로그래밍 방식으로 접근할 수 있도록 추적 데이터 집합이 있는 일종의 조인 키join key가 필요하다.

결론적으로 캐노피는 강력한 실시간 추적 시스템을 제공해 맞춤형 집계 분석을 지원하며, 세부적인 검사를 위해 개별 추적을 유지한다. 페이스북 수준의 재력이 없는 회사들은 그런 고가의 시스템을 만들고 유지하는 선택을 고려하지는 않겠지만, 이 설계 방식은 추적을 종합적으로 분석하기 위해 간단한 시스템에도 적용할 수 있는 많은 교훈을 제공하므로 유용하다.

12장
스팬을 넘어

요즘 프로덕션 환경에서 실행되는 대부분의 분산 추적 시스템은 요청 안에 들어 있는 여러 스팬의 관계를 트리 형태로 표현한다. 이 표현은 이해하기 쉽고 대다수의 작업을 표현하기에 적합하지만, 모든 경우에 들어맞는 표현은 아니다. 이 장에서는 스팬이 어떻게 추적의 대표적인 표현 형태가 됐는지 알아보고, 머신러닝 모델, 스트리밍, 발행-구독, 분산 데이터 플로우 같은 시스템의 단점을 알아볼 것이다. 추적을 위한 새로운 추상화를 개발하는 것은 활발한 연구 개발이 이뤄지는 흥미로운 분야이며, 가까운 시일 내에 다가올 내용을 여기서 조금 다뤄볼 것이다.

스팬이 잘나가는 이유

10장에서는 초기 추적 시스템이 요즘 시스템의 설계와 용어에 어떤 영향을 미치는지 설명했다. 분산 시스템이 발전하고 복잡해지면서, 사용자는 요청의 응답 속도를 이해하는 것이 급선무였다. 특히 요청 사이에 간섭이 일어나고 동시에 실행될 때는 더욱 그러했다. 이 때문에 원격 프로시저 호출RPC 중심의 접근 방식이 만들어졌으며, 추적의 대상이 되는 시스템이 구현되는 방식과 긴밀하게 통합된다. 요즘 분산 시스템은 좀 더 다양한 실행 패턴과 통신 패턴을 사용하며, '전통적인' 요청 지향 추적 설계 사상은 많은 대중적인 시스템에서 적합하지 않았다. 그럼에도 불구하고, 분산 추적의 핵심 데이터 표현 방식으로 RPC를 스팬으로 표시하는 것은 이미 친숙하고 유용한 방식이다. 왜 그런지 이유를 살펴보면서 시작하겠다.

가시성

RPC 추적이 시스템의 어떤 구성 요소가 RPC를 사용해 통신하는지를 보여주는 것은 자명하다. 마이크로서비스 애플리케이션에서 RPC는 독립적인 서비스들 사이를 느슨하게 결합할 수 있게 하며, 모듈화, 확장성, 관리의 주된 기능이다. 동시에 이런 디커플링decoupling은 마이크로서비스가 개별 요청을 처리하기 위해 통신하는 방법의 시작부터 끝까지를 나타낸 그림을 최소한으로 보여준다. 앞에서 이미 마이크로서비스 아키텍처의 동작을 이해하기 위해 추적이 얼마나 중요한지 많이 이야기했다. 여기서는 스팬 트리를 포함하는 추적이 이런 형태의 분산 시스템을 좀 더 잘 볼 수 있도록 하기 위한 완벽한 추상화라고 강조하고 싶다.

마찬가지로 마이크로서비스 아키텍처가 아닌 많은 분산 시스템에서 RPC를 사용한다. RPC는 널리 퍼져 있어, 이를 추적하는 것이 통신의 기본 메커니즘이 아닌 경우에도 무슨 일이 일어나는지 알려준다. 결론은 분산 시스템에서 RPC를 계속 사용하면(아마도 영원히), 분산 추적에서 스팬을 계속 사용할 수 있다는 것이다.

실용주의

콘텍스트 전파와 추적 레코드 생성 같은 낮은 수준의 추적 메커니즘이 RPC 서브 시스템에 내장돼 있으면 사용자에게 편리하다. 이 정도의 통합은 흔히 사용자가 계측을 만들 수 있는 간단한 API를 제공하며, 어지럽고 복잡한 구현 세부 정보를 모두 처리해준다(2장 참조). RPC의 편재로 일단 추적 지원이 RPC 서브 시스템에 추가된 후에는 추가 노력을 거의 들이지 않고 추적을 할 수 있다.

그러나 이런 편의성에는 지불해야 할 대가가 있다. 스팬이라는 형태로 어디든 적용할 수 있는 추상화가 필요하다. RPC 시스템은 여러 가지 다른 애플리케이션의 공통된 기본 계층이므로, 소수의 애플리케이션에만 적용할 수 있는 특수한 추적을 추상화하려는 시도는 대개 실용적이지 않다. 또는 완전히 분리된 추적 시스템을 만들면 RPC와 관련이 없어서 더 유연할 수 있지만, 별도로 배포하고 관리해야 하기 때문에 운영상의 부담이 늘어난다. 결과적으로 스팬처럼 보이지 않는 부분을 기록하기 위해 RPC 계층의 편리함을 이용하려면, 정보가 어딘가 포함되도록 만들어야 한다. 나중에 이것의 몇 가지 예를 설명할 것이다.

실제로 분산 추적 시스템의 운영자는 유연성보다 편의를 선호하는 경향이 있지만, 이 장을 읽은 후에는 아마도 스스로 결론을 내릴 수 있을 것이다.

이식성

분산 시스템의 RPC 계층은 소프트웨어 스택에서 고유한 위치를 차지하며, 애플리케이션 아래, 운영체제, 시스템 수준 서비스 위에 존재한다. 즉, 스팬은 애플리케이션과 시스템 모두에 독립적이다. 따라서 다른 애플리케이션과 다른 플랫폼에서도 본질적으로 이식할 수 있다.

스팬이 두 계층의 정보를 통합할 때, 애플리케이션 수준의 작업이 실제 세계에 어떻게 영향을 미치는지 보여줄 수 있다는 점에 주목해야 한다. 스팬이 RPC에 포함된 호스트의 IP 주소를 보고하는 경우를 예로 들 수 있다. 성능 엔지니어는 이 정보를 사용해 왜 RPC의 속도가 느린 것인지 진단할 수 있다. 엔지니어는 서버를 구분하는 정보가 없으면 속도 저하를 감지할 수는 있지만, 근본 원인을 찾는 데 도움이 되는 데이터가 부족해 문제 해결이 어려울 수 있다.

호환성

스팬은 상당히 낮은 수준의 추상화를 나타내며, 요청-응답 통신 스타일의 최소한의 세부 사항을 포착한다. 보통 사용되는 스팬을 나타내는 몇 가지 규칙을 사용하면, 여러 소스의 소프트웨어 시스템 사이의 호환성은 직관적이므로 다양한 구성 요소에서 끝점과 끝점 사이의 추적을 수집하고 기존 시각화 도구와 분석 도구를 재사용할 수 있다. 스팬이 이런 추적의 기본 구성 요소가 됐기 때문에 스팬을 어느 형식(예: 오픈 트레이싱)에서 다른 형식(예: 집킨)으로 변환할 때도 유리하다. 두 형식이 모두 같은 정보를 폭넓게 수집하기 때문이다.

유연성

마지막으로, 스팬의 가장 매력적인 부분은 흔히 쓰이는 대부분의 유명 추적 시스템에서 스팬을 정의할 때 최소한의 자료 구조로 정의하기 때문에 단순하다는 점이다. 이런 구성이 모호함과 부정확성을 초래하는 단점이라고 주장할 수도 있지만, 그에 따른 적응력도 엄청나게 높다. 스팬 자료 구조를 재사용해 RPC가 아닌 일부 활동을 나타내는 것은 커스터마이징된 태그를 정의하는 것만으로도 할 수 있다.

스팬의 장점과 충분성을 살펴봤으니, 이번에는 반대편의 주장을 살펴보자.

스팬이 충분하지 않은 이유

스팬이 지속적으로 쓰이는 데 부족함이 없어 보이는데, 그럼에도 스팬에는 어떤 문제점이 있을까? 스팬이 모든 분산 시스템에 적합하지는 않다고 말하는 근거는 무엇이고 왜 문제가 되는 것일까? 스팬은 분명한 요청-응답 스타일의 분산 처리에 최적화돼 있으므로 널리 사용되지만, 요즘은 다른 통신 패러다임이 점점 대중화되는 추세이다. 새로운 시스템은 기존 시스템과 비슷하며, 구성 요소 사이에 복잡한 상호 종속성이 있을 수 있고 성능 디버깅을 하기 어렵다. 분산형 추적은 새로운 시스템에서 가치가 있는 듯하지만, 지금 설명하려는 스팬을 통해 동작을 확인하는 것은 맞지 않는 부분이 있다.

예를 들어 여러 데이터 센터에서 운영되는 가상의 소셜 미디어 플랫폼이 있다고 가정해보겠다. 마이크로서비스 아키텍처를 실행하고, 데이터 센터 전체에 요청을 고르게 분산시키는 프론트엔드 로드 밸런서를 사용해 하나의 데이터 센터에서 완전히 각 개별 요청을 처리한다. 각각의 요청은 HTTP 기반 API 끝점에 해당하며 사용자 피드, 맞춤 추천, 광고 등을 조회하는 요청이 될 수 있다. 앞에서 말한 것처럼, 이 방법은 스팬 트리 추적 접근 방식에 완벽하게 들어맞는 것처럼 보인다. 그럼 어떤 것이 부족한지 살펴보자.

트리가 아닌 그래프

첫 번째 문제는 끝점과 끝점 사이의 추적이 트리가 아닌 그래프일 때이다. 다시 말해, 컨트롤 플로우에 조인join(자식 스팬에 여러 부모가 있는 경우)과 포크fork(부모가 여러 자식을 갖는 경우)가 포함되는 경우이다. 앞에서 언급했듯이 스팬에는 미리 정의된 구조가 많지 않지만, 각 스팬마다 부모를 2개 이상 연결할 수는 없으며 부모가 없는 스팬이 추적의 근간이 된다.

이런 동작이 발생하는 흔한 원인 중 하나는 여러 개의 RPC가 단일 RPC로 일괄 처리되는 경우이다. 일괄 처리는 종종 같은 서버를 대상으로 이뤄지는 반복 요청, 즉 여러 개의 작은 메시지를 보내는 대신 하나의 큰 메시지를 보내어 효율성을 개선하는 데 사용한다. 소셜 미디어의 사례에는 백엔드에서 일괄 처리가 발생할 수 있는 곳이 많이 있다. 예를 들어 단일 타임라인 요청은 타임라인에 연관된 여러 항목을 동시에 읽을 수 있다. 이런 항목 중 일부가 같은 서버에서 데이터를 검색하는 경우, 시스템은 해당 요청을 단일 RPC로 일괄 처리할 수 있다.

그림 12-1은 일괄 처리가 트리가 아닌 스팬 그래프를 만드는 방법을 보여준다. 다이어그램에서 서비스 A로 들어오는 여러 개의 요청이 일괄 처리로 결합돼, 서비스 B로 나가는 요청 1개가 발생한다. 이제 A에서 B로 가는 호출을 나타내는 스팬의 부모는 어떤 것일까? 실제로 나가는 RPC는 들어오는 모든 RPC에 의존하지만, 현재 추적 시스템에서는 이를 직접적으로 표현할 수 없다. 대신 해결 방법을 찾아야 하겠다.

합리적인 접근 방법 중 하나는 일괄 처리에 추가된 첫 번째 또는 마지막 요청을 부모로 선택하는 것이다. 그림 12-1의 오른쪽에는 해결 방법(X/Y/Z에서 루트로 되돌아가는 경로는 다이어그램에서 제외함)으로 인한 손상된 트리와 함께 실제 추적 그래프를 나타냈다. 확실히 손상된 트리는 실제 의존성을 올바르게 표현하지 못한다. 예를 들어 배치에 관여한 X와 Y의 RPC는 A에서 종료돼 추적 트리에서 말단 노드가 된다. 또한 성능 엔지니어의 관점에서 보면, 일괄 처리로 발생하는 대기 시간이 전체 대기 시간에 크게 관여할 수 있으므로, 각 부모 요청이 대기하는 시간도 기록해야 한다. 다시 말하지만, 항목이 배치에 삽입될 때 기록되는 타임스탬프가 기록된 설명을 추가해 표현력 부족 문제를 해결할 수는 있다. 그러나 이후에 정보를 추출하고 처리하려면 커스터마이징된 처리가 필요하다.

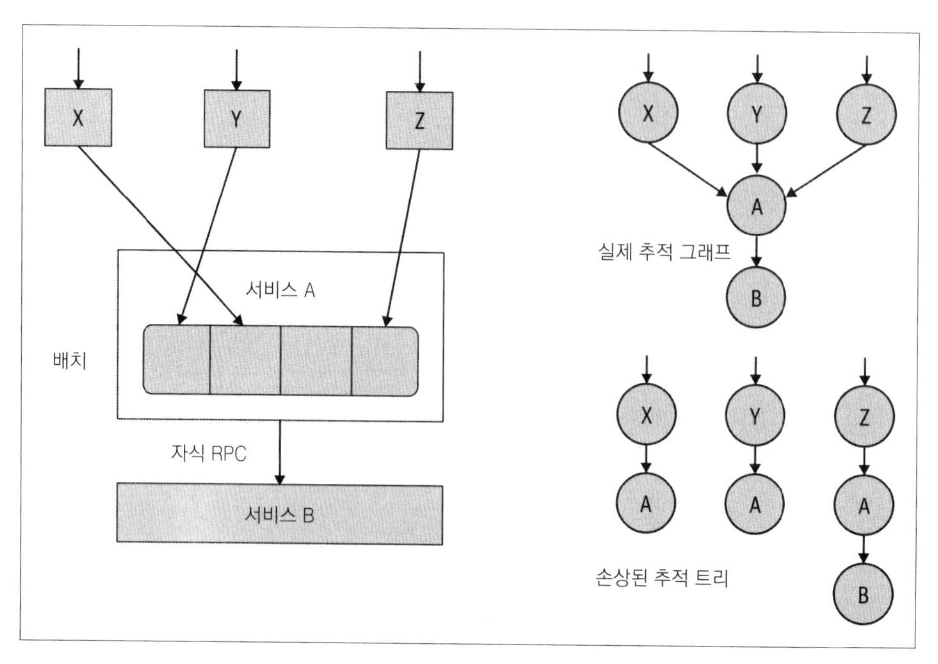

그림 12-1 RPC 일괄 처리는 여러 부모로 확장할 수 있다.

요청 사이의 종속성

앞의 문제를 일반화하면, 그림 12-1의 서비스 A가 여러 개의 다른 추적에 속한 들어오는 요청을 서비스 B의 보내는 요청에 일괄적으로 처리한 것처럼 여러 개의 추적(단일 추적 내의 스팬이 아닌)이 상호 의존적이라는 것이다. 소셜 미디어 플랫폼을 예로 들어보자. 'RemoteReplicaUpdaterService'라는 서비스를 만들어 한 데이터 센터에서 서로 관련이 없는 변경 사항들을 일괄 처리함으로써 광역 네트워크를 통해 더 적은 수의 더 큰 RPC를 다른 데이터 센터로 전송할 수 있다.

다행스럽게도 일괄 처리 방식의 요청 간 종속성을 사용하면, 스팬의 유연성을 활용해 기존 추적 시스템을 크게 방해하지 않고도 사용할 수 있다. 일괄 처리 대상이 된 다른 TraceID(그리고 추적되지 않은 요청에 관한 정보)를 기록하는 태그를 비종료 추적에 추가하기만 하면 된다. 실제로 오픈 트레이싱의 `FollowsFrom`은 이런 활용 사례를 다루기 위한 것이다.

추적의 정의에서 다루는 관심 있는 끝점 사이의 유형 요청이 너무 좁은 폭의 개념만을 다룬다면, 기존의 스팬 추적과의 요청 간 종속성에 관련된 또 다른 문제가 발생한다. 소셜 미디어 플랫폼의 예가 기존의 추적 시스템을 운영한다고 가정하고 이 시나리오를 살펴보자. 프론트엔드 서버는 백엔드 서빙 시스템을 구성하는 마이크로서비스 집합으로 향하는 인그레스 지점에서 요청을 샘플링하기로 결정한다. 즉, 추적은 단일 HTTP 요청을 처리할 때 필요한 몇 가지 작업으로 암시적으로 정의된다. 여기까지는 큰 문제가 없는 것 같다.

그러나 소셜 미디어 회사가 나중에 추적 시스템을 맞춤형 모바일 애플리케이션에 추가하는 등 추적 시스템을 클라이언트로 확장하기로 결정하면 이런 추적 개념이 예상을 벗어난다. 클라이언트 애플리케이션에서 단일 사용자를 대상으로 실행된 작업은 보통 백엔드와 많이 상호 작용하며, 각 요청은 프론트엔드 서버가 독립적으로 샘플링한다. 따라서 데이터 센터 내부에서는 각 추적이 단일 HTTP 기반 API 끝점에 해당하지만, 사용자의 입장에서는 홈페이지로 이동하는 것과 같은 여러 가지 끝점으로 가는 RPC, 콘텐츠, 광고 정보, 프로필 정보 추가 등의 작업이 필요할 수 있다.

이런 사용자 작업 중 하나를 나타내는 단일 추적을 만들려면, 여러 개의 추적을 공통 태그와 함께 묶어 연결한 후에 나타나는 사실을 추적할 수 있다. 그러나 프론트엔드 샘플러가 주어진 사용자 동작을 선택적으로 추적하도록 하려면 어떻게 해야 할까? 아마도 클라이언트에서 샘플링을 시도할 수 있지만, 데이터 센터에 있는 소수의 서버에서 자주 실패하거나, 연결 상태가 좋지 않거나, 이전 버전의 소프트웨어를 실행하지 않는 수백만 대의 클라이언트로 샘플링 결정을 내릴 수 있다. 또는 외부 API를 백엔드로 확장해 일부 RPC가 단일 추적에 속하는지 여부를 알아보도록 할 수도 있겠지만, 이 때문에 서비스 거부 공격에 취약해질 수 있다.

여기서는 다른 미묘한 문제가 많이 있지만, 기존의 추적 개념이 표현력이 충분하지 않다면 더 복잡해질 수밖에 없다는 점이 중요하다.

분리된 종속성

발행-구독pub-sub 시스템은 많은 마이크로서비스 아키텍처에서 중요한 역할을 한다. 발행-

구독 시스템은 메시지를 발행한 사람을 구독자로부터 분리해 갑자기 몰려오는 트래픽을 줄이고, 게시자와 가입자가 독립적으로 확장하고 발전할 수 있도록 해주며, 가입자가 게시 서비스에 알리지 않아도 오고 갈 수 있도록 한다. 이 디커플링의 결과는 그림 12-2에서 볼 수 있듯이 추적에 있어서는 딜레마가 된다. 발행-구독 시스템을 통해 느슨하게 연결된 통신을 추적하는 횟수는 한 번이 적당할까, 아니면 여러 번으로 나눠야 할까?

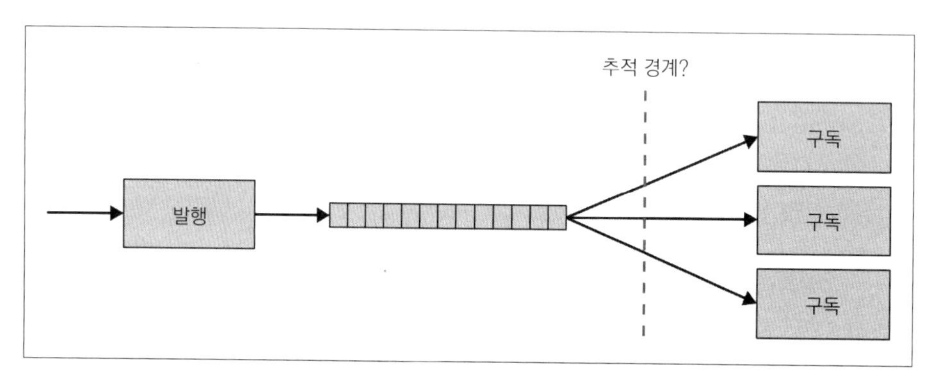

그림 12-2 발행-구독 시스템을 어떻게 추적해야 할까?

단일 추적 솔루션을 고려해보자. 이 솔루션은 실제로 일부 마이크로서비스 시스템에 적합할 수 있다. 기록기가 발행-구독 시스템에 메시지를 게시할 때, 메시지를 단방향 RPC(대부분의 추적 시스템은 이런 메시지를 지원함)로 추적하고, 추적 콘텍스트를 정상적으로 전파한다. 가입자는 메시지와 함께 콘텍스트를 선택하고, 전파를 계속하며, 모든 종속 서비스를 포함하는 하나의 중단되지 않은 끝점과 끝점 사이의 추적을 제공한다. 발행-구독 시스템의 장점 중 하나는 연결이 느슨하다는 것인데, 이 때문에 어떤 서비스가 상호 의존적인지 애매모호한 결과를 초래할 수 있다. 발행-구독 시스템의 경계를 가로질러 추적하면 이 문제를 해결할 수 있으며, 이런 방식을 통해 발행-구독 시스템 자체가 다른 마이크로서비스와 마찬가지의 방식으로 문제를 처리할 수 있다는 이점이 있다.

그러나 이 모델이 반드시 올바른 선택은 아니다. 다시 소셜 미디어 플랫폼으로 돌아가서, 이번에는 RemoteReplicaUpdaterService가 발행-구독 시스템을 사용해 상태 변경을 다른 데이터 센터의 스토리지 복제본에 비동기적으로 배포한다고 가정하자. 여기서 단일 추적 방식은 어색하다. 각 게시자마다 구독자가 많을 수 있고, 같은 게시자를 구독하는 서로 다른 구독자가 같은 추적에 속하지 않는 관련 없는 활동에 관여할 수 있으며, 메시지 쓰기와 읽기 사이에 지연이 발생할 수 있다.

구독자가 읽은 각 메시지마다 새 추적을 시작해 이러한 문제를 처리할 수 있으며, 메시지 작성기가 참조하는 추적 ID 정보를 새 추적에서도 태그로 유지할 수 있다. 그러나 추적 메커니즘 자체는 간단하지만, 이제는 끝점과 끝점 사이의 종속성을 추적하는 것이 어렵다.

앞의 예로 되돌아가면, 아마도 소셜 미디어 플랫폼은 사용자가 볼 수 있는 변경 사항을 적시에 전파하기 위해 훨씬 더 엄격한 지연 스팬으로 구성된 두 번째 발행-구독 시스템을 운영할 것이다. 채널 구독자가 차단되면, 채널 구독자 그래프의 모든 사본에서 되도록 빨리 변경 사항을 표시하는 것이 중요하다. 발행-구독 시스템을 통한 끝점과 끝점 사이의 추적은 이런 형태의 요청에 중요한 디버깅 도구가 될 수 있으며, 이제 누군가는 어떤 추적 방식을 사용할지 선택하거나 2개의 발행-구독 시스템을 다르게 구성해야 한다. 분리된 종속성을 추적하는 문제는 운영상의 부담을 더한다.

분산 데이터 플로우

지난 15년 동안, 하둡Hadoop과 스파크Spark 같은 데이터 병렬 분산 실행 프레임워크는 엄청난 인기를 끌었다. 요청 지향 시스템과 달리, 이런 종류의 프레임워크를 위한 분산 추적 기술은 거의 존재하지 않으며, 개발자는 성능을 모니터링하고 문제를 해결하기 위해 메트릭, 로그, 프로파일러profiler, 디버거debugger에 의존한다. 왜 그럴까? 대답은 명확하지 않다. 특히 스파크 같은 프레임워크가 대부분의 마이크로서비스 아키텍처보다 균질하고 독립적이며, 따라서 추적을 위한 도구를 만드는 노력이 줄어든다는 점을 감안하면 명확하지 않다.

그러나 분산형 데이터 플로우는 큰 규모로 작동하도록 설계됐으므로, 한 작업을 몇 시간 동안(또는 더 오래) 실행할 수 있으며 수백만 개의 RPC로 구성할 수 있다. 클러스터 스케줄러와 리소스 관리자 같은 서비스를 포함하는 컨트롤 플레인은 작업의 끝점과 끝점 사이의 완료 시간에 중요한 역할을 할 수 있다. 추적을 위해 컨트롤 플레인을 계측해야 할까? 마지막으로 분산 데이터 플로우 패러다임은 비순환 그래프로 지시된 대로 프로그램을 실행하며, 앞에서 설명한 바와 같이 기존 추적 시스템에서는 그래프를 잘 지원하지 못한다.

분산형 데이터 플로우 시스템 위에 만들어진 스트리밍 시스템은 스팬 중심의 추적 모델에 또 다른 문제를 만든다. 지속적으로 도착하는 무한한 데이터 스트림을 처리하는 '요청'의 개념을 어떻게 정의해야 할까? 아마도 특정 데이터 항목이 프로세스 간에 전달되고 읽히고 변형되는 방식을 추적하는 것과 같은 다른 핵심 추상화를 고려해야 할 것이다(학계에서는 데이터 출처라고 한다). 또는 개별 활동이나 상태를 추적하지 않고 무시할 수 있으며, 대신 고정된 시간 동안 전체 시스템의 실행을 스냅샷으로 만들 수 있다. 새로운 스타일의 추적에는 분석과 시각화를 위한 새로운 도구가 필요하다. 즉, 추적에서 값을 추출하려면 처음부터 다시 시작해야 한다.

머신러닝

머신러닝 시스템은 기존의 분산 추적 시스템이 즉시 사용할 수 있는 해결책이 마땅히 존재하지 않는 성능 분석과 디버깅 문제 때문에 또 다른 스타일의 분산 컴퓨팅으로 구성된다. 이 때문에 머신러닝 시스템은 텐서플로 텐서보드 시각화 도구에 내장된 추적 뷰어 같은 자체 커스터마이징된 추적 도구를 사용하는 경향이 있다. 머신러닝을 인프라의 한 부분으로만 실행하는 서비스 소유자(예: 특정 웹 페이지 요청에 가장 적합한 광고를 예측하는 것)의 경우, 머신러닝 시스템이 정규화된 관측 가능성 프레임워크 외부에서 작동한다는 단점이 있다. 머신러닝이 프로덕션에 중요하고 리소스를 많이 사용하는 경우 이는 바람직하지 않다.

머신러닝 모델에는 로지스틱 회귀, 벡터 머신 지원, 딥 뉴럴 네트워크 등 여러 종류가 있지만, RPC 기반 추적이 적합하지 않은 두 가지 종류의 모델이 있다.

요청이 아닌 단계

머신러닝 프로세스를 훈련하기 위해서는 반복되는 단계가 필요하다. 이 단계에서는 행렬 곱셈이나 파일 읽기와 같이 예약할 수 있는 작업 단위가 훈련 데이터의 현재 상태를 계산하고 변경을 가한다. 각 단계가 끝나면 오퍼레이터는 변경된 값을 교환한다. 단계

내에서 각 작업을 스팬이라고 생각할 수 있으며 인풋과 아웃풋에 의해 각각 부모와 자식에 인과 관계가 있다고 할 수 있지만, 끝점과 끝점 사이의 요청 같은 개념은 없다. 대신 주된 메트릭이 각 학습 단계별로 소요되는 시간이므로, 머신러닝 추적 도구는 보통 학습의 한 단계 안에서 운영자의 동시성과 스케줄을 심층적으로 조사할 수 있는 기능을 제공한다.

대조적으로, 머신러닝 추론은 좀 더 요청 지향적인 특징이 있다. 그러나 효율성을 높이기 위해 추론은 배치 요청(그림 12-1에서 보여준 상황과 비슷하다.)을 모델링해 앞에서 알아본 요청 사이의 종속성 문제를 야기한다.

다중 계층 성능 모니터링

하드웨어 가속은 종종 머신러닝 배포의 핵심 요소가 된다. 특히 훈련 과정에서 PCI 버스와 네트워크를 통한 장치 사이의 데이터 이동은 심각한 병목 현상의 원인이 될 수 있으며, CPU 또는 GPU에서 작업이 예약되는지 여부는 실행 시간에 큰 영향을 미칠 수 있다. 결과적으로 분산 머신러닝 작업에서 성능 문제를 해결하려면, 각 서버와 클러스터에서 언제 문제가 되는 부분이 실행되는지, 개별적으로 어떻게 작동하는지 파악해야 한다.

또한 머신러닝 모델마다 특성이 다양하다. 예를 들어, 언어 모델은 종종 임베딩이라고 알려진 큰 테이블을 사용하며 수백 기가바이트에 달할 수 있으므로 여러 장치에서 공유해야 한다. 그러나 이 모델은 각 단계에서 소수의 행에만 접근할 수 있으므로, 복잡한 분산 수집 통신 패턴이 발생할 수 있다. 마찬가지로 여러 노드에서 상태를 변경하기 위한 효율적인 기본 그룹 통신 방식인 AllReduce를 사용하는 모델은 구현 사양에 민감할 수 있으며, 사용할 수 있는 장치와 네트워크 하드웨어에 따라 성능이 달라진다.

결과적으로 머신러닝 시스템을 분산 추적하는 것은 컴퓨터 사이의 RPC(또는 AllReduce 작업) 수준뿐 아니라, 각 컴퓨터의 하위 수준 동작과 인과 관계 수준에서도 데이터를 통합해야 하는 일이다.

사실 두 번째 문제는 좀 더 일반적인 문제이다. 다음에 설명하는 것처럼 RPC 계층 아래에 있는 구성 요소의 메트릭은 요청의 성능을 이해할 때 중요하다.

저수준 성능 메트릭

성능 디버깅은 종종 전체 시스템을 살펴보고 원인을 진단하고자 자세히 확대해 문제를 탐지하는 것이다. 분산 추적은 첫 번째 작업, 특히 11장에서 설명한 것처럼 추적의 집계 분석을 사용할 때 유용하다. 반면에 가상 컴퓨터의 딸꾹질hiccup 현상[1], 하위 최적화 스레드 스케줄링 또는 네트워크 패킷 손실 같은 시스템 수준의 문제 때문에 발생할 수 있는 느린 RPC를 설명할 때 스팬 지향 추적은 적합하지 않다. 하위 수준의 이벤트는 보통 하나의 요청을 대신하는 활동이 아니라 서버에서 현재 실행 중인 모든 작업 때문에 발생한다. 따라서 어떤 의미에서 특정 추적을 귀속시키는 것은 그다지 의미가 없다.

세분화된 성능 메트릭을 통합할 때의 또 다른 문제는 타임 스케일이다. RPC는 빠르게 호출이 일어난다. 추적 시스템은 적절한 이유로 마이크로초 또는 나노초 단위의 타임스탬프를 사용한다. 그러나 규모와 성능 측면에서 관측 가능성 시스템은 대개 1분 또는 몇 초마다 메트릭을 집계한다. 이런 타임 스케일은 규모가 다르다.

성능 중심의 기능을 소프트웨어에서 하드웨어로 옮기는 추세는 스팬 지향 추적 시스템의 또 다른 문제이다. 머신러닝 가속기는 이미 널리 보급돼 많은 곳에서 사용한다. 점점 더 널리 퍼지는 또 다른 예는 엄격한 네트워크 성능 요구 사항이 있는 분산 애플리케이션에 원격 직접 메모리 액세스RDMA, Remote Direct Memory Access를 사용하는 것이다. 한편, 연구자 커뮤니티에서는 컨센서스 프로토콜 실행 같은 복잡한 작업을 위해 프로그래밍할 수 있는 네트워크 스위치를 사용하는 방법을 탐색하는 최첨단 기술을 발전시켰다. 하위 수준의 하드웨어 카운터를 추적의 상위 수준 개념과 연결하는 방법은 공개된 문제이며, 이 정보를 느린 요청의 성능 디버깅 또는 여러 분석 추적 집계에 유용한 형태로 표시하는 방법도 있다.[2]

그러나 초당 요청 수 같은 애플리케이션 안의 메트릭의 경우는 어떨까? 만약 서비스가 지속

---

1 가상 컴퓨터 사이의 리소스 경합으로 발생하는 순간적인 성능 저하 – 옮긴이

2 [Dan15]

적으로 높은 부하를 겪는다면, RPC가 느린 이유를 알 수 있는 유용한 지표가 될 수 있을까? 어쩌면, 아마도 높은 부하가 발생하지만, 나중에는 (예를 들어 큐가 가득 차면) 요청에 영향을 미치지 않을 것이다. 아마도 높은 부하는 불리한 영향을 미치겠지만, 추적 샘플링은 문제가 되는 요청을 선택하지 않기 위해 발생한다.

그러나 추적과 함께 시스템 메트릭을 사용하는 것이 성능 디버깅에 유용하지 않다는 것은 아니다. 실제로, 6장에서 통일된 관측 가능성 플랫폼의 개념을 살펴보고 그 장점 중 일부를 살펴봤다. 그러나 스팬과 메트릭을 연결 짓는 개념은 주의해서 다뤄야 하는 불완전한 개념이다.

새로운 추상화

지금까지 스팬으로는 추상화하기 적합하지 않은 대상 때문에 발생하는 몇 가지 문제를 살펴봤다. 이 절에서는 분산 추적 안의 스팬들 간 관계를 트리 방식으로 표현하는 접근 방식의 몇 가지 단점을 극복하는 데 도움이 되는 새로운 내용을 살펴볼 것이다.

추적 기술을 연구하는 커뮤니티에서는 몇 년 동안 스팬 문제를 갖고 고민했으며(여러 온라인 포럼에서 흥미로우면서도 종종 치열하게 토론했다.), 오픈 트레이싱과 오픈 집킨의 사양을 개선함으로써 오픈 트레이싱의 `FollowsFrom` 태그를 사용해 다중 부모 스팬을 지원하는 등 좀 더 시급한 문제를 해결하기 위한 노력한다.

오픈 센서스OpenCensus(현재 오픈 텔레메트리의 일부)는 추적 패러다임의 '새로운 흐름' 중 하나이다. 이 서비스는 `TraceID` 같은 일반적인 추적 콘텍스트 정보와 함께 서비스 사이에 태그 전파(스팬에 쓴 명시적 태그와 혼동하지 말 것)를 지원한다. 태그는 시스템이 추적 트리의 각 노드에서 수집한 메트릭과 연관되는 라벨 같은 역할을 한다. `vm_cpu_cycles` 같은 측정값과 결합된 `originator: photo-app` 같은 태그를 사용하면, `photo-app`이 요청을 보내고 받기까지의 CPU 실행 비용을 볼 수 있고 또한 CPU 비용과 비교할 수 있다. 또한 다른 발신자, 예를 들어 `video-app`에서 온 요청을 비교할 수 있다.

기본적으로 오픈 센서스는 메트릭을 추적과 연결할 수 있는 방법을 제공한다. 앞서 설명한 하위 수준의 측정 항목이 특정 요청에 얼마나 관여했는지를 아는 것만으로는 문제를 해결하지 못하므로, 측정 항목을 신중하게 선택해야 한다. 특정 방식을 사용해 얻은 측정값(예: 하나의 요청을 처리하기 위해 스레드에서 CPU 주기를 계산하는 것)은 이 용도에 적합하지만, 네트워크 링크 사용률 같은 일부 정보에는 적합하지 않다. 오픈 센서스에 관한 자세한 내용은 13장의 '센서스' 절을 보길 바란다.

프로덕션 추적 시스템에서 기존 인프라를 방해하지 않도록 새로운 추상화를 도입할 때는 주의를 기울여야 한다. 그러나 연구자 커뮤니티에는 그런 제약이 없으며 몇 가지 흥미로운 접근 방법을 모색했다. 예를 들어, 스트리밍 분산 데이터 플로우 같은 시스템에 특히 적합한 아이디어를 언급하기 위해 서로 다른 컴퓨터의 관련 이벤트를 서로 연관시키지 않고 클러스터의 모든 컴퓨터에서 동시에 성능 데이터를 수집한다. 이론상으로는 모든 서버에서 동시에 30초 동안 실행되도록 샘플링 프로파일러나 커널 추적을 실행해 이 작업을 할 수 있다. 그러나 모든 프로파일 데이터를 뒷 수단을 통해 획득한 결과들을 합친 후에 복잡한 계산을 실행해야 하며, 대규모 클러스터에서는 이 작업을 할 때 드는 비용이 엄청날 수 있다.

다른 방법은 추적 분석을 추적 중인 같은 클러스터로 밀어 넣는 것이다. 이 아이디어는 2011년 출판된 논문에서 언급한 페이^Fay^ 시스템과 같은 다양한 연구 시스템의 핵심 이론이었다.[3] 페이에서 사용자는 시스템이 구문 분석하고 동적 계측으로 전환하는 선언적 쿼리를 제공해 해당 쿼리에 맞게 커스터마이징했다. 각 서버의 실행 시 불러오는 모듈을 사용해 추가 처리를 위해 결과를 업로드하기 전에 계측의 출력을 필터링하고 집계했다(예: 집계와 시각화).

동적 계측은 특히 클러스터가 여러 테넌트^tenant^를 지원하고 리소스 격리가 중요한 경우, 프로덕션 클러스터에서 과감한 작업이 될 것이다. 아마도 페이의 아이디어에서 영감을 얻은 것으로, 로컬로 수집된 추적 데이터의 롤링 버퍼가 샘플링되고 필터링되며 필요에 따라 다른 서버의 데이터와 즉시 결합할 수 있다고 예상할 수 있다. 13장에서는 이 작업을 하는 또 다른 시스템인 피벗 추적을 설명한다.

3 [Erl11]

이런 분산 추적과 분석 기법을 익숙한 추적 콘텍스트 전파 메커니즘과 결합해서 다른 형태의 분산 추적을 가능하게 할 수 있을까? 아니면 다른 접근법이 널리 채택될 정도로 충분히 매력적일까? 이 시점에서 기술이 어디로 향하는지 말하기는 어렵지만, 분산 추적 기술의 황금기가 다가온다는 것은 의심할 여지가 없다.

인과 관계 보기

분산 추적 사용자에게 있어 가장 중요한 질문 중 하나는 '이 요청이 왜 느릴까?'이다. 질문에 대한 답은 추적 안에 있거나, 다른 추적과 비교해 서로 어떻게 다른지 알아보면서 찾을 수 있을 것이다. 그러나 때로는 추적을 보고 답을 찾을 수 없는 경우가 있다. 문제가 있음을 알 수 있고 어떤 서비스가 비정상적으로 느리게 실행되는지 알 수 있지만, 그 원인을 나타내는 확실한 단서가 없다.

한 가지 가능성은 추적 계측이 특정 문제를 디버깅하기에 충분하지 않다는 것이다. 예를 들어 시간 초과가 만료된 시간을 기록하지 않으면, 시간 초과 때문에 오류 응답이 발생하는 시점을 알 수 없을 수 있다. 그러나 외부 요인 때문에 추적이 느려졌을 수도 있다. 예를 들어 서버에 일시적인 CPU 과부하가 발생하고 요청을 처리하는 스레드가 작업을 완료하기에 충분한 CPU 시간을 확보하지 못하면, 추적에서 이를 수집하지 않을 것이다. 또 다른 까다로운 시나리오는 요청이 잠금을 기다리는 데 차단된 경우(아마도 존재하는지도 모르는 타사 라이브러리가 만든 잠금 요청)와 비효율을 일으키는 동기화 기본 요소의 대기 시간을 계측하지 않는 경우이다. 성능이 중요한 작업에서는 이런 문제를 진단하기가 쉽지 않다.

추적이 모든 상황에 효과적이지는 않다는 것을 이 예제를 통해 알 수 있다. 운 좋게도 추적의 느려짐과 로그, 메트릭은 서로 연관시킬 수 있다(7장 참조). 추적 기능을 사용하면 언제 어디서 볼 수 있는지 확인할 수 있으므로, 다른 관측 가능성 요소를 사용해 문제를 진단할 수 있다. 전체적인 인과 관계가 추적에서 수집되는 한, 필요할 때 가시성 격차를 채우기 위해 다른 데이터 소스를 활용할 수 있다.

그러나 인과 관계가 완전히 추적되지 않는다면 어떨까? 분산 시스템에서 추적을 지원하지 않는 구성 요소(즉, 추적 콘텍스트와 레코드 스팬을 전파하지 않는 구성 요소)에 의존하는 경우, 의존성이 있다는 사실조차 알지 못할 수 있다. 이 방법은 나쁜 운영 방식처럼 보이지만, 다양한 사내 프로젝트와 오픈소스 소프트웨어를 실행하는 복잡한 분산 시스템에서 쉽게 발생할 수 있는 문제이다.

학계에서는 분산 시스템의 블랙박스 동작에서 인과 관계를 유추할 수 있는 방법을 제안했다. 2003년에 프로젝트 5Project 5는 구성 요소 사이의 메시지 타이밍이 특히 중첩된 RPC의 인과 관계를 밝힐 수 있는지 여부를 조사했다.[4] 가장 최근에 미스터리 머신은 다른 행동을 취해 시스템 행동의 인과적 모델을 추론하기 위해 많은 수의 시스템 로그 정보에 프로그램 행동을 기반으로 한 가설을 세워 테스트를 진행했다.[5] 이런 아이디어는 유망한 것으로, 앞으로는 그런 기술을 사용해 누락된 종속성을 자동으로 채울 것이다.

'이 요청이 느린 이유는 무엇일까?'라는 질문으로 돌아가보자. 추적에서 계측이나 종속성이 누락됐기 때문에 답을 찾기 어렵다는 것을 알았다. 실제로 자주 발생하는 추적의 또 다른 문제는 요청이 느리게 진행되는 근본적인 원인을 보기 어려운 경우이다. 추적은 직접 종속성을 수집하지만, 가끔 문제는 간접 종속성에서 비롯되기도 한다.

그림 12-3에 나와 있는 공유 대기열을 살펴보자. 비싼 요청 A가 대기열의 앞에 있고, 요청 B와 C의 속도가 느려짐을 알 수 있다. 이 대기열에는 헤드 오브 라인 블로킹head-of-line blocking이 발생할 수 있는 요청 순서가 도입된다. 보통 비효율성 때문에 대기열에 넣기나 빼기 같은 세분화된 작업에는 계측 기능을 추가하지 않는다. 그럼 대기열 지연이 일부 요청에 악영향을 미치는 시점을 어떻게 알 수 있을까?

그림 12-3 공유 큐에서 요청 A는 요청 B와 C의 속도를 늦춘다.

4 [Agu03]

5 [Cho14]

다시, 스팬 트리 추적 모델은 여기서 무슨 일이 일어나는지 쉽게 표현할 수 없다고 했었다. 기능적인 의존성이기보다는 일시적인 요청들 사이에 암묵적인 의존성이 있다고 할 수 있다. 요청 중 하나가 느리면 요청이 방해를 받을 수 있지만, 큐가 백업되지 않은 경우에는 요청 사이에 종속성이 없을 것이다. 이런 방향으로 흥미로운 연구가 진행 중이다(예를 들어 '시간적 출처temporal provenance'라는 용어를 사용해 이 아이디어를 설명하는 최신 프로젝트인 제노Zeno 프로젝트를 포함해).[6] 시퀀싱에서 이런 간섭을 탐지하고 진단하는 것은 여전히 어려운 문제이다.

이 장에서는 스팬 트리의 추적 모델이 적합하지 않은 분산 시스템의 종류를 살펴봤고, 동시에 새로운 추상화가 무엇인지 조금 살펴봤다.

6 [Wu19]

13장

분산 추적을 넘어서

이 책의 도입부에서는 근래 대부분의 애플리케이션이 간단한 클라이언트 서버 방식이든, 마이크로서비스 같은 좀 더 일반적인 아키텍처든 상관없이 어떤 방식으로든 개발되고 배포되는 점을 언급했다. 분산 아키텍처는 특히 확장성, 안정성, 관리 편의성을 통해 분명한 이점을 제공한다. 그러나 가장 큰 단점은 분산 아키텍처가 기존의 프로파일링, 디버깅, 모니터링 방법을 적용할 수 없다는 점이다. 이런 방법은 특정 구성 요소 혹은 특정한 기계에서 실행되는 것을 전제로 정보를 수집하도록 설계했기 때문이다(즉, 애플리케이션이 한 컴퓨터에서만 실행되도록 만들었기 때문이다). 반대로, 분산 아키텍처에서는 여러 구성 요소와 컴퓨터에서 요청이 끝점과 끝점 사이를 오고 가는 상황을 고려해야 한다. 기존 방법으로는 문제를 파악하기 어려우므로 분산 아키텍처에 그대로 사용하기에 부족하며, 여러 구성 요소와 시스템에서 이벤트를 상호 연관시키고 결합할 수 있도록 설계되지 않았다.

이것이 분산 추적이 필요한 가장 중요한 이유이며, 분산 추적을 사용하면 분산 아키텍처의 프로파일링, 디버깅, 모니터링 요구 사항들을 충족할 수 있다. 분산 추적은 분산 아키텍처를 위해 설계됐으며, 서론에서 설명한 비일관성, 불일치, 분산의 주요 문제점들을 해결한다. 분산 추적을 사용하면 전체 스택을 더 잘 볼 수 있다. 또한 분산 추적을 사용하면 분산 애플리케이션을 프로파일링, 디버깅, 모니터링할 수 있다. 분산 추적을 사용하기 전에는 어려운 일들이었다.

현대적인 분산 애플리케이션에서 분산 추적은 사실상 표준으로 자리 잡았다. 분산 추적은 요청을 프로파일링, 디버깅, 모니터링하기 위해 가장 널리 사용되는 도구이다. 여러 가지 오픈 소스 이니셔티브와 구현이 있으며, 그중 일부는 이 책 전반에서 다뤘다. 분명히 분산 추적은 그만한 가치가 있음을 증명했다.

이 모든 것이 분산 추적이 분산 애플리케이션을 잘 볼 수 있도록 해주는 유일한 방법은 아니다. 실제로, 10장에서 핵심적인 분산 추적의 역사를 살펴봤듯이 프로파일링, 디버깅, 모니터링 사이의 서로 다른(전혀 서로 다른 것은 아니지만) 접근 방식을 탐색하는 몇 가지 흥미로운 프로젝트가 있다. 3장에서는 센서스(오픈 센서스로 공개 소스를 만들고, 요즘에는 오픈 텔레메트리의 메트릭 구성 요소를 구성함)를 살펴봤다. 센서스에서 메트릭을 수집하는 방법은 분산 추적과 유사하지만, 이 둘 사이에는 중요한 차이점도 있다.

이번 장에서는 두 가지 다른 프로젝트들과 함께 센서스를 좀 더 자세히 알아볼 것이다. 2015년 브라운대학교가 출판한 논문에서 소개한 피봇 추적과 2019년 보스턴대학교가 출판한 논문에서 소개한 페디아Pythia를 살펴볼 것이다. 이 프로젝트는 분산 추적과 비슷한 종류의 문제를 해결하고, 유사한 기반 기술을 사용한다. 특히 분산 추적처럼 항상 같은 방식으로 실행되는 것은 아니지만, 모두 콘텍스트 전파를 사용한다. 컴포넌트 사이의 상호 콘텍스트 부족이 이전 접근 방식의 주된 단점이라는 점을 고려할 때, 그리 놀라운 것은 아니다. 또한 분산 추적의 도구와 다른 이 세 가지 도구가 선택한 몇 가지 중요한 동기와 디자인을 설명할 것이다.

분산 추적의 한계

분산 추적을 배포하고 시스템을 계측할 때는 여러 가지 실용적인 선택을 해야 한다. 계측을 할 때 올바른 선택이 무엇인지 항상 분명하게는 알 수 없다. 때로는 무엇이 최선의 선택인지 분명하지 않을 수 있다. 그렇기 때문에 분산 추적을 제대로 활용하기가 어려우며, 계측을 할 때 모범 사례를 사용해야 한다.

1장에서는 분산 추적을 사용할 때 흔히 발생하는 세 가지 근본적인 문제를 소개했다. 간단히 떠올려보자.

추적 데이터 생성

프로그램에서 유용한 데이터가 존재하는 위치를 선택하고, 애플리케이션이 이를 기록하도록 계측 기능을 추가한다.

추적 데이터 수집과 저장

추적 데이터를 내보내야 하는 상황과 원본에서 추적 백엔드로 전달하는 방법을 결정한다.

데이터에서 가치 추출하기

추적을 사용해 애플리케이션을 프로파일링, 모니터링, 디버깅하는 의미 있는 방법을 결정한다.

모든 결정을 올바르게 선택하더라도 피할 수 없는 한계가 있을 수 있다. 데이터를 생성할 때, 나중에 어떤 종류의 문제가 발생할 수 있는지, 문제 진단을 위해 어떤 데이터를 기록해야 하는지 예측할 수 있어야 한다. 수집과 보관 측면에서는 적은 양의 추적만 균형을 잡고, 높은 계산 비용을 지불하며, 문제 진단에 의미 있는 충분한 데이터를 확보해야 한다. 마지막으로, 추적에서 값을 추출하는 것은 사용자의 몫이다(문제를 파악하고 디버깅하는 것은 사용자의 책임이다). 분산 추적은 어디까지나 도움이 될 만한 데이터를 제공하는 것뿐이며, 처음 두 가지 문제 때문에 데이터가 잘못되거나 중복되거나 불완전할 수 있다.

과제 1: 문제 예상하기

분산 추적을 배포할 때 기록할 데이터, 즉 스팬으로 계측할 프로그램 부분과 해당 스팬에 추가할 태그 및 설명을 결정하는 것은 사람의 몫이다. 언뜻 보기에는 그리 어렵지 않은데, 대부분의 애플리케이션에서 코드의 가장 중요한 부분을 쉽게 파악할 수 있기 때문이다. 예를 들어, 응답 지연 시간과 상태 코드를 측정하기 위해 모든 원격 프로시저 호출RPC을 스팬으로 묶어야 할 것이다.

애플리케이션에서 중요한 부분을 넘어서, 다양한 계측 방법을 선택할 수도 있다. 높은 수준의 RPC 스팬을 각 실행 단계를 나타내는 여러 개의 서브 스팬으로 나눠야 하는가? 캐시와 리소스 소비를 복잡하게 계측해야 하는가? 스팬이 실행되는 동안 발생하는 상황에 관련된 추가 콘텍스트를 제공하기 위해 별도로 로그에 설명을 더해 추적을 보강해야 하는가? 최상위 목표는 계측에서 어떤 정보들이 가장 유용한지 알아내고 구성하는 것이다. 그러나 계측할 때 시간이 오래 걸리고 더 근본적으로 애플리케이션이 스팬을 얼마나 처리할 것인지를 고려해야 하므로 모든 부분을 계측할 수는 없다. 6장에서 알아본 것처럼, 계산 비용은 분산 추적에서 해결해야 할 주된 과제이다.

최악의 경우, 언제 어디서 어떻게 문제가 발생할지 완벽하게 예측할 수 없으므로 계측을 어디에 배치해야 하는지 사전에 예측하는 것이 불가능할 수 있다. 한편으로 분산 추적의 핵심은 예기치 않은 동작을 조사하고 문제를 디버깅할 수 있도록 하는 것이므로, 추적에 문제가 발생했을 경우 진단할 때 유용한 정보가 포함되길 원한다. 반면에 때로는 운이 좋지 않을 수 있으며, 문제를 진단할 때 필요한 정보가 추적이나 시스템 로그 같은 다른 데이터 소스에도 없을 수 있다.

문제의 근본 원인을 파악할 수 없다면, 문제를 진단하는 것은 지루하고 시간을 많이 쓰는 작업이 된다. 새로운 계측 기능을 추가하고 싶다면, 문제를 좀 더 알아내기 위해 코드로 돌아가야 한다. 새로운 계측 기능을 추가하는 것은 애플리케이션 개발 과정의 일부이므로, 프로덕션 시스템에 새로운 계측을 실행할 때 시간이 걸릴 수 있어 기본적으로 속도가 느리다. 최악의 경우에는 이 과정을 반복해야 할 수 있다. 예를 들어 처음에 얼마나 자주 디버깅을 위해 기록문을 사용해야 할까?

물론 상황이 암울하기만 한 것은 아니다. 여기서 설명하는 것은 분산 추적의 예외적인 경우이다. 좀 더 큰 계획 안에서, 대부분의 문제는 계측만으로도 해결하기에 충분할 것이다. 그러나 이런 예기치 않은 문제에 집중하고 싶다면 어떻게 해야 할까? 지금 살펴볼 두 가지 도구(피벗 추적과 페디아)는 특히 이런 활용 사례를 대상으로 한다. 피벗 추적과 페디아는 분산 추적과 유사하지만, 주된 목표는 기존 계측에서 놓칠 수 있는 문제를 해결하는 것이다.

과제 2: 비용 대비 완성도

6장에서도 살펴봤듯이, 계산 비용은 끝없이 고민해야 하는 문제이다. 계산 비용은 추적 파이프라인의 여러 위치에서 발생하며 사용할 계측을 선택할 때 영향을 준다.

- 추적 데이터 생성 요청의 크리티컬 패스
- 로컬 추적 데이터를 수신하고 버퍼에 저장하는 백그라운드 스레드와 프로세스
- 추적 데이터를 추적 프레임워크의 백엔드로 네트워크로 전송
- 추적 데이터가 수신되면 추적 백엔드에 의해 처리되고 저장

분산 추적에서 계산 비용을 줄일 수 있는 주된 방법은 샘플링을 사용하는 것이다. 샘플링은 간단하지만 효과적이다. 실제로 요청을 추적할 때 계산 비용만 지불하면 되므로, 샘플링은 적은 수의 요청을 추적해 계산 비용을 줄일 수 있는 방법이다. 가장 일반적인 샘플링 방법은 심지어 단순하다(요청이 시작될 때 균일한 랜덤 샘플링을 하는 것이다. 만약 요청이 샘플링되지 않으면, 추적 데이터가 전혀 생성되지 않는다).

계산 비용은 프로파일링, 디버깅, 모니터링(특히 프로덕션 시스템에서 실행되는 도구)의 가장 중요한 요소 중 하나이다. 프로파일링, 디버깅, 모니터링 도구의 중심 개념은 '해를 끼치지 않는다'는 것이다. 분산 추적도 예외는 아니며, 살펴보려는 다른 도구들도 마찬가지이다. 분산 추적과 달리, 센서스, 피벗 추적, 페디아는 비효율성을 줄이기 위해 서로 다른 접근 방식을 취하므로 샘플링을 사용해 문제를 해결하려고 해서는 안 된다.

과제 3: 유연한 활용 사례

분산 추적의 가치는 개별 스팬이나 설명에서 발생하는 것이 아니라, 요청의 모든 데이터를 처음부터 끝까지 일관되게 결합하는 것이다. 이것이 분산 추적 프레임워크가 각 요청마다 추적하는 이유이다. 요청의 모든 추적 데이터를 샘플링하거나 전혀 추적하지 않는 것이다. 이런 방식의 샘플링을 '일관된 샘플링coherent sampling'이라고 한다. 분산 추적에는 일관된 샘플링이 필요하다. 원래의 목표를 생각해보자. 요청 실행의 여러 지점, 특히 서로 다른 시스템과

구성 요소의 정보를 연결할 때 도움을 주는 것이었다. 분산 추적이 요청의 비트와 조각을 임의로 기록하는 것은 도움이 되지 않는다!

시스템을 계측할 때 미래에 가장 유용할 것으로 생각하는 스팬과 어노테이션annotation을 계측한다. 예를 들어, 중요한 최상위 스팬의 지연 시간과 메트릭, 프로그램의 중요한 부분의 어노테이션 그리고 앞서 설명한 대로 미래의 디버깅 요구를 예측하기 위한 정보다. 추적은 많은 양의 데이터를 포함할 수 있다. 예를 들어 페이스북은 캐노피를 연구한 논문에서 여러 사용자와 활용 사례가 모두 같은 추적에 데이터를 공급하므로 추적 한 번에 데이터양이 어떻게 크게 증가할 수 있는지 설명했다.[1]

운 좋게도 샘플링은 계산 비용의 균형을 잡는 편리한 방법을 제공한다. 예를 들어 추적 한 번에 들어가는 세부 정보의 양을 늘리고 샘플링 확률을 줄여 모든 요청의 전체 비용을 평균으로 산출할 수 있다. 대퍼를 다룬 논문에서[2] 구글의 저자는 샘플링이 유용한 추적을 수집할 수 있게 해주는 방법을 언급했다.

프로파일링, 디버깅, 모니터링을 위한 모든 도구가 자세한 정보를 수집할 필요는 없다. 분산 추적이 자세한 정보를 기록하는 이유 중 하나는 활용 사례가 개방형이므로 모든 데이터를 지금 기록하고 어딘가에 저장하고 나중에 활용 사례를 고려해 사용할 수 있기 때문이다. 반대로 센서스, 피벗 추적, 페디아는 좀 더 구체적인 활용 사례를 기억하고 추론이 적게 발생하는 데이터를 미리 기록할 수 있다.

분산 추적과 비슷한 다른 도구

이제 분산 추적과 비슷한 세 가지 도구를 살펴보겠다. 먼저, 센서스는 교차 컴포넌트 측정 항목에 초점을 맞춘 구글의 내부 도구이다. 구글은 2018년 오픈소스 버전의 오픈 센서스를 공개했다. 다음으로는 브라운대학교의 연구원들이 2015년 출판된 논문에서 소개한 피벗 추

1 [Kal17]

2 [Sig10]

적을 알아볼 것이다. 피벗 추적은 동적 계측을 사용해 반복적인 교차 구성 요소 문제를 신속하게 진단하는 것에 초점을 맞춘다. 끝으로 2019년 보스턴대학교에서 출판된 논문에서 소개한 페디아를 알아볼 것이다. 페디아는 문제가 발생할 때 유용한 도구를 자동으로 찾아서 켜는 데 초점을 맞춘다. 즉, 문제를 설명할 때 필요한 도구를 찾아서 동적으로 활성화하는 것이다.

센서스

센서스Census는 구글 서비스에서 교차 컴포넌트 메트릭 데이터를 수집하기 위해 구글의 내부 프로젝트로 시작했다. 구글은 센서스를 자세히 공개한 적이 없지만, 2018년 오픈 센서스라는 이름으로 오픈소스 버전을 공개했다. 곧 오픈 센서스는 오픈 트레이싱과 합쳐져 오픈 텔레메트리 프로젝트로 탄생했다. 3장에서 그 역사와 함께 오픈 센서스와 분산 추적의 관계를 좀 더 자세히 살펴볼 수 있으며, 여기서는 구체적으로 센서스의 통계 부분에 초점을 맞추겠다.

분산 추적과 마찬가지로 센서스의 기본 동기는 여러 컴퓨터에서 정보를 수집하고 연관 짓는 것이다. 이때는 메트릭 데이터에 초점을 맞춘다. 메트릭 데이터의 예를 들어 설명하겠다.

동기 부여를 위한 예제

A와 B라는 2개의 프론트엔드 API와 각각이 호출하는 다른 여러 중간 서비스가 있다고 가정하자. 그림 13-1은 이런 서비스들을 보여준다. 이런 중간 서비스는 다른 중간 서비스를 직접 호출할 수 있지만, 결국에는 백엔드 데이터베이스에 쿼리를 전달해 실행한다. 두 프론트엔드 API, 즉 A와 B는 결국 데이터베이스를 호출하지만 A와 B는 직접 호출하는 서비스가 아니다.

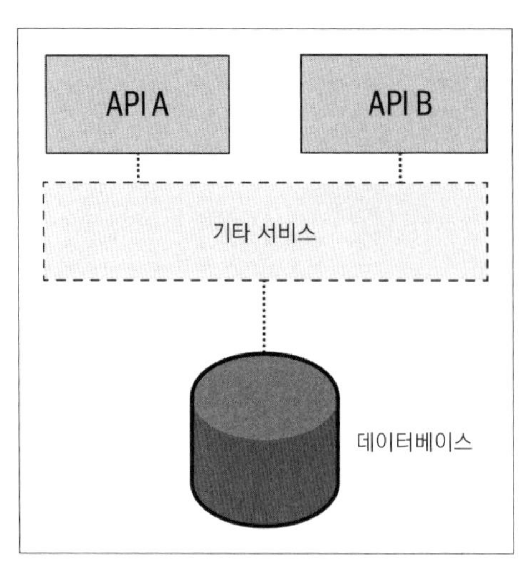

그림 13-1 2개의 프론트엔드 서비스 A와 B는 다른 여러 서비스를 통해 데이터베이스와 간접적으로 상호 작용한다.

이 시나리오에서 물어볼 만한 유용한 질문이 몇 가지 있다. A 또는 B의 개발자인 경우, 각 요청마다 데이터베이스 호출 수는 얼마인지 또는 데이터베이스에서 요청의 전체 대기 시간이 얼마나 걸리는지 등을 알고 싶을 것이다. 데이터베이스 개발자 또는 운영자인 경우 데이터베이스를 가장 많이 사용하는 프론트엔드 API를 알면, 비용을 좀 더 잘 파악하고 서비스 수준 협약을 효과적으로 구성할 수 있다.

그런데 한 가지 문제가 있다. A와 B는 데이터베이스를 직접 호출하지 않기 때문에 아무도 이런 질문에 스스로 대답할 수 있는 방법이 없다. 독립형 애플리케이션에서는 이런 종류의 메트릭을 드릴 다운drill down하는 것이 간단하다. 그러나 분산 애플리케이션에서는 기본적으로 정보를 사용할 수 없다.

분산 추적 솔루션?

분산 추적은 이 문제를 해결할 수 있는 한 가지 방안을 제공한다. 그림 13-2는 이 설정에서 API A의 추적을 보여준다. 확실히 그 추적에는 필요한 모든 정보가 담겨 있을 것이다.

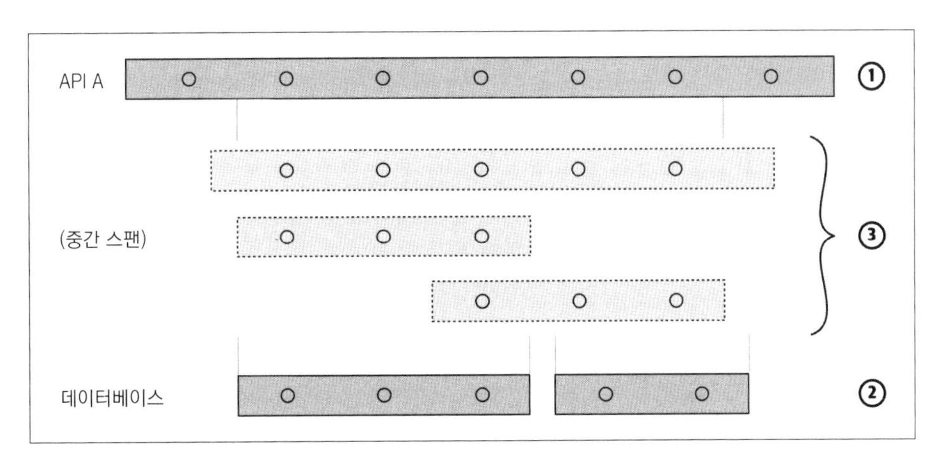

그림 13-2 API A의 추적은 데이터베이스 호출 수와 각 호출의 대기 시간을 기록한다.

❶ 최상위 스팬은 이 요청이 API A를 통해 왔다는 것을 알려준다.

❷ 자식 스팬에서 숨어 있는 경로는 데이터베이스 호출의 스팬이 돼 데이터베이스 호출 수와 각 호출의 대기 시간을 모두 알려준다.

❸ 추적에 포함된 내용은 그 과정에서 호출되는 모든 서비스의 세부 사항도 포함한다.

간단한 사후 처리를 통해 집계 통계를 추출함으로써 앞에서 언급한 몇 가지 질문에 대답할 수 있다. 그러나 여기서 분산 추적을 사용하면 큰 단점이 있다. 호출되는 모든 서비스가 추적에 추가 정보를 추가해서 비효율성이 발생하기 때문에 모든 요청을 추적하는 대신 분산 추적을 샘플링하는 것이 효율적이다. 계산 시의 비효율성이 크게 발생하기 때문에 모든 요청을 추적할 수는 없다.

메트릭과 관련해서는 종종 특이한 값에 관심을 가질 것이다. 애플리케이션이 드물지만 중요한 에지에서 어떻게 동작하는지 궁금하지 않은가? 99번째 백분위수 이상에서 지연 시간이 짧은 요청을 진단할 때 종종 시간이 소요된다. 추적을 샘플링하면 문제 진단에 필요한 중요한 요청이 많이 누락되며, 대기 시간이 긴 특이한 값이 전혀 없다는 잘못된 선입견을 줄 수 있다.

태그 전파와 로컬 메트릭 집계

센서스는 이런 특정 활용 사례를 해결하고 모든 요청의 메트릭을 수집한다. 센서스는 개별 추적을 전혀 기록하지 않으므로, 계산 비용을 고려하기 위해 샘플링을 사용하지 않는다. 센서스의 핵심은 상황 전파이다. 분산 추적과 마찬가지로 센서스는 콘텍스트를 요청과 함께 전파하지만, 이 콘텍스트에는 TraceID가 포함되지 않는다. 대신, 콘텍스트에는 사용자가 선택한 요청 속성을 나타내는 태그가 들어 있다. 요청 중 어느 시점에서나 모든 서비스는 센서스 콘텍스트에 태그를 만들 수 있다. 앞의 예제에서 API A와 API B는 각각 'API A' 또는 'API B'의 태그를 쓸 수 있다. 그런 다음, 이 태그는 요청과 함께 센서스 콘텍스트 내에서 호출되는 모든 하위 서비스로 전달된다.

태그뿐 아니라 모든 서비스가 메트릭을 기록할 수 있다. 이 예제에서 백엔드 데이터베이스는 간단한 횟수의 API 호출을 생성할 수 있으며, 각 호출의 대기 시간을 기록할 수 있다. 구성 요소가 메트릭을 생성할 때마다 센서스는 센서스 콘텍스트에서 요청의 태그를 검사하고, 이어서 태그별로 카운터의 값이 증가한다. 카운터는 로컬에서(이 예제에서는 데이터베이스에서) 관리되며, 집계된 메트릭만 센서스 백엔드에 정기적으로 보고된다.

메트릭은 애플리케이션 내에서 즉시 집계되므로, 센서스는 개별 추적을 전혀 수집하지 않는다(예: 이 책의 예제를 기준으로 표현하면 백엔드 데이터베이스에 의한 것). 앞의 예제에서 데이터베이스는 API A와 B의 별도 카운터의 값을 기록한다. 보통 이런 카운터는 센서스 콘텍스트에 있는 태그를 기반으로 해서 임의의 기준으로 그룹을 만든다. 세 번째 프론트엔드 API를 구현했다면, 단순히 'API C' 태그를 전파하기 시작하면 데이터베이스는 자동으로 API C의 카운터의 값을 그룹으로 분류할 것이다.

로컬 집계를 실행하면 개별 추적을 생성하고 보고하는 과정에서 비효율적인 동작이 전혀 일어나지 않는다. 결과적으로 센서스는 모든 요청에 추가된 태그를 전파하고 메트릭을 기록할 수 있다. 센서스는 낮은 샘플링 빈도 때문에 누락될 수 있는 특이한 요청을 진단할 때 특히 유용하다. 반면에 센서스는 개별 요청을 상세하게 파고들어 검사할 수 없다는 큰 단점이 있다.

센서스에 관한 두 번째 관점은 태그 전파가 얼마나 비효율적으로 동작할 것인지를 아는 부분이다. 시스템이 더 크고 복잡할수록 더 많은 태그를 전파할 수 있다. 센서스는 단순히 요청이 나타낼 수 있는 태그의 크기를 1,000바이트로 제한한다. 이는 분산 추적에서 실제로 발생하지 않는 새로운 비효율성의 원인이다(지금은 배기지baggage를 고려하지 않지만). 다음 절에서는 콘텍스트 비효율성을 좀 더 자세히 살펴볼 것이다.

분산 추적과의 비교

그림 13-3은 센서스 접근 방식과 분산 추적 접근 방식을 비교해 보여준다. 몇 가지 큰 차이점이 있다.

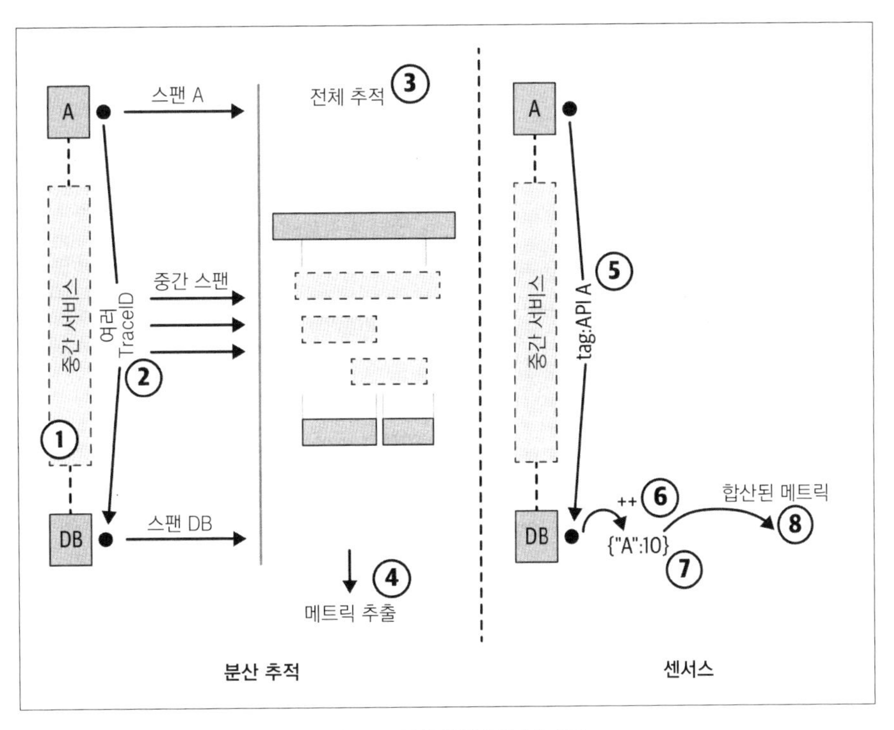

그림 13-3 분산 추적과 센서스 비교

❶ 분산 추적은 각 요청이 방문한 모든 구성 요소에서 방출한 스팬 데이터를 다룬다.

❷ 분산 추적은 TraceID를 요청으로 전파하므로 백엔드가 같은 요청의 스팬을 결합할 수 있다.

❸ 분산 추적은 모든 구성 요소에서 스팬 데이터를 방출하므로 큰 추적이 발생할 수 있다.

❹ 분산 추적 백엔드는 메트릭을 원하는 경우 추적에서 메트릭을 추출하는 역할을 한다.

❺ 센서스는 TraceID 대신 요청으로 태그를 전파한다.

❻ 센서스는 메트릭 데이터만 내보낸다.

❼ 센서스는 로컬로 메트릭을 집계한다.

❽ 센서스는 요청당 측정이 아닌 통계 집계만 센서스 백엔드로 내보낸다.

센서스는 분산 추적과 유사하며, 구성 요소와 컴퓨터 경계에 걸쳐 데이터를 결합할 수 있도록 콘텍스트를 요청으로 전파한다. 그러나 분산 추적만큼 개방적이지는 않다. 센서스는 더 작은 문제에 초점을 맞춘다. 측정 항목을 교차 구성 요소 태그로 그룹을 분류해 만드는 것에 초점을 맞춘다. 집계된 메트릭은 중요한 활용 사례이며, 특히 99번째 이상의 백분위수의 꼬리 지연 시간 같은 특이한 값을 이해할 때 중요하다. 센서스는 요즘 오픈 텔레메트리에 메트릭을 포함시키는 데 직접적인 영향을 줬다.

센서스는 분산 추적만큼 개방형이 아니지만, 추적이 잘되지 않는 모든 요청을 완벽하게 파악할 수 있다. 로컬 집계는 모든 요청의 메트릭을 적은 비용으로 기록할 수 있다. 센서스는 요청을 샘플링할 필요가 없으며, 모든 요청의 메트릭을 기록한다. 반대로 분산 추적에는 비효율성을 줄이기 위해 샘플링이 필요하다. 분산 추적과 마찬가지로 시스템을 계측할 때 사용할 태그와 수집할 메트릭을 결정하는 것은 사용자의 몫이다.

피벗 추적

피벗 추적Pivot Tracing은 2015년에 브라운대학교에서 출판된 논문에서 소개된 기술이다.[3] 피벗 추적은 센서스와 유사하며, 핵심 목표는 분산 애플리케이션에서 집계된 메트릭을 추출하는 것이다. 피벗 추적은 동적 계측이라는 기술을 사용해서 분산 애플리케이션의 예기치 않은 문제를 즉시 진단할 수 있도록 만들었다. 센서스와 마찬가지로 피벗 추적은 개별 요청 추적을 생성하지 않고 소스에서 직접 데이터를 집계한다. 콘텍스트를 전파해 구성 요소 간에 데이터를 연관시키지만, 센서스에서 사용하는 태그보다 한 단계 더 나아간다.

동적 계측

분산 추적을 사용하면, 기존 로그와 메트릭이 독립형 애플리케이션에서 하드코딩되는 것과 거의 같은 방식으로 애플리케이션에 계측 기능을 추가하기 위해 하드코딩한다. 동적 계측 기능은 계측 기능을 하드코딩하지 않도록 해준다. 독립 실행형 설정에서 가장 잘 알려진 예는 DTrace, SystemTap, eBPF이다. 동적 계측 프레임워크를 사용하면 개발할 때 계측 기능을 하드코딩하지 않고, 프로그램을 다시 컴파일하거나 다시 배포하지 않고도 실행 중인 프로그램에 코드를 삽입할 수 있다.

반복되는 문제

기본적으로 피벗 추적은 아무것도 기록하지 않는다. 계측 코드는 실행 중인 애플리케이션에 설치하도록 요청할 때만 실행된다. 따라서 시스템에 지속적인 문제가 발생하는 상황에서 디버깅하는 것을 대상으로 하며, 계측을 켜거나 끄면서 문제를 적극적으로 조사한다.

작동 원리

그림 13-1에 묘사된 앞의 예제로 돌아가보자.

3 [Mac15]

이 예제에서 두 가지 일을 했다. 첫째, 데이터베이스에서 데이터베이스 쿼리를 계산하고 쿼리 대기 시간을 기록했다. 둘째, 프론트엔드에서 API 이름(A 또는 B)을 태그로 사용했다. 그러면 센서스는 쿼리 지연 시간을 API 이름별로 그룹으로 묶는다.

피벗 추적에서도 거의 같은 방식으로 같은 작업을 할 수 있다. 피벗 추적은 이런 집계를 표현하기 위해 좀 더 일반적인 쿼리 언어를 제공한다. 구체적으로 데이터베이스 쿼리 대기 시간만 기록하려면 다음의 쿼리를 사용한다.

```
FROM q in DB.ExecuteQuery
SELECT q.duration, COUNT
```

이 쿼리는 쿼리를 실행하는 소스 코드 데이터베이스 메서드인 DB.ExecuteQuery를 참조한다. ExecuteQuery는 추적점의 한 예시이며, 피벗 추적에서 계측을 실행할 수 있는 애플리케이션 소스 코드의 위치이다. 쿼리를 실행하면, 데이터베이스는 카운터의 값을 비롯해 메서드가 호출될 때마다 ExecuteQuery 메서드의 지속 시간을 집계한다. 센서스와 마찬가지로, 이러한 집계는 모든 요청의 데이터를 보고하는 대신 데이터베이스에서 로컬로 수행된다.

이 쿼리는 데이터베이스 메트릭을 측정하는 것이지만, 프론트엔드 API 종류별로 이런 메트릭을 그룹으로 만드는 것이 목표였다. 이를 위해 앞의 쿼리를 확장해 API A와 API B의 추적점을 참조하며, 이를 FrontEnd.HandleRequest라고 한다.

```
FROM q in DB.ExecuteQuery
JOIN r in FrontEnd.HandleRequest ON r -> q
GROUPBY r.apiName
SELECT r.apiName, q.duration, COUNT
```

-> 기호는 피벗 추적에서 도입한 특수 쿼리 연산자인 happened-before 조인을 나타낸다. 이 쿼리 연산자는 FrontEnd.HandleRequest가 먼저 발생했다가 나중에 DB.ExecuteQuery 요청이 발생했음을 가리킨다. 피벗 추적은 요청이 HandleRequest 메서드를 통과할 때 apiName을 기록하고, 피벗 추적 콘텍스트에 추가하고, 실행 과정 중에 전파된다. 그런 다음 요청이 데이터

베이스에서 ExecuteQuery에 도달하면, 피벗 추적은 피벗 추적 콘텍스트에서 apiName으로 분류해 그룹으로 만든 ExecuteQuery의 지속 시간을 나타내는 스팬들을 방출한다.

이전에 발생한 조인은 피벗 추적이 인과 관계와 상황 전파를 공식화하는 방법이다. 본질적으로, 두 추적점 사이에 발생한 조인은 첫 번째 추적점의 정보가 두 번째 추적점으로 전파돼야 함을 나타낸다. 앞의 예제에서 했던 일은 프론트엔드의 HandleRequest에서 데이터베이스의 ExecuteQuery로 태그를 전파하는 것이다.

피벗 추적은 하나의 단순한 관계 이상으로 확장된다. 쿼리는 여러 개의 다른 추적점을 참조할 수 있으며, 여러 개의 서로 다른 조인이 발생한다. 또한 피벗 추적은 공용체, 선택, 프로젝트, 집계, 그룹별 묶기 같은 다양한 표준 쿼리 연산자를 지원한다. 여러 쿼리를 간섭 없이 나란히 실행할 수 있으며, 쿼리를 중첩할 수도 있다.

동적 콘텍스트

이전에 발생한 조인을 사용하는 쿼리의 경우, 피벗 추적은 데이터를 초기 추적점에서 이후 추적점으로 전파해야 한다. 쿼리에 따라 전파되는 데이터가 달라진다. 앞의 예제에서 데이터는 단순히 apiName을 포함하는 문자열 태그로, API A 또는 API B가 될 것이다. 더 일반적으로 데이터는 튜플 형식이거나 부분적으로 집계된 데이터 또는 그룹으로 분류한 데이터 등일 수 있다. 이를 지원하기 위해 피벗 추적은 저자가 배기지라고 부르는 범용의 동적 콘텍스트를 사용한다. 이미 이 책의 앞부분에서 사용한 용어를 들어봤을 것이다. 피벗 추적은 요청으로 전파되는 임의의 메타데이터를 위해 이 기능을 도입했다. 최근에는 임의의 키-값 쌍을 참조하기 위해 분산 추적 프레임워크에서 배기지를 도입했다.

센서스와 마찬가지로 피벗 추적은 되도록 많은 데이터를 로컬로 집계해 실질적인 비효율성을 방지한다. 사용자가 쿼리를 만들면, 해당 쿼리는 되도록 가장 빠른 추적점에서 필터, 집계 같은 작업을 하도록 최적화된다. 그럼에도 불구하고 배기지 크기가 커지는 것은 피벗 추적을 할 때 발생하는 문제점이며, 일반적으로 도구가 메타데이터를 요청과 함께 전파할 때 너무 많은 데이터를 추가해 전파되지 않도록 주의해야 한다! 다음 절에서 관련된 내용을 자세히 알아볼 것이다.

분산 추적과의 비교

피벗 추적은 분산 추적보다 센서스와 훨씬 유사하지만, 세 가지 모두 공통점이 있다. 세 가지 도구 모두 콘텍스트를 요청과 함께 전달하므로, 구성 요소와 컴퓨터 경계를 넘어 데이터를 결합할 수 있다. 센서스와 피벗 추적 모두 되도록 소스에 가깝게 데이터를 집계하므로, 분산 추적이 아닌 곳에서 데이터를 완성할 수 있다. 센서스, 분산 추적과 달리 피벗 추적은 동적 계측을 통해 개발자가 대화형으로 새로운 계측을 삽입하고 제거해 문제의 근본 원인을 수동으로 파악할 수 있으므로, 예상치 못한 문제에 적합한 첫 번째 도구이다. 피벗 추적은 센서스보다 개방형이며 태그와 집계보다 폭넓은 작업을 지원하기 때문이다. 그러나 분산 추적만큼 풍부한 데이터를 제공하지는 않는다.

피벗 추적은 오픈소스로 구현된 연구 프로젝트이지만, 해결되지 않은 몇 가지 문제가 있다. 동적 계측의 비효율성과 보안을 관리하는 것이 무엇보다도 우선시돼야 하고 중요한 문제이다. 그러나 프로덕션 시스템에서 eBPF를 많이 사용하면서 앞으로 더 많은 피벗 추적을 사용할 것이다.

피벗 추적을 생각할 수 있는 또 다른 방법은 분산 추적 백엔드와 비교하는 것이다. 10장에서는 여러 추적에 걸쳐 높은 수준의 메트릭을 집계하는 추적 활용 사례를 설명했다. 페이스북의 캐노피 프로젝트는 이 활용 사례를 중심으로 한다. 분산 추적 시스템이 추적 백엔드에서 이런 집계 쿼리를 실행하는 반면, 피벗 추적은 실행을 원본 데이터 소스로 끝까지 밀어 넣어 이런 쿼리를 '최적화'한다.

페디아

페디아Pythia는 2019년 출판된 보스턴대학교의 논문에서 소개된 기술이다.[4] 이 프로젝트는 센서스나 피벗 추적보다는 분산 추적과 더 밀접한 관련이 있다. 피벗 추적과 마찬가지로 페디아는 실행 중인 시스템의 계측을 동적으로 변경해 예상치 못한 문제를 진단할 때 도움이

4 [Ate19]

된다. 페디아의 전반적인 결과는 실제로 분포된 추적이다. 그러나 추적에 포함된 데이터는 성능 문제를 가장 잘 설명할 수 있는 데이터 집합이다.

성능 저하

페디아의 활용 사례는 요청 성능의 차이점이 발생하는 원인을 자동으로 찾는 것이다. 즉, 서로 다른 성능을 나타내는 유사한 요청을 수집하려면, 두 집단을 구분할 때 가장 도움이 되는 계측을 찾아야 하는 것이다.

그림 13-4에서 설명한 예제를 생각해보자. 스토리지 서비스에 핫 메모리의 하위 집합을 메모리에 유지하기 위한 메모리 내 캐시가 있다고 가정하자. 이 시스템으로 가는 요청은 다음 두 경로 중 한 가지가 될 것이다.

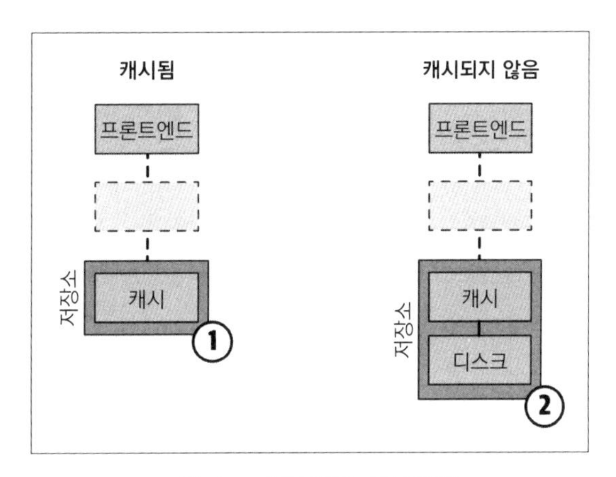

그림 13-4 캐시 적중과 캐시 불일치

❶ 빠르게 동작하는 경우: 요청은 메모리 내 캐시에 있는 데이터를 찾아 즉시 결과를 반환할 수 있다.

❷ 느리게 동작하는 경우: 요청은 메모리 내 캐시에 저장되지 않은 데이터를 조회하며, 데이터를 불러오기 위해 디스크에 읽기 작업을 요청해야 한다.

기본적으로 RPC 프레임워크에만 계측 기능을 추가하는 경우 계측은 스토리지 서비스로 가는 API 호출만 수집한다. 스토리지 서비스의 지연 시간 분포를 구성한다면, 이중 모드 분포를 볼 수 있을 것이다(그림 13-5 참조).

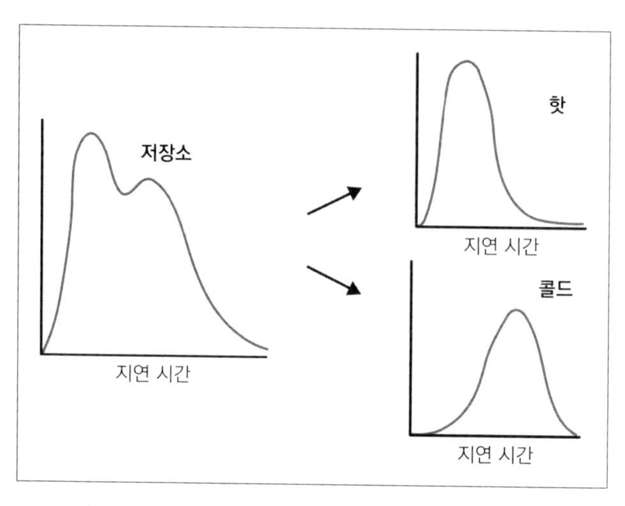

그림 13-5 스토리지 서비스에는 다중 모달 지연 시간 분포가 있다.

페디아의 목표는 한 모드에는 있지만 다른 모드에는 없는 일부 내부 추적점을 자동으로 구분하는 것이다. 예를 들어, 느린 요청은 빠르게 동작하는 요청인 캐시에 저장된 요청에 없는 `fetchFromDisk` 메서드를 호출할 수 있다. 페디아는 이 메서드를 구분하고 자동으로 계측 기능을 추가해 데이터를 수집한다. 시스템의 새로운 출력은 이 계측을 포함할 것이며, 페디아 사용자는 왜 두 요청 클래스가 다른 것인지 이유를 명확하게 알 수 있다.

설계 사상

페디아는 주로 분산 추적 백엔드로 작동한다. 페디아는 고정된 루프로 실행되며, 각 반복은 다음 단계를 실행한다.

1. 비슷하게 실행될 것으로 예상되는 그룹 요청을 파악한다.
2. 응답 시간이나 다른 중요한 메트릭에서 변동 계수가 높은 그룹을 식별한다.
3. 가능한 계측 공간을 검색하고, 활성화할 새로운 계측을 식별한다.

4. 시스템 계측을 동적으로 변경한다.

페디아는 새로운 계측을 활성화하는 것뿐 아니라, 유용하지 않은 계측을 비활성화하는 정리 작업도 실행한다.

비효율성

페디아는 분산 추적으로 인한 비효율성을 관리하고 평가하기 위한 새로운 관점을 도입했다. 구체적으로 페디아는 계측이 성능 변화를 설명할 때 유용하지 않은 시기를 자동으로 결정하고 비활성화할 수 있다. 원하는 계산상의 비효율성이 주어지면, 페디아는 추적의 상세한 정도를 높이고 샘플링 속도를 줄이거나, 추적을 덜 상세하게 만들고 샘플링 속도를 높일 수 있다. 두 가지 모두 페디아를 사용할 때 유용한 상황들이다. 많은 양의 샘플을 빠르게 수신하는 것은 새로운 계측 가설을 신속하게 테스트할 때 유용하며, 추적 세부 정보가 정밀하면 계측을 신속하게 지역화할 수 있다.

분산 추적과의 비교

페디아는 분산 추적 기술 위에서 개발됐다. 그러나 성능 변화를 설명하는 것에 초점을 맞추므로, 더 전문적인 활용 사례에 집중한다. 분산 추적, 센서스, 피벗 추적과 달리 페디아는 최종 사용자가 직접 데이터를 탐색하고 문제를 파악하지 않아도 된다. 대신, 이 프로세스의 일부를 자동화한다. 예를 들어 피벗 추적은 성능 변화를 설명할 때도 적합하지만, 시간이 많이 걸리는 수동 프로세스인 각각의 연속 쿼리를 사용자가 선택해야 한다. 반대로, 페디아는 가능한 계측 공간을 자동으로 탐색하므로 문제 해결 속도가 훨씬 빨라진다. 이 장에서 다뤘던 도구들 중에서 페디아는 최근 매사추세츠 오픈 클라우드 이니셔티브Massachusetts Open Cloud initiative에서 진행 중인 프로젝트이다.

마무리

분산 추적을 사용할 때는 적절한 대상(어떤 것을 기록할지)과 함께 적절한 빈도(얼마나 자주 기록할지)를 잡아야 한다. 분산 추적은 도입에 관한 양자 택일(도입할 것인지 말 것인지)의 문제이며, 요청이 추적되면 추적 세부 정보를 많이 얻을 수 있다. 그러나 분산 추적의 도입 여부로 인한 장단점은 분산 아키텍처를 프로파일링, 디버깅 또는 모니터링을 할 때 근본적으로 중요한 부분이 아니다. 센서스, 피벗 추적, 페디아는 분산 추적에 관련된 여러 가지 다른 접근 방식을 제시하며 효과적으로 동작한다. 또한 각각의 도구마다 활용 사례가 다르기 때문에 다양한 설계 기법을 선택할 수 있다. 전반적으로 다음의 사실들을 알 수 있다.

- 실행할 때 계측을 동적으로 켜고 끌 수 있는 것이 유용하다. 때때로 계측 기능은 사용자를 세심하고 정밀하게 분석할 때는 유용하지만, 그 밖의 상황에서는 이런 기능이 꼭 필요하지 않다.
- 모든 계측이 똑같이 만들어지는 것은 아니다. 요청 지연 같은 일부 계측은 항상 중요하지만, 다른 계측의 가치를 측정하기 어려울 수 있다.
- 세부적인 추적은 과거의 분석에 유용하지만, 반복되는 문제를 해결하기 위해 오래된 추적을 파헤치는 대신 새로운 계측 기능을 추가하고 '다시 시도할' 수 있다.
- 추적이 '전부 또는 전무'일 필요는 없다. 예를 들어 적은 수의 세부 추적과 더 많은 수의 간단한 추적을 기록하는 것이 유용할 수 있다.
- 데이터를 사용해 집계 분석을 하는 경우, 이런 집계 중 일부는 백엔드 추적이 아닌 데이터 소스에서 직접 실행할 수 있다. 초기 집계는 훨씬 비용 효율적이다.
- 콘텍스트 전파는 새로운 비효율성의 원인이 된다.

이런 모든 도구에는 공통 요소 사이의 인과 관계 수집이라는 공통점이 있다. 분산 아키텍처에서는 서로 다른 이벤트 간 인과 관계를 얻기가 어렵다. 이 도구들은 모두 구성 요소 사이의 관계를 관측하고 기록하는 메커니즘으로, 콘텍스트 전파를 하나의 형식으로 사용한다. 다음 장에서는 상황 전파를 좀 더 자세히 알아볼 것이다.

14장

콘텍스트 전파의 미래

이번 장에서는 프로파일링, 디버깅, 모니터링뿐 아니라 다양한 활용 사례를 위한 강력한 메커니즘인 콘텍스트 전파를 알아볼 것이다. 이처럼 다양한 도구를 분산 아키텍처를 위해 설계된 크로스 커팅 도구cross-cutting tool라고 부를 것이다. 분산 추적, 센서스, 피벗 추적, 페디아는 모두 크로스 커팅 도구의 예시이다. 그러나 크로스 커팅 도구는 구체적으로 추적하거나 추적 데이터를 기록할 필요가 없다.

이제 2018년에 출판된 브라운대학교의 논문에서 소개된 추적 플레인Tracing Plane 개념을 살펴본다.[1]

추적 플레인의 목표는 크로스 커팅 도구가 사용하는 콘텍스트 전파를 추상화하고 일반화하는 것이다. 4장과 5장에서 분산 추적을 위한 추상화된 계층과 상호 연동성의 중요성을 살펴봤다. 이런 관점 중 상당수는 콘텍스트 전파에도 직접 적용된다. 추적 플레인 프로젝트는 콘텍스트 전파를 위한 몇 가지 설계 고려 사항을 반영해 배기지 콘텍스트BaggageContext라는 일반적인 해결책을 제안한다. 미래에는 이런 개념 중 일부가 분산 추적 도구의 구성 요소로 구체화될 수 있을 것이다.

1 [Mac18a]

크로스 커팅 도구

분산 추적의 목표는 서로 다른 구성 요소와 컴퓨터에서 데이터를 서로 연관시키고 통합하는 것이다. 분산 추적은*오프라인 분석에 사용되며, 추적 데이터가 기록된 후 오랫동안 분석한다. 분산 추적은 계측과 추적 생성을 위한 도구의 애플리케이션 측 구성 요소와 사후 집계 및 추적 분석 구성 요소 간에 뚜렷한 구분이 있다.

최근에 여러 학술 연구 프로젝트와 비즈니스 목적의 프로토타입이 폭넓은 온라인 구성 요소용 도구를 개발했다. 이러한 도구 중 일부는 여전히 프로파일링, 디버깅, 모니터링에 중점을 두지만, 그중 일부는 한 단계 더 나아가 리소스 관리 같은 정책 실행을 고려하기도 한다. 이런 도구는 오프라인 분석 대신 요청이 실행되는 동안 이벤트를 관측하고 분석하며, 어떤 일을 할지 즉각적인 결정을 내릴 수 있다.

추적 플레인은 이처럼 폭넓은 도구들을 크로스 커팅 도구로 간주한다. 대개 이들은 분산 아키텍처의 끝점과 끝점 사이의 요청을 처리하는 도구이다. 분산 추적은 확실히 이런 도구들 중 하나이지만, 크로스 커팅 도구는 단순한 추적 기록 이외의 폭넓은 활용 사례를 담는다.

콘텍스트 전파는 크로스 커팅 도구의 핵심 구성 요소이다. 이는 도구를 통해 구성 요소와 컴퓨터 사이에 정보를 결합할 수 있도록 도와주는 메커니즘이다. 예를 들어 분산 추적 도구는 TraceID를 전파하지만, 센서스 태그 같은 메트릭 도구나 (아직 다루지는 않았지만) 레트로 같은 도구는 테넌트 식별자를 전파한다. 모든 크로스 커팅 도구가 특히 분산 추적에 특정한 스팬과 같은 개념을 사용하는 것은 아니다. 마찬가지로 많은 크로스 커팅 도구는 백엔드 데이터베이스에 데이터를 수집하고 저장하는 대신 시스템과 직접 상호 작용하는 제어 루프를 실시간으로 처리한다.

활용 사례

크로스 커팅 도구의 활용 사례를 살펴보겠다. 이들 중 일부는 요즘 프로덕션 시스템에 존재하는 실제 도구이다. 일부는 연구용 또는 비즈니스 목적의 프로토타입 기술이며, 또 어떤 도구들은 아직 빛을 보지 못한 활용 사례를 제안한다. 각 도구마다 다음 세 가지를 알아볼 것이다.

- 도구가 사용하는 콘텍스트 전파
- 애플리케이션에서 도구를 사용하는 방법
- 도구의 배경 또는 백엔드 구성 요소

분산 추적

분산 추적은 이 책의 핵심 내용이며, 가장 확실한 크로스 커팅 도구의 예시이다. 또한 구현은 다르지만, 거의 같은 설계 사상을 기반으로 한다. TraceID를 전달하기 위해 콘텍스트 전파를 사용하고, 스팬을 기록하고 설명을 달기 위해 시스템을 계측해야 하며, 내부적으로 TraceID도 변경한다. 그리고 백그라운드 구성 요소는 인덱싱과 저장을 위해 네트워크를 통해 백엔드 추적 서버로 기록된 데이터를 버퍼에 저장하고 전송한다.

13장에서는 분산 추적의 확장으로 볼 수 있는 페디아를 소개했다. 페디아는 사용자가 더 이상 시스템의 계측을 철저하게 결정할 필요가 없다는 점이 다르다. 백그라운드에서 페디아는 추적을 자동으로 분석하고, 유용한 새 계측을 예측하며, 계측 명령을 다시 애플리케이션으로 보낸다.

크로스 컴포넌트 메트릭

메트릭을 위한 크로스 커팅 도구의 두 가지 주된 예제는 센서스와 피벗 추적이며, 두 가지 모두 13장에서 설명했다. 요약하면 다음과 같다.

센서스

요청과 함께 태그를 전파한다. 센서스를 사용하려면 계측에서 센서스 콘텍스트에 태그를 추가하거나 메트릭을 기록한다. 메트릭을 기록할 때 센서스 콘텍스트에 있는 태그별로 자동으로 그룹을 만든다. 센서스는 백그라운드에서 로컬로 메트릭을 집계한다(백엔드 서버에 집계를 정기적으로 보고만 한다).

피벗 추적

부분 쿼리 결과를 요청과 함께 전달하며, 주로 튜플 집합으로 결과가 표현된다. 피벗 추적을 사용하려면 애플리케이션에서 동적 계측 에이전트를 사용하도록 설정해야 한다. 사용자가 요청한 쿼리를 실행한 결과로, 피벗 추적 에이전트는 필요한 계측 기능을 동적으로 삽입해 피벗 추적의 콘텍스트에서 튜플을 추가하거나 제거하고 변환한다. 백그라운드에서 피벗 추적 에이전트는 사용자로부터 쿼리를 받고 쿼리 결과를 사용자에게 다시 보고한다.

크로스 컴포넌트 리소스 관리

리소스 관리는 분산 아키텍처, 특히 여러 사용자 또는 여러 테넌트가 있을 수 있는 아키텍처에서 어려운 문제이다. 리소스 소비가 심한 테넌트는 너무 많은 요청을 보내고, 이 때문에 인프라에 과부하가 걸리면 다른 모든 사용자에게 피해를 줄 수 있다. 이를 '리소스 격리' 또는 '성능 격리'라고도 한다. 대규모 분산 애플리케이션에서는 서비스 사이의 리소스 관리 결정을 조정하는 것이 유용하다.

2015년에 브라운대학교의 연구원들은 끝점과 끝점 사이의 리소스 관리를 위한 프로토타입 시스템인 레트로Retro 프로젝트를 연구했다.[2] 레트로는 콘텍스트 전파를 사용해 요청하고, 테넌트가 어떤 식으로 리소스를 소비하는지 구체적인 속성을 지정한다. 이를 위해 레트로는 모든 요청마다 테넌트 ID를 전파해 각 요청을 소유한 사용자 또는 작업을 식별한다. 레트로를 사용하려면 애플리케이션에 레트로 에이전트를 추가한다. 레트로의 에이전트는 시스템 호출에 자동으로 연결돼 CPU 주기, 디스크 액세스, 네트워크 송수신량과 그 외의 몇 가지 일반적인 리소스를 측정한다. 애플리케이션이 이런 리소스 중 하나를 사용하려고 할 때마다 레트로는 활성 테넌트 ID를 참조하고 측정을 활성 테넌트에 부여한다.

2 [Mac15]

두 번째 단계는 애플리케이션에서 테넌트 환경 때문에 속도 저하가 발생하는 위치를 파악하는 것이다. 보통 원격 프로시저 호출RPC 요청 큐 같은 곳이 해당되며, 큐 사용량 배분이나 속도 제한 로직을 적용할 수 있다.

레트로에는 리소스 관리 결정을 내리는 백엔드 서버가 있다. 주기적으로 애플리케이션의 모든 부분에서 리소스 소비량을 측정한 다음, 테넌트 중 어느 것이 속도 제한을 받는지 결정한다. 레트로는 이런 결정을 시스템의 스케줄러로 다시 보낸다.

데이터 품질 균형 조정 관리

여러 최신 애플리케이션들은 데이터 품질을 놓고 절충을 시도한다. 데이터 품질의 절충은 더 빠른 응답과 함께 결과의 정확성이나 품질을 낮추기로 결정한 경우에 발생한다.

간단한 예를 들면, 분산 검색 쿼리로 100여 대의 컴퓨터를 사용하는 것이다. 여기서는 세 가지 옵션으로 데이터 품질을 조정할 수 있다.

- 애플리케이션은 100여 대의 컴퓨터가 결과를 반환하기를 기다릴 수 있으며, 가장 느린 컴퓨터의 대기 시간을 상속받는다.
- 처음 50대의 컴퓨터 결과만 사용해 응답하도록 선택할 수 있다.
- 80밀리초와 같이 일정 시간이 지난 후 완료된 결과를 간단히 사용할 수 있다.

대규모 아키텍처에서는 데이터 품질을 떨어뜨릴 수 있는 많은 서비스가 있을 수 있다. 각 요청은 여러 서비스에 충돌할 수도 있다. 끝점과 끝점 사이의 요청 지연 시간을 일정한 수준으로 맞추는 것이 목표라면, 요청 지연 시간을 각 서비스의 지연 시간 목표로 어떻게 할당할 것인지 결정해야 한다. 이 작업을 진행하는 방법은 쉽지도 않고 분명하지도 않다.

페이스북은 2016년에 끝점과 끝점 사이에서 데이터를 교환할 때 품질 균형을 맞출 수 있도록 도와주는 시스템인 DQBarge 프로젝트를 연구했다.[3] DQBarge는 이런 데이터 품질을

3 [Cho16]

어느 수준으로 유지할지 여부를 자동으로 결정하도록 만들었다.

DQBarge의 개발자는 특정한 요청 수준의 데이터가 데이터 품질 균형을 맞추는 데 유용함을 알았다. DQBarge는 이 정보를 콘텍스트에 전파한다.

- 요청 인그레스가 발생하면 DQBarge는 어떤 하위 서비스가 어떤 순서로 호출될지 예측한다. DQBarge는 각 서비스에서 사용할 수 있는 여유 시간을 추정한다. DQBarge는 이런 예측을 맥락에 반영한다.
- 요청이 실행될 때 각 구성 요소는 실제로 구성 요소에 소요된 시간과 구성 요소가 처리한 모든 데이터 품질 균형을 측정한다.
- 각 구성 요소는 CPU와 메모리 부하 메트릭을 DQBarge 콘텍스트에 추가한다.
- 앞의 세 단계는 DQBarge가 자동으로 처리한다. 또한 개발자는 서비스에서 수동으로 계측 데이터를 수집해 키-값 태그를 DQBarge 콘텍스트에 삽입할 수 있다.

이 정보를 사용해 DQBarge에는 모든 서비스에서 실행되는 머신러닝 모델을 투입한다. 요청이 표시되면 DQBarge 콘텍스트의 데이터가 모델에 제공돼, 적절한 데이터 품질 균형(예: 적절한 시간 초과)을 예측한다. 이런 모델은 사전 기록된 분산 추적을 사용해 오프라인 단계에서 만들어진다.

마이크로서비스 실패 테스트

링크드아웃LinkedOut은 링크드인의 주도로 2018년에 진행된 프로젝트이며, 마이크로서비스 실패 테스트에 초점을 맞췄다.[4] 링크드아웃은 체계적으로 요청 수준의 서비스에 결함을 주입한다. 마이크로서비스 아키텍처가 복잡하기 때문에 링크드아웃은 요청이 처리되는 과정에서 특정한 위치에 결함을 주입할 수 있어야 했다.

- 링크드아웃은 프로덕션 워크로드와 함께 더미 요청dummy request을 삽입한다.

4 [Ros18]

- 링크드아웃은 각 더미 요청과 함께 결함 지시를 전파한다. 사용할 수 있는 오류 명령어는 오류, 지연 또는 시간 초과이다. 오류 지침에는 오류 발생 시기와 시기를 지정하는 필터도 포함할 수 있다.
- 발행-구독 경계를 넘어 추적하면 이 문제가 해결되며, 다른 마이크로서비스처럼 발행-구독 시스템을 처리할 수 있다는 장점도 있어 발행-구독 시스템 자체가 마이크로서비스의 전체 에코시스템에 어떻게 적합한지 파악할 수 있다. 링크드아웃은 필터가 일치하는 경우에만 결함 주입 조치를 실행한다.
- 링크드아웃의 백엔드는 다양한 오류 명령어를 더미 요청으로 전파하고, 동작이 발생할 때 시스템이 올바른 방식으로 동작하는지 확인해 오류 주입 실험을 실행한다.

시스템 사이의 일관성 유지

독립적 진화는 마이크로서비스 아키텍처의 주된 이점 중 하나이다(각 서비스를 독립적으로 개발, 배포하고 확장할 수 있다). 시스템의 규모가 커지면서 복제 문제와 일관성 유지 같은 문제를 고려해야 하는데, 다행히도 이들은 잘 연구된 주제이며 분산 시스템의 기본적인 내용이다. 마이크로서비스는 보통 궁극적 일관성을 사용하며, 한 복제본의 변경 때문에 다른 모든 복제본으로 변경되는 경우가 많지만 대체로 즉시 적용되는 것은 아니다. 시스템 사이의 일관성은 궁극적 일관성을 사용하는 여러 마이크로서비스를 연결할 때 문제가 된다.

사용자가 소셜 미디어에 글을 올릴 때, 게시물 내용은 게시물 데이터베이스에 저장된 후 사용자의 채널 구독자에게 전달될 알림이 생성되고 알림 데이터베이스에 저장된다. 분명히 채널 구독자들은 실제로 게시물 데이터베이스에서 게시물을 읽을 수 있을 때까지 알림을 받지 않아야 한다. 그러나 게시 데이터베이스와 알림 데이터베이스는 서로 다른 속도로 복제할 수 있는 별도의 서비스이다. 채널 구독자가 로컬 복제본에 아직 게시되지 않은 게시물이 있다는 알림을 받지 않도록 할 수는 없다.

시스템 사이의 일관성 문제는 마이크로서비스 아키텍처가 기능 면에서 빠르게 성장하고 발전하기 때문에 발생한다. 마이크로서비스는 대개 처음부터 복제와 일관성을 고려해 설계하는 경우가 드물다. 대신 서비스 확장이 필요할 때 나중에 마주할 것이다.

포르투갈의 INESC TEC 연구원들은 이 문제를 해결할 수 있는 도구를 제안했다.[5] 앞의 예제에서 이 도구는 게시물이 복제될 때까지 알림이 채널 구독자에게 전달되지 않도록 한다. 이를 위해 요청이 항상 일관된 서비스에 쓸 때마다 도구는 요청과 함께 인과적인 타임스탬프를 생성하고 전파한다. 인과적인 타임스탬프를 사용하면 구성 요소는 요청이 진행되기 전에 충족돼야 하는 모든 전제 조건을 유추할 수 있다. 백그라운드에서 구성 요소는 작업을 실행할 때 원인 타임스탬프를 관리하고, 타임스탬프의 값을 더한다.

요청 복제

꼬리 지연tail latency을 줄이기 위해 널리 사용되는 기술 중 하나는 요청 복제이다. 즉, 요청의 여러 복사본을 서로 다른 워커 노드로 보내는 것이다. 각 하위 서비스가 잠재적으로 중복을 추가할 수 있으므로, 시스템에 큰 영향을 주는 요청을 하지 않고는 대규모 분산 아키텍처에서 이 작업을 실행하기가 어렵다. 터프츠대학교Tufts University의 연구원들은 요청과 함께 요청 중복 선택에 관련된 메타데이터를 전파하고, 중복 결정이 발생해야 하는 시기와 장소를 조정하는 글로벌 외부 제어 루프를 가질 것을 제안했다.[6]

스트림 처리 시스템의 레코드 계보

스파크 스트리밍이나 카프카 스트림 같은 스트림 처리 시스템에서 요청의 개념은 RPC 아키텍처보다 잘 정의되지 않는다. 예를 들어 시스템을 통한 레코드의 끝점과 끝점 사이의 흐름에 관심이 있을 것이다. 그러나 중간 처리 단계에서는 여러 입력 레코드를 하나의 출력 레코드로 결합할 수 있다. 분산 추적은 단순히 입력 추적을 출력 추적과 결합해 이를 수집할 수 있다. 그러나 샘플링을 하려면 모든 입력 레코드를 샘플링해야 한다. 헝가리 과학 아카데미Hungarian Academy of Sciences의 연구원들은 추적 데이터를 추적 백엔드로 전송하는 대신 추적 데

5 [Lof17]

6 [Bas19]

이터를 추적 콘텍스트에 직접 기록하고 요청(또는 이 경우 레코드)으로 전파하는 하이브리드 방식을 제안했다.[7] 그러나 이 방식은 시간이 지나면서 콘텍스트가 급격히 커진다. 앞으로 진행될 연구에서는 이 문제를 해결해야 한다.

보안 정책 감사

분산의 정도가 늘어날수록 마이크로서비스 아키텍처에서는 보안 문제가 더욱 심화된다. 처음 대퍼를 다룬 논문에서도 분산 추적의 유용한 애플리케이션을 컴퓨터 보안에 적용하는 내용을 언급했다. 저자는 대퍼를 사용해 보안 프로토콜 매개변수로 추적을 강화함으로써 서비스가 인증 정책과 암호화 정책을 준수하는지 확인했다. 좀 더 일반적으로 분산 추적은 보안 정책을 감사하는 매력적인 방법이다. 인증이 잘못되면, 반복해서 오픈 웹 애플리케이션 보안 프로젝트의 크고 중요한 열 가지 보안 위험 요소가 발생한다. 마이크로서비스 아키텍처에서는 권한 있는 작업이 실행될 때 정책이 적용되지 않기 때문에 발생한다. 분산 추적은 보안 정책 시행을 감사하기 위한 메커니즘이다. 한 걸음 더 나아가, 콘텍스트 전파는 실행할 때 보안 정책을 시행하는 좋은 방법이 될 것이다.

프로덕션에서 테스트하기

통합 테스트는 프로덕션 환경과 워크로드를 오프라인 환경에서 복제하기가 어려우므로 분산 아키텍처에서는 큰 과제이다. 프로덕션 환경에서 테스트하는 것이 이 문제를 해결하는 한 가지 방법이지만, 테스트 트래픽을 실제 트래픽과 함께 배치해 문제를 일으킬 가능성이 있다. 콘텍스트 전파는 테스트 대상을 다운스트림 서비스에 전달하기 위해 추가 메타데이터를 요청과 함께 전파하는 간단한 방법이다. 흔히 분산 추적의 배기지 메커니즘은 이미 다운스트림 서비스의 이점을 위해 요청에 태그를 지정하는 효과적인 방법이다.

7 [Zva19]

공통 테마

크로스 커팅 도구는 모두 콘텍스트 전파를 사용하며 몇 가지 공통된 주제가 있다.

콘텍스트는 역동적이다

크로스 커팅 도구는 요청이 진행될 때마다 콘텍스트를 읽고 변경한다.

응답 전파

때때로 다운스트림 서비스의 정보가 호출자에게 전달돼 RPC 응답에서 콘텍스트가 호출자에게 다시 전달돼야 한다.

가변 콘텍스트 크기

분산 추적은 보통 고정된 크기의 콘텍스트를 갖는데, TraceID와 플래그만(배기지는 제외) 전파해야 하기 때문이다. 대부분의 크로스 커팅 도구에는 다양한 크기의 콘텍스트가 있다.

작은 콘텍스트 크기

콘텍스트의 크기는 다양하지만, 대부분의 크로스 커팅 도구는 콘텍스트 크기를 설계 사양에 포함한다. 특히 콘텍스트 크기가 클수록 콘텍스트를 전파할 때 비용이 많이 들기 때문에 콘텍스트 크기를 최소화하는 것이 목표이다. 콘텍스트가 너무 커지면 감당하기 힘든 비효율성이 발생한다. 예를 들어 센서스는 전파하려는 태그의 크기를 하드코딩한 제한 범위보다 작게 유지한다.

계측 필요

배포하려는 크로스 커팅 도구에 관계없이 콘텍스트 전파를 사용해 전체 아키텍처를 실행하고 계측해야 한다. 2장에서는 이런 노력이 얼마나 힘든 것인지 설명했다.

신경 써야 할까?

앞에서 언급한 활용 사례 중 일부에서 이 도구는 아직 알파 버전이거나 시험용 기술 단계를 넘어서지 않았으므로, 이 정보가 왜 관련이 있는지 궁금할 것이다. 앞으로 사용할 도구들을 간략하게 보여주는 것을 넘어서, 요즘 사용하는 분산 추적 구성 요소의 재사용성을 강조하는 것이 좀 더 구체적인 목표이다.

재사용할 수 있고 상호 연동할 수 있는 계측은 분산 추적의 가장 큰 과제 중 하나이며, 이런 과제는 크로스 커팅 도구에도 적용된다. 크로스 커팅 도구는 모두 콘텍스트를 전파하며, 콘텍스트 전파를 위한 도구가 필요하다. 크로스 커팅 도구는 모두 요청에 따라 실행된다. 그리고 콘텍스트 전파에 필요한 계측이 동일한 위치에서 항상 발생한다. 이런 도구를 배포할 때마다 다시 애플리케이션에 계측 기능을 추가하는 작업을 반복해야 할까?

지난 몇 년간 이런 관측을 통해 오픈 트레이싱 사양에 범용 배기지가 포함됐으며, 요즘 대부분의 분산 추적 프레임워크를 사용하면 임의의 키-값 쌍을 요청과 함께 전파할 수 있다. 이 방법은 메트릭, 프로덕션 테스트, 간단한 리소스 관리를 비롯해 앞에서 언급한 몇 가지 활용 사례에 적합하다. 그러나 앞으로 어떻게 사용될지 알 수 없는 탓에 배기지는 현재 구체적이지 않다.

마지막으로 알아볼 기술은 이 작업을 진행하기 위한 노력이다. 추적 플레인이라는 이 프로젝트는 콘텍스트 전파를 일반 용도의 재사용할 수 있는 크로스 커팅 도구 구성 요소로 고려하는 것에 초점을 맞춘다. 이 프로젝트는 이 문제를 해결하기 위한 몇 가지 미묘한 과제를 조명하고, 하나의 가능한 구현체를 제안한다.

추적 플레인

추적 플레인Tracing Plane은 브라운대학교에서 2018년 출판된 논문에서 소개된 기술로, 초기 피벗 추적 프로젝트 작업의 후속 작업이다.[8]

---

8 [Mac18a]

추적 플레인의 기본 개념은 콘텍스트 전파가 유용하므로 서로 다른 크로스 커팅 도구로 동시에 재사용할 수 있는 별도의 구성 요소로 봐야 한다는 것이다. 논문의 저자는 오픈 트레이싱이 분산 추적을 위한 추상화 계층인 것처럼, 콘텍스트 전파를 위한 추상화 계층을 제안했다. 그림 14-1은 분산 추적이 추적 플레인과 상호 작용하는 방법을 보여준다. 콘텍스트 전파는 TraceID와 스팬의 개념과 긴밀하게 통합된 분산 추적의 내부 구성 요소가 아니라, 분산 추적이 하나의 클라이언트에 불과한 범용 구성 요소가 된다.

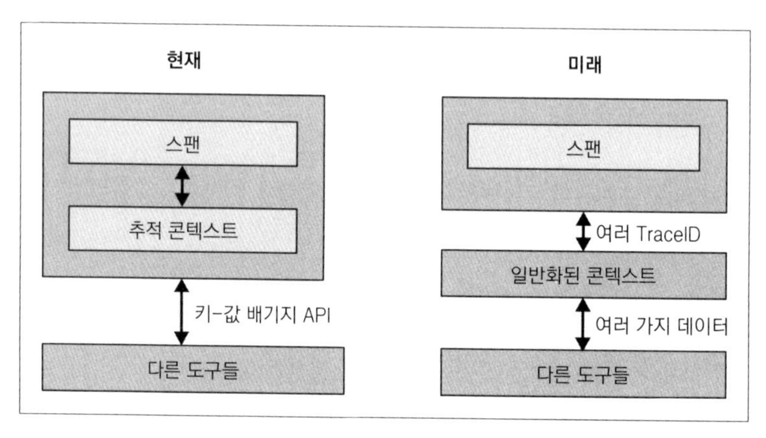

그림 14-1 추적 플레인은 팩터링 콘텍스트 전파를 독립형 컴포넌트로 제안한다.

콘텍스트 전파 계측 기능을 추가할 때 너무 많은 노력이 들어가므로, 콘텍스트 전파는 여러 도구에서 공유할 수 있어야 한다. 모든 크로스 커팅 도구는 요청과 함께 콘텍스트를 전파하기 위해 계측이 필요하다. 이 계측은 배포되는 크로스 커팅 도구에 관계없이 동일하다. 계측 기능을 재사용할 수 있다면, 새로운 도구를 배포할 때마다 시스템으로부터 한 번만 계측 데이터를 수집하면 된다.

배기지만으로 충분할까?

분산 추적은 이미 2장에서 본 것처럼 키-값 쌍의 배열로 표현되는 배기지 개념을 제공한다. 모든 구성 요소는 요청의 배기지에 새로운 키-값 쌍들을 추가할 수 있다. 나중에 구성 요소는 배기지에서 값을 쿼리할 수 있다. 이것은 이미 몇 가지 흥미로운 활용 사례를 가능하게 만들었다. 예를 들어 예거Jaeger 커뮤니티에서 다룬 내용에는 앞에서 설명한 것과 유사한 보안 감사, 트래픽 분류와 테스트 활용 사례에 관한 제안이 포함된다.

불행히도 이 간단한 정의는 여러 개의 부모 인과 관계가 있을 때마다 무너진다. 여러 부모와의 인과 관계는 주로 두 가지 방식으로 발생한다(그림 14-2와 14-3 참조).

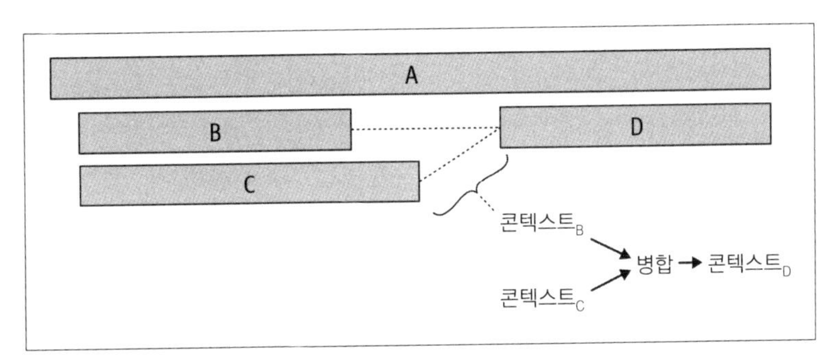

그림 14-2 여러 부모와의 인과 관계는 콘텍스트를 병합할 수 있어야 한다.

다중 부모 스팬

일부 실행 스팬이 여러 상위 또는 형제 스팬의 완료 여부에 인과적으로 의존하는 경우이다. 이런 일이 발생하면 부모나 형제자매의 상황을 새로운 스팬으로 전달하고, 어떤 방식으로든 함께 결합해야 한다.

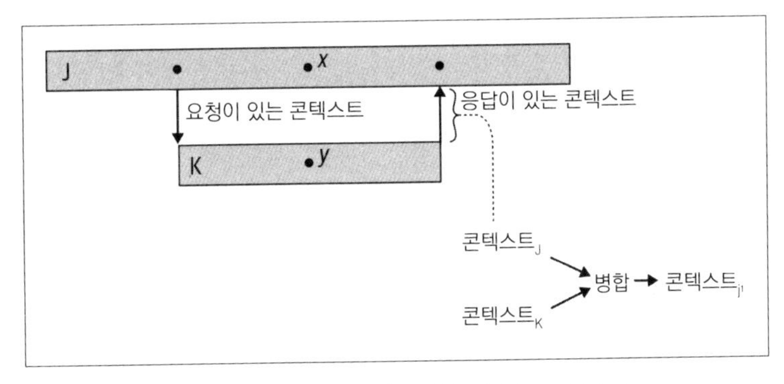

그림 14-3 응답 전파는 콘텍스트를 병합할 수 있어야 한다.

응답 전파

> 모든 분산 추적 구현에서 응답 전파가 필요하거나 사용되는 것은 아니지만, 예외도 있다. 보통 크로스 커팅 도구가 콘텍스트를 수정하고 수정된 콘텍스트를 부모에게 다시 전달하는 것이 합리적이다. 이 경우 부모는 응답 콘텍스트를 원래 콘텍스트와 다시 병합해야 한다. 부모도 그동안 계속 일을 했을 수 있으므로, 부모도 자신의 상황을 수정했을 수 있다.

간단히 말해 두 콘텍스트를 하나로 병합할 수 있어야 한다. 병합은 요청 조인의 2개의 동시 분기에서 발생한다. 병합은 동시성 프로그래밍의 기본 요소이며, 분산 아키텍처는 기본적으로 동시 작업이다.

분산 추적에 사용된 키-값 쌍들로 구성된 배기지로 잠시 돌아가보자. 서비스 B가 `priority: low` 데이터를 배기지에 넣고, 서비스 C가 `priority: high` 데이터를 넣었다고 가정하자. 어떻게 해야 할까? 2개의 배기지에는 각각 같은 키를 사용하지만, 서로 다른 값을 가진 2개의 항목이 들어 있다. 키는 하나의 값만 허용하므로, 반드시 여러 값 중 하나를 선택해야 한다. 요즘에 이것은 조잡한 방식으로 발생한다. 보통 하나는 무작위로 선택된다. 또는 코드로 가서 더 많은 계측 기능을 추가해 이 충돌을 수동으로 해결할 수 있다. 어느 쪽의 선택도 매력적이지 않으며, 분산 추적 사용자는 이미 이 문제에 부딪쳤다. 흔히 커뮤니티에서 얻을 수 있는 답으로는 문제 해결을 할 수 없다. 스스로 결정을 내려야 한다.

간단한 시스템에서는 이런 병합 충돌을 해결하기 위해 계측 기능을 수동으로 추가할 수 있다. 그러나 대규모 아키텍처에서는 생각 이상으로 많은 노력이 필요할 수 있다. 병합 충돌이 발생할 수 있는 곳이 많을 수도 있고, 모든 내용을 알지 못할 수도 있다. 애플리케이션을 종속적으로 사용할 수 있는 서비스를 모두 미리 알기는 어렵다.

키-값 쌍들을 넘어서

지금까지 서로 다른 크로스 커팅 도구가 어떻게 다른 종류의 데이터를 전파하는지 살펴봤고, 그 데이터에는 다른 병합된 의미가 있을 수 있다. 예를 들어 `priority: low` 데이터를

`priority: high` 데이터와 병합할 때, 우선순위를 높게 유지하는 것이 좋을 수 있다. 이 경우 `priority: high` 데이터를 유지할 것이다.

다른 종류의 데이터에는 다른 병합 시맨틱이 있다. 예를 들어 센서스는 태그를 집합처럼 취급한다. 만약 이 데이터를 키와 값으로 구현했다면, `tags: A`와 `tags: B`를 병합한 이상적인 결과는 집합의 형태로 `tags: A, B`가 될 것이다. 좀 더 자세한 예를 들어보면, 카운터의 값을 예로 들 수 있을 것이다. RPC 호출을 계산하는 간단한 도구는 값을 추가할 수 있다. `count: 5`를 `count: 2`와 병합하면 `count: 7`이 돼야 한다.

불행히도 콘텍스트를 병합하는 올바른 방법은 정해진 것이 없다. 어떻게 해야 하는지 결정하는 것은 크로스 커팅 도구에 달려 있다. 운 좋게도, 대체로 데이터가 전달되는 내용과 병합되는 방법을 간결하게 만드는 것은 쉽다.

추적 플레인은 배기지 정의 언어BDL, Baggage Definition Language라는 언어를 도입했다. 앞의 우선순위 예제에서는 다음과 같이 쓸 수 있다.

```
bag PriorityExampleTool {
    int32 Priority = 0;
}
```

이 정의는 `PriorityExampleTool`이 `int32` 형식의 `Priority`라는 필드를 전파하려고 함을 나타낸다. 기본적으로 BDL에서 2개의 `int32` 필드를 병합하면 더 큰 필드가 유지된다.

이 단계에서 BDL을 보여준 것은 그저 예를 든 것뿐이다. 지금은 BDL의 정의가 구글의 프로토콜 버퍼(구조화된 데이터를 나타내는 인기 있는 교환 형식)와 유사하게 보이고 동작한다는 것을 아는 것으로 충분하다.

다른 예를 보자.

```
bag Census {
    set<string> Tags = 0;
}
```

이 정의는 센서스를 문자열 집합인 태그라는 필드를 전파하는 것으로 정의한다. 기본적으로 BDL에서는 2개의 집합을 병합하면 합집합 연산이 실행된다.

앞에서 언급했듯이 BDL은 구글의 프로토콜 버퍼와 비슷하게 보이고 동작한다. 여기에는 일반적인 내장된 기본 자료 형식과 집합, 맵, 플래그를 포함해 카운터 같은 특수 내장 자료 형식이 있다. BDL의 모든 타입은 명시적인 병합 시맨틱을 제공한다(예를 들어 집합들을 병합하면 합집합 연산을 실행하는 것처럼). BDL은 중첩된 정의를 지원하며, 여러 버전의 백bag 정의를 혼합할 때 알 수 없는 필드라는 개념을 지원해 다른 교환 형식에서 제공하는 유용한 속성을 많이 제공한다.

배기지 정의 언어 컴파일하기

배기지 정의 언어BDL, Baggage Definition Language는 크로스 커팅 도구에서 사용하는 데이터를 선언하는 작업에는 모두 도움이 되지만, 실제로 어떻게 컴파일러가 결과를 만들어내는지, 또는 어떻게 사용되는지는 아직 살펴보지 않았다. 추적 플레인 프로젝트는 또한 배기지 콘텍스트라는 BDL의 기본 스트림 변환 형식을 정의한다. 이것은 프로토콜 버퍼가 잘 정의된 기본 스트림 변환 형식을 어떻게 갖게 된 것인지와 유사하다.

명령줄 방식의 컴파일러는 BDL 정의문을 읽어 프로젝트에 포함할 수 있는 소스 파일을 생성한다. 예를 들어 자바에서는 센서스 선언을 컴파일하면 소스 파일 Census.java가 생성된다(예제 14-1 참조).

예제 14-1 명령줄 컴파일러

```
public interface Census { ❶
    public Set<String> getTags(); ❷
    public void setTags(Set<String> tags);
    public byte[] writeTo(byte[] baggageContext); ❸
    public static Census readFrom(byte[] baggageContext); ❹
}
```

컴파일된 코드는 인터페이스(❶)와 센서스 백을 나타내는 구현(생략함)을 정의한다. 이 코드에는 태그(❷)의 값을 읽고 설정하는 방법과 데이터를 스트림으로 변환(❸)하고 스트림에서 복원(❹)하는 방법이 들어 있다. baggageContext는 단순히 바이너리 데이터이다. 컴파일된 코드를 사용하는 것은 간단하다(예제 14-2 참조).

예제 14-2 컴파일된 코드 사용하기

```
public class Example {
    public static void main(String[] args) {
        byte[] emptyBaggageContext = new byte[0]; ❶
        Census census = Census.readFrom(emptyBaggageContext); ❷
        Set<String> tags = new HashSet<String>();
        tags.add("API-A");
        census.setTags(tags); ❸
        byte[] baggageContextWithTag = census.writeTo(emptyBaggageContext); ❹
    }
}
```

❶ 처음에 baggageContext는 아무것도 포함하지 않는다. 이것은 빈 배열과 같다.

❷ readFrom을 사용해 빈 baggageContext에서 센서스 백을 추출할 수 있다. baggageContext가 비어 있기 때문에 센서스 백은 태그를 포함하지 않을 것이다.

❸ 'API-A'라는 태그를 만들어 센서스 백에 추가한다.

❹ writeTo를 사용해 센서스 백을 baggageContext에 주입한다. 스트림으로 변환된 센서스 백을 포함하는 비어 있지 않은 baggageContext를 다시 받는다.

이런 모든 작업은 효율적으로 작동하도록 만들었다.

배기지 콘텍스트

앞의 예제에서 배기지 콘텍스트는 일반적인 백 자료 구조를 나타낸다. 배기지 콘텍스트를 분산 추적에서 불투명한 추적 콘텍스트처럼 생각할 수 있으며, RPC 헤더에 포함된 요청과 함께 배기지 콘텍스트를 전달해야 한다. 앞의 예제에서처럼 분산 추적은 배기지 콘텍스트를 사용해 TraceID를 저장한다. 스팬을 만들 때마다 배기지 콘텍스트에서 직접 추적 데이터를 읽고 쓸 수 있다.

병합

배기지 콘텍스트는 유용한 속성인 병합을 제공한다. 배기지 콘텍스트 형식은 개체로 스트림에서 복원하거나, 포함된 데이터 형식을 파악해야 할 필요 없이 2개의 스트림으로 변환된 인스턴스를 쉽고 효율적으로 병합할 수 있게 잘 만들었다. 배기지 콘텍스트 라이브러리에는 다음 예제와 같이 핵심 인터페이스가 있다.

```
public class BaggageContext {
    public byte[] merge(byte[] baggageContextA, byte[] baggageContextB);
    public byte[] trim(byte[] baggageContext, int size);
}
```

여기서는 구현을 세세하게 다루지 않겠지만, 배기지 콘텍스트의 핵심은 간단한 바이트 단위 비교 체계이다. 병합 API는 실제로는 값을 해석하지 않고 2개의 배기지 콘텍스트 인스턴스를 바이트 수준에서 결합한다. 인스턴스를 복제하는 것은 복사하기만 하면 되므로 쉽다.

비효율성

병합 외에도 배기지 콘텍스트 라이브러리는 트림 API 호출을 제공하며, 이 API를 비효율성을 관리하기 위해 사용한다. 트림의 기본 개념은 전파되는 배기지 콘텍스트의 크기를 제한하는 것이다. 예를 들어 서비스는 1,000바이트만 전파하려 할 것이다. 트림을 사용하면 서비스에서 이 제한을 적용할 수 있다. 이것은 주어진 크기 임곗값을 넘는 태그는 모두 제외하는 방식으로, 지금의 센서스 동작 방식과 유사하다.

병합과 마찬가지로, 트림은 배기지 콘텍스트의 값을 해석하지 않고 바이트 수준에서 데이터를 올바르게 버린다. 트리밍에는 두 가지 유용한 속성이 있다. 첫째, 데이터를 버릴 때 트리밍 작업은 작은 (1바이트) 마커를 배기지 콘텍스트에 추가해 트리밍이 발생했음을 표시한다. 이것은 일부 데이터가 전파됐지만 어느 시점에서 버려져야만 한다는 힌트로, 나중에 크로스커팅 도구에서 사용할 수 있다. 둘째, 트림은 스트림으로 변환된 형식에 포함된 암시적 우선순위에 따라 데이터를 삭제한다.

요약

배기지 콘텍스트와 BDL은 콘텍스트 전파를 실행하는 강력한 방법으로 사용할 수 있다. 결국 간단한 키-값 쌍이 훨씬 더 좋아 보인다. 그러나 BDL은 기존의 데이터 스트림 변환 접근 방식, 특히 프로토콜 버퍼에서 제공하는 많은 교훈을 활용했다. 결과적으로 배기지 콘텍스트를 스트림으로 변환할 때의 비효율성은 줄이면서, 키-값 쌍들로는 달성하기 어렵거나 얻기 어려운 장점을 모두 살려주는 멋진 기능을 사용할 수 있다.

- 모든 배기지 콘텍스트 데이터는 명시적인 병합 시맨틱을 제공하므로, 병합 충돌을 해결하는 방법을 명확하게 보여준다.
- 병합 충돌은 자동으로 정확하게 해결되며, 커스터마이징된 계층이 필요하지 않다.
- 서비스는 배기지 콘텍스트가 단지 바이트이므로 배기지 콘텍스트 인스턴스를 해석할 필요 없이 전파할 수 있다.
- 서비스는 배기지 콘텍스트 인스턴스가 실제로 포함된 데이터를 사용하거나 조작할 때만 해석한다.
- 배기지 콘텍스트 인스턴스는 해석할 필요 없이 크기를 조정할 수 있다.
- 크로스 커팅 도구는 백의 정의를 변경하고 올바른 충돌 해결로 여러 버전을 동시에 사용할 수 있다.
- 시스템을 계측할 때는 배기지 콘텍스트를 전파하기만 하면 된다. 여기서 사용해야 하는 API는 병합과 트림 API이면 충분하다. 배기지 콘텍스트를 사용할 수 있는 도구를 따로 배울 필요는 없다.

- 새로운 크로스 커팅 도구를 배포하기 위해 계측을 다시 찾아야 할 필요가 없다.

앞으로는 상황 전파 기술을 좀 더 원칙적으로 바라볼 수 있을 것이다. 여기에서 설명한 접근 방식이 사용되는 것인지 여부는 누구나 추측할 수 있다. 확실히, 미래의 콘텍스트 전파는 흔히 벌어지는 충돌 문제를 해결해야 하며, 배기지 콘텍스트는 이를 위한 훌륭한 해결책을 제공한다.

10장에서 언급했듯이, 분산 추적은 아직 성숙한 기술이 아니며 계속 발전 중이다. 따라서 나중에 사용하는 도구가 현재 사용하는 도구와 다를 수 있다. 오픈 트레이싱이나 오픈 텔레메트리 같은 프로젝트에서 배운 교훈은 상황 전파와 같이 덜 성숙한 다른 영역에 적용할 수 있는 교훈이 될 것이다. 지금은 이것이 분산 추적을 사용하도록 선택하는 방식을 변경할 때 영향을 주지 않을 수도 있다. 하지만 나중에 추적 도구의 기능을 바라보는 여러분의 식견을 넓히는 데 도움이 될 것이라 믿는다.

부록 A
2020년의 분산 추적 기술 일람

다뤄야 할 내용이 많아 집필 과정이 쉽지 않았지만, 최근 기술을 뒷받침하는 기본 개념과 기술을 포괄적으로 다뤄 변하지 않는 기본 개념을 많이 설명하려고 노력했다. 그럼에도 이 책에서 미처 살펴보지 못한 내용이 있다. 이 부록에서는 분산 추적에서 널리 쓰이는 오픈소스와 상업용 도구 관련 정보를 제공한다.

오픈소스 트레이서와 추적 분석

다음은 널리 쓰이는 오픈소스 트레이서와 추적 분석기이다.

집킨Zipkin

요즘 가장 성숙한 오픈소스 추적 도구 중 하나이다. 자세한 내용은 3장의 '집킨' 절에서 볼 수 있다. 또한 ASP.NET 코어와 같이 널리 사용되는 프레임워크는 물론, 저지Jersey, JAXRS2, 아파치 HttpClient, 스프링 클라우드 같은 다양한 자바 기반 프레임워크를 위한 여러 계측 라이브러리가 같이 들어 있다.

예거Jaeger

새로운 오픈소스 추적 도구이자 CNCF(클라우드 네이티브 컴퓨팅 재단)의 프로젝트이다. 예거는 가벼운 특징 덕분에 클라우드 네이티브 개발자들이 즐겨 사용하며, 인기 있는 서비스 메시 기술인 이스티오Istio의 기본 추적 분석기이다. 예거는 오픈 트레이싱 API를 완벽하게 지원해 기존 프레임워크와 라이브러리에 수백 가지의 통합 기능을 사용할 수 있다.

스카이 워킹SkyWalking

아파치 재단의 프로젝트로 중국에서 많이 채택했다. 이 도구의 목표는 만능 애플리케이션 성능 관리 도구가 되는 것이다. 분산 추적뿐 아니라 메트릭을 지원하며 다양한 추적 형식의 데이터를 수집할 수 있다.

해이스택Haystack

익스피디아Expedia에서 만든 분산 추적 시스템이다. 오픈 트레이싱을 지원하므로, 기존에 만들어진 수많은 연동 기능을 활용할 수 있다. 추적 분석을 지원하며 성능 데이터를 기반으로 커스텀 알림을 만들 수 있다.

핀포인트Pinpoint

자바, PHP 기반 분산 시스템의 모니터링을 지원하는 APM 도구이다. 핀포인트는 에이전트와 플러그인을 통해서만 코드를 계측할 수 있어 소스 코드 수준에서 명시적으로 계측할 수 없다. 그래서 계측 기능을 사용하고자 에이전트를 반드시 실행해야 한다.

앱 대시Appdash

구글 대퍼로 만든 Go 언어용 애플리케이션 추적 시스템이다. 주로 Go 언어 기반 애플리케이션에 계측 기능을 추가하기 위해 사용되지만, 오픈 트레이싱 API를 지원하며 파이썬, 루비용으로 만든 클라이언트도 같이 사용할 수 있다.

흔히 예거와 집킨을 오픈소스 기반 추적 도구로 많이 사용한다. 많은 사람이 사용하며, 프로젝트에 참여하는 개발자들도 많다. 또한 설정이 쉽고 간편하게 설치할 수 있다.

이 책을 집필하는 현재 오픈 텔레메트리는 아직 알파 버전이지만, 지금 여러분이 책을 읽을 때는 베타 버전 또는 1.0 버전이 출시됐을 수 있다. 오픈 텔레메트리를 설계함으로써 계측 기능을 위한 표준 API와 SDK를 제공하고자 하며, 그 밖에도 코드 주위의 래퍼와 에이전트를 통해 널리 사용하는 프레임워크와 라이브러리들을 위한 높은 품질의 계측 기능을 완성하는 것을 목표로 한다. 오픈소스 영역에서 고품질의 계측 기능을 만들기 위한 활동을 하기 때문에 곧 원격 프로시저 호출 추적, 라이브러리, 그 외 소프트웨어 제품의 기본 기능이 될 것이라고 예상한다.

상용 트레이서와 추적 분석기

현재 다양한 상용 성능 모니터링과 분산 추적 솔루션 업체들이 제품과 서비스를 제공하고 있으므로, 여기서는 공정성을 기하고자 가장 주목할 만한 기술들의 이름도 열거해본다. 일반적으로 열거된 제품들은 모두 추적 데이터를 기반으로 저장, 분석, 인덱싱, 알림 기능 측면에서 많은 노력을 기울이는 SaaS 제품이다. 그중 일부는 자체 에이전트와 도구를 제공해 계측 기능 개발을 쉽게 만든다. 그리고 오픈 트레이싱, 오픈 센서스, 오픈 텔레메트리 같은 오픈소스 계측 표준을 지원하는 제품들도 있다.

- 앱 다이내믹스AppDynamics
- 데이터독Datadog
- 다이나트레이스Dynatrace
- 일래스틱Elastic
- 엡사곤Epsagon
- 허니콤Honeycomb
- 인스타나Instana
- 라이트스텝Lightstep
- 뉴 렐릭New Relic
- 스플렁크Splunk
- 웨이브프론트Wavefront

언어별 추적 기능

분산 추적 기능을 모든 언어가 동등하게 지원하는 것은 아니다. 몇몇 언어는 코드를 계측할 때 사용할 수 있는 도구, 기능, 프로젝트를 제공한다. 여기서 대표적인 언어의 사례를 몇 가지 살펴보겠다.

자바와 C#

전 세계에서 가장 많이 사용되는 두 가지 언어인 자바와 C#은 분산 추적 기능을 풍부하게 지원한다. 다음은 가장 보편적인 서비스와 RPC 프레임워크를 위한 다양한 상용 제품과 오픈소스 에이전트, 자동 계측 플러그인들이다.

- 스프링Spring
- 아카Akka
- JAX-RS
- JDBI
- JDBC
- 아파치 HttpClientApache HttpClient
- 네티Netty
- OkHTTP
- 자바 플라이트 레코더JFR, Java Flight Recorder
- 웹 서블릿 필터Web Servlet Filter
- gRPC

C# 역시 다음과 같은 다양한 계측 플러그인들을 지원한다.

- ASP.NET MVC
- ASP.NET 웹 API
- ASP.NET 코어 MVC

- 엔티티 프레임워크 코어
- gRPC

또한 두 언어에는 자바 특수 에이전트 또는 C#의 포디Fody 플러그인 같은 컴파일된 소프트웨어의 바이트 코드에서 작동하는 다양한 자동 계측 도구가 있다. 또한 다양한 관점 지향 프로그래밍 프레임워크(예: C#의 포스트샵PostSharp)를 사용해 실행 흐름을 추적하기 위해 메서드 선언을 쉽게 꾸밀 수 있으므로 추적 플러그인을 쉽게 적용할 수도 있다.

Go, 러스트, C++

Go, 러스트Rust, C, C++는 자바 가상 머신이나 공용 언어 런타임(닷넷) 같은 가비지 컬렉터GC, Garbage Collector를 사용하는 실행 환경보다 사용할 수 있는 기능이 부족하기 때문에 계측 기능을 추가하기가 다소 어렵다. 그러나 마이크로서비스 언어로 인기가 많아 나름대로 사용할 수 있는 도구도 많다.

Go 언어는 기존 라이브러리를 추적하는 코드로 래핑해 자동 계측 기능을 지원한다. 보통 추적된 버전의 라이브러리를 가리키도록 라이브러리 참조 경로를 수정해 계측 기능을 사용하지만, MicroCalc 예제 코드에서는 앞서 사용한 메서드 래퍼를 구현하는 또 다른 구현 방식을 사용한다.

러스트에서는 이전에 `tokio-trace`로 알려진 추적 기능을 쓸 수 있는 크레이트crate(러스트 프로그래밍 언어용으로 구성된 패키지)를 통해 높은 수준의 기능을 이용할 수 있다. 이 크레이트는 오픈 트레이싱과 오픈 텔레메트리처럼 널리 사용되는 오픈소스 소프트웨어 추적 API를 위한 인터페이스를 사용할 수 있다. 이 패키지는 러스트 프로그래밍 언어 에코시스템 전체에서 널리 지원되며, 분산 요청뿐 아니라 로컬 기능 수준에서 추적할 수 있는 유용한 패키지이다.

C++는 오픈 텔레메트리뿐 아니라 오픈 트레이싱 API에서도 지원된다. C++용 자동 계측 도구나 추적 에이전트는 거의 없지만, 트레이서는 서비스 메시 추적 기능의 일부로서 (앙보이Envoy, 엔진엑스Nginx 같은 도구로 통합해) C++를 지원하는 대부분의 상용 소프트웨어와 오픈소스 소프트웨어 추적 시스템에 존재한다.

파이썬, 자바스크립트, 그 외 동적 언어

동적 언어는 플러그인이나 에이전트를 통해 분산 추적 계측 기능을 내재적으로 지원하는 경향이 있다. 여기서는 자바스크립트와 파이썬을 이용해 주로 설명하겠지만, 그중 대부분은 다른 비슷한 언어에도 적용할 수 있다. 예를 들어 자바스크립트로 만든 대부분의 내용은 타입스크립트, V8 또는 그 외의 자바스크립트 실행 환경에서 실행되는 다른 언어에도 적용할 수 있다.

자바스크립트 계측은 브라우저 기반과 노드JS^NodeJS^ 기반의 두 가지 큰 그룹으로 나눠 생각할 수 있다. 브라우저 계측은 주로 `XMLHttpRequest` 또는 페치^fetch^ 라이브러리 같은 HTTP 라이브러리에 계측 기능을 추가할 때 사용한다. 이 플러그인들은 라이브러리를 꽤 직관적인 방식으로 사용할 수 있도록 해준다. 그저 플러그인을 추가하고 사용하기만 하면 되므로 단순하다. 자바스크립트는 기존 메서드에 계측 기능을 쉽게 추가할 수 있도록 해주므로, 상당히 많은 종류의 브라우저 계측 기능이 이런 유형에 포함된다. 오픈 센서스 웹과 같은 패키지도 기본 브라우저 API에 연결해 페이지 로드에 걸린 시간과 브라우저의 사용자 상호 작용을 추적한다.

노드 JS의 경우, 다음과 같이 널리 사용되는 많은 라이브러리와 프레임워크에 맞춰 계측 플러그인들과 미들웨어들을 커뮤니티에서 개발했다.

- 익스프레스^Express^
- 커넥트^Connect^
- gRPC
- 레스티파이^Restify^
- 각종 네이티브 모듈(dns, http, net, etc.)
- MySQL, MySQL2
- 포스트그레스^Postgres^
- 레디스^Redis^
- 몽고DB^MongoDB^

이외에도 훨씬 더 많은 종류의 프레임워크가 존재한다.

마찬가지로 파이썬도 추적 코드를 애플리케이션 코드로 추가하기만 하면 동적 계측 기능을 적용할 수 있다. 추가한 코드로 메서드 호출을 가로채어 중간 과정을 삽입할 수 있기 때문이다. 다음은 파이썬에서 널리 쓰이는 프레임워크와 라이브러리들의 목록이며, 아래의 기술들로 개발된 애플리케이션에 동적 계측 기능을 추가할 수 있다.

- 장고Django
- 플라스크Flask
- 토네이도Tornado
- 카산드라Cassandra
- 멤 캐시드Memcached
- 몽고DB
- MySQL
- 포스트그레스
- 레디스
- gRPC
- 리퀘스트Requests
- gevent

오픈 트레이싱과 오픈 텔레메트리에서 사용할 수 있는 다양한 추적 관련 기능을 집대성한 목록을 살펴보면, 위에서 언급한 기술들 외에도 폭넓고 다양한 기술과 연동할 수 있는 방법을 찾을 수 있을 것이다.

부록 B

오픈 텔레메트리의 콘텍스트 전파

14장에서는 분산 추적뿐 아니라 마이크로서비스 아키텍처의 다른 애플리케이션에도 적용되는 콘텍스트 전파를 살펴봤다. 이 글을 쓰는 시점에서 오픈 텔레메트리OpenTelemetry는 콘텍스트 메커니즘과 모델을 분산 추적 및 메트릭 모델과 분리해 다양한 활용 사례를 지원하기 위한 제안을 수용했다. 이 시점에서 이 제안을 스펙으로 정확하게 만들지 않았기 때문에 이 콘텍스트 전파 모델의 큰 목표, 이 제안이 전체 오픈 텔레메트리 프로젝트에 미치는 영향, 의도된 용도 등을 설명할 것이다.

왜 별도의 콘텍스트 모델이 필요한가?

앞에서는 콘텍스트 전파의 이점을 크로스 커팅 도구라고도 부르는 단순한 마이크로서비스 아키텍처의 프로파일링과 모니터링뿐 아니라 활용 사례에 적용할 수 있는 메커니즘으로 설명했다. 오늘날 개발자가 소프트웨어를 구축하는 방법의 실질적인 현실은 이러한 크로스 커팅 도구가 종종 소프트웨어의 다른 특정 구성 요소 또는 종속성과 밀접하게 결합된다는 것을 의미한다. 오픈 트레이싱의 사례를 하나 들어보겠다. 추적 콘텍스트 배기지를 통해 키-값 쌍을 전파하는 기능은 애플리케이션에 텔레메트리 목적으로(예를 들어 배기지 안의 데이터를 사용해 업스트림 서비스에서 특정한 이벤트나 메트릭으로 국한해 요청을 보낼 때) 메시지를 전달할 때도 유용하지만, 또한 개발자들이 대역 외 메시지 채널로서 활용해 나중에 요청을 처리할 서비스에 명령을 전달하거나 제어 흐름을 나타낼 목적으로 활용할 수도 있다. 기존의 텔레메트리 수집 도구 이외의 또 다른 예는 gRPC의 콘텍스트 클래스로, API 경계에 보안 원칙과 자격 증명을 전파하는 방법으로 널리 사용한다.

오픈 텔레메트리의 콘텍스트 모델은 주로 콘텍스트 전파 메커니즘의 확장성, 관측 가능성과 콘텍스트 전파 사이의 문제를 명확하게 분리하는 두 가지 큰 관점을 다룬다. 확장성은 직접적인 설계 목표이다. 콘텍스트 전파 메커니즘과 관측 가능성 구성 요소를 명확하게 분리하면 최종 사용자가 원하는 경우 콘텍스트 전파 메커니즘을 사용하고 관측할 수 있으므로, 관측할 수 없는 문제들을 해결하기 위해 어떤 도구를 사용할 것인지 같은 고민을 하지 않아도 된다. 이를 통해 개발자는 A/B 테스트, 하위 수준의 요청 전달과 인증/권한 부여 체계 같은 콘텍스트 전파를 기반으로 하는 새로운 애플리케이션을 좀 더 쉽게 만들 수 있다. 이런 확장성 목표뿐 아니라 오픈 텔레메트리 자체에서 관점을 분리하는 목표도 중요하다. 콘텍스트 전파를 자체 포함된 구성 요소에서 처리하면, 모든 관측 가능성 API를 이해하지 않고도 이해하고 추론하기가 더 쉬워진다. 또한 콘텍스트 전파 메커니즘이 여러 가지 자체 포함된 전파 방식을 사용할 수 있다. 예를 들어 추적 콘텍스트를 샘플링하고 특정 추적 데이터를 제외할 수 있지만, 전파 메커니즘을 통해 전달된 보안 데이터는 그대로 보존할 것이다.

오픈 텔레메트리의 콘텍스트 모델

오픈 텔레메트리의 콘텍스트 전파 모델은 서비스의 비즈니스 및 애플리케이션 로직과 통합되는 교차 관심사의 '상위 수준' 집합과 분산 시스템에서 요청의 수명 전반에 걸쳐 상태를 저장하고 관리할 수 있는 '하위 수준' 콘텍스트 전파 계층을 정의한다(그림 B-1 참조).

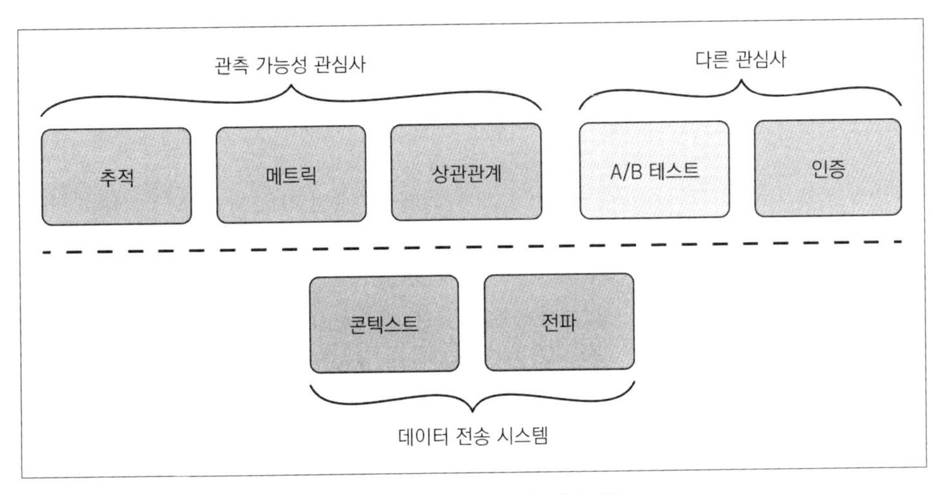

그림 B-1 콘텍스트 전파 시스템의 개요

최상위 수준에는 분산 추적, 메트릭, 상관관계 같은 기능과 다른 비관측 가능성 기능이 포함된다. 이런 관측 가능성 API는 3장의 '오픈 텔레메트리' 절에서 더 쉬운 설명을 찾을 수 있지만, 상관 함수는 그렇지 않다. 상관관계는 오픈 텔레메트리의 기능으로, 요청 전체에 걸쳐 인덱스 값을 전파해 한 서비스에서 발생하는 관측 가능성 이벤트를 업스트림 서비스가 나타내는 일부 데이터와 연관 지어 인과 관계를 맺도록 만들 수 있다. 간단한 예를 들어보면, 다운스트림 구성 요소 또는 서비스의 특정 오류와 함께 일부 업스트림 구성 요소의 버전이나 종속성(운영체제 종류 또는 브라우저 버전 등)을 연결할 수 있다. 상관관계를 위한 API는 W3C CorrelationContext 스펙을 기반으로 한다. 이 내용을 자세히 알아보자.

W3C CorrelationContext와 상관 API

추적 콘텍스트의 전파를 위한 표준 형식을 보장하는 W3C TraceContext 스펙의 목표와 마찬가지로, 상관관계 콘텍스트는 요청을 통해 커스터마이징된 상관관계 데이터를 진달하기 위한 표준 형식을 보장한다. 요청에 포함되는 `CorrelationContext` 헤더는 180개의 키-값 쌍들로 제한되며, 쌍 하나의 최대 크기는 4,096바이트이고 헤더 하나에서 모든 쌍의 전체 길이는 8,192바이트이다.

다음은 헤더의 예시이며, 키와 값은 URL 방식으로 인코딩된다.

```
// 상관관계 콘텍스트 헤더를 하나로 표시한 것
Correlation-Context: userID=janeDoe,isTrialUser=false,token=entropy9
// 상관관계 콘텍스트 헤더를 여러 개로 나눠 표시한 것
Correlation-Context: userID=janeDoe
Correlation-Context: isTrialUser=false,token=entropy9
```

이 글을 쓰는 시점에서 이 W3C 표준은 공개 작업 초안이며 아직 확정되지 않았으므로 언제든 변경될 수 있다.

오픈 텔레메트리는 계측성 구성 요소가 (추적, 메트릭 등) 간단한 값 설정 메서드setter method와 값 반환 메서드getter method의 짝들을 통해 상관관계 콘텍스트와 상호 작용할 수 있도록 하는 API를 도입할 것이다. 제안된 메서드는 다음과 같다.

`GetCorrelation(context, key) -> value`

상관 콘텍스트에서 주어진 키의 값을 반환한다.

`SetCorrelation(context, key, value) -> context`

주어진 키-값 쌍들을 포함하는 콘텍스트를 반환한다.

`RemoveCorrelation(context, key) -> context`

주어진 키가 제거된 콘텍스트를 반환한다.

`ClearCorrelations(context) -> context`

상관관계가 제거된 콘텍스트를 반환한다(신뢰 경계를 넘을 때 사용하는 메서드이다).

`GetCorrelationPropagator() -> (HTTP_Extractor, HTTP_Injector)`

업스트림 프로세스에서 상관 콘텍스트를 스트림에서 복원하거나 다운스트림 프로세스로 전파하기 위해 스트림으로 만들 때 필요한 주입기와 추출기 메서드의 구현체를 반환한다.

분산 콘텍스트와 로컬 콘텍스트

상관관계 콘텍스트의 일반적인 스팬을 벗어나면 오픈 텔레메트리 그 자체가 기본 콘텍스트 API와 상호 작용해야 한다. 보통 이런 상호 작용은 분산 또는 로컬 콘텍스트와 상호 작용하는 것으로 생각할 수 있다. 분산 콘텍스트는 앞서 이미 살펴봤던 것으로, API 경계를 넘어 데이터를 전파하는 방법이다. 로컬 콘텍스트는 두 가지 방식으로 이와 상호 작용한다. 그중 하나는 프로세스 내에서 분산 콘텍스트로 접근할 수 있도록 허용하고 서비스가 요구하는 대로 접근하거나 수정하는 것이다. 다른 하나는 한 요청 안에서 스팬을 정하기 위해 스레드 또는 하위 프로세스가 공유하는 값을 유지하는 것이다. 로컬 콘텍스트 API의 목적은 연관된 콘텍스트를 캡슐화하는 것뿐 아니라 콘텍스트 스팬 내에서 텔레메트리 소스에 적용되는 로컬 리소스(예: 프로세스 전체 속성)의 래퍼 역할을 하는 것이다. 이 로컬 콘텍스트는 명시적 콘텍스트 개체를 메서드 간에 전달하거나, 자동으로 스레드 로컬 저장소(또는 해당 프로그래밍 언어에서 대응되는 개념)에 등록하는 것으로 관리해야 한다.

예제와 잠재적인 애플리케이션

오픈 텔레메트리의 콘텍스트 전파 메커니즘의 자세한 내용은 아직 완전히 구현되지 않았지만(하지만 이 내용을 읽을 때까지는 기다려야 함), 의사 코드에서 써야 하는 기능 중 일부는 설명하지 않으려 한다.

이 예제에서는 두 가지 버전의 클라이언트 서비스가 존재하는 간단한 전달 시나리오를 보여준다. 이 시나리오에서는 서로 다른 백엔드 서비스가 각 클라이언트 버전과 다르게 요청을 처리하고, 성능 데이터 중 각 요청의 응답 시간 데이터를 수집하도록 만들 수 있다. 좀 더 구체적으로 말하면, 새로운 기능을 추가하는 메시징 애플리케이션을 고려해볼 수 있지만, 모든 클라이언트 버전의 사용자가 계속해서 통신할 수 있도록 할 것이다. 최종 사용자가 모두 같은 버전의 백엔드 서비스를 사용하도록 새 버전의 클라이언트를 강제로 배포해 실행하거나 백엔드 서비스에서 여러 개의 다른 클라이언트 버전을 동시에 처리할 수 있는 로직을 만들어야 한다. 두 가지 모두 단점이 있다. 최종 사용자는 클라이언트를 새 버전으로 변경하지 않으려고 할 수 있으며, 하나의 백엔드에서 각 클라이언트 버전을 처리하는 처리기를 추가하면서 흐름이 복잡해지기 때문에 코드가 점점 더 복잡해지고 관리하기 어려워질 수 있다. 그러나 콘텍스트를 사용하면 상관 콘텍스트 헤더의 일부 값을 기반으로 요청을 적절한 서비스로 쉽게 전달할 수 있다. 이에 관한 의사 코드로 표현된 예제는 다음과 같다.

```
func init() {
    baggageExtractor, baggageInjector = Correlations.HTTPPropagator() ❶
    traceExtractor, traceInjector = Tracer.W3CPropagator()
    Propagation.SetExtractors(baggageExtractor, traceExtractor) ❷
    Propagation.SetInjectors(baggageInjector, traceInjector)
}
func main() {
    init()
    // 처리기, 프로세스 콘텍스트 등을 정의한다
    router.Handle("/api/chat", handleRequest(context, this.request))
}
func handleRequest(context, request) -> (context) {
    extractors = Propagation.GetExtractors()
    context = Propagation.Extract(context, extractors, request.Headers) ❸
    context = Tracer.StartSpan(context, ...) ❹
    clientVersion = Correlations.GetCorrelation(context, "clientVersion")
    switch (clientVersion) { ❺
        case "1.0":
            result, context = fetchDataFromServiceB(context)
        case "2.0":
            result, context = fetchDataFromServiceC(context)
    }
    context = request.Response(context, result)
    Tracer.EndSpan(context)
    return context
}
func fetchDataFromServiceB(context) -> (context, data) {
    req = MakeRequest(...) ❻
    injectors = Propagation.GetInjectors() ❼
```

```
    req.Headers = Propagation.Inject(context, injectors, req.Headers)
    data = req.Do()
    return data
}
```

❶ 배기지와 추적 상황은 따로 전파돼 상관관계가 샘플링되지 않도록 한다.

❷ 추출기와 주입기는 전체적으로 설정되므로 들어오는 요청과 나가는 요청에서 모든 헤더를 올바르게 주입하고 추출할 수 있다.

❸ extract 메서드는 등록된 모든 추출기를 실행하므로 추적 콘텍스트와 상관 콘텍스트가 모두 로컬 콘텍스트에 존재한다.

❹ 이 스팬은 들어오는 요청에서 추출된 스팬의 하위 항목이 되고, 새로운 스팬은 결과 콘텍스트에 들어 있다.

❺ 키는 검사를 받기 위해 수신 서비스가 알아야 한다. 상관관계 콘텍스트 안의 모든 키를 열거할 수 있는 방법은 없다.

❻ 새로운 서비스에 새로운 나가는 HTTP 요청을 만든다. 여기서는 fetchDataFromServiceC를 설명하지 않지만, 비슷하다.

❼ 이렇게 하면 상관 콘텍스트와 추적 콘텍스트가 모두 나가는 요청에 삽입된다.

앞의 예제에서 Inject와 Extract 메서드는 트레이서나 다른 오픈 텔레메트리 구성 요소를 전혀 참조하지 않는다. 이는 관측 가능성과 콘텍스트 사이의 관점이 분리된 결과이다. 또한 많은 메서드가 기존 메서드의 상태를 조작하는 대신 콘텍스트 개체를 반환한다는 점에 유의해야 한다. 콘텍스트 개체는 변경할 수 없으므로, 올바른 콘텍스트를 메서드를 호출할 때 전달하거나 스레드 로컬 저장소에 적절하게 할당해야 한다.

앞의 예제는 완전하지 않다. 이 예제는 단순히 추적 콘텍스트를 전파하는 것 이외의 목적으로 이런 분산 콘텍스트와 로컬 콘텍스트를 어떻게 사용할 수 있는지 보여주는 아이디어가 될 것이다. 이 작업의 대부분은 오픈 텔레메트리 SDK와 다양한 헬퍼 라이브러리에 의해 처리돼야 한다. 여러분이 관련된 내용을 잘 숙지할 수 있도록 이 책에 관련된 내용을 포함했으며, 표준에 부합하는 방식으로 API 경계를 넘어 데이터를 전달하는 좀 더 보편적인 방법으로 상관 콘텍스트의 가능성을 생각할 수 있을 것이다. 앞으로 이 콘텍스트 계층은 여러 오픈소스 기술이 혜택을 받고 하나의 분산 콘텍스트 계층으로 표준화할 수 있는 방법으로서 오픈텔레메트리와는 완전히 분리된 별도의 프로젝트로 이식할 수 있다.

오픈 텔레메트리 콘텍스트 계층에 관한 자세한 내용은 오픈 텔레메트리의 깃허브 리포지터리에서 확인할 수 있다.

참고 문헌

[Abr13] Abraham, Lior, John Allen, Oleksandr Barykin, Vinayak Borkar, Bhuwan Chopra, Ciprian Gerea, Daniel Merl, Josh Metzler, David Reiss, Subbu Subramanian, Janet L. Wiener, and Okay Zed. 2013. "Scuba: Diving into Data at Facebook." Facebook paper. https://research.fb.com/wp-content/uploads/2016/11/scuba-diving-into-data-at-facebook.pdf.

[Agu03] Aguilera, Marcos K., Jeffrey C. Mogul, Janet L. Wiener, Patrick Reynolds, and Athicha Muthitacharoen. 2003. "Performance Debugging for Distributed Systems of Black Boxes." *ACM SIGOPS Operating Systems Review* 37(5): 74-89. https://pdos.csail.mit.edu/~athicha/papers/blackboxes:sosp03.pdf.

[Aka17] Akamai. 2017. "Akamai Online Retail Performance Report: Milliseconds Are Critical." Press release. April 19, 2017. https://www.akamai.com/uk/en/about/news/press/2017-pressakamai-releases-spring-2017-state-of-online-retail-performance-report.jsp.

[Ate19] Ates, Emre, Lily Sturmann, Mert Toslali, Orran Krieger, Richard Megginson, Ayse K. Coskun, and Raja R. Sambasivan. 2019. "An Automated, Cross-Layer Instrumentation Framework for Diagnosing Performance Problems in Distributed Applications." *SoCC '19: Proceedings of the ACM Symposium on Cloud Computing* (November 2019): 165-70. https://doi.org/10.1145/3357223.3362704.

[Bar04] Barham, Paul, Austin Donnelly, Rebecca Isaacs, and Richard Mortier. 2004. "Using Magpie for Request Extraction and Workload Modelling." *Proceedings of the 1st ACM SIGOPS European Workshop*, Leuven, Belgium, September 19–22, 2004.

[Bas19] Bashir, Hafiz Mohsin, Abdullah Bin Faisal, Muhammad Asim Jamshed, Peter Vondras, Ali Musa Iftikhar, Ihsan Ayyub Qazi, and Fahad R. Dogar. 2019. "Reducing Tail Latency via Safe and Simple Duplication." Presented at CoNext 2019: 15th International Conference on Emerging Networking Experiments and Technologies, Orlando, FL, December 9–12. https://arxiv.org/pdf/1905.13352.pdf.

[Bey16] Beyer, Betsy, Chris Jones, Jennifer Petoff, and Niall Richard Murphy, eds. 2016. *Site Reliability Engineering: How Google Runs Production Systems*. Sebastopol, CA: O'Reilly.

[Che02] Chen, Mike Y., Emre Kıcıman, Eugene Fratkin, Armando Fox, and Eric Brewer. 2002. "Pinpoint: Problem Determination in Large, Dynamic Internet Services." *Proceedings of the 2002 International Conference on Dependable Systems and Networks*: 595–604. http://roc.cs.berkeley.edu/papers/roc-pinpoint-ipds.pdf.

[Cho14] Chow, Michael, David Meisner, Jason Flinn, Daniel Peek, and Thomas F. Wenisch. 2014. "The Mystery Machine: End-to-End Performance Analysis of Large-Scale Internet Services." Presented at 11th USENIX Symposium on Operating Systems Design and Implementation, Broomfield, CO, October 2014. https://www.usenix.org/system/files/conference/osdi14/osdi14-paper-chow.pdf.

[Cho16] Chow, Michael, Kaushik Veeraraghavan, Michael J. Cafarella, and Jason Flinn. 2016. "DQBarge: Improving Data-quality Trade-offs in Large-Scale Internet Services." Presented at 12th USENIX Symposium on Operating Systems

Design and Implementation, Savannah, GA, November 2016. https://www.usenix.org/system/files/conference/osdi16/osdi16-chow.pdf.

[Dan15] Dang, Huynh Tu, Daniele Sciascia, Marco Canini, Fernando Pedone, Robert Soulé. 2015. "NetPaxos: Consensus at Network Speed." *SOSR '15: Proceedings of the 1st ACM SIGCOMM Symposium on Software Defined Networking Research* (June 2015) 5: 1-7. https://doi.org/10.1145/2774993.2774999.

[Erl11] Erlingsson, Úlfar, Marcus Peinado, Simon Peter, and Mihai Budiu. "Fay: Extensible Distributed Tracing from Kernels to Clusters." *SOSP '11: Proceedings of the Twenty-Third ACM Symposium on Operating Systems Principles* (October 2011): 311-26. https://doi.org/10.1145/2043556.2043585.

[Fon07] Fonseca, Rodrigo, George Porter, Randy H. Katz, Scott Shenker, and Ion Stoica. 2007. "X-Trace: A Pervasive Network Tracing Framework." *Proceedings of the 4th USENIX Symposium on Networked Systems Design & Implementation*. https://people.eecs.berkeley.edu/~istoica/papers/2007/xtr-nsdi07.pdf.

[Fow14] Fowler, Martin. 2014. "Microservice Prerequisites." MartinFowler.com. August 28, 2014. https://martinfowler.com/bliki/MicroservicePrerequisites.html.

[Kal17] Kaldor, Jonathan, Jonathan Mace, Michał Bejda, Edison Gao, Wiktor Kuropatwa, Joe O'Neill, Kian Win Ong, Bill Schaller, Pingjia Shan, Brendan Viscomi, Vinod Venkataraman, Kaushik Veeraraghavan, and Yee Jiun Song. 2017. "Canopy: An End-to-End Performance Tracing and Analysis System." *SOSP '17: Proceedings of the 26th Symposium on Operating Systems Principles*, October 2017. https:// doi.org/10.1145/3132747.3132749.

[Lin06] Linden, Greg. "Marissa Mayer at Web 2.0." *Geeking with Greg*, November 9, 2006. http://glinden.blogspot.com/2006/11/marissa-mayer-at-web-20.html.

[Lof17] Loff, João, Daniel Porto, Carlos Baquero, João Garcia, Nuno Preguiça, and Rodrigo Rodrigues. 2017. "Transparent Cross-System Consistency." *PaPoC '17: Proceedings of the 3rd International Workshop on Principles and Practice of Consistency for Distributed Data*, April, 2017. https://doi.org/10.1145/3064889.3064898.

[Mac15] Mace, Jonathan, Peter Bodik, Rodrigo Fonseca, and Madanlal Musuvathi. 2015. "Retro: Targeted Resource Management in Multi-Tenant Distributed Systems." Presented at USENIX Symposium on Networked Systems Design and Implementation, Oakland, CA, May 2015. https://www.usenix.org/system/files/conference/nsdi15/nsdi15-paper-mace.pdf.

[Mac18a] Mace, Jonathan, and Rodrigo Fonseca. 2018. "Universal Context Propagation for Distributed System Instrumentation." *EuroSys '18: Proceedings of the Thirteenth EuroSys Conference* (April 2018): 1 – 18. https://doi.org/10.1145/3190508.3190526.

[Mac18b] Mace, Jonathan, Ryan Roelke, and Rodrigo Fonseca. 2018. "Pivot Tracing: Dynamic Causal Monitoring for Distributed Systems." *ACM Transactions on Computer Systems* 35(4): 1–28, October 2015. https://www2.cs.uic.edu/~brents/cs494-cdcs/papers/pivot-tracing.pdf.

[May10] Mayer, Marissa. 2010. "Google Speed Research." Filmed at Web 2.0, San Francisco, CA, April 2010. https://www.youtube.com/watch?v=BQwAKsFmK_8.

[Med17] Meder, Sam, Vadim Antonov, and Jeff Chang. 2017. "Driving User Growth with Performance Improvements." *Medium*. March 3, 2017. https://medium.com/pinterest-engineering/driving-user-growth-with-performance-improvements-cfc50dafadd7.

[Mic13] Mickens, James. 2013. "The Night Watch." *Login: Logout*. November 2013.

https://www.usenix.org/system/files/1311_05-08_mickens.pdf.

[Mil17] Mills, David L. 2017. *Computer Network Time Synchronization: The Network Time Protocol on Earth and in Space*, 2nd ed. Boca Raton, FL: CRC Press.

[Ros18] Rosen, Logan. 2018 "LinkedOut: A Request-Level Failure Injection Framework." *LinkedIn Engineering Blog*, May, 2018. https://engineering.linkedin.com/blog/2018/05/linkedout-a-request-level-failure-injection-framework.

[Sam16] Sambasivan, Raja R., Ilari Shafer, Jonathan Mace, Benjamin H. Sigelman, Rodrigo Fonseca, and Gregory R. Ganger. 2016. "Principled Workflow-Centric Tracing of Distributed Systems." *SoCC '16: Proceedings of the Seventh ACM Symposium on Cloud Computing, October 2016*. http://dx.doi.org/10.1145/2987550.2987568.

[Sig16] Sigelman, Ben. 2016. "Towards Turnkey Distributed Tracing." *Medium*. June 15, 2016. https://medium.com/opentracing/towards-turnkey-distributed-tracing-5f4297d1736.

[Sig19] Sigelman, Ben. 2019. "How 'Deep Systems' Broke Observability…And What We Can Do About It." Filmed October 16, 2019, Systems @Scale 2019, San Jose, CA. https://atscaleconference.com/videos/systems-scale-2019-how-deep-systems-broke-observability-and-what-we-can-do-about-it.

[Sig10] Sigelman, Benjamin H., Luiz André Barroso, Mike Burrows, Pat Stephenson, Manoj Plakal, Donald Beaver, Saul Jaspan, and Chandan Shanbhag. 2010. "Dapper, a Large-Scale Distributed Systems Tracing Infrastructure." Google paper. https://research.google/pubs/pub36356.

[Sou09] Souders, Steve. 2009. "Velocity and the Bottom Line." O'Reilly Radar, July 1, 2009. http://radar.oreilly.com/2009/07/velocity-making-your-site-fast.html.

[Sta19] Stack Overflow. 2019. "Developer Survey Results 2019." https://insights.

stackoverflow.com/survey/2019.

[Wu19] Wu, Yang, Ang Chen, and Linh Thi Xuan Phan. 2019. "Zeno: Diagnosing Performance Problems with Temporal Provenance." Facebook paper presented at 16th USENIX Symposium on Networked Systems Design and Implementation, Boston, February 2019. https://www.cs.rice.edu/~angchen/papers/nsdi-2019.pdf.

[Zva19] Zvara, Zoltán, Péter G.N. Szabó, Barnabás Balázs, and András Benczúr. 2019. "Optimizing Distributed Data Stream Processing by Tracing." *Future Generation Computer Systems* 90: 578–91. https://www.sciencedirect.com/science/article/abs/pii/S0167739X17325141.

찾아보기

ㄱ

ㄴ

ㄷ

ㄹ

ㅁ

ㅂ

ㅅ

ㅇ

ㅈ

ㅊ

ㅋ

ㅌ

ㅍ

ㅎ

T

U

V

W

X

Z

숫자

실전 분산 추적

마이크로서비스의 계측, 분석 그리고 디버깅

발 행 | 2022년 10월 31일

지은이 | 오스틴 파커 · 다니엘 스푼하워 · 조나단 메이스 · 레베카 아이작스
옮긴이 | 남 정 현

펴낸이 | 권 성 준
편집장 | 황 영 주
편 집 | 김 진 아
디자인 | 윤 서 빈

에이콘출판주식회사
서울특별시 양천구 국회대로 287 (목동)
전화 02-2653-7600, 팩스 02-2653-0433
www.acornpub.co.kr / editor@acornpub.co.kr

한국어판 ⓒ 에이콘출판주식회사, 2022, Printed in Korea.
ISBN 979-11-6175-699-8
http://www.acornpub.co.kr/book/distributed-tracing

책값은 뒤표지에 있습니다.